MARLENE NOBRE

CHICO XAVIER
MEUS PEDAÇOS
DO ESPELHO

SÃO PAULO, 2015
2ª Edição

12/12/23

Capa: Felipe Jaworski
Diagramação: André Luis Fígaro Egido e Conrado Santos
Revisão: Eva Célia Barbosa
Imagens Capa: Acervo Folha Espírita

Todos os direitos reservados no Brasil por:
FE Editora Jornalística Ltda.
Av. Pedro Severino, 325 - Jabaquara
04310-060 - São Paulo (SP)
Tel: (11) 5585-1977
www.folhaespirita.com.br

Ao meu irmão, Paulo Rossi Severino, por seu amor e dedicação à missão de Chico Xavier. E aos nossos pais, Ida e Pedro, hoje servidores no Mundo Maior, por implantarem as luzes imorredouras de Kardec em nossas vidas.

Ao meu marido, Freitas Nobre, hoje na Pátria Maior, por tudo quanto compartilhamos junto ao coração amigo de Chico Xavier. E aos meus filhos, Marcos e Marcelo, por terem compartilhado conosco de muitos desses momentos inesquecíveis.

RAZÕES DESTE LIVRO

Corria o ano de 1977. Em 8 de julho, havia um fato importante a comemorar: 50 anos da mediunidade de Chico Xavier.

Meu marido, Freitas Nobre, fundador e editor-chefe do jornal *Folha Espírita*, preparava uma edição especial comemorativa, sob a forma de revista.

Fui a Pedro Leopoldo e realizei várias entrevistas com parentes, conhecidos, colegas, amigos de infância do médium, a fim de enriquecer o texto sucinto que eu estava escrevendo para o especial e que receberia o título dado por meu marido: *Pequena História de uma Grande Vida*. Outros autores também participaram da edição *da* revista, abordando diferentes aspectos da vida e da obra do médium, além de dados estatísticos importantes sobre os 50 anos.

Em julho daquele ano, entreguei pessoalmente, ao querido amigo, exemplares da *Folha Espírita - em Revista,* edição comemorativa, que fora distribuída para todo o Brasil, e circulava também nas bancas de jornais e revistas da cidade de Uberaba.

Fiquei particularmente emocionada com o entusiasmo do querido homenageado, ao ler a revista. Em conversa íntima em sua casa, enquanto a folheava, Chico entusiasmava-se a cada página, fazendo comentários e ponderando que o rico conteúdo poderia perder-se com facilidade, tal como se apresentava, sob a forma de revista, ao passo que, se fosse colocado em livro, dificilmente se perderia. Lembro-me de que o seu entusiasmo foi maior com os testemunhos dos amigos de Pedro Leopoldo, particularmente, com a entrevista de Florisbela Pereira, sua amiga de infância e parceira nas serestas de João Cândido, seu pai. Tocou-o especialmente a lembrança de Florisbela quanto à firme determinação dele, Chico, de cuidar dos seis filhos que Cidália deixara na orfandade, após a desencarnação prematura, em 1931.

Senti, naquele momento, um compromisso muito forte com a necessidade de transformar a revista em livro. E não titubeei em responder ao amigo com a promessa de que o faria. Mas, ao comprometer-me, não deixei de enfatizar o tempo e a paciência necessários para que eu pudesse desincumbir-me da tarefa de forma adequada. Já imaginava, naquele instante, o tempo que precisaria para relatar as cenas que se desdobrariam, após 1977, no decorrer natural dos fatos, mantendo-me o mais fiel possível às minhas anotações e análises.

Nem mesmo eu imaginava, naquela altura, que demoraria quase 40 anos para cumprir minha promessa de entregar-lhe essas memórias. Agora não mais pessoalmente, não mais ao vivo e em cores, com a possibilidade de saber diretamente dele o que pensava do resultado final. O que não deixa de trazer uma pontinha de tristeza ao coração, embora o tenha sempre presente em minha vida e acredite que ele aprovaria o meu esforço.

Assim, ao escrever este livro, devo ressaltar que procurei manter o mesmo estilo e conteúdo da *Folha Espírita em Revista*, acrescentando episódios dos quais, de alguma sorte, eu e meu marido participamos até a desencarnação do querido amigo, procurando manter sempre que possível a cronologia dos fatos. Não é propriamente uma biografia, mas são cenas, quadros e textos que se sobressaem em certa ordem cronológica do meu enorme painel de memórias.

Na verdade, como já o fiz na revista, pretendo destacar aqui os **meus pedaços do espelho.**

Para mim, espelho tem o significado que lhe deu o próprio médium, quando de sua entrevista exclusiva ao jornalista Fernando Worm, e que foi publicada na mesma *Folha Espírita em Revista*, em 1977:

Há algum tempo, um espírito amigo, aliás, um trovador de renome, ao referir-se à Verdade, me disse que ela se parece a um espelho do Céu que se quebrou ao tocar na Terra, em inúmeros fragmentos. Cada um de nós possui pequeno pedaço desse espelho simbólico, com o qual pode observar a própria imagem, aperfeiçoando-a sempre.(*)

Neste livro, o espelho significa a verdade sobre a vida de Chico Xavier. Em cada pedaço, existem os traços coloridos com minhas nuances peculiares, assim como outros já o fizeram com suas próprias lembranças impressas.

Entrego a você, leitor, os meus pedaços do espelho. Ao observá-los e grafá-los, tenho a possibilidade de ver minha própria imagem refletida neles, esforçando-me por aperfeiçoá-la. Ressalto, porém, o que aprendi com o próprio médium: nossa relativa capacidade de apreensão da realidade. Nós, aqui na Terra, quando vemos uma pessoa, ou tomamos conhecimento de um fato, vislumbramos apenas o negativo da fotografia, o lado positivo está no mundo espiritual; somente lá conheceremos a realidade última, genuína.

Na convivência com o médium, foram muitas as lições colhidas ao longo dos anos. Como sempre tive certeza íntima de que Chico viera ao mundo a fim de nos relembrar as lições de Jesus, exemplificando-as no dia a dia, e contribuindo para a renovação espiritual do planeta, não perdia nenhuma oportunidade de entrevistá-lo a fim de divulgar seus ensinamentos, recheados de bom senso e bom humor.

Fazem parte destes meus pedaços do espelho textos biográficos de diferentes autores que li ao longo de minha vida, testemunhos de parentes e amigos, lembranças de episódios vividos em Uberaba, em São

---

(*) *Trecho da entrevista exclusiva que Chico deu a Fernando Worm para a* Folha Espírita em Revista, *em 1977.*
(*) *Neste livro, todas as vezes em que o texto é de Chico Xavier, aparece em itálico.*

Paulo, ou em outras cidades, onde estivemos juntos com o médium em circunstâncias diversas, entrevistas e reportagens, que fiz com ele por mais de dois decênios e que foram publicadas no jornal *Folha Espírita*.

O meu interesse sempre foi o de divulgar as lições de sabedoria daquele que considero o mais fiel discípulo de Jesus no século XX. Pretendo, neste livro, dar voz a Chico Xavier e àquelas pessoas que conviveram com ele, ao invés de falar sobre ele; por essa razão, você acompanhará uma grande quantidade de citações e depoimentos, às vezes um tanto quanto longos e extensos. No íntimo, porém, espero que cada pedaço do espelho que recolhi fale por si próprio.

Chico Xavier sempre foi um incomparável contador de histórias e, além disso, um exemplo vivo das atitudes que tomava perante a vida. Havia uma atmosfera natural de alegria e generosidade em sua forma de expressar-se, como se, de repente, tocássemos solo grego, palmilhando os caminhos de Sócrates e Platão, ao ouvi-lo nas tertúlias evangélicas, ensinando com simplicidade, sem a menor afetação, filosofando com sua mineirice bondosa, abençoando com sua risada que se assemelhava a cascata cristalina.

Por isso, procurei, sempre que possível, privilegiar os textos autobiográficos do médium, que são escassos, mas que se tornaram realidade graças à argúcia do Dr. Elias Barbosa.(*)

Falecido em 2011, o Dr. Elias foi meu colega de turma na Faculdade Federal de Medicina de Uberaba e, depois, professor de Farmacologia na mesma universidade, tendo deixado contribuição admirável à construção do Reino de Jesus na Terra, não só por sua atividade como médico, como também por seus livros sobre a vida e obra de Chico Xavier .

Com sua mente aberta, fruto de cultura invejável, deixou estudos substanciosos da obra literária recebida pelo médium, tanto no que se refere às comunicações dos poetas quanto à produção do grande escritor Humberto de Campos, uma das glórias de nossa Academia Brasileira de Letras. (**)

(**) *Ver a obra do Dr. Elias Barbosa e sua extensa contribuição nas edições do* Anuário Espírita *de Araras e nos livros citados na bibliografia.*

O Dr. Elias percebeu quanto seria importante para a história humana o testemunho do próprio médium Xavier com relação aos lances mais significativos de sua biografia. Depois de muito trabalho para convencê-lo a gravar lances autobiográficos, concebeu e publicou *No Mundo de Chico Xavier*, em homenagem aos seus 40 anos de mediunidade, comemorados em 1967. Conforme justifica no Prefácio dessa obra, Elias procurou saber como teria vivido o médium, durante esses quatro decênios ininterruptos de exercício mediúnico, com as dificuldades de saúde e de subsistência; quais as experiências e os sentimentos acumulados; de que maneira teria enfrentado as incompreensões de toda ordem; como teria recebido, até então, os 92 livros, sobre assuntos tão diversos; enfim, quis saber como teria recebido uma obra tão vasta tendo cursado somente o primário. Com esse propósito, Elias Barbosa conseguiu dados autobiográficos importantes, que se constituiriam em algo inédito em nosso movimento editorial.

Compreendendo a importância dessa obra e respeitando o direito de autor, pedimos à viúva do Dr. Elias, a querida Sra. Cândida Flávia Barbosa, autorização para transcrever trechos inteiros dessas páginas em minhas memórias, assim como de outras. A resposta não poderia ter sido mais gentil e generosa. A Cândida e sua querida família, a nossa gratidão imorredoura. Mais uma vez, estamos juntos, Elias e eu, na mesma sintonia fraternal dos tempos de nossos estudos médicos.

Neste livro, juntei às minhas, as memórias recolhidas por ele e por outros autores, aos quais sou também profundamente agradecida pela oportunidade de citá-los nos meus textos. Muitos deles ainda estão conosco nas lides terrenas, como Adelino da Silveira, Carlos Baccelli, Eurípedes Higino dos Reis, Dr. Caio Ramaciotti, Dr. Hércio Arantes, Geraldo Lemos, Oswaldo Godoy Bueno, Rubens Germinhiasi, Weimar Muniz de Oliveira, Marcel Souto Mayor, Cezar João Carneiro, Romeu Grisi, Nena e Francisco Galves, João Cuin, Divaldinho Mattos, Jorge Damas Martins, Gilberto Guarino, Jhon Harley Marques, Suely Caldas Schubert, Saulo

Gomes, Antonio César Perri Carvalho.

Sou grata igualmente aos que já partiram para o Mundo Maior, cujos livros consultei e citei: Clovis Tavares, J. Herculano Pires, R. A. Ranieri, Ramiro Gama, Roque Jacinto, Wallace Leal Rodrigues, Eduardo Monteiro, Fernando Worm, Heigorina Cunha. Para todos esses dedicados autores, encarnados e desencarnados, e seus familiares o nosso mais profundo reconhecimento.

Coube a mim colocar em ordem as minhas lembranças escolhendo lances de uma trajetória que abrange mais especificamente o período de 1958 a 2002 e que se constituem nos meus pedaços do espelho. É o meu esforço para compreender um pouco mais o mundo de Chico Xavier e contribuir, talvez, para que sua missão seja sempre relembrada.

Dividi este livro em três partes. A primeira delas está ancorada na minha convivência direta com o médium, em Uberaba, de 1958 a 1962. Esse período é um pilar da narrativa porque foi quando tive o privilégio de um acesso único à história dessa figura absolutamente extraordinária. Isso me permitiu lançar pontes para apresentar momentos cruciais do período 1910-1958 da vida de Chico. Por meio de testemunhos diretos e indiretos, procurei integrar os diversos episódios pregressos da sua vida em uma imagem íntegra, a do ser humano incomum com quem convivi cotidianamente durante quase quatro anos.

Foi esse mesmo pilar que me permitiu estender a primeira parte da narrativa até 1969. O período 1963-1969 foi especialmente turbulento, na vida de Chico. Ao despontar como líder religioso de ampla influência, sofreu ataques e passou por dissabores muito graves. Se esse período teve suas alegrias e conquistas, as dificuldades foram enormes. Mesmo tendo retornado a São Paulo, continuei a acompanhar de perto as agruras por que passou o médium até o final da década de 1960.

A segunda parte está centrada na produção da *Revista*, em 1977, em comemoração aos 50 anos de mediunidade. Trata-se de um novo período na vida do médium, que se tornou, a partir de 1970, uma figura de estatura e relevância nacionais, conhecido de todo o Brasil, principalmente por suas aparições televisivas. Também marca uma nova etapa na minha relação com ele. A partir desse momento, somou-se, à convivência pessoal, o desejo e o objetivo de escrever sobre sua vida, de deixar registrada a minha maneira de ver a sua bela trajetória terrena.

A coleta de material, que incluiu inúmeras entrevistas cruciais na vida do médium, permitiu-me fazer o mesmo movimento pendular presente na primeira parte. Em 1977, Chico já era uma figura conhecida da massa dos brasileiros e o material que recolhi reflete isso também. Partindo de 1977, pude retornar ao período 1970-1976, mostrando como se deu essa projeção nacional do médium. Ao mesmo tempo, essa base me permitiu avançar até 2002, dando continuidade ao projeto iniciado com a publicação da *Revista*. Marcante, nesse momento pós-1977, é a constatação de que Chico foi, pouco a pouco, se tornando igualmente uma figura de projeção internacional, posição que se consolida nos anos 1980.

E, por fim, o epílogo. Nessa terceira parte, coloquei minha convicção pessoal de que Chico é Allan Kardec. Assim, nas duas primeiras, você, leitor, pode acompanhar lances da vida e da obra do médium e, se quiser, pode interromper a leitura aí, participando tão somente dos fatos que afloraram às minhas memórias ao longo de 44 anos de convivência. Creio que essa divisão torna mais confortável a posição do autor ou do entrevistado, citado em uma dessas duas partes, e que não compartilha com a minha convicção pessoal de que Chico é Kardec. Prezo muito a liberdade das pessoas, por isso mesmo faz parte do cerne da minha personalidade não constranger ninguém às minhas convicções pessoais.

Fique, pois, inteiramente à vontade, pense como quiser, não tenho nenhuma pretensão de catequese, de torcida organizada, ou de disputa de território dogmático, apenas peço a você que igualmente respeite o meu direito de expor livremente minha própria convicção. Desse modo, você verá, no epílogo, que destaco tão somente os que estão tão convictos quanto eu mesma de que Chico Xavier é Kardec ou que quiseram saber mais quanto à minha convicção pessoal.

Para finalizar este prólogo, que se faz longo, desejo ressaltar que Chico tinha o dom de fazer as pessoas se sentirem únicas. Por essa razão, creio que os que conviveram com ele tem que ser vigilantes e cautelosos, tomando bastante cuidado para não se deixarem iludir, julgando-se privilegiadas e importantes. Para isso, é preciso que se vacinem permanentemente contra o personalismo. Pelo menos é o que penso quanto ao meu caso, tendo em vista que tive a felicidade de conviver com ele quatro dias na semana, durante quatro anos consecutivos, e usufruir de sua amizade por mais de 40 anos. Sei, perfeitamente, que a evolução espiritual é conquista dele. Tenho convicção plena de que ninguém sobe aos Céus com asas emprestadas. Quem teve a bênção de tê-lo como amigo e instrutor guarda a certeza de que, na Escola de Jesus, os aprendizes devem cultivar a simplicidade e a humildade em qualquer circunstância. Esta é uma responsabilidade da qual não posso me descuidar.

Todos os que conviveram com Chico sabem que ele sempre foi duro e implacável contra os elogios. Não os admitia. Se cultivarmos essa atitude saudável, não corremos o risco de nos enfeitarmos com lauréis que são próprios dos espíritos evoluídos. Lauréis que ele nunca admitiu possuir, pois dizia-se grama, pessoa sem importância, um burrico que transportava documentos importantes. Enfim, alguém que sempre se anulou em todos os sentidos para que os Espíritos e os seus ensinamentos brilhassem intensamente.

Eis aqui, leitor amigo, o livro que prometi a Chico Xavier.

Marlene Nobre
São Paulo, junho de 2014.

AGRADECIMENTOS

Uma obra como esta contou com o apoio, a boa vontade e generosidade de inúmeros amigos.

Nossos profundos agradecimentos a Weimar e Cleuza Muniz de Oliveira, amigos e irmãos de todas as horas, por seu suporte generoso em Goiânia; ao meu filho, Marcos, pela paciente revisão e orientação; a Conrado Gonçalves Santos e André Luiz Egido, pelo cuidados gráficos e empenho na diagramação e na produção da capa.

A Walther Graciano Jr, Sonia Artigiani Osório, Marília Chaves, Denizard Rossi Severino, Sandra Marinho, Maria Aparecida Della Rosa, José Pereira Valim Sobrinho, Leandro Dutra Fernandes, pela paciente ajuda com os trabalhos técnicos: gravador, escâner e digitação.

A Jorge Cecílio Daher Jr., a Ana Paula Vecchi e Willians Santos, pelo suporte técnico em Goiânia; ao colega e amigo Oswaldo de Castro. A José de Paulo Virgílio, por todo o apoio em Pedro Leopoldo e a todos os entrevistados, em 1977, tanto na terra natal de Chico Xavier, quanto em São Paulo.

À senhora Cândida Flavia Barbosa e família, em Uberaba, pela consideração.

Aos meus filhos Marcos, Marcelo, e a toda a minha constelação familiar, Mônica, Marília e netos Ana Luísa e João Pedro e aos meus irmãos consanguíneos, Paulo, Gamaliel, Pedrinho e Denizard.

Aos amigos diretores do Grupo Espírita Cairbar Schutel: Paulo, Magali e Cecilia, por todo o suporte espiritual e também a Aurinha e Salvador Gutierrez, no apoio ao Lar do Alvorecer.

SUMÁRIO

SEGUNDA PARTE

TERCEIRA PARTE

PRIMEIRA PARTE

Capítulo 1

COMO OCORREU A MINHA APROXIMAÇÃO DE CHICO XAVIER

Em outubro de 1958, às vésperas de mudar-se para Uberaba, o que efetivamente ocorreu, em janeiro de 1959, o médium Chico Xavier esteve em visita à cidade e pediu a Waldo Vieira que me levasse até ele, porque precisava conversar comigo.

Waldo era meu colega de faculdade, cursava o quarto ano de Medicina e eu o segundo. Fomos encontrá-lo na casa que Waldo havia construído, no bairro Silva Campos, continuação do Alto dos Estados Unidos, perto do local onde ocorria anualmente a exposição de gado, o Parque Fernando Costa.

Como não conhecia o médium, apenas havia lido algumas de suas obras, recebi um forte impacto com as revelações de sua mediunidade, logo no início do nosso encontro. De forma natural, começou descrevendo o singelo trabalho assistencial do qual eu participava, no bairro da Abadia, com nossa companheira de ideal, Lygia Alonso Andrade, "seu" Lázaro, e mais dois amigos de Uberaba, às quartas-feiras à noite, na parte mais periférica da cidade.

Chico falava com desenvoltura, como se tivesse realmente participado de nossas visitas. Descreveu a nossa caminhada à luz do lampião, conduzido à frente por "seu" Lázaro, o hino a Scheilla, que entoávamos todos juntos, na casa da irmã Marcolina, que nos aguardava com um sorriso aberto em sua cadeira de rodas, acompanhada de outros irmãos doentes. Foi o meu primeiro impacto direto, quanto ao largo alcance da mediunidade de Chico Xavier.

Em seguida, explicou-me a razão do encontro. Fez-me o convite para trabalhar com ele nas sessões públicas da Comunhão Espírita Cristã (CEC), templo onde iniciaria suas funções a partir de janeiro, quando já estaria definitivamente instalado em Uberaba. Convidava-me para que eu os auxiliasse nos comentários sobre os temas doutrinários da noite enquanto ele e Waldo psicografavam. Pediu-me também que cooperasse no bom ordenamento da fila, facilitando o atendimento dele às pessoas, antes das 20 horas, quando os trabalhos teriam início. Instruiu-me para que eu solicitasse aos consulentes, que porventura se demorassem na conversa com ele, para que se apressassem um pouco mais, tendo em vista a exiguidade do tempo e a quantidade de pessoas a serem atendidas. Para isso, eu deveria chegar um pouco antes das 19 horas, justamente no início do atendimento, e não deveria me esquecer de tocar sutilmente as pessoas, quando precisasse dar o alerta.

Respondi que não me julgava à altura de suas expectativas, mas que me esforçaria para ser útil. E foi o que aconteceu. Durante cerca de quatro anos: de janeiro de 1959 a dezembro de 1962, trabalhei com ele e Waldo Vieira, dando minha pequena parcela de contribuição na interpretação dos textos de *O Livro dos Espíritos* e de *O Evangelho Segundo o Espiritismo*, obras que sempre foram estudadas nos dias de sessão pública na CEC. E acompanhei de perto a fila, ao lado dele, procurando alertar os irmãos mais distraídos, dentro das recomendações recebidas, fato que me proporcionou sempre um vasto aprendizado. A nossa querida amiga, Sônia Vilela, irmã de Dora e filha da tia Elith Vilela, sobrinha de Eurípedes Barsanulfo, ficava também ao meu lado, auxiliando-nos quando necessário.

Os textos da noite eram escolhidos pelo Chico de comum acordo com seu guia Emmanuel, no início dos trabalhos.

Lembro-me de Chico ter dito, no convite que me fez, em outubro de 1958, que Emmanuel, seu honorável guia espiritual, me aconselhava a priorizar, em meu comentário, a questão escolhida de *O Livro dos Espíritos*, porque os comentaristas, em geral, preferiam discorrer sobre o texto do *Evangelho*, deixando naturalmente uma lacuna. Foi o que procurei fazer. Hoje, com os desdobramentos de minhas tarefas, compreendo melhor a razão pela qual o benfeitor teria feito essa recomendação, pois tenho necessidade de utilizar mais frequentemente os conceitos filosóficos e científicos da Doutrina.

Na verdade, esse meu encontro com Chico Xavier teria alto impacto em toda a minha vida. Conforme o prometido, enquanto Chico e Waldo psicografavam para o grande público mais de 600 receitas a cada sessão e recebiam mensagens dos Mentores Espirituais, os palestrantes revezavam-se, tecendo comentários de 20 a 30 minutos sobre as lições da noite. Foi o que fiz, com outros companheiros de ideal, durante os quatro anos que me restavam cumprir para o término do meu curso de Medicina. E continuei fazendo nas visitas periódicas ao amigo, em Uberaba, após minha mudança para São Paulo.

A convite do querido médium, psicografei também, durante as sessões, mensagens dos Espíritos Meimei, Aura Celeste, João Severino, Eloi Lacerda, Cairbar Schutel, e outros, nas reuniões da CEC e depois nas do Grupo Espírita da Prece.

MUDANÇA PARA UBERABA

Doente, atravessando momentos difíceis no testemunho da mediunidade, Chico Xavier sentiu necessidade de deixar sua terra natal. Em entrevista ao Dr. Elias Barbosa, ele explicou como se deu a transferência de cidade: (1).

(1) BARBOSA, E. **No mundo de Chico Xavier**. *2. ed. Araras: IDE, 1975. Capítulo 13, p. 132 - 133.*

Em princípios de 1958, comecei a sofrer de uma labirintite que me incomodava bastante. Muito barulho nos ouvidos, muitas dores de cabeça.

Bezerra de Menezes, o nosso benfeitor espiritual, tratou-me com a dedicação que lhe conhecemos e pediu, ainda, em meu caso, a consideração de um especialista, tendo eu recorrido ao Dr. Costa Chiabi, distinto otorrinolaringologista em Belo Horizonte. Dr. Costa Chiabi dispensou-me grande atenção. Mediquei-me. Fui a Angra dos Reis, no Estado do Rio, por duas vezes, buscando mudança de clima e refazimento na praia. Melhorei, mas não positivamente como precisava. Em face das recidivas, nossos Amigos Espirituais aconselharam minha transferência para clima temperado, já que Pedro Leopoldo é bastante fria na maior parte do ano. Chegado o assunto a esse ponto, nosso amigo Waldo Vieira convidou-me a experimentar Uberaba. Vim para cá e, graças a Deus, me refiz.

Devo dizer que fui recebido, em 1959, pela comunidade uberabense, espírita e não espírita, com a generosidade que caracteriza esta abençoada cidade do Triângulo Mineiro, onde tenho hoje a honra de possuir amigos queridos, não só na família espírita, mas em todas as confissões religiosas e classes sociais.

Louvado seja Deus!

Como funcionário do Ministério de Agricultura, Chico já tivera a oportunidade de visitar Uberaba, por ocasião das exposições agropecuárias realizadas anualmente no mês de maio. Conhecera, assim, o professor João Augusto Chaves, dona Maria Modesto Cravo, Dr. Henrique Krügger, Manoel Roberto, companheiros espíritas valorosos, já desencarnados, e sempre lembrados pelo médium como exemplos vivos do Espiritismo no Triângulo Mineiro, além de contatar igualmente muitos outros membros da família espírita uberabense e que ainda se encontravam no corpo físico.

O próprio Chico falou sobre as materializações das quais participou no Centro Espírita Uberabense, antes da mudança. (2)

(2) XAVIER, F. C. Espírito Emmanuel. **Entrevistas.** Organização e Notas de Salvador Gentile e Hércio Marcos Cintra Arantes. Introdução de Elias Barbosa. 9. ed. Araras: IDE; 2005. p. 115.

Antigamente, antes de vir residir em Uberaba, assistia a uma reunião de materialização com o médium Garibaldi Cavalcanti, em companhia do Dr. Inácio Ferreira e de dona Maria Modesto Cravo. Foi uma reunião muito expressiva e me deixou uma impressão inolvidável, porque os espíritos se materializavam no Centro Espírita Uberabense e conversavam conosco, como pessoas humanas. Aquilo me confortou muito, naturalmente, que sempre eu via e ouvia a sós, mas para os outros eu parecia sempre uma pessoa que prega mentiras e, naquela hora, todos viam – todos verificavam as realidades da sobrevivência.

BERÇO E BÊNÇÃO

Qual das duas fases — Pedro Leopoldo ou Uberaba foi a mais produtiva na vida do médium? (3) Em 1967, Chico responderia ao Dr. Elias Barbosa:

Não posso esquecer que, em Pedro Leopoldo, Emmanuel e outros Espíritos Amigos trabalharam, através de minhas pobres faculdades, durante 31 anos sucessivos, procurando vencer os meus defeitos e adaptar-me para ser o instrumento que eles desejam que eu seja e não posso olvidar que Uberaba me hospeda, carinhosamente, desde janeiro de 1959, dando-me, por intermédio de companheiros queridos, o ambiente necessário para que eu aproveite das lições recolhidas na terra em que renasci para as tarefas da presente reencarnação. Creio que a produtividade mediúnica nas duas cidades se equivalem, porque precisamos descontar o tempo e as dificuldades de minha preparação, que tem exigido muito esforço e tolerância dos Bons Espíritos. Creio não ser ingrato afirmando que Pedro Leopoldo é meu Berço e que Uberaba é minha Bênção.

PEDRO LEOPOLDO: O BERÇO, O REGAÇO MATERNO

Depois de ler *Cartas de Uma Morta*, o notável livro que dona Maria João de Deus escreveu através do filho, aguçou-me a vontade de conhe-

---

(3) BARBOSA, E. **No mundo de Chico Xavier**. 2. ed. Araras: IDE, 1975. Capítulo 10, p. 107-108.

cer mais detalhes sobre sua história de vida, sua grandeza espiritual, bem como me senti ainda mais atraída por Pedro Leopoldo e sua gente.

Somente pude satisfazer o meu desejo e conhecer melhor o berço natal de Chico Xavier e seu ambiente familiar por ocasião da comemoração dos 50 anos de sua mediunidade. Foi em 1977, quando fiz as entrevistas para a *Folha Espírita em Revista* e pude retratar o que Chico Xavier representava na lembrança dos companheiros de infância, dos familiares e dos amigos de Pedro Leopoldo. Pude aquilatar melhor a falta que deveria sentir do seu berço natal e das lembranças que deixara para trás no solo abençoado que o agasalhara em seus braços e que fora escolhido para recebê-lo nesta encarnação.

Ao recolher as entrevistas, no imenso painel de lembranças, aprofundava-se no fundo de minha alma uma questão ainda não respondida: será que Chico Xavier havia visitado a cidade em espírito, antes de retomar a carne, na existência atual? Esta dúvida somente seria respondida quase 20 anos depois da revista comemorativa. E pelo próprio médium.

ENCONTRO INESQUECÍVEL

Eis a descrição de Chico Xavier, publicada em 2006, a partir da primeira edição do livro *Mensagens de Inês de Castro*, cujos autores são o próprio médium e o Dr. Caio Ramacciotti.

Reproduzindo-a, na íntegra, devassamos Pedro Leopoldo com os olhos da alma, compreendendo as razões espirituais de sua singeleza e a grandeza do encontro que se daria em seu solo, entre dois seres angelicais, duas estrelas da constelação do Cristo, que se comprometeram a auxiliarem-se mutuamente nessa que seria a mais importante missão do século XX.

Eis o relato de Chico Xavier: (4)

De minha parte, pela primeira vez, enxergava a paisagem de Pedro

(4) XAVIER, F. C.; RAMACCIOTTI C. **Mensagens de Inês de Castro**. 24. ed. São Bernardo do Campo: GEEM; 2013. Capítulo Isabel de Aragão, Chico Xavier e os Idos de 1910. p. 213 – 217.

Leopoldo. Era bem um vale úmido a vila modesta que pisávamos. Uma cachoeira de águas claras parecia cantar no terreno recentemente des-bravado, e as linhas da via férrea se me figuravam antenas horizontais do progresso, que penetravam pelo verde adentro. O ribeiro separava o po-voado em duas regiões distintas. Do lado norte, de que vínhamos, estava a indústria nascente dos tecidos de algodão, e, para cá do ribeiro, no lado sul, o casario escasso parecia um conjunto de grandes pombais caiados de branco. A oeste, o sol entrava no poente. Entrei, com Benfeitores Amigos, numa rua que se abria, como até hoje, à frente da igreja, singela mas já construída em louvor da Mãe de Jesus.

Estacamos à porta de entrada da casa que seria o meu lar. Aguarda-mos alguns minutos de expectação, quando jovem senhora, em companhia de outras, se destacou para entrar na residência humilde. Era morena, de baixa estatura, vestindo roupa simples e de sorriso amigo, evidenciando resignação e simplicidade. Os cabelos trançados se lhe enrodilhavam de modo gracioso na cabeça. Despediu-se das companheiras que seguiram à frente e passou por nós sem ver-nos. Um dos Benfeitores explicou: — Esta é a nossa irmã tutelada de João de Deus. Em várias existências, brilhou na cultura do mundo e, por várias vezes, se consagrou à religião em casas de fé. No entanto, em fins do século passado, pediu a maternidade por tarefa primordial, rogando ambiente de extrema carência material, para burilar-se na própria alma. Tem agora a idade de 26 anos na experiência física, um marido operário, junto de quem é humilde tecelã numa fábrica de tecidos, e já foi mãe de oito filhos, tendo perdido uma filhinha desen-carnada em idade tenra e mantendo ainda sete que estão em crescimento.

E Chico continuou: Uma simpatia profunda me ligou imediatamente àquela mulher humilde e tranquila. Parecia-me rever em roupagem di-ferente uma irmã querida de quem me afastara sem precisar por quanto tempo. Incapaz de explicar a emoção que me dominava, caí em pranto em que a dor se misturava com a alegria, pois reencontrava uma criatura afetuosa e amiga. Lembro-me de que não me pude conter e caminhei para ela, envolvendo-a num grande abraço. A senhora sentiu profunda como-ção e começou também a chorar, ignorando como explicar a si própria o motivo de tantas lágrimas. Decorridos instantes, entrou o marido, um ho-mem claro, magro e alto, usando colete antigo sob o paletó comum e, após retirar um boné que trazia na cabeça pintalgada de algodão, perguntou: — Maria, o que houve, por que chora? — João, — respondeu ela —, eu mesma não sei. Estou assim como quem se recorda de alguém que a gente ama e que a morte não mais nos deixa ver... — Você andou lendo algum romance, falou aquele que iria ser meu pai. - Não, nada li... É apenas um estado estranho em que entrei... O dono da casa buscou o interior da moradia, de onde vinham vozes e gritos de crianças, e Maria de João de Deus sentou-se e orou, ali mesmo, na sala estreita, pedindo a Jesus a paz de quem ali estivesse, na condição de alma em saudade e sofrimento. Pe-netrei nos recantos da casa, na qual deveria em breve habitar. A pobreza e a simplicidade de tudo faziam-me chorar. Retornamos à Vida Espiritual e, pouco tempo mais tarde, voltei para que me ligasse a Maria de João de Deus em definitivo. Foi em 1910, quando tive a obrigação de obedecer a severas disciplinas, para que tudo ocorresse segundo a Vida Maior e não conforme os meus ideais egoísticos, talvez, de felicidade e de amor.

UMA ESTRELA ENGASTA-SE EM OUTRA ESTRELA

A descrição de Chico, do seu futuro lar, confirma o que já imaginá-vamos: sua encarnação foi cuidadosamente planejada. E a grande âncora de sua nova jornada terrestre sem dúvida foi sua mãe — dona Maria João de Deus.

Segundo lembranças no seio da família Xavier, dona Maria sentiu as dores de parto no dia 1º de abril de 1910. Experiente como era, acom-panhando a evolução das dores do parto, ela sabia que a criança não tardaria a nascer. Mas, no íntimo, não queria que o filho nascesse no dia 1º de abril, uma vez que esta data estava muito vinculada, no imaginário popular, ao dia da mentira. Segurou o quanto pode para que o parto não se desse antes da meia-noite. E conseguiu seu intento, usando uma estratégia bem feminina. Somente permitiu que seu marido buscasse o atendimento ao parto pouco tempo antes que os ponteiros do relógio se cruzassem no marco das 12 badaladas. E foi notório o seu cálculo porque, de fato, Chico nasceu pouco depois da meia-noite, no dia 2 de abril, para alegria do seu coração de mãe.

Ela era bem a estrela de luz em cuja haste engastou-se esse astro com brilho próprio que enfocamos nestas memórias. Temos, em *Cartas de Uma Morta*, o testemunho eloquente de sua evolução espiritual.

A vestimenta física de Chico Xavier precisava de matrizes genéticas puras no seio de família, que tivesse as conquistas seculares próprias da brasilidade,sem miscigenação recente, uma vez que a estabilidade é muito importante na exteriorização das faculdades anímicas, conforme aprendi com o próprio médium.

A base corpórea de Chico Xavier concentrou o cântico dessa brasilidade. Ele teve em suas veias o sangue de Senhorinha, sua bisavó índia, avó materna, lavadeira humilde de Santa Luzia do Rio das Velhas, tão bela em sua singeleza como a própria história dessa família humilde. Mas além do ameríndio, contou, em sua matriz genética, com a contribuição do negro e do português das Minas Gerais. O amálgama secular desses genes da gente brasileira constitui as esperanças de Jesus na edificação de um mundo novo, no qual os princípios de fraternidade sejam luminosa bênção para as nações do mundo.

João Cândido, seu pai, tinha temperamento de artista; era afeiçoado ao pinho, às serenatas fraternas. Com elas, brindava os amigos doando o sentimento de fraternidade da família reunida, já que, de recursos materiais, era tão pobre!... Foi um homem prolífico, 15 filhos, em dois matrimônios, e suas dificuldades para manter a prole sempre foram muitas. Funcionário da Fábrica de Tecidos, enquanto as crianças eram menores, depois, homem maduro, na cidade pequena tão escassa em oportunidades de emprego, dedicou-se às lides de cambista, para sobreviver. Fora a venda dos bilhetes de loteria que o tornara uma figura popular na cidade. Acima de tudo, porém, foi a contribuição do caráter de dona Maria João de Deus que favoreceu o trabalho missionário de Chico Xavier. O traço marcante de sua personalidade sempre foi a bondade. Quantos a conheceram enaltecem as qualidades do seu coração.

"ERA A MESMA COISA QUE VER BITA"

Quando estive em Pedro Leopoldo, em 1977, entrevistei uma senhora admirável, dona Carmelita Pereira da Costa, de 83 anos. Lúcida, de olhos muito vivos — dona Bilita, como era mais conhecida — parecia descender da linhagem mais nobre do Congo. Ela relembrou com saudades os tempos mais remotos da Rua São Sebastião, onde morava há tantos anos... Ela conheceu Chico, desde que nasceu, quando todos moravam na mesma rua. Lembrava-se de dona Maria João de Deus: "Era a mesma coisa que ver Bita, a filha mais velha. Boa que só vendo!...". E, por várias vezes, repetiu na entrevista que me deu em Pedro Leopoldo: "Tudo gente boa, a família de João Cândido!...". dona Bilita, que tinha muito orgulho de ter dançado com Juscelino Kubitischek, em Belo Horizonte, e ser figura indispensável do carnaval pedroleopoldense recordou, com saudade, os tempos de serenata com João Cândido. Sua irmã, Iraci, que veio a falecer aos 18 anos, também tomava parte nessas serestas com Libério, João Cândido e os filhos.

"Bons tempos aqueles! Tudo tão triste para Chico, depois que sua mãe morreu! Tão boa que ela era!...", concluiu dona Bilita.

MARIA JOÃO DE DEUS NAS LEMBRANÇAS DA FILHA

Foi muito bom tomar conhecimento das memórias de Maria Xavier Pena. Ela fora vítima de obsessão cruel na juventude e a busca por sua cura levara seu irmão Chico ao Espiritismo. Em sua palestra no Centro Oriente, em Belo Horizonte, ela lembrou que sua mãe nasceu em Santa Luzia, em 1881, no Hospital São João de Deus, o que deu origem ao seu nome.

Eis um pouco mais dessas preciosas memórias: (5)

"Maria João de Deus casou-se aos 13 anos de idade com João Cândido Xavier. Nessa época, trabalhavam ambos na Fábrica de Marzagânia, distrito de Sabará. Mamãe deixou uma semente de amor no coração de cada filho, pelas suas expressões de bondade e de simplicidade (...) Eu me recordo aquela criatura que soube ser mãe dedicada, esposa responsável e fiel, sem medir sacrifícios, mesmo nas fases mais aflitivas de nossas vidas".

Nas lembranças da filha, a mãe é evocada como o anjo bom "que nos ensinou a orar e a amar a Deus da forma que ela amava: trabalhando, sofrendo sem reclamar, cultivando o amor em nossos corações". As cenas em família eram tocantes, cheias de simplicidade e espiritualidade genuínas. "O nosso jantar era muito cedo – 4 horas – e mamãe gostava de fazer crochê. À tarde, então, depois que lavavam os pratos, sentavam-se todos os filhos em volta dela, num passeio que tinha na porta da rua. Ali brincávamos com as outras crianças, enquanto ela tecia e de vez em quando passava algum amigo, ou amiga, que cumprimentava, parava um pouquinho, com ela palestravam, e Maria João de Deus não nos perdia de vista (...)

Fazíamos os deveres de escola, ela tomava tabuada, pontos, ensinava o pai-nosso e todo mundo ia dormir. Nossa casa era alegre. Muitas vezes, minha irmã mais velha, que estudou música, tocava bandolim muito bem. As companheiras também tocavam outros instrumentos e reuniam-se lá em casa, e toda semana a gente ouvia uma orquestra que fazia gosto." E Maria Pena relata um episódio triste:

"Papai ampliou um pouco a vendinha, num cômodo maior e a casa era também grande e arranjamos alguns amigos. Lembro-me que papai, nesse curto tempo, foi festeiro do mês de Maria e à noite saímos todos para a igreja, ficando mamãe sozinha tomando conta da venda. Uma noite, foram chamar papai às pressas na igreja, pois mamãe tinha sido

(5) Ranieri R. A. **O prisioneiro do Cristo**. São Paulo: Livraria Allan Kardec Editora (Lake), 1978. Capítulo 25. Palestra em 20 de outubro de 1973, no Centro Oriente de Belo Horizonte. p. 85.

vítima de um grande desgosto, por parte de um freguês, e estava des-maiada. Nossa casa era iluminada por lampião e velas, pois no lugar não existia luz elétrica. Amigos socorreram mamãe, fecharam a venda, mas o abalo foi tão forte, que, no outro dia, papai começou arranjando as coisas para voltarmos para Pedro Leopoldo. Desta data para cá, mamãe foi adoecendo devagar; ainda viveu muito tempo, porém sempre doente e tristonha. Desencarnou aos 34 anos de idade, no dia 29 de setembro de 1915, deixando nove filhos".

Casa onde nasceu Chico Xavier, na rua São Sebastião

Família de Chico Xavier em 1930

Cidade de Pedro Leopoldo/MG em 1930

Acervo: Geraldo Leão

Chico Xavier e amigas de Pedro Leopoldo   Chico Xavier aos 15 anos de idade

Rua Comendador Antonio Alves, principal rua de Pedro Leopoldo

Capítulo 2

AS ATIVIDADES DA COMUNHÃO ESPÍRITA CRISTÃ

POR QUE UBERABA?

Waldo Vieira, nosso colega de faculdade, na época em que iniciei o curso de Medicina, em 1957, era nosso instrutor na União da Mocidade Espírita, cuja sede ainda hoje está no Centro Espírita Uberabense, dirigido, naquela ocasião, pelo valoroso confrade Emanoel Martins Chaves, o "seu" Lilito, de saudosa memória.

Convivendo com Waldo, tivemos a oportunidade de acompanhar as atividades iniciais da CEC, instituição que ainda não tinha sede fixa e iniciou suas tarefas no campo da divulgação, editando um pequeno boletim mensal, denominado *Roteiro*, e mantendo o programa Ondas de Luz, na Rádio Difusora de Uberaba.

Waldo fizera algumas visitas a Chico Xavier, em Pedro Leopoldo, e juntos haviam articulado a mudança do médium para Uberaba, tendo em vista o trabalho conjunto. Waldo estava em franca atividade psicográfica. Desde o final de 1956, durante todo o ano de 1957, concentrava-se ele, às quartas-feiras, em sua residência em Uberaba, inicialmente, para o treino da psicografia e, depois, para a recepção dos capítulos de um livro, que estava sendo escrito em parceria com o médium de Pedro Leopoldo. Ambos recebiam por psicografia, os textos do autor, o espírito André Luiz, pseudônimo de um médico e pesquisador desencarnado no Rio de Janeiro na década de 1930.

Tratava-se da obra *Evolução em Dois Mundos*, cujo caráter científico foi muito importante para a atualização de Kardec, nos tempos de hoje. É, sobretudo, uma obra *suis generis*, em todo o mundo, dadas as circunstâncias em que foi recebida: dois médiuns residentes em cidades distantes psicografaram os textos do mesmo autor espiritual. Cada um recebia um capítulo, de forma alternada, de modo que, ao juntarem a produção psicográfica, formou-se um livro perfeito, de alto teor científico.

Nosso grupo de estudos da Mocidade, do qual eu fazia parte, deixou Waldo Vieira, certa noite de quarta-feira, perto das 21 horas, à porta de sua residência, e ele deu-se pressa em chegar, porque estava em cima da hora para concentrar-se e receber o capítulo do livro de André Luiz.

Chico Xavier, com a saúde abalada, recebendo o impacto de uma campanha negativa da imprensa, que veiculava ideias falsas de seu sobrinho Amaury Pena, em desrespeito à mediunidade e à obra dos espíritos, resolveu mudar-se de cidade, a fim de evitar problemas para sua família, já tão amargurada por todos esses acontecimentos. Decidiu-se pela transferência para Uberaba, com a aquiescência dos mentores espirituais.

Com o desenrolar das tarefas da CEC, concluímos que as atividades preliminares colocadas em curso por Waldo Vieira, desde 1955, já eram fruto do entendimento prévio entre os dois médiuns para favorecer a transferência de Pedro Leopoldo. E, de fato, a partir de 5 de janeiro de 1959, iniciaram-se as atividades mais profundas de evangelização da CEC, com a transferência efetiva de Chico e a ação conjunta dos dois médiuns.

Não resta dúvida de que o encontro entre Chico Xavier e Waldo Vieira tinha sido planejado com detalhes no mundo espiritual, conforme poderemos acompanhar, mais adiante, no testemunho do Dr. Oswaldo de Castro. Waldo já sabia que teria de buscar Chico em Pedro Leopoldo para a tarefa em Uberaba, mas não conseguiu levar até o fim as promessas feitas à Espiritualidade, antes do renascimento.

SOBRE AMAURI PENA

Em 1977, entrevistei André Luiz Xavier, irmão mais novo de Chico, na Livraria Boa Nova, em São Paulo, para a *Folha Espírita em Revista*. Ele relembrou com certa tristeza os últimos lances da vida do irmão em Pedro Leopoldo:

"Havia interesses muito fortes que tentavam desmascarar a mediunidade de Chico. Aí entrou a invigilância de um sobrinho nosso, Amauri. Ele dava entrevistas aos jornais, afirmando que o tio não era médium. Foi um período muito difícil. Chico não mais podia produzir debaixo desse clima que se criou em torno dele. Veio, então, a mudança de Pedro Leopoldo. Depois disso, Amauri começou a beber, desenfreadamente, acamou-se e não mais se levantou. Foi muito triste este episódio, para toda a família", concluiu.

Ranieri ressaltou (6) que, diante das acusações tremendas do sobrinho contra Chico, este teve "uma atitude absolutamente cristã e franciscana, evitando dizer qualquer coisa que o prejudicasse ou o menosprezasse. Tentaram também desprestigiar Chico e não conseguiram", concluiu.

Para nós que convivemos com o médium em Uberaba, logo nos primeiros tempos da mudança, ele não disse nenhuma palavra sobre o assunto. E nós sempre respeitamos seu silêncio.

PRIMEIROS TEMPOS DA CEC

Sob a presidência de Dalva Borges, nossa dedicada companheira de ideal espírita da cidade de Uberaba, iniciaram-se as principais atividades da CEC, com os dois médiuns em plena atividade.

Durante sete ou oito meses desse primeiro ano, desde 5 de janeiro de 1959, as sessões eram realizadas ao ar livre, porque a sede da CEC ainda estava em construção.

As cadeiras dos palestrantes eram dispostas em círculo, em torno de um

---

(6) RANIERI, R. A. **O santo de nossos dias**. 2. ed. Rio de Janeiro: Eco, 1973. Capítulo Testemunho da verdade. p. 131-135.

poço que havia no fundo do quintal da casa onde Chico e Waldo moravam.

Na tarefa de comentaristas, também estavam Lygia Alonso Andrade, Dora Vilela, Terezinha e Antônio Correia de Paiva, Izabel Bueno, Jarbas Leone Varanda, Olavo Escobar, Antônio Fonseca e demais confrades de Uberaba, bem como visitantes de outras cidades. Para o trabalho de psicografia, Chico e Waldo dirigiam-se a um pequeno quarto, que ficava próximo ao poço, onde dispunham de duas pequenas mesas toscas que serviam de apoio para as respostas dos mentores às centenas de consultas.

Nunca me esquecerei dos céus de Uberaba! Eram refertos de estrelas. Havia noites em que ficávamos banhados pela luz prateada da lua; em outras, durante todo o tempo em que nos reuníamos, bem próximo de nossas cabeças, ficava o zimbório marchetado de estrelas. Impossível esquecer o brilho daquele manto deslumbrante, todo cravejado de astros, que parecia estar ao alcance de nossas mãos.

Nessas noites em que tínhamos por teto a abóbada celeste, recebíamos verdadeiro convite da Espiritualidade Superior à escalada rumo aos Céus. Ainda hoje, sentimos como essa caminhada é difícil e quão longe estamos de alcançá-la, no entanto, nenhuma força poderá apagar de nossa memória, as lembranças desse período, quando vivíamos uma nesga do Céu na Terra, sentindo as emoções, indescritíveis da fraternidade legítima. Foram momentos singulares de nossas vidas, de difícil repetição. Era como se Chico nos devolvesse o clima dos primeiros tempos do Cristianismo na Galileia distante.

Alguns meses depois do início do ano, as reuniões em torno do poço passaram a ser realizadas na primeira sede da CEC. Era tudo muito simples, como Chico sempre quis. Teto de telhas, sem forro, bancos de madeira; no centro do salão, havia uma mesa retangular com 12 cadeiras ao redor, paredes limpas sem quadros ou gravuras; uma sala dedicada aos passes e uma livraria.

No lado de fora, uma construção também simples, com sala e cozinha, onde era servido o cafezinho; junto dela, um pequeno galpão para a distribuição de sopa e armazenagem de roupas e peças de costura. Nos primeiros meses, as reuniões de desobsessão eram realizadas na Casa do Cinza, depois foram transferidas para a sede própria. Aos sábados, tínhamos a distribuição de gêneros alimentícios aos mais carentes, que, naquela época dos primórdios, localizavam-se ao redor da Instituição, em uma tarefa que ficou conhecida como Peregrinação, feita de casa em casa com a leitura de um pequeno texto evangélico, na soleira da porta, feita ora por Chico, ora por Waldo.

Havia um ponto de parada um pouco mais demorado, para um momento de confraternização, quando juntos entoávamos o Hino à Alegria Cristã. As caravanas que vinham de todas as regiões do Brasil e, às vezes, do exterior, juntavam-se a nós, os irmãos de Uberaba, na Peregrinação, e o clima era de intenso júbilo, como se estivéssemos em uma reunião festiva no mundo espiritual.

Os irmãos e as irmãs de ideal de Uberaba cooperavam nas tarefas dos vários departamentos: a sopa fraterna, o enxovalzinho, a distribuição de gêneros alimentícios, roupas, etc.

Idealizado por Waldo Vieira, o programa radiofônico *Ondas de Luz* continuou a ser realizado aos domingos, às 18 horas, com a minha participação e a de Lygia Alonso Andrade, durante o tempo em que por lá estivemos.

Por ordem de Emmanuel, tudo quanto sobrasse no caixa da CEC deveria ser distribuído aos mais carentes, por isso, a cada quatro meses, aconteciam os festivais de benemerência, com distribuição de gêneros alimentícios, roupas, etc. Em abril, tínhamos o Festival do Livro Espírita; em agosto, o Festival Bezerra de Menezes; e, em dezembro, o Festival de Natal. Como Uberaba acolhia os irmãos carentes, que chegavam à cidade em busca de amparo, havia forte demanda de irmãos necessitados de várias regiões. Por isso, nessas distribuições, afluíam milhares de irmãos carentes, que formavam numerosas e extensas filas ao redor da CEC.

Com relação aos Festivais, há uma ocorrência muito interessante que nos relatou o Dr. Oswaldo de Castro, distinto colega, cirurgião plástico, e amigo de longa data, que entrevistamos em São Paulo e que nos descreveu, assim, a ocorrência:

"Certa vez, enquanto ajudávamos na distribuição de um dos Festivais da CEC, Waldo me disse que tinha tido um sonho. Nele, vira todo esse pessoal em uma extensa fila, mas nós, os que promovíamos a distribuição, estávamos todos fardados. O entendimento desse sonho somente veio através da explicação que lhe deu o espírito Bezerra de Menezes. O benfeitor espiritual contou que, lá pelos anos 60 ou 70 d.C., Eurípedes Barsanulfo era general e perseguidor do Cristianismo e Waldo também. Eurípedes, após converter-se ao Cristianismo, chegou para as tropas e disse:

'– Em nome de Jesus Cristo, deponham suas armas –'. Waldo foi o primeiro a depor. Eurípedes, através de encarnações sucessivas, teve o trabalho de reunir as vítimas que tinha prejudicado nas batalhas e elas acabaram reencarnando em Sacramento, Minas Gerais.

E Eurípedes, ele próprio, como sabemos, nasceu e desencarnou em Sacramento, tendo atuado nas primeiras décadas do século XX, cuidando de todos até o fim, os vitimados pela gripe espanhola.

Bezerra disse que para ser um Eurípedes Barsanulfo ele havia demorado mais de 1.800 anos.

E há mais um detalhe: o nome da rua onde se encontra a CEC é professor Eurípedes Barsanulfo. 'Vemos, assim', concluiu Bezerra, que a realização do Festival permitiu que 'a praça de guerra de Eurípedes se transformasse em praça da caridade'. Uma bela ligação entre o nome da rua e a realização do Festival. Chico nos disse que Eurípedes é tão humilde, que não se deixa aparecer. *'Mas eu sei que ele nos ajuda'*, afirmou o médium".Essa narrativa do Dr. Oswaldo explica bem as razões que determinaram a realização dos Festivais da Caridade pela CEC.

Chico ao lado de amigos na Peregrinação

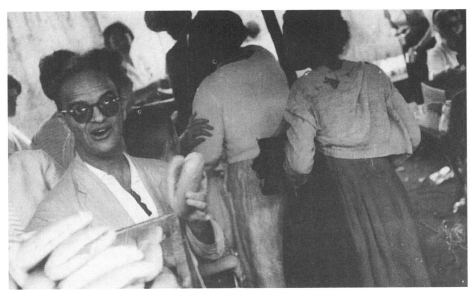
Chico Xavier na distribuição em Uberaba/MG

Chico faz a leitura do Evangelho, na Peregrinação. Junto dele, D. Maria Augusta Puhlman (cabelos grisalhos, com o rosto perto de Chico)

Comunhão Espírita Cristã em construção

Capítulo 3

RELEMBRANDO CIDÁLIA E AS LUTAS DA EXISTÊNCIA

Era interessante ver a alegria de Chico, nas grandes distribuições da CEC, com seu chapelão de abas enormes – um recurso simples que ele usava contra os efeitos do sol intenso, cumprimentando os irmãos do caminho, nas filas imensas ao redor da CEC. Ele nunca admitiu o privilégio de se proteger com um guarda-chuva, enquanto os irmãos da fila enfrentavam o sol escaldante.

Certa vez, em um desses festivais, Chico viu Cidália, sua segunda mãe. Ela acompanhou os passos de uma senhora com seis filhos, que forçava a entrada para receber o seu quinhão e foi em auxílio daquela mãe sofredora, ajudando-a a entrar. E ela pode receber o seu farnel. Chico acompanhara tudo com lágrimas nos olhos.

Cidália tivera seis filhos de seu casamento com João Cândido, que ficaram sob a responsabilidade de Chico, após sua morte prematura. Sempre que se referia a ela, Chico o fazia com imenso carinho. Em várias ocasiões, ele havia nos contado sobre o surgimento da mediunidade na primeira infância, a fase difícil após a morte da mãe, os flagelos, mas também o refrigério na acolhida de Cidália.

Naquele instante em que vira o espírito dela, ajudando a mãe carente, certamente, perpassaram-lhe pela memória as lembranças de sua própria vida, de tudo o que passou até que a reencontrasse no período difícil de sua infância sofrida.

Procurei entender esses sentimentos que lhe afloraram à memória, com a visão de Cidália, relembrando lances de sua história, narrados por ele mesmo e por amigos e familiares nas entrevistas que fiz em 1977. Sem dúvida, as lembranças começam aos quatro anos.

INÍCIO DAS MANIFESTAÇÕES MEDIÚNICAS

Rememoremos o início da mediunidade nas palavras do próprio médium: (7)

Eu tinha quatro anos de idade, quando voltei da cidade de Matozinhos, perto de Pedro Leopoldo, onde nasci, em companhia de meus pais e de meus irmãos. Meus pais haviam assistido às cerimônias religiosas que, naquele tempo, eram consideradas de praxe para todas as famílias católicas. Havíamos caminhado 11 quilômetros. Chegamos em casa, numa noite bastante fria, com chuva. Meus irmãos se dirigiram logo para o descanso do sono. Minha mãe, naturalmente preocupada com problemas de saúde, trocou-me a roupa e, como eu estava fatigado, levou-me à cozinha, onde fora fazer um café para o meu pai. Enquanto esperava o café que se fazia, meu pai começou a falar a respeito de um problema de aborto que havia ocorrido com uma de nossas vizinhas. Uma criança havia nascido fora de tempo e meu pai, que não havia atingido a verdade sobre o assunto, discutia com minha mãe a respeito. Nesse instante, eu ouvi uma voz e então transmiti para meu pai. "- O senhor naturalmente não está informado com respeito ao caso. O que houve foi um problema de nidação inadequada do ovo, de modo que a criança adquiriu posição ectópica. "Meu pai arregalou os olhos e disse para minha mãe: '- O que é isso, Maria? Esse menino não é o nosso. Trocaram essa criança na igreja, enquanto nós estávamos na confissão"; e me perguntou o que vinha a ser nidação, o que vinha a ser ectópico, o que vinha a ser implantação. Eu

(7) Entrevista de Chico Xavier a Hebe Camargo, em 17 de setembro de 1973, no Horto Florestal Paulistano, programa da TV Record, canal 7, São Paulo. (XAVIER, F. C. Emmanuel. **A terra e o semeador**. Temas da atualidade. 3. ed. Araras, SP: Instituto de Difusão Espírita (IDE); 1981. p. 26–28).

não sabia explicar coisa nenhuma porque falei o que uma voz me dissera. Ele me olhou com muita desconfiança, e minha mãe comentou:

"- Não, João, este menino é o nosso mesmo!".

- Este menino não é o nosso. Até a roupa dele está mudada!'. Então, minha mãe explicou: "- Eu mudei a roupa da criança agora, por causa do frio". Meu pai naquela dúvida e as vozes começaram a trabalhar. Eu tinha 4 anos de idade e me recordo perfeitamente.

A DIFÍCIL SEPARAÇÃO

Segundo a programação existencial do médium, dona Maria João de Deus deveria voltar à verdadeira pátria, deixando-o na orfandade em tenra idade. Foi uma separação muito dolorosa para o coração do menino Chico. Acompanhemos suas lembranças (8).

Passados alguns meses, minha mãe adoeceu, mas adoeceu gravemente, e, como meu pai estava desempregado, ela se preocupou com a nossa sorte, no caso de ocorrer o falecimento dela. Passou a perguntar às amigas, quais delas poderiam se incumbir do zelo de que nós necessitávamos. Às vésperas da partida de minha mãe, ela, se sentindo muito mal, começou a chamar as amigas e a entregar os filhos, que eram nove, dos quais eu era o penúltimo. Quando chegou a minha vez - eu estava com cinco anos - perguntei a ela: "Mas, minha mãe, a senhora está me entregando para os outros?". Então, ela me disse: "Meu filho, eu não estou entregando você para os outros. Quero que você saiba que vou me ausentar daqui" — naturalmente ela dizia isso prevendo a morte próxima — "e seu pai está em dificuldade. Estou confiando seus irmãos para as amigas zelarem por eles, porque seu pai, no momento, não pode dispensar a atenção que vocês precisam. Você vai ficar com a nossa amiga, dona Ritinha, e vai gostar muito dela. Ela será muito boa e eu volto para buscar você". Naturalmente, sentindo que meu pai, muito moço ainda,

---

(8) Entrevista de Chico Xavier a Hebe Camargo, em 17 de setembro de 1973, no Horto Florestal Paulistano, programa da TV Record, canal 7, São Paulo (XAVIER F. C. Emmanuel. *A terra e o semeador. Temas da Atualidade.* 3. ed. Araras: Instituto de Difusão Espírita (IDE); 1981. p. 28-29).

necessitaria provavelmente de um segundo casamento, como, realmente, aconteceu, ela acrescentou: "Se eu não puder vir mais depressa, enviarei uma moça que possa ajudar a vocês. Mas, se alguém disser que eu não volto mais, que eu estou morta, não acredite, porque eu voltarei".

HORA CERTA PARA APANHAR

E Chico Xavier mergulha ainda mais profundamente nas suas memórias, contando como acompanhou dona Ritinha e o período difícil que enfrentou. (9)

Acompanhei, então, essa senhora, para a residência dela. Ela possuía um sobrinho, um rapazinho de 13 anos, e passei a conviver com a família. O casal não tinha filhos, além desse sobrinho e filho adotivo. Essa senhora era excepcionalmente bondosa, mas, no meu caso, ela sentia certa necessidade de me surrar, vamos dizer assim. Esse sobrinho inventava coisas e eu achava que o menino era incapaz de inventar qualquer intriga. Então, eu atribuía tudo aquilo ao capeta, porque minha mãe era muito católica e todas as noites nos ensinava orações, nos ensinava a orar com ela, os nove filhos de joelhos. Certa feita, era uma tarde, seis meses depois do falecimento de minha mãe — essa senhora, que me acolhera, tinha o hábito de passear, às tardes, com o esposo e o sobrinho, e eu ficava com a moça que ajudava na cozinha — eu me dirigi para umas bananeiras, ajoelhei-me e comecei a orar, repetindo as orações que minha mãe me ensinara, porque aquela senhora me dava, muitas vezes, três surras por dia e eram surras de vara de marmelo. O menino criava os problemas, eu não podia me defender e, no meu íntimo, já que eu não o via fazer aquilo que ele fazia, eu acreditava que ele era de boa índole, e atribuía tudo ao demônio. Eu não acreditava que ele pudesse fazer e então apanhava de manhã, ao meio-dia e à tarde. Tinha tanta hora certa que de manhã, quando a moça, na cozinha, me falava: 'Chico, venha tomar café', eu dizia: Por enquanto,

(9) Entrevista de Chico Xavier a Hebe Camargo, em 17 de setembro de 1973, no Horto Florestal Paulistano, programa da TV Record, canal 7, São Paulo (XAVIER F. C. Emmanuel. **A terra e o semeador.** Temas da Atualidade. 3. ed. Araras, SP: IDE - Instituto de Difusão Espírita (IDE); 1981. p. 28–33).

não, eu vou esperar a minha madrinha levantar, para me bater primeiro. Antes da surra fatal, eu não sentia o gosto do café. Então, esperava apanhar, porque, depois do couro... eu já sabia que podia tomar café... Até a nova surra, ao meio-dia. Então, uma tarde, minha mãe me apareceu e começou a conversar comigo. Respondi logo: Ah! mas a senhora demorou! Porque a senhora nos deixou tanto tempo? Não havia dificuldades no meu cérebro, não havia dúvida filosófica, não havia discussão religiosa, e admitia o fato de minha mãe estar vivendo porque ela me dissera que voltaria. Aí, falei com ela: A senhora não sabe que estamos lutando!... Minha mãe prosseguiu: "Meu filho, no local onde estou, uma enfermeira me informou que você está querendo se queixar das surras, mas você deve apanhar com calma, porque isso vai lhe fazer muito bem...". Leve-me com a senhora mamãe! Não me deixe mais aqui!..., foi o que roguei. "Agora não posso, porque vou para o hospital, não é?' Quando minha madrinha chegou, às 8 horas da noite, de volta à casa, que eu contei que minha mãe tinha vindo, com aquela euforia, ela achou que eu havia enlouquecido e, então, apanhei mais ainda. No outro dia, minha mãe tornou a aparecer e disse: "Eu não quero que você minta, mas você não precisa dizer que eu estou lhe aparecendo". De minha parte respondi: Mas estou apanhando muito! Olhe a minha pele como está! "A sua madrinha é sua instrutora" — disse ela — "você deve gostar muito dela". Quando criança, eu temia a madrinha, ao invés de estimá-la. Mas quando a idade foi chegando, compreendi o bem que ela me fez... Ela era muito boa pessoa, mas seria talvez nervosa ou muito doente, em certas horas...

FILHA DE JUVENTINA EMILIANO
RELEMBRA INFÂNCIA DE CHICO

Entrevistei, em Pedro Leopoldo, as meninas Emiliano - Alaíde, Alice e América - filhas de José e Juventina Emiliano. Elas recordaram perfeitamente do que sua mãe lhes contava sobre a infância de Chico. Em 1977, ouvi Jovelina Alice Emiliano que desdobrou para nós muitos quadros de uma das fases mais dolorosas e tristes da vida do médium.

"Naquela época, mamãe morava na antiga Rua da Cadeia, hoje Romero de Carvalho. Chico era menino ainda, foi logo depois que sua mãe morreu, e ele foi morar com a madrinha que era vizinha de mamãe. O quintal dividia a nossa casa com aquela em que ele morava e era separado por uma cerca. Dona Rita, a madrinha, era um pouco nervosa. O menino tinha que ajudar em tudo, dentro de casa, como se fosse gente grande. Muitas vezes ele ia com minha mãe buscar lenha e arrumava tudo. Minha mãe ficava admirada de ver, toda criança gosta muito de dinheiro, mas Chico não era assim.Todo dinheirinho que conseguia ganhar, ele ia até a ponte, ali perto da fábrica, jogava dentro do rio, pedindo à alma da mãe dele que viesse buscá-lo, porque estava sofrendo muito.

Minha mãe gostava muito de Chico. Antes do seu falecimento, quando os dois se encontravam, era aquela festa. Mamãe relembrava também o caso da ferida na perna de um garoto que D. Rita criava. Foi dito que se alguém passasse a língua no lugar a ferida cicatrizava. Então, a madrinha exigiu que Chico fizesse isso. Na casa também sempre havia pouca comida para Chico. Minha mãe contava que muitas vezes, através da cerca, ela passava biscoito, pedaço de pão ou alguma outra espécie de comida e ela dizia:"

"Chico, coma depressa e depois põe uma folha de goiaba na boca, para quando sua madrinha chegar não ficar brava. Lava bem a boca, Chico, para ela não perceber que você comeu...'."

'E arrematou: "Sempre tivemos ótima amizade com o Chico. Quando nós já estávamos mais crescidas e Chico trabalhava no armazém do "seu" Juca, ele riscava bordados para nós, auxiliava a gente em alguns pontos mais difíceis. Ele sempre foi essa mansidão que é hoje".

O SOCORRO

Finalmente, surgira o socorro de que a mãe lhe falara, antes de partir, e relembrava nos encontros ao pé das bananeiras. Dois anos e poucos meses depois da morte de dona Maria João de Deus, João Cândido, seu pai, casou-se com Cidália, a moça boa e humilde que impôs como condição para as bodas a reunião dos nove filhos do primeiro matrimônio.

O pequeno Chico auxiliara o pai cantando nas serestas noturnas para a conquista da simpatia de Cidália ao enlace. Na reunião de todos os filhos, Chico foi o último a chegar. Houve consternação em família ao constatarem as sevícias a que fora submetido seu corpinho frágil, mas a esperança renasceu e as alegrias da vida familiar pouco a pouco ressurgiram, apesar das grandes lutas materiais.

Chico sempre dedicou a Cidália imensa ternura filial, por tudo quanto ela representou em sua existência de penosos sacrifícios.

AS RAÍZES CATÓLICAS E OS CONFLITOS PSICOLÓGICOS

Se a vida em família era agora um remanso de paz, com a presença maternal de Cidália, os conflitos psicológicos do pequeno Chico eram muitos. Via e escutava espíritos, bons e maus, sem encontrar explicação lógica para o fenômeno e nem compreensão das pessoas à sua volta.

Cresci debaixo de muitos conflitos íntimos, porque, de um lado, estavam as pessoas grandes que me repreendiam ou castigavam supondo que eu criava mentiras e, do outro lado, estavam as entidades espirituais que perseveravam comigo sempre. Disso resultou muita dificuldade mental para mim, porque eu amava os espíritos que me apareciam, mas não queria vê-los para não sofrer punições da parte das pessoas encarnadas com quem eu precisava viver (10).

Era natural que os familiares, profundamente católicos, não compreendessem os fenômenos mediúnicos e, por essa razão, desde logo, chamassem o padre Sebastião Scarzelli, da paróquia de Matozinhos, para atender às confissões do garoto que via coisas que ninguém via. Desde então, Chico passou a não fazer outra coisa senão penitências.

---

(10) BARBOSA, E. **No mundo de Chico Xavier**. 2. ed. Araras, SP: Instituto de Divisão Espírita (IDE), 1975. Capítulo 2, p. 27.

Ajoelhava-se, perdia-se em orações, carregava pedras pesadas de até 15 quilos nas costas, tudo na tentativa de se livrar das coisas do demônio. Muitas vezes enquanto rezava mil ave-m, perdia-se nas contas e tinha de começar tudo de novo. Ele falou sobre seu confessor (11).

Durante anos, até 1927, ele me ouvia, paternalmente, em confissão de dois em dois meses. Devo dizer que ele me ouvia admirado e compadecido. Não sei se ele acreditava em tudo o que eu narrava para ele, no que se referia ao que enxergava e escutava nos horários dos ofícios religiosos, mas posso declarar que ele sempre me tratou com a bondade de um pai. Ensinava-me a orar e a confiar em Deus, a respeitar a escola e cultivar o trabalho, a fazer novenas pelo descanso dos mortos e a esquecer as más palavras dos espíritos infelizes, quando eu as escutava.(...)

Certa vez, vendo que eu estava descalço, me perguntou se eu gostaria de ter um par de sapatos. Eu disse que sim e ele me levou à loja do Sr. Armando Belisário Filho, em Pedro Leopoldo, e comprou um par de sapatos para mim. Conto isso porque notei, que ele queria me ver alegre, esquecendo o estado de angústia em que me achava."

Sempre muito honesto com sua fé, Chico, depois de conhecer a Doutrina Espírita, despediu-se de seu paternal confessor. (12)

"Logo após os meus primeiros contatos com o Espiritismo, voltei à igreja de Pedro Leopoldo, ainda uma vez, para dar-lhe notícias de minha nova situação. Só podia vê-lo, nesse dia, no confessionário. Para lá me dirigi. Ajoelhei-me, como sempre fazia, e contei-lhe tudo o que se passara. A cura de minha irmã, minha emoção ao conhecer as ideias espíritas, os livros de Allan Kardec que eu estava lendo, as melhoras de meu estado íntimo... Ele não me condenou, disse apenas que não lera até aquela ocasião qualquer obra do Espiritismo, por isso nada podia dizer... Disse-me que a igreja não aprovava o Espiritismo e que eu ainda era

---

(11) BARBOSA, E. **No mundo de Chico Xavier**. 2. ed. Araras, SP: Instituto de Divisão Espírita (IDE), 1975. Capítulo 2, p. 27-28.
(12) BARBOSA, E. **No mundo de Chico Xavier**. 2. ed. Araras, SP: Instituto de Divisão Espírita (IDE), 1975. Capítulo 2, p. 28-29.

muito jovem para assumir compromissos e tomar decisões. Eu respondi a ele que, apesar de respeitá-lo muito, ia estudar o Espiritismo e dedicar-me à mediunidade. Ele permaneceu calado. Então, disse a ele que eu não queria separar-me dele, que fora sempre tão bondoso para comigo, deixando-o contrariado. Pedi a ele que me desse a mão, e ele me estendeu a mão direita. Depois de beijá-la, pedi a ele que me abençoasse. Ele, então, me disse: "Seja feliz, meu filho. Eu rogarei à nossa Mãe Santíssima para que te abençoe e te proteja...". Levantei-me e saí, mas sabendo que havia tomado a decisão de praticar a mediunidade, quando cheguei à porta da saída para vê-lo, ainda uma vez, notei que ele, mesmo de longe, me acompanhava com o olhar e me sorria."

COMO VENCEU O SEXO

Certa vez, conversando conosco após reunião da CEC, Chico contou-nos algo muito importante da sua adolescência. O modo como conseguiu vencer os apelos do sexo.

Na juventude, quando sentia fortes impulsos para o congraçamento sexual, ele internava-se no mato, nos arredores de Pedro Leopoldo e, sem que ninguém ouvisse, falava bem alto, dirigindo-se às próprias células do seu organismo, especialmente às do sistema genésico, pedindo que elas o ajudassem. Dirigia-se a elas mais ou menos nesses termos:

Minhas filhas, eu sei que vocês têm fome e é natural que desejem satisfazer suas necessidades com alimento próprio, mas esse alimento que vocês querem, eu não posso dar. Por favor, me ajudem!

Eu preciso que vocês se acalmem, porque tenho de utilizar essa força para outra tarefa. Tenho de canalizar essa energia para a tarefa que Jesus me designou.

Me ajudem, pelo amor de Deus!

Repetiu esse procedimento inúmeras vezes. E falava bem alto, porque assim sentia que as células o ouviriam.

Foi dessa forma que conseguiu vencer, sem que tivesse necessidade de relacionamento sexual e pudesse canalizar toda a sua energia genésica para a produção de livros.

AS DESPEDIDAS DE CIDÁLIA

No dia 18 de abril de 1931, Chico foi chamado às pressas. Cidália estava muito mal, com pneumonia, e queria falar-lhe. Mais tarde, quando no seu discurso na solenidade que lhe entregou o título de cidadão uberabense, ele recordaria esse triste momento, do diálogo final:

"Chico, eu sei que parto. Mas vou pedir muito a Jesus por você... Eu não sei se você se lembra que, muitas vezes, me dizia ver assembleias no ar... Então, eu lhe disse: 'Por que a senhora vai nos deixar, quando eu preciso tanto de alguém que me assista?'.

Ela me respondeu: "- Eu creio que você encontrará esses 'irmãos do arco-íris'. Eles existem em alguma parte. O que eu posso fazer por você?!".

Ela, que havia dado um livro de exemplos... Ela, que me havia ensinado a encontrar a melhor diretriz, me falou com humildade:

"O que posso fazer por você, se eu não sei ler?".

Nas conversas com Cidália, ambos falavam dos "irmãos do arco-íris" - espíritos que Chico via, com roupas coloridas, por entre as nuvens, mas que permaneciam como grandes incógnitas para ambos.

No dia 19 de abril de 1931, Cidália partia para o mundo espiritual, deixando Chico novamente na orfandade.

A jornada de lágrimas reclamara-lhe também a partida de sua segunda mãe. Em sua vida de doações, as bênçãos de afeto foram muito raras. Em 1931, quando iria iniciar sua tarefa espírita com Emmanuel, Cidália partiu e com a sua partida a luta recrudesceu!...

O sonho de se dedicar à literatura chegara ao fim...

RECORDAÇÕES DA AMIGA DE INFÂNCIA

Florisbela Pereira foi criada com Cidália, a segunda mãe de Chico.

Quando a entrevistei, em Pedro Leopoldo, em 1977, ela recordou-se com muita saudade, daqueles tempos.

"João Cândido tocava viola; Zina, irmã de Chico, tocava violão; e eu e Chico, e mais alguns, cantávamos nas serenatas, nas casas dos amigos. No Natal, havia ceia em casa dele, depois saíamos e chegávamos em casa às 6 horas da manhã; fazíamos serenatas a noite toda. E no dia de Reis também. A voz de Chico era suave e delicada. Fui criada com Cidália, a segunda esposa de João Cândido, de modo que conheço bem toda a família. João Cândido era um homem maravilhoso; eu o tinha como um cunhado e um segundo pai. Nas serenatas, ele tinha muito cuidado com a gente, para que outros rapazes que ele não conhecia não viessem trazer problemas para nós. Cidália era muito boa, ela abraçou com amor os filhos do primeiro casamento de João Cândido e sempre foi muito dedicada à família. Lembro-me da tristeza com a sua morte. Uma família queria ficar com Doralice e João, os filhos mais novos de Cidália, aí João Cândido falou: '

— "Chico é que sabe, se ele quiser, pode dar os meninos". Mas Chico não deixou: '

Assim como eu achei Cidália para acabar de me criar, eu vou acabar de criar os filhos dela também'. E ficaram morando todos juntos, com Chico na responsabilidade maior da casa".

Filas nas grandes distribuições da CEC

Capítulo 4

UM GRANDE TRABALHADOR

Segundo seu próprio testemunho, Chico Xavier iniciou a experiência de trabalho na Fazenda Modelo, em 1933. Li em sua ficha de trabalho que ele começou a servir no dia 1º de maio, em um grande feriado nacional, o que não deixa de ser algo inusitado. No seu contrato regular de trabalho, consta, porém, o ano de 1935 como o início de suas funções. Durante esses dois anos, de 1933 a 1935, ele conciliara os dois serviços; nas horas que lhe restavam do expediente na Fazenda Modelo, trabalhava no armazém do "seu" Juca, embora nada recebesse por essa função, porque o armazém estava falido.

Na entrevista que Lico – Manoel Diniz – me deu, em 1977, ele afirmou que o médium se mudou para Uberaba, a conselho médico, transferindo-se antes mesmo de se aposentar.

"Ele foi para lá em princípio de 1959 e aposentou-se em 1961. Como lá havia órgãos do Ministério de Agricultura, como o Parque Fernando Costa, ele pode continuar o trabalho antes de se aposentar." Lico, como as demais pessoas que conviveram com o médium, ressaltou os traços mais importantes da vida dele: a humildade e o espírito de trabalho.

Desse modo, quando Chico mudou-se para Uberaba, estava ainda sob regime de trabalho no Ministério da Agricultura, desempenhando, então, as suas funções, na nova cidade, de 1959 a 17 de janeiro de 1961, quando se aposentou, no governo do Presidente Juscelino Kubitscheck de Oliveira.

Sua ficha de trabalho foi exemplar. Aposentou-se sem ter usufruído de nenhuma licença e nenhuma suspensão, trabalhando muitas vezes aos sábados, domingos e feriados, quando se realizavam as feiras agropecuárias.

Como se vê, Chico sempre foi um grande trabalhador, tendo começado muito cedo para garantir a própria subsistência.

LUTA PRECOCE PARA O SUSTENTO DA FAMÍLIA

Mauro Santayana entrevistou Chico Xavier para o jornal *Folha de S. Paulo,* na reportagem intitulada *O São Francisco dos Desesperados* (11 de julho de 1982), e nela descreve as razões que levaram o médium a trabalhar muito cedo. Chico falou-lhe do seu contentamento ao ver o espírito de sua mãe em meio a tantos sofrimentos, depois que ela partiu e teve que viver com a madrinha.

Ela vinha me dizer que sofresse resignado, esperasse que um anjo bom viesse salvar-me, e que obedecesse; obedecesse sempre. O anjo veio: papai casou-se outra vez e sua esposa, maravilhosa mulher, só se casou com o compromisso de reunir os nove filhos dispersos de minha mãe."

Como ele e seus irmãos foram recebidos com tanta bondade por Cidália, Chico passou a contar-lhe suas visões:

"E ela me disse, Mauro, que não entendia aquilo, mas acreditava em mim. E disse uma coisa de que não esqueço: Olha, Chico, eu não entendo disso, ninguém entende, mas você é um menino inocente, você está dizendo a verdade. Um dia, quem sabe? Vai aparecer alguém que entenda você e explique suas visões, as vozes que você ouve.

Mas me disse que não falasse muito disso a meu pai, que estava querendo internar-me em um sanatório para enfermos mentais. Ele, aconselhado por seus amigos, achava que era melhor meter-me em um hospício. Devia ter suas razões: naquela época, não me visitava apenas o espírito bondoso de minha mãe, mas também entidades estranhas, perturbadoras. Então, o padre Scarzelli me salvou mandando-me trabalhar.

O padre me deu um conselho. Disse-me que eu era um menino lúci-

do que tinha visões. E que, ainda que não entendesse as minhas visões, achava um absurdo internarem-me. 'Vem cá, Chico' – disse – 'na Fábrica de Tecidos estão empregando meninos para trabalhar no turno da noite. Se você for trabalhar lá, seu pai não te interna'.

Fui trabalhar como tecelão. Entrava às 3 da tarde, saia à 1 da manhã, dormia até às 6, ia para a escola, saía às 11, almoçava, dormia uma hora depois do almoço, entrava de novo na fábrica. O algodão, a poeira do algodão, começou a sujar-me os pulmões, depois de algum tempo, e o médico mandou que eu trocasse de emprego.

Assim, com pouco mais de 8 anos, Chico Xavier iniciou sua vida como operário da Fábrica de Tecidos da Cia. Industrial de Belo Horizonte, em Pedro Leopoldo, como servente de fiação.

ENTREVISTEI ALFREDO SANTANA, CHEFE NA FÁBRICA DE TECIDOS

Na terra natal do médium, na década de 1980, tivemos a oportunidade de entrevistar o sr. Alfredo Santana, chefe de serviço de Chico Xavier, da época em que trabalhou na Fábrica de Tecidos.

Santana contou-me que Chico era muito menino e fazia o turno que se estendia da tarde à noite, prolongando-se às vezes pela madrugada. Reconheceu que o regime era muito puxado, porque, de manhã, Chico frequentava as aulas do Grupo Escolar São José e logo após o almoço tinha de começar na Fábrica de Tecidos, varando praticamente a noite.

Alfredo Santana contou que, algumas vezes, ele e João Cândido, pai de Chico, tinham de acordar o menino que dormia pesado perto de um dos teares, todo coberto por penugem de algodão.

COMPANHEIRO NA FÁBRICA DE TECELAGEM

Francisco Reis foi contemporâneo de Chico Xavier. Em 1977, quando o entrevistei, residia em Belo Horizonte e estava de passagem por Pedro Leopoldo. Ele recordou seus tempos de meninice. "Chico deve ser mais velho, do que eu, uns 2 anos, talvez. Quando eu estava no 2º ano do Grupo, ele estava saindo do 4º; parece-me que a professora dele, na época, era dona Rosária Laranjeiras. Ele sempre foi muito bom amigo, uma pessoa mesmo "fora de série". Trabalhamos também na mesma fábrica de tecidos, da atual Cia. Industrial de Belo Horizonte (...).

Tomávamos conta de uma máquina e fazíamos o horário noturno, das 15h, à 1h da manhã, mais ou menos. Lembro-me de que Chico saiu da Companhia e foi trabalhar com seu padrinho, o Juca Bicheiro, que era dono de um armazém (...) Ele fazia a escrita do armazém do Juca ao mesmo tempo em que trabalhava na fábrica de tecidos, depois, com a idade mais ou menos de 12 anos é que ficou só no armazém. Era uma vida dura, nós éramos meninos e trabalhávamos até altas horas da noite...".

Francisco Reis lembrou-se do que se passara com Maria Xavier Pena: "Na época da escola, Chico era muito chegado à Igreja, participava sempre das festinhas. E mesmo na escola era chamado para participar das festas porque era muito bom e inteligente; quando precisava de alguém para fazer discurso ele estava lá. Era muito esforçado. Quando Chico tinha uns 16 ou 17 anos, uma de suas irmãs, a Tiquinha, apresentou uma doença, diziam, na época, que ela havia enlouquecido. Mas o negócio era outro, era problema de espírito. Então, a família mandou chamar o Juquinha Perácio, que era uma pessoa muito amiga, que conheci de perto, em Maquiné. Ele veio imediatamente. Logo depois do primeiro trabalho, Tiquinha ficou completamente curada. Chico se revelou, dessa época para cá. Ele não sabia que era médium. Eu não sou espírita, não entendo, mas sou amigo de Chico, sou capaz de comprar uma briga por causa dele".

DO BAR DO DOVE AO ARMAZÉM DO "SEU" JUCA

De 1925 a 1928, Chico Xavier trabalhou no Bar do Dove — Claudovino Rocha — como servente e ajudante de cozinheiro. Sua alma sensível sofria com a infelicidade de irmãos que ali, muitas vezes, se entregavam à paixão da bebida. Além do mais, o serviço estendia-se até altas horas da noite e ele era apenas um adolescente de 13 anos.

Com o auxílio de Deus, fixou-se, em seguida, no comércio, no armazém do Sr. José Felizardo Sobrinho, como único empregado da casa de secos e molhados. Chico concluiu o curso primário em 1925, porque, nos anos de 1922 e 1923, repetiu o ano escolar. Ficou nas atividades comerciais por mais de dez anos consecutivos.

FINALMENTE, O EMPREGO ESTÁVEL

Nas recordações de Chico Xavier, perpassam os anos de trabalhos rudes para o sustento da família e o momento em que foi admitido para o trabalho na Fazenda Modelo. É ele que conta (13).

"Entrei para os serviços do Ministério da Agricultura, precisamente em 1933, conquanto trabalhasse nas horas que me sobravam do expediente na repartição, no armazém do Sr. José Felizardo Sobrinho, com quem servi na condição de caixeiro. Acontece que, em 1932, ele foi acometido de uma trombose cerebral, que o deixou praticamente incapaz de atender às atividades comerciais. O armazém dele era muito pequeno e eu era o empregado único. Doente, não conseguiu, o Sr. Felizardo Sobrinho, movimentar os negócios que lhe diziam respeito e, em 1933, não mais pode pagar-me os salários a que eu tinha direito e que eram, então de 60 mil réis por mês e, em vista disso, conhecendo a minha situação, um generoso amigo, Fausto Joviano, conseguiu um lugar de serviço, em meu favor, na ex-Inspetoria Regional do Serviço de Fomento da Produção Animal, em Pedro Leopoldo. Quando a reportagem de O Globo *esteve por algum tempo, em Pedro Leopoldo, em 1935, reportagem essa da qual nasceu o livro* Palavras do Infinito, *eu recebia o Sr. Clementino de Alencar, representante do grande vespertino carioca, no armazém do Sr. José Felizardo Sobrinho, a quem continuei prestando serviço gratuitamente nas horas*

(13) BARBOSA, E. **No mundo de Chico Xavier.** 2. ed. Araras, SP: Instituto de Divisão Espírita (IDE), 1975. Capítulo 8, p. 88.

vagas. O armazém teve as suas atividades encerradas, em 30 de junho de 1935, pela impossibilidade em que se via o proprietário de pagar os impostos do segundo semestre daquele ano, motivo pelo qual somente em 1º de julho de 1935, me fixei de maneira definitiva nos serviços da repartição que mencionei."

Seu devotamento levara-o a trabalhar 2 anos gratuitamente para seu patrão. E sua alma agradecida deu um desses exemplos inesquecíveis de abnegação, quando esmolou para enterrar seu ex-patrão. Desejou homenagear seu benfeitor que desencarnava na mais extrema miséria, sem ter nem mesmo um caixão para repousar o fardo físico que o servira na Terra. Até um cego, sabendo de seu gesto, entregara-lhe tudo quanto recolhera. (14).

Gestos como esse falam mais sobre sua personalidade ímpar do que milhares de palavras.

"CHICO SEMPRE FOI UM TRABALHADOR..."

Em Pedro Leopoldo, entrevistei um homem simples que estampava um sorriso enorme que lhe iluminava os olhos, ao falar de Chico Xavier. Era José Jerônimo da Silva, charreteiro do médium durante algum tempo, quando servia no Ministério da Agricultura. É preciso que se ressalte, porém, que o funcionário da Fazenda Modelo somente tinha direito ao transporte de charrete quando já cumprira mais de dez anos de serviço. Foi assim com Chico.

"Creio que fui charreteiro uns 30 anos quase" — lembrou José Jerônimo. "Nós trabalhávamos juntos na Fazenda Modelo, onde eu fui tratador durante 40 anos. Buscava Chico às 8 horas da manhã e trazia às 11 para o almoço, voltava para a Fazenda ao meio-dia e trazia de volta às 5 horas da tarde. Quase todas as vezes em que eu estava com ele, Chico ia escrevendo, na charrete.

---

(14) GAMA, R. **Lindos casos de Chico Xavier**. 17. ed. São Paulo: Livraria Allan Kardec Editora (Lake), 1995. p. 70-72.

Ele não gostava de me ver bater nos animais, dizia: *"Deixa, meu filho, que eles vão sozinhos, não precisa bater!"*.

"Chico sempre foi muito trabalhador, nunca faltou ao serviço. Às vezes, ficava até tarde da noite, trabalhando, a senhora precisava ver só!"

Despedimo-nos. Conservei o sorriso humilde de José Jerônimo e mentalmente continuei seguindo a charrete carregada de espíritos sábios e bons que se utilizavam das mãos do tarefeiro, escrevendo sem parar.

AS REUNIÕES NA FAZENDA MODELO

Outro rosto irradiava felicidade, falando de Chico Xavier. Entrevistei José dos Santos Moreira, em 1977, quando já era vereador em Pedro Leopoldo há mais de 20 anos, estando na quarta legislatura. Lembrou com entusiasmo que foi a Uberaba, em 1969, abraçar o amigo, quando ele recebeu o título de cidadão honorário, em uma festa maravilhosa.

Falou-me de suas memórias.

"Trabalhávamos juntos na Fazenda Modelo, hoje Instituto Nacional de Saúde Animal (Inasa), quando então era diretor o Dr. Rômulo Joviano; eu era auxiliar de veterinário e, Chico, escriturário. Além do período normal de trabalho, Chico fazia muitas sessões com o Dr. Rômulo. Às quartas-feiras, eu mesmo ia buscá-lo, de charrete muitas vezes, e acompanhava também muitas sessões dele lá. Chico sempre foi uma espécie de sustentáculo do Dr. Rômulo; enquanto ele esteve ao lado do chefe, tudo correu bem. Inclusive para nós, funcionários. Muitas vezes, Dr. Rômulo ficava nervoso, queria acabar com tudo, porque ele foi um diretor que zelou muito pela repartição, aí Chico dizia que ia ajudar, falava daquele jeito manso e ele se acalmava. Nós sempre tomávamos café juntos, porque nossas salas ficavam perto uma da outra.

Em nosso trabalho, havia um funcionário de nome Zé Diniz que levava Chico à noite, depois das reuniões na casa do Dr. Rômulo.

Uma noite, a sessão demorou até meia-noite e meia, o Zé Diniz, mais conhecido como Zé Perdigão, ficou nervoso e, no caminho, quis cortar Chico de chicote". Foi um aperto grande. Chico falou a ele dentro da calma:

— *Meu filho, vamos pensar em Deus. Amanhã vou pedir para te substituírem, para você não me trazer mais"*.

— E olha aqui Chico — falou Zé Diniz — não me faça vir mais mesmo e se você contar ao dr. Rômulo, eu te corto mesmo de chicote. Chico aguentou tudo com paciência, dentro da calma".

Fábrica de tecidos, em 1930

José dos Santos Moreira, em 1977

José Jerônimo da Silva, da Fazenda Modelo, em 1977

Fazenda Modelo, em Pedro Leopoldo

Capítulo 5

IRMÃO SOL, IRMÃ LUA, MÃE NATUREZA!...

São tão pitorescos e de uma pureza tão genuína, os casos do Chico com os animais, que os consideramos imprescindíveis nessas memórias. Muitas vezes, ele relembrava conosco, na CEC, os tempos vividos em Pedro Leopoldo, na companhia deles, os nossos irmãozinhos da senda evolutiva.

Amigos de sua terra natal, nos contaram que, na paisagem bucólica do Açude, nos arredores de Pedro Leopoldo, muitas vezes as preás, esses bichinhos tão ariscos, vinham comer nas mãos ou nos pés do médium, onde ele deixasse os miolinhos de pão. Foi sempre assim com o *"poverello"* de Pedro Leopoldo.

Chico falava-nos do seu companheiro de preces, um cão que atendia pelo nome de Lorde. Ele conhecia as pessoas que visitavam o dono e sabia distingui-las, se eram amigas, curiosas ou maliciosas (15).

Senti-lhe, sobremodo, a morte, declarou Chico. *Fez-me grande falta. Era meu inseparável companheiro de oração. Toda manhã e à noite, em determinada hora, dirigia-me ao quarto para orar. Lorde chegava em seguida. Punha as patas sobre a cama, abaixava a cabeça e ficava assim em atitude de recolhimento, orando comigo. Quando eu acabava, ele também acabava e ia deitar-se a um canto do quarto. Em minhas preces*

(15) GAMA, R. **Lindos casos de Chico Xavier**. *17. ed. São Paulo: Livraria Allan Kardec Editora (Lake), 1995. p. 80.*

mais sentidas, Lorde levantava a cabeça e enviava-me seus olhos meigos, compreensivos, às vezes cheios de lágrimas, como a dizer que me conhecia no íntimo, ligando-se ao meu coração. Desencarnou. Enterrei-o no quintal lá de casa...".

Um dia, certo visitante lhe perguntou se animais tem alma, Chico respondeu-lhe rápido: *"Ah! Sim, os animais tem alma e valem pelos melhores amigos...".*

O GATO SÁVIO

Conforme conta Ranieri, Chico comunicava-se com um gato que frequentava o Luiz Gonzaga e ele o entendia. (16)

"Ranieri, nós temos um gato chamado Savio. O gato já anda velho e doente. E o veterinário alertado para um tumor que o gato possuía resolveu recuperá-lo. Achou, após examiná-lo, que não tinha mais jeito e que o melhor era matar o gato. Fiquei preocupado e quando chegou para comer, falei com ele:

"Sávio, olhe, tome cuidado, eles querem sacrificá-lo! Não venha mais aqui comer de dia, não fique rodeando o Centro Espírita de dia. Eles o matarão. Venha sempre depois das 10 horas da noite. Eu lhe darei comida. O gato ouviu-me pacientemente e eu continuei a falar-lhe com carinho. Não volte de dia, se você voltar, eles o matarão!

Pois saiba, Ranieri, depois disso, o Sávio só vem depois das 10 horas da noite.

A partir dessa conversa, Ranieri passou a observar Sávio. Durante o dia, ele não aparecia, somente o ouvia miar. Por volta das 11 horas da noite, quando estavam em plena sessão no Luiz Gonzaga, quando Chico voltava do transe, após o receituário mediúnico, despedia-se de todos e dava alimento a Sávio.

(16) RANIERI, R. A. **Chico Xavier o santo de nossos dias.** V. I, 2. ed. Guanabara: ECO, 1973. p. 78-80.

O CACHORRO DE DIMAS

Duas e meia da madrugada, Chico sozinho dirigia-se da casa de André, seu irmão, para sua residência, em Pedro Leopoldo. A meio caminho, duas patas formidáveis saltam sobre seus ombros e uma cabeça enorme, famélica, agita a pesada corrente, girando em torno do rosto do médium. Era o cachorro de Dimas, um temível dinamarquês que se soltara da prisão. Que fazer?! Chico estava imóvel! E mansamente começa a falar: *"Ah! Você se soltou, não é mesmo? Você deve estar com muita fome, para pular em mim deste jeito! - Olha! Não me faz mal nenhum, não! Eu preciso trabalhar daqui a pouco e eu não posso perder dia de serviço. Faz falta para minha família!.* E o cachorro ali, firme, balançando a cabeça, sem desistir do ataque.

Mas Chico não desanimou, prosseguindo com voz suave: *Se você me deixar, não me fizer mal nenhum, eu prometo que lhe dou toda a carne que tiver em casa. Venha comigo e eu prometo a você: Toda a carne!....* Nesse momento, o cão desprendeu-se dos seus ombros e foi para o chão. Chico dá os primeiros passos e o animal acompanha-o com naturalidade. Madrugada alta, lá vão os dois pelas ruas desertas de Pedro Leopoldo, pelas calçadas, só o barulho da pesada corrente.

Abrindo a porta de casa, Chico apressa-se em advertir sua dedicada irmã: *'Luiza?!'. "Já vou, Chico!'* - Luiza tinha o hábito de fazer um cafezinho para o irmão na hora em que ele chegava. Chico avisou logo:

Não, Luiza, não levanta, não! Estou com visita aqui e não convém que você apareça. Você só vem quando eu disser que pode. Uma vez sozinho, Chico passou a mão em uma gamela, e colocou-a no meio da cozinha. O cachorro ali firme, espiando... E o médium foi jogando tudo dentro da vasilha: um pedaço enorme de carne dependurada em um gancho, toda a carne da geladeira, abriu a lata de sardinha, enfim, botou tudo quanto havia. Quase 4 quilos de comida! O cachorro fartou-se, comeu tudinho! ´

"Agora você vai! Volta direitinho para a sua casa! Vai com Deus! Despediu-se Chico.

Só quando fechou a porta, aliviado, Chico chamou Luiza e contou sobre a festança da carne naquela madrugada.

A TEIMOSIA DA CASCÁVEL

Era de manhãzinha, Chico saiu a pé, às 6h30min de casa, em direção ao trabalho, na Fazenda Modelo. Lá ia pela estrada, quando ouviu um som sibilino, característico. À sua frente, nervosa, agressiva, balançando o chocalho em sinal de ataque, uma perigosa cascavel. Certamente, ela ficara ali quando o sol se pôs e demandava, agora, os pagos onde morava. Chico estacou e pôs-se a conversar com a bichinha:

Olha aqui, eu estou indo para o trabalho. Me deixa passar! Se eu chego atrasado ao serviço sou descontado no meu ordenado e eu preciso desse dinheiro. Não quero lhe fazer mal nenhum. Vai para o mato e me deixa passar!.

Nada! A cascavel não arredava nem um milímetro do "pescoço" e o chocalho tinia, Chico continuou:

Você é minha irmã, filha de Deus, como eu. Você deve seguir seu caminho como eu preciso seguir o meu. A natureza foi feita para nós todos. Vai para o mato, me deixa passar, eu não quero lhe fazer mal algum.

Nada! A cascavel teimava ameaçadora. A voz de Chico prosseguia sem denotar irritação ou desânimo, mas em tom mais firme.

"Está bem, você não quer me deixar passar. Eu não vou sair daqui.

Dentro de mais alguns minutos, a jardineira vai passar" – naquela época, o ônibus para Belo Horizonte saía de Pedro Leopoldo perto das 7 horas da manhã: *E você corre perigo. Eu não quero lhe fazer mal algum, mas as pessoas de dentro do ônibus vão ver você aí me ameaçando, vão descer e matar você. Eu não quero que nada de mal lhe aconteça! Vai embora para o mato e me deixa passar!".*

Foi só assim que a cascavel cedeu. Esgueirou-se ligeira para o mato e não mais voltou...

E O BURRO RIU COMO UM JUMENTO

No livro *À Sombra do Abacateiro,* há um episódio triste e hilário ao mesmo tempo, da época do transporte de charrete na Fazenda Modelo.

É Chico que conta (17).

Eu trabalhei numa repartição em que o chefe era um homem boníssimo; ele experimentava a boa vontade, a assiduidade, a disciplina do funcionário, dando-lhe condução para a sua própria residência, depois que esse funcionário trabalhasse por 12 anos.... Para que eu tivesse acesso a uma charrete, trabalhei, portanto, 12 anos... Era considerado um prêmio. Mas na charrete em que eu ia, ia também o almoxarife da repartição. O almoxarife era uma pessoa preparada, um bom companheiro. Mas na charrete cabiam apenas duas pessoas. Eu não aprendi a guiar, não aprendi a guiar nem mesmo a mim próprio... Ele é quem guiava a charrete. O burro que nos guiava chamava-se Maquinista. O Maquinista andava devagar. Para que o Maquinista andasse depressa, tinha que ser ferido no traseiro, e também para o chefe não ver, pois ele não gostava que se maltratassem os animais, o almoxarife construiu uma espécie de ferrão, para que o Maquinista andasse depressa. Meu chefe dizia: "Engraçado, com esse funcionário, o burro é sempre esperto, ativo...". Se o animal não corresse, ele fazia uma ferroada debaixo da cauda, às vezes, fazia até sair um pouquinho de sangue... Durante seis anos com a charrete, eu vi isto sem poder dizer nada, pois ele era um chefe intermediário... Às vezes, escondido, eu passava uma pomada no lugar. Se eu denunciasse... ele tinha família... Depois, ele pediu transferência para os Correios, de Belo Horizonte. No dia da despedida, o Maquinista ainda nos levou. Quando voltamos, o burro muito suado, cansado, trouxe o nosso chefe. Este, então, disse:

Maquinista, ficamos sem a companhia de fulano de tal, que pena, não é, Maquinista?... Mas você trabalhou, está com a consciência tranquila, não é mesmo, Maquinista?. Eu nunca havia visto um burro rir como

(17) BACCELLI, C. A. **Chico Xavier, à sombra do abacateiro**. *São Paulo: Instituto Divulgação Editora André Luiz (Ideal), 1986. Capítulo..., 26 de março de 1983, p. 68-69.*

um jumento. E ele o fez: Ah! Ah! Ah!... Umas quarenta vezes! Meu chefe me falou: "Aquela risada daquele burro me impressionou: você não acha alguma coisa?". Eu não posso saber, eu sou um servidor – respondi. Mas havia um companheiro que contou: "Levante a cauda do Maquinista que o senhor vai ver. Tinha aquelas cicatrizes enormes". Meu chefe, então, mandou aposentar o burro, dois anos no pasto sem trabalhar para ninguém... Ele nos perdoava, aguentava tudo aquilo, não podia denunciar... O negócio de aguentar calado não é só conosco, não."

TEMPESTADE NO FORMIGUEIRO

Em Uberaba, em sua residência anterior, próximo à CEC, Chico possuía roseiras maravilhosas que lhe ouviram muitas das meditações madrugadas a dentro. Depois de certa época, começou a devastação das folhas. Observou-se, então, o trabalho intenso de um enorme formigueiro, recortando, picotando sem parar...

Amigos da casa resolveram terminar com a comilança indevida. Formicida de tatu estava sendo providenciada com urgência.

Chico, compadecido, olhava o trabalho admirável das formigas e deixava-se ficar contemplando, em busca de uma saída.

Abaixou-se bem ao nível do chão para falar às diligentes operárias:"

Minhas irmãs, vocês são tão eficientes, tão unidas no trabalho! Mas, olha, vocês precisam ir embora, vem uma tempestade em cima de vocês!".

Várias vezes o Chico conversou com o valente formigueiro.

Quando o formicida de tatu chegou para provocar a tempestade, as formigas tinham desaparecido...

BRINQUINHO E OS ESPÍRITOS

Foram muitos os cães e gatos que passaram pela vida do médium tanto na fase de Pedro Leopoldo quanto na de Uberaba. Ele sempre teve necessidade de ligar-se a um ser vivente para continuar sua trajetória terrestre.

A reunião na cozinha da CEC para o gostoso cafezinho era um momento muito especial propiciado por nossas irmãs voluntárias. Uma das mais assíduas era "tia" Elith Vilela, irmã de nosso benfeitor Eurípedes Barsanulfo - companheira muito querida dos trabalhos na Comunhão. Esta é, sem dúvida, uma das nossas lembranças mais ternas. Vivemos momentos de muita fraternidade, naqueles primeiros tempos de nossas atividades, quando Chico ainda podia nos fazer companhia no café, após o longo e estafante trabalho com o receituário.

O assunto, naquela noite de 26 de fevereiro de 1962, foi o Brinquinho, o cachorro amigo da casa. Ele estava doente. Chico, muito apegado ao cãozinho, pediu a colaboração de um veterinário, no caso, nosso bondoso e inesquecível amigo, Dr. Cassio Noronha, que constatou tratar-se de uma contusão, provavelmente causada por pedrada.

Com pesar, assinalamos, aqui, o falecimento em Uberaba, nesse mesmo ano, do Dr. Cassio Noronha, de forma violenta, em nada condizente com a vida de paz e amor por ele exemplificada com sua abnegada esposa, senhora Altiva Noronha.

A doença do Brinquinho ensejou ao Chico a oportunidade de nos contar as façanhas do seu animalzinho de estimação. Às quartas-feiras, quando o médium ia receber mensagens no recinto reservado ao receituário, o Brinquinho aparecia por lá. Batia à porta, esperava Chico abrir e deitava-se quietinho, enquanto o trabalho de psicografia se processava. Assim que o espírito comunicante se afastava, Brinquinho levantava-se e aguardava o Chico à porta, pois sabia que o trabalho tinha terminado e que o médium deixaria o recinto.

Na mesma noite, Chico contou-nos também que o espírito André Luiz levou-o a um mundo mais adiantado que a Terra, onde os habitantes reúnem os macacóides mais inteligentes, treinando-os para os trabalhos mais rudes. Lá, os macacos são pedreiros, constroem casas, etc. Desse modo, não há muita disparidade de profissão entre os homens propriamente ditos. Estes podem dedicar-se mais aos estudos e aprofundar-se nas pesquisas do Cosmos.

O DOENTE MISTERIOSO

João Cuin conta que, diariamente, no horário do almoço, Chico saía de casa, levando uma vasilha com alimento cuidadosamente preparado, a seu pedido, por Benedito Antonio Alves, sem explicar onde ia. Benedito cozinhou por algum tempo na casa de Chico. (18)

Benedito, dizia o médium, faça o favor de preparar um franguinho bem macio, que preciso levar a um doente. Lembre-se de que deve ficar bem tenro, pois ele está muito fraco. Precisa fortalecer-se pouco a pouco, dia a dia.

Curioso, certo dia, Benedito resolveu segui-lo pelas ruas de Uberaba para descobrir quem era o misterioso doente. Atravessaram o bairro, Chico à frente. De repente, o médium entrou num matagal, Benedito guardou certa distância e pode ver então uma cena comovente e inesperada. "No fundo da mata, Chico atendia ao mais misterioso doente: um cãozinho vira-latas machucado e faminto."

Há também a história de um sapo que você não pode deixar de ler, mais adiante, quando descrevo o final fascinante do livro *Paulo e Estevão*. Por que o sapo acompanhara Chico Xavier, durante todo o recebimento do livro? Veja mais adiante. São mistérios para os quais não temos resposta.

(18) CUIN, J. **Chico Xavier amor e sabedoria**. *São Paulo: Editora e Distribuidora de Livros (DPL), 2001. Inesquecíveis Lições de Amor. p. 106.*

Capítulo 6

OS CENTROS ESPÍRITAS DEVEM REVIVER OS TEMPOS DO CRISTIANISMO PRIMITIVO

Inúmeras caravanas chegavam constantemente a Uberaba. As pessoas comportavam-se como abelhas em busca de mel. O amor de Chico era o sustento de todos. Dezenas de garrafas com água eram colocadas para a fluidificação e muitas delas ficavam impregnadas de perfume, às vezes também de éter. Era o trabalho de cura realizado pelo espírito Scheilla, valendo-se dos fluidos benéficos de Chico Xavier.

Confrades eram estimulados ao trabalho espírita em suas cidades; partiam com orientações seguras, animados para a continuidade da luta. Certa feita, uma senhora pediu-lhe sugestões quanto à orientação de um centro espírita que estava sob sua responsabilidade, ouvi Chico enfatizar: *"Minha irmã, o estudo constitui as paredes de um centro espírita e a caridade é a cobertura".*

Com relação aos Estatutos, orientava:

Não podemos nos esquecer de que os Estatutos não devem ser complicados; as diretorias devem ter poucos elementos, três no máximo, e sintonizados no serviço. Muito cuidado com as cláusulas dúbias, porque podem impedir a realização de serviços de assistência de grande envergadura.

Nosso instrutor enfatizava sempre a necessidade do estudo e da leitura não só sobre a mediunidade, mas também de diversos outros assuntos, como o passe, a desobsessão, e, naturalmente, sobre as interpretações de Jesus feitas por Allan Kardec. E, sobretudo, a necessidade de vivenciar essas lições dentro do clima da caridade cristã.

A MISSÃO

Em suas orientações, não faltavam os conselhos sobre a missão dos centros espíritas. Certa feita, respondendo aos organizadores da Confraternização da Mocidade e da Madureza Espírita do Triângulo Mineiro (Commetrim), Chico enfatizou (19):

Os nossos amigos espirituais sempre nos ensinaram a considerar os Centros Espíritas como a Escola mais importante da nossa alma, por que é no Templo espírita que nós recebemos os outros e podemos doar de nós mesmos os valores que servirão a cada um de nós para a vida eterna. De modo que se nós damos tanta importância ao estudo da Matemática, da Química, que realmente são importantes, não podemos menosprezar as lições em torno da paciência, em torno da tolerância, que são atitudes da alma, que nós não teremos sem estudar, sem raciocinar. Portanto, um Templo espírita é uma universidade de formação espiritual para as criaturas humanas, e, por isso, o espírito de Emmanuel, que nos orienta as atividades desde 1931, empresta a maior importância ao Templo espírita, porque ele revive as Casas do Cristianismo simples e primitivo em que os nossos corações se reúnem em torno dos ensinamentos do Cristo para a melhoria de nossa vida interior. Por exemplo, numa faculdade de ensino superior, que merece nosso máximo acatamento, nós aprendemos Ciências, que vão aperfeiçoar os nossos recursos intelectuais. Mas, no Centro Espírita, orientado segundo os preceitos do Evangelho, nós vamos encontrar os estudos e os raciocínios adequados à nossa necessidade de vivência em paz no mundo com a vivência igualmente do Amor uns para com os outros, segundo o ensinamento de Jesus, que nós não podemos esquecer: 'Amai-vos uns aos outros como eu vos amei!'...".

(19) XAVIER, F. C. Espírito Emmanuel. **Entrevistas**. Organização e Notas de Salvador Gentile e Hércio Marcos Cintra Arantes, Introdução Elias Barbosa, 9. ed. Araras, SP: Instituto de Difusão Espírita (IDE), 2005. p. 141-142.

SE É HOSPITAL....

Para outra caravana, que o procurava a fim de receber orientação, dizia:

Para mim, centro espírita tinha que abrir todo dia, o dia inteiro... Se é hospital, como dizemos, como é que pode estar de portas fechadas?... O centro precisava se organizar para melhor atender aos necessitados. O que impede que o centro espírita seja mais produtivo é a centralização das tarefas; existe dirigente que não abre mão do comando da instituição... Ora, de fato, a instituição necessita de comando, mas de um comando que se preocupe em criar espaço para que os companheiros trabalhem, sem que ninguém esteja mais preocupado com cargos do que com encargos...O centro espírita, quanto mais simples, quanto mais humilde, mais reduto do Evangelho. Construções colossais sempre me parecem destituídas de espírito... A Sociedade Espírita de Paris era uma sala de acanhadas dimensões: ali imperava o espírito de fraternidade.

Naqueles primeiros tempos da CEC, com o movimento menor, depois das conversas com os visitantes, Chico convidava a todos para o cafezinho, servido na cozinha, na parte externa. Era uma delícia! Em geral, nesses momentos, das mãos dele escorria perfume e ele oferecia, então, café perfumado aos visitantes. Nós vimos esse fenômeno muitas vezes. Era uma forma generosa de acolher os amigos e bem sua de expressar-lhes carinho e amizade. Era amor liquefeito.

FUNDAÇÃO DO CENTRO ESPÍRITA LUIZ GONZAGA

Na verdade, pude compreender mais sobre as funções do centro espírita recapitulando a trajetória do Luiz Gonzaga, a casa espírita de Chico Xavier em Pedro Leopoldo, onde ele atendeu por 31 anos. Começo com o próprio texto do médium, em **Palavras Minhas**. (20)

Chico afirma que, depois da cura de sua irmã Maria Xavier, acome-

(20) XAVIER F. C. **Parnaso de além-túmulo**. *19. ed. Rio de Janeiro: Federação Espírita Brasileira, 2010. Introdução.*

tida de grave obsessão, procurou reunir um núcleo de crentes para o estudo e a difusão da doutrina. De fato, o Centro Espírita Luiz Gonzaga foi fundado em 21 de junho de 1927. Como não dispunha de sede própria, reuniam-se em casa de dona Josepha Barbosa Chaves, na rua São Sebastião, em Pedro Leopoldo. Funcionou ali até novembro de 1928; passando depois para uma sala na residência de seu irmão José Xavier, onde permaneceu de 1929 a 1948.

8 DE JULHO DE 1927

Por seis anos consecutivos, de 1928 a 1934, o casal Carmen e José Hermínio Perácio permaneceu em Pedro Leopoldo dando assistência espiritual à família Xavier. Eles foram fundamentais na desobsessão e cura de Maria Xavier e no encaminhamento de Chico ao conhecimento do Espiritismo. Por isso mesmo, sempre tiveram a gratidão do médium.

D. Cármen Perácio foi entrevistada, em 1967, pelo dedicado companheiro de ideal espírita, já desencarnado, Martins Peralva, para o jornal O Espírita Mineiro. Ela relembra o começo de tudo, a primeira mensagem - um marco na história da humanidade. (21)

"Lembro-me que, na sessão pública de 8 de julho de 1927 (...), ouvi um amigo espiritual aconselhando Chico para que tomasse o lápis, a fim de experimentar a psicografia; transmiti a recomendação e Chico obedeceu imediatamente, recebendo de maneira muito rápida várias páginas que foram assinadas por um benfeitor do Alto. Havia um misto de alegria e susto, ao mesmo tempo, no coração do medianeiro. E ele tremia muito, quando terminou..." Presentes entre os outros companheiros: Ataliba Ribeiro Vianna, José Felizardo Sobrinho, José Cândido Xavier, José Hermínio Perácio, D. Cármen Pena Perácio, Antônio Barbosa Chaves, Agripino de Paula, D. Ornélia Gomes de Paula, Juracy Pena, Maria Xavier, Zina Xavier e Nelson Pena.

---

(21) BARBOSA, E. **No mundo de Chico Xavier**. *2. ed. Araras, SP: Instituto de Divisão Espírita (IDE), 1975. Capítulo 18, p. 162.*

CHUVA DE LIVROS

Ainda segundo as memórias de dona Carmen Perácio, ficamos saben-do que ela viu Emmanuel e um quadro fluídico que o benfeitor criou. (22)

"Numa de nossas reuniões dos primeiros tempos do Centro Espírita Luiz Gonzaga, em Pedro Leopoldo, me foi mostrado um quadro fluídico que, na época, nenhum de nós entendeu; mediunicamente vi que do teto estava chovendo livros sobre a cabeça do Chico e sobre todo o nos-so grupo. Mais tarde, quando foi publicado o *Parnaso de Além-Túmulo*, vim a saber, através de um espírito amigo, que a visão fora criada por Emmanuel que desejava avisar-nos, simbolicamente, quanto à missão que Chico viria a desempenhar, recebendo livros do Plano Espiritual.

Posso dizer que o quadro da chuva de livros foi maravilhoso", enfa-tizou Carmen Perácio.

KARDEC, ANTES DE TUDO

Os ensinamentos de Chico Xavier sobre a missão das Casas Espíri-tas, sem dúvida, refletem sua vivência no Centro Espírita Luiz Gonzaga, onde serviu de 1927 a 1958, e o que aprendeu no contato direto e cons-tante com Emmanuel, seu guia, que o ensinou, sobretudo, o respeito a Jesus e a Kardec, além de lhe ter ensinado o próprio vernáculo, na longa convivência.

O primeiro encontro de Chico com Emmanuel deu-se em 1931, na paisagem bucólica do Açude, nos arredores de Pedro Leopoldo. Em um domingo dedicado às orações, o médium viu, por entre as árvores, uma cruz muito bela, e, do centro dela, surgindo, em meio aos raios de luz que emitia, o seu mentor, envergando túnica semelhante à dos sacerdotes e, no semblante, as feições de um ancião venerável. Foi inesquecível o diálogo entre eles: (23)

---

(22) BARBOSA, E. **No mundo de Chico Xavier**. *2. ed. Araras, SP: Instituto de Divisão Espírita (IDE), 1975. Capítulo 18, p. 163-164.*
(23) BARBOSA, E. **No mundo de Chico Xavier**. *2. ed. Araras: Instituto de Divisão Espírita (IDE), 1975. Capítulo 18, p. 163-164.*

- *Está, você, realmente disposto a trabalhar na mediunidade com Jesus?*

- *Sim, se os bons espíritos não me abandonarem... respondeu o médium.*

- Não será você abandonado – *disse-lhe Emmanuel* – mas, para isso, é preciso que você trabalhe, estude e se esforce no bem.

- *E o senhor acha que eu estou em condições de aceitar o compromisso? – tornou Chico.*

- *Perfeitamente, desde que você procure respeitar os três pontos básicos para o Serviço... Porque o protetor se calou, Chico perguntou: _ Qual o primeiro? - Disciplina. - E o segundo? - Disciplina. - E o terceiro? - Disciplina.* Quando o mentor se despediu, Chico, muito emocionado, relatou às suas companheiras de oração, naquela tarde de domingo, dona Joaninha Gomes e Ornélia Gomes de Paula, os lances principais daquele entendimento inesquecível. Iniciara-se, ali, a sublime associação para o bem, envolvendo encarnado e desencarnado, em um mandato de amor, único em nossos dias, que produziria mais de 460 livros. Quem poderá, no mundo, relacionar as rudes disciplinas a que ambos se impuseram, a extensão do zelo, que dispensaram às longas horas de trabalho para que a mensagem de Kardec permanecesse pura em suas explicações de hoje?!

Nessa parceria, a fidelidade a Kardec foi o tom principal: (24)

Lembro-me de que, num dos primeiros contatos comigo, ele me preveniu que pretendia trabalhar ao meu lado, por tempo longo, mas que eu deveria, acima de tudo, procurar os ensinamentos de Jesus e as lições de Allan Kardec e disse mais que, se um dia, ele, Emmanuel, algo me aconselhasse que não estivesse de acordo com as palavras de Jesus e de Kardec, que eu devia permanecer com Jesus e Kardec, procurando esquecê-lo. Emmanuel me deixa livre para escolher os livros que eu de-

---

(24) GAMA, R. **Lindos casos de Chico Xavier**. *17. ed. São Paulo: Livraria Allan Kardec Editora (Lake); 1995. p. 64.*

seje e dedica muito apreço a todas as obras que analisam seriamente a mediunidade, mas, desde 1931, me aconselha a estudar constantemente O Novo Testamento *e a* Codificação de Allan Kardec, *principalmente,* O Evangelho Segundo o Espiritismo *e* O Livro dos Espíritos, *pelo menos 15 a 20 minutos diariamente.*

LEMBRANÇAS DE HELENA

Tendo conhecimento, por depoimento do próprio médium, de que D. Ornélia Gomes de Paula e Joaninha Gomes estavam com ele em oração nos arredores de Pedro Leopoldo, no "açude", quando Emmanuel apareceu-lhe pela primeira vez, em 1931, procurei entrevistar Helena Paula da Silva, parente dessas veneráveis senhoras, já desencarnadas.

"Sou filha de Ornélia Gomes de Paula, mas fui criada por Joaninha Gomes, minha mãe de criação e tia. Eram criaturas muito humildes, mas companheiras leais de Chico, desde a fundação da primeira sede, o Luiz Gonzaga, na Rua São Sebastião.

Joaninha, criatura muito simples, paupérrima mesmo, desencarnou em 1937. Ela iniciou-se no Espiritismo, quando despontou a mediunidade. Nós morávamos nesse mesmo lugar (hoje Rua Rocha) em um casebre; ela sentia-se mal, tinha uma espécie de soluço. Chico e Tiquinha logo perceberam que se tratava de mediunidade, então, ela começou a frequentar e, apesar de analfabeta, recebia até guias de luz, dando orientação e esclarecimentos. Eles estavam num lugar chamado Açude, sentados junto aos paredões, porque todos os domingos Chico, Ornélia e Joaninha tinham o hábito de fazer preces ali. Naquele momento, Chico viu Emmanuel pela primeira vez e depois contou para minha mãe e minha tia a visão que teve. Foi um acontecimento que marcou época."

Como zeladora do Centro Espírita Luiz Gonzaga, Joaninha encarregava-se de levar água e flores para o centro e varrer a terra do chão, que era batido. Uma casinha humilde, sem luz, que hoje já não existe mais.

Lucília, irmã de Chico, contou-me que se lembrava bem, quando via

Joaninha, da varanda de sua casa, com a bilha de água na cabeça, levando água para o centro, "porque o poço aqui de casa tinha água muito boa. Muitas sessões foram realizadas aqui, nessa mesma rua, em casa de Ornélia, minha mãe.

Como vemos, Chico começou em um centro espírita de chão batido, cercado de alguns poucos irmãos, solidários na fé, que praticamente não tinham escolaridade.

PREGAÇÕES NO TEMPLO VAZIO:
OS PRIMEIROS ANOS DO CENTRO LUIZ GONZAGA

Há um episódio muito curioso e rico em ensinamento, relativo aos primeiros anos de funcionamento do Luiz Gonzaga: (25)

"De 1932 a 1934, nem mesmo José Xavier, irmão do médium e seu inseparável companheiro de tarefas espíritas, desde a primeira hora, pôde acompanhá-lo nas obrigações normais do centro, por necessitar fazer companhia a um doente, pessoa à qual estava vinculado por questões de serviço. E Chico ficou absolutamente só. Abria e fechava o centro por ordem de Emmanuel, sem que viva alma aparecesse. Às 18 horas, disciplinadamente, Chico abria as portas; às 20 horas fazia a prece inicial e depois a leitura de *O Evangelho Segundo o Espiritismo*, com comentários em voz alta acerca das lições da noite. Os encarnados haviam desertado das atividades do centro, por causa de um caso doloroso de obsessão. Três irmãs, quando influenciadas por um espírito sofredor, mordiam copos de vidros até arrancar sangue da boca. Durante semanas, José Xavier doutrinou esse espírito que passou a se incorporar no Chico para a devida orientação. Depois que tudo serenou, com a melhora das enfermas, os cooperadores encarnados não mais voltaram às lides, amedrontados com a violência do fenômeno obsessivo. José Xavier vinculou-se ao compromisso noturno e Chico ficou, como vimos,

---

(25) GAMA, R. **Lindos casos de Chico Xavier**. *17. ed. São Paulo: Livraria Allan Kardec Editora (Lake); 1995. p. 65-66.*

falando às moscas.Mas, na realidade, o Centro Espírita vazio de encarnados estava superlotado de espíritos que vinham para as sessões desde que as portas se abriam, às 6 horas da tarde.

Depois da leitura do Evangelho e comentários, Chico, muitas vezes, dialogava com os desencarnados que ele via perfeitamente. Em uma dessas reuniões, apareceu-lhe o espírito de D. Chiquinha — D. Francisca de Paula — que lhe dizia estar ali ouvindo os seus comentários acerca do desprendimento dos bens terrenos, mas que ela não aceitava, queria modificar o testamento, estava profundamente arrependida por ver que seus descendentes não lhe obedeciam as vontades e que qualquer dia arrancaria deles as terras. Chico, então, respondia em voz alta, pedindo-lhe paciência, que os bens tinham ficado com quem Deus quis, e a doutrinação continuava.

E assim desenrolava-se a sessão no Luiz Gonzaga naqueles recuados tempos de 1932 a 1934. Emmanuel não admitia que Chico falhasse, era preciso acostumar-se à disciplina da tarefa porque muita gente ainda viria...

"Duas de suas irmãs, certa feita, observaram profundamente impressionadas essas conversas solitárias nas reuniões do centro e ficaram muito apreensivas quanto ao equilíbrio mental de Chico. Depois, uma delas ponderou: Mas se ele está trabalhando normalmente, é sinal que não está doido, vamos aguardar para ver se ele continua no serviço, senão é preciso internar...

ENTRONIZAÇÃO E EVANGELIZAÇÃO

Não foi fácil, para Chico Xavier, manter-se fiel à convicção espírita em uma cidade extremamente devotada ao catolicismo. Ele nos contou que, certa ocasião, uma senhora muito católica de Pedro Leopoldo procurou-o pedindo permissão para passar com a santa e rezar o terço em sua casa.

Chico, sentindo a inspiração dos espíritos amigos, respondeu:

O seu convite até que vem de encontro ao nosso, a Federação Espírita Brasileira, está agora instituindo o Culto do Evangelho no Lar, de modo que se a senhora permitir esses trabalhos em sua casa, eu lhe cedo a minha para os seus.

A mulher nunca mais tocou no assunto...

TRAJETÓRIA DO LUIZ GONZAGA

Quem nos esclarece melhor sobre o funcionamento do Luiz Gonzaga é Manoel Diniz, o Lico.

"Assumi, a partir de 1947, a presidência do Luiz Gonzaga, onde permaneço até o presente. Antes de mim, dirigiram, o centro, José Perácio, José Xavier, irmão do Chico, que desencarnou; Martins Filho e José Soares Diniz."

E Lico esclareceu:

"O Centro Espírita Luiz Gonzaga foi construído no mesmo terreno onde Chico morava, quando sua mãe ainda vivia. Dizem que ela lavava roupa debaixo das mangueiras que existem no quintal. A sala de passes, onde se encontra o retrato de Emmanuel, corresponde ao quarto onde Chico nasceu, naturalmente modificado, com a construção do centro, mas o lugar e a disposição são os mesmos. A sede atual ficou pronta em 2 de abril de 1948. Antes funcionava em um barracão, na casa de Geni, esposa de José Xavier, ao lado da casa de Lucília, irmã de Chico.

Nessa época, a fluência ainda não era muito grande, embora já desse para encher todo o terreno e ainda ficava gente de fora. Quando passou para a sede definitiva, depois de 1950, o afluxo de gente já era enorme. O salão principal do Luiz Gonzaga tem 8 metros por dez, pois ficava repleto de gente em pé; tenho a impressão de que umas 300 pessoas mais ou menos deviam comparecer, porque a rua ficava cheia de carros e, às vezes, vinham ônibus especiais. Os hotéis ficavam abarrotados. De todo lado, por estrada de ferro, rodovias, chegavam os visitantes em busca da palavra dos espíritos", acentuava Lico.

"Chico chegava do trabalho na Fazenda Modelo por volta das 18 horas, em torno de 19 horas começava o atendimento do povo; a princípio, a reunião de psicografia iniciava-se às 20 horas, depois passou para as 21, mas o horário de terminar era imprevisto, em geral de 3 a 5 horas da manhã." E Lico concluiu: "Chico mal tinha tempo de comer qualquer coisa, tomar um banho depois do trabalho e ele já vinha para cá, carregando uma porção de gente de fora. A maioria das vezes não jantava. Nas sessões públicas, ele psicografava umas 400 receitas por noite, afora as que ele atendia em horário extra".

DR. RÔMULO JOVIANO

Dr. Rômulo tornou-se espírita em 1935, com a comunicação de seu pai, através da mediunidade psicográfica de seu humilde subordinado na Fazenda Modelo. Mas foi somente em 1941 que passou a colaborar como passista nas reuniões normais do Centro Espírita Luiz Gonzaga.

Chico guardou sempre as melhores lembranças do seu chefe. Ele participou às quartas-feiras, de 1935 a 1952, do culto do Evangelho no Lar, na casa dele na Fazenda Modelo.

NOTÍCIAS DE MEIMEI

Em Pedro Leopoldo, entrevistei Cidália, irmã de Chico, e seu marido Francisco Teixeira de Carvalho. "Seu" Chiquinho, como é mais conhecido o chefe de casa, foi fundador do Grupo Meimei, que, desde o início, esteve ligado ao Luiz Gonzaga e que se destinava especialmente às sessões de psicofonia.

Nesta entrevista, em 1977, Chiquinho lembrou-se do início das atividades:

"Em 1951, há 27 anos, mais precisamente em 31 de julho, foi fundado o Meimei. Chico é médium totalmente inconsciente, ouvi, através dele, comunicações extraordinárias, pela psicofonia ou incorporação. Grande parte dessas mensagens está nos livros *Instruções Psicofôni-*

cas e *Vozes do Grande Além*, coletadas por Arnaldo Rocha. Nós éramos em 21 participantes e eu atuava como esclarecedor, função que exerço até hoje. Com a ida de Arnaldo para Brasília, fiquei como presidente do Grupo, que está agora com apenas três fundadores, funcionando ainda às quintas-feiras. Tenho aprendido muito com os espíritos necessitados, eles nos auxiliam muito a ver a vida dentro da realidade espiritual. Temos muita saudade do tempo em que Chico estava ao nosso lado".

A GRATIDÃO DO AMIGO

José de Paulo Virgílio contou que sofreu um acidente e estava em vias de perder uma das pernas com início de gangrena. Sua mulher pediu a intercessão de Chico. Dr. Bezerra, através do médium, deu-lhe uma orientação e, depois disso, Chico voltou outras vezes. A partir da primeira visita, o pé começou a desinchar, não tinha mais infecção nem mau cheiro. Depois de três dias, Chico apareceu em sua casa com uma sugestão.

Escute aqui, meu filho, nós estamos construindo o Centro Espírita Meimei, no que é que você pode nos ajudar?

E José de Paulo pensou consigo mesmo: "Eu sou bombeiro eletricista, mas estou doente e esse homem vem falar de serviço!". Ele leu meu pensamento: *Olha, meu filho, você só vai explicar como se faz o serviço, não precisa fazer nada.*

"Fiquei impressionado com a resposta. Eu não tinha dito nada. No dia seguinte, peguei a muleta e fui. Instruí o serviço, mas o servente de pedreiro não entendia nada de eletricidade e fui fazendo devagarinho, conforme minhas forças. Nos intervalos, bebia da água que ficava sobre a mesa, sem saber que era água fluída. Acabava de almoçar depressa para voltar à tarefa."

Chico passava por lá e dizia:

- *Que beleza! Já está ficando quase tudo pronto!* Foi assim que José de Paulo Virgílio sarou e depois fez parte da equipe que dava passes e visitava as pessoas carentes.

Açude nos arredores de Pedro Leopoldo onde Chico viu Emmanuel pela primeira vez

Centro Espírita Luiz Gonzaga atual

Manoel Diniz (Lico), em 1977

Centro Espírita Luiz Gonzaga e casa de José Xavier

Foto da parte interna do Grupo Meimei, em 1977

Chico com amigos em Pedro Leopoldo

D. Joaninha Gomes e Ornélia Gomes de Paula (em pé), companheiras da primeira hora do "Luiz Gonzaga"

Capítulo 7

O MENINO QUE
CAIU NO POÇO

Como já me referi, aos sábados, antes da reunião pública, fazíamos a peregrinação aos lares de nossos irmãos carentes, que se localizavam, à época, ao redor da sede da CEC, no Parque das Américas, periferia de Uberaba. Visitantes de todas as partes do Brasil acompanhavam Chico e Waldo, nesses passos singelos e a cada semana fazíamos amizades novas, dentro de um clima de muita confraternização.

Lembro-me bem que, em uma das peregrinações, em dezembro de 1959, um menino de uns 8 ou 10 anos caiu dentro de um poço que estava desativado. A mãe trouxera o garoto a Uberaba para ver, segundo declarou, se Chico poderia dar um jeito nele, porque era muito inquieto, transtornado espiritualmente. Nesse dia, estavam conosco, entre os caravaneiros, amigos queridos, como nosso Spártaco Ghilardi, Francisco (Chiquito) e Nena Galves.

Fomos todos para lá, para o local onde o menino havia caído. Como a luz era precária, alguns carros postaram-se em frente ao poço, iluminando-o com os faróis. Todos nós nos pusemos em oração. Chico orava em silêncio e mantinha a serenidade de sempre. Pediu que se providenciasse uma corda.

Percebia-se, na psicosfera, durante todo o tempo, que se tratava de uma luta entre trevas e luz. De um lado, os acompanhantes do menino que tramavam a sua desencarnação, de outro, a falange dos Amigos Espirituais, favorecendo o resgate.

Maria da Cruz, a boa companheira de Sacramento, estava próximo a mim e falava em voz muito alta:

- "Seu" Eurípedes! "Seu" Eurípedes! Ajuda-nos, pelo amor de Deus!

Chegou a corda. Spártaco, Chiquito e os demais companheiros musculosos, postados à beira do poço, jogaram a corda com o balde na ponta, preparados para puxar.

Todos nós, firmes na oração. E Maria da Cruz continuava a gritar por "seu" Eurípedes.

Depois de marchas e contramarchas, o menino surgiu dentro do balde são e salvo. Ileso!

Depois que foi recolhido nos braços do pai e, aparentemente, não demonstrando nenhum dano físico, Chico virou-se para Maria da Cruz e disse:

- *Maria da Cruz, "seu" Eurípedes mandou dizer que estava presente e que você não precisava gritar daquele jeito.*

A risada foi geral. Serviu, sobretudo, para aliviar-nos da grande tensão que nos dominara até então.

Chico pediu-me para examinar o menino e verificar se tudo estava realmente em ordem, como parecia estar.

Examinei-o com as possibilidades que tinha à minha disposição e verifiquei que ele saíra mesmo ileso, sem nenhum arranhão.

ANOS MAIS TARDE

O curioso é que, anos mais tarde, encontrei o menino que caiu no poço. Estava eu fazendo uma palestra na Associação Médico-Espírita de Bebedouro, a convite de seu presidente, nosso caro colega Eurico Medeiros, e eis que surge à minha frente seu tio, Vicente Kobal Medeiros, um senhor de mais de 50 anos.

" — Eu sou o menino que caiu no poço", disse ele.

Impressionante o nosso encontro, depois de todos aqueles anos. Ele é de tradicional família espírita de Bebedouro. Seu pai, Francisco Ferreira Medeiros, já falecido, que estava presente na peregrinação de dezembro de 1959, foi fundador da primeira Mocidade Espírita do Brasil, que é a de Bebedouro.

Vicente, atualmente, é comerciante na cidade. Desejei registrar esse feliz reencontro e assim foi feito. Ele deu-me a seguinte entrevista:

Marlene Nobre: Você tinha quantos anos, quando caiu no poço, em Uberaba?

Vicente Medeiros: Era dezembro de 1959, eu tinha 8 anos. Quero lembrar que esse poço não dera produção de água, tinha apenas um saibro barrento e molhado no fundo.

MN: Quais as lembranças que ficaram para você, desse episódio?

Vicente: Fugindo de meus pais, que estavam no centro ajudando a montar as cestas de Natal, que seriam distribuídas no dia seguinte, acompanhei a peregrinação que Chico fazia nas casas da região com a caravana de visitantes. Ele lia um texto do Evangelho e fazia a entrega de uma senha para a retirada da cesta de natal, que aconteceria na manhã do dia seguinte. O caminho estava escuro, não tinha luz elétrica nas ruas e nem em muitas casas. Um lampião iluminava uma trilha por onde seguia a caravana do Chico em fila indiana. Nisso, começou a chuviscar e, embora distante uns 400 metros do Centro Espírita, eu o localizei, pelo volume de carros que estavam parados na sua frente (ali tinha iluminação). Foi aí que resolvi cobrir minha cabeça com o paletó do terninho, que eu usava na ocasião, e sair da chuvinha seguindo uns vultos, que iam em direção ao Centro, mas esses vultos eram espíritos perturbadores. Foi aí que caí no tal poço.

Devo lembrar que aquela era uma região muito pobre, sem infraestrutura urbana, os donos de lotes abriam um poço para terem água para o sustento, mas muitos deles não davam água. Era o caso deste no qual caí.

MN: O que aconteceu depois?

Vicente: A lembrança mais *in loco*, que ficou gravada, é a do meu irmão Juca, de 15 anos na época, perguntando, gritando mesmo:

- Vicente, é você que está aí?

- Sim, sou eu, tira-me daqui - Espera aí ... (como se eu pudesse sair de lá sozinho).

O Chico vai jogar uma corda. Logo depois, veio a corda com um balde, coloquei um pé dentro desse balde e segurei na corda, e eles, que estavam lá em cima, me puxaram. A corda, que estava encostada na lateral do poço, fez com que minha mão, que a segurava, fosse doendo por estar raspando no barranco.

Foi aí que eu disse para alguém lá de cima:

— Não estou aguentando, vou soltar a corda. Aí, sim, ouvi a voz de Chico:

- *Vai, não.*Em seguida, eu já estava na boca do poço, que a essa altura estava todo iluminado pelas luzes dos carros que o rodearam (além da espiritual, é claro).

Já no colo de meu pai, que ficou com seu terno todo sujo de lama, fui levado para a casa ao lado do Centro, que era do Dr. Waldo Vieira, onde minha mãe me deu um banho quente.

Lembro-me ainda que, logo após o banho e a roupa limpa, voltei ao Centro com minha mãe, onde o Chico fazia uma pregação evangélica sobre o Natal, mas, como estava muito assustado, fui dormir calminho no colo de minha mãe.

MN: Chico disse alguma coisa?

Vicente: Lembro-me que, no dia seguinte, era distribuição de Natal; eu e meus familiares voltamos ao centro novamente. Chico estava conversando e aproveitou a oportunidade para relatar aquilo que de antemão já sabia, por informações dos seus guias espirituais.

Tinha mandado guardar a corda com o balde, utilizada no episódio da noite anterior, e naquela manhã solicitado que alguém fosse de fato medir o poço. Chico falou que a profundidade do poço era de mais ou menos 18 metros. A corda foi medida e tinha somente 12 metros e mais o balde.

Veja bem, o raciocínio do Chico era lógico: para que pudessem me puxar, eles deveriam ter nas mãos mais ou menos dois ou três metros da corda, portanto, sobravam tão somente nove metros, dentro do poço.

E aí informou o que sucedeu: *Foram os nossos amigos espirituais, a nossa irmã Scheilla, que nos auxiliaram, elevando o menino até a boca do poço, a corda foi meramente ilustrativa, pois esta criança é a prova, não tem um esfolão sequer, nem os dedos da mão que ele falava que estavam doendo, por estar esfregando no barranco do poço tem sinal algum.*

MN: Depois desse fato, mudou alguma coisa em sua vida?

Vicente: Continuei muito serelepe e arteiro, e me sentia importante, pois passei a ser conhecido como "o menino do poço".

Mas, na realidade, como cresci no meio espírita (meu pai foi o fundador da primeira Mocidade Espírita do Brasil que é aqui de Bebedouro/SP), meu caso serviu de prova do auxílio da Espiritualidade. A rotina continuou normal. Continuamos a sentir a proteção através da oração e do agradecimento. Fui a Uberaba várias vezes, quando Chico ainda era vivo. Levava comigo pessoas que gostariam de ter contato com ele. A senha que eu usava para me aproximar dele, já quando estava em seu recolhimento e reabilitação era o tradicional, "sou o menino do poço".

Capítulo 8

VARIAÇÕES EM TORNO DA MEDIUNIDADE
OUTUBRO DE 1960: UM SUSTO

Chico e Waldo tinham compromisso de visitar um enfermo que estava em seus últimos momentos da vida física, sofrendo muito com as consequências finais de um câncer. E ele não aceitava a desencarnação.

Era um domingo, início de outubro de 1960. Tínhamos feito o programa *Ondas de Luz*, e Chico já tinha passado pela rua Alaor Prata para telefonar para Luíza, sua irmã, e nós estávamos agora no Alto dos Estados Unidos, no quarto do enfermo.

Assim que entramos, espargiu-se éter por todo o recinto. Enquanto Chico e Waldo transmitiam os passes, auxiliados por nossos amigos de todos os domingos, eu fiquei no fundo, perto da porta, porque não estava me sentindo bem. A minha vontade era de gritar para o paciente:

"Morra, infeliz, porque eu estou te esperando. Você nem imagina o que vai te acontecer!".

Quando se tornou insuportável essa pressão sobre mim, abri a porta e fiquei esperando os amigos do lado de fora.

Fiquei em pânico, porque só voltei a mim lentamente. E o pior é que isso vinha me acontecendo com muita frequência, nas visitas que fazia aos doentes nas enfermarias dos hospitais. Como passar visita é um imperativo do estudante de medicina e é conduta indispensável à formação médica, eu já estava um tanto quanto desconfortável pensando na situação esdrúxula em que me encontrava.

Quando Chico saiu e já íamos embora, contei a ele como tinha me sentido e também o desconforto das visitas hospitalares. Eu não sabia mais o que fazer.

Chico riu muito e chamou:

- *Waldo, vem cá. Escute o que a Marlene está contando.*

Repeti tudo, um tanto encabulada. Chico ria e eu não entendia, porque ainda estava me sentindo muito mal.

Em seguida, veio o diagnóstico e a orientação segura.

- *Minha filha, não se preocupe. Você é médium de psicofonia e precisa começar a receber espíritos nas sessões de desenvolvimento. Procure o Centro Espírita José Horta e comece logo nesta semana próxima.*

E foi o que fiz. Desde outubro de 1960 até os dias de hoje tenho trabalhado como médium de psicofonia em sessões de desobsessão. Somente fiz um interregno nos dois períodos de gravidez, porque o estado gestacional impede a participação da médium nas sessões mediúnicas.

Lembro-me dos desdobramentos da orientação.

Eu tinha muita dúvida, porque, desde o princípio, minha mediunidade era consciente. Parecia que tudo vinha de mim mesma. Como saber se não era da minha imaginação?

Consultei Chico e ele deu-me uma orientação muito importante:

- *Depois da prece inicial na sessão, deixe o seu cérebro livre. Não pense em nada. Não formule ideias, nem pensamentos. O que vier na sua mente, você fala, porque não é de sua autoria.*

Desde então, nas sessões, procurei deixar a mente desobstruída, como se fosse um carro em ponto morto. Isso foi fundamental para mim, porque eu tinha a ideia errônea de que o espírito iria tomar o meu cérebro e falaria à minha revelia, afastando completamente a minha consciência. Mas isso não acontece na mediunidade consciente.

SE VOCÊ FRACASSAR...

Certa vez, estávamos na casa de Chico e ele me falou de modo firme e severo:

Se você fracassar, não terá perdão.

Emendando em seguida:

Não terá perdão porque teve mãe espírita maravilhosa e orientação segura desde o berço.

Depois do aviso, julgando, talvez, que tivesse sido severo demais reformulou:

Não terá perdão, não, não terá desculpa. Compreendendo a sua tentativa de amenizar o aviso, retruquei de pronto:

— Pode deixar o "não terá perdão mesmo", é melhor para eu não esquecer o aviso em tempo algum.

A VÍTIMA CAMINHAVA COM ELE

Certa vez, eu estava ao lado de Chico em uma reunião normal da CEC e havia uma longa fila de visitantes. O médium cumprimentava e aconselhava a todos com a bondade de sempre.

Percebi que um senhor o abraçou efusivamente. Chico não fez nenhum movimento de recuo, mas intimamente percebi que havia algo estranho. Depois que o senhor se retirou, Chico me disse:

Este senhor matou um homem e a vítima está entranhada em sua coluna. Quando ele me abraçou, vi perfeitamente o espírito projetar-se junto com ele.

Quantos segredos a sua mediunidade desvelava! E, muitas vezes, não podia revelar a ninguém...

QUANDO AS ESTRELAS VOLTAREM A BRILHAR...

Em um dia de atendimento na CEC, uma senhora caminhava na fila de cumprimentos, trazendo nos braços um fardo especial, coberto com uma manta muito alva. Depois de abraçar com muito carinho o querido médium, ela retirou a manta e mostrou-lhe o fardo precioso que trazia nos braços. Era seu filho adotivo. Um menino com severa deficiência mental, totalmente incapacitado de vida autônoma. A mulher resumiu, então, sua comovente e singular história. Tivera seis filhos sadios, com todas as funções orgânicas e psicológicas normais, e rogara a Jesus lhe concedesse a bênção de ser mãe pelos laços do coração de uma criança deficiente. Chegou-lhe, então, aos braços, esse menino necessitado de adoção de quem se tornara mãe desvelada.

Quando ela se retirou, depois da forte emoção que nos envolveu a todos, Chico contou-nos o que se passou entre ele e a criança. Houve um momento em que os olhos do menino cruzaram-se com os dele e, nesse preciso momento, ele ouviu perfeitamente o que o espírito lhe comunicava pelo olhar:

— *Quando as estrelas voltarem a brilhar no meu céu, novamente, nós voltaremos a nos encontrar!...*

Só nos restaram silêncio e lágrimas...

LEMBRETE AOS MÉDIUNS

Referindo-se, várias vezes, à importância das tarefas mediúnicas, Chico enfatizava sempre a necessidade de prudência e caridade por parte dos médiuns.

Os medianeiros devem funcionar como filtros, a sujeira fica embaixo, em cima, deve sair apenas água limpa. Assim, se ele vê coisas desagradáveis acompanhando as pessoas, não deve dizer nada. Só deve se referir àquilo que anima, edifica e constrói.

Ainda com relação à mediunidade, enfatizou:

Muitas vezes o médium fracassa porque não teve a bênção da obsessão. Nós todos precisamos de "estímulos" para nos mantermos na "linha". Quando ficamos perturbados, sentimos que não somos grande coisa e aproveitamos melhor a oportunidade de trabalho.

Com relação à sua posição, não se cansava de repetir o que

Emmanuel ensinou-lhe: ele, Chico, não passava de um animal, uma besta que carrega documentos importantes.

— Às vezes, *os cavaleiros dão um trato melhorzinho à besta, mas não por ela e sim pelo transporte dos documentos.*

Por várias vezes referíamo-nos à dedicação de Chico, raramente faltando às tarefas com o povo, mesmo quando estava doente.

Dizia-nos ele, a propósito, que em todos os anos de exercício mediúnico já tinha visto muita doença — febre, dor no corpo, dor no olho, etc. — passar completamente após a reunião.

Lembramo-nos sempre disso quando vemos médiuns abandonarem os postos assim que surgem os primeiros empecilhos, sobretudo, as doenças. Muitas delas imaginárias.

OS BENEFÍCIOS DA CARIDADE

Certa vez, na fila de cumprimentos, apresentou-se uma senhora que desejava lhe fazer um agradecimento especial.

Há 20 anos, Chico Xavier mostrara-lhe o caminho da libertação. Ela era médium, padecia de obsessão e sofria muito, porque seu marido, católico fervoroso, a impedia de frequentar a Casa Espírita. Chico perguntou-lhe, então, qual era o setor de assistência social que a Igreja que ela frequentava costumava desenvolver.

Ela lembrou-se dos enxovaizinhos para recém-nascidos pobres que eram confeccionados e entregues em nome de Santa Rita de Cássia. Chico aconselhou-a a trabalhar, sem ter faltas, com as outras senhoras, semanalmente, nessa oficina de costura, dedicando-se à distribuição desses enxovaizinhos. Ela estava ali, após esses 20 anos, para dizer ao médium que cumprira o prometido e que esse trabalho a livrara da obsessão.

MENSAGENS FALADAS E ESCRITAS EM OUTRAS LÍNGUAS

O rigor da disciplina, da preparação e do emprego da mediunidade fizera de Chico Xavier um exemplo para quantos se inscrevem no campo da prática mediúnica.

O repórter do jornal *O Globo*, Clementino Alencar, foi o primeiro a informar sobre as mensagens em outros idiomas, quando entrevistou o médium em Pedro Leopoldo no período de 23 de abril de 1935 a 25 de junho do mesmo ano. Aliás, é justo e necessário que se diga que devemos a Clementino Alencar reportagens de grande valor, que retrataram de maneira honesta e verdadeira os primórdios da mediunidade de Chico Xavier. Foram duas as mensagens de Emmanuel, uma em inglês, em 23 de novembro de 1933; a outra em italiano, em fevereiro do mesmo ano.

Clóvis Tavares (26) é o único biógrafo da época de Pedro Leopoldo a publicar as preciosas informações do Dr. Rômulo Joviano acerca da mediunidade poliglota de Chico Xavier.

"Dr. Rômulo Joviano (...) relatou (...) as mais belas provas da sobrevivência através da mediunidade xenoglótica de Chico Xavier. Havendo estudado na Inglaterra, onde se laureou pela Universidade de Edimburgo, Escócia, lá se fez íntimo amigo de um jovem inglês, Alexander Seggie, seu companheiro de estudos e, mais tarde, professor de Filosofia Platônica e Kantiana, na mesma Universidade. Esse jovem professor, de quem Dr. Rômulo me traçou maravilhoso perfil espiritual, desencarnou na Primeira Grande Guerra, em território francês. Pois Chico, que tudo ignorava a respeito de Alexander Seggie, de sua cultura filosófica, de sua elevada nobreza de espírito, de sua amizade ao seu colega (...), dele recebeu, dirigidas ao Dr. Rômulo, várias mensagens, em inglês, língua que, naqueles recuados tempos, desconhecia completamente, pois se havia cursado apenas a escola primária, conhecera tão somente, logo depois, os serviços noturnos e sacrificiais na Fábrica Tecidos e o modesto trabalho de caixeiro de venda dia e noite... E, nessas mensagens, identificava-se fielmente o jovem professor da Universidade escocesa!... Relatou-me,

---

(26) TAVARES, C. **Trinta anos com Chico Xavier**. 3. ed. Araras: IDE – Instituto de Difusão Espírita, 1983. Capítulo 8, p. 73–74; ver também Capítulo 13, p. 139-140.

ainda, Dr. Rômulo, que Chico também psicografou uma mensagem em língua inglesa, mais ou menos na mesma época, dirigida ao cônsul da Inglaterra, em Belo Horizonte, o Sr. Harold Walter."

Certa vez, na companhia do médium, Dr. Rômulo Joviano visitou a fazenda do Dr. Louis Ensch, engenheiro luxemburguês, fundador da Usina de Monlevade, da Companhia Siderúrgica Belgo-Mineira, em Monlevade, Minas Gerais. Nessa visita, "o nosso querido Chico recebeu mensagens endereçadas ao mesmo Dr. Ensch, em idioma luxemburguês (letzeburgesch)". O fundador da Belgo-Mineira, maravilhado, declarou "serem as mensagens transmitidas no melhor estilo da língua nacional de sua pátria, o Grão-Ducado de Luxemburgo, e tão belas que somente luxemburgueses cultos poderiam com tal apuro articulá-las".

Lembra, ainda, Clovis Tavares:

"A revista *Reformador*, da FEB, em seu número de julho de 1954, noticia que no dia 29 de março de 1937, na sede da Sociedade Metapsíquica de São Paulo, Francisco Cândido Xavier recebeu uma mensagem, em inglês, só legível pela aplicação de um espelho. Imagino que tenha sido em tudo semelhante a outra, assinada por Emmanuel, dirigida a alguns amigos, em saudação de Ano Novo — "happy new year" —, psicografada em Pedro Leopoldo na noite de 17 de janeiro de 1943 e escrita da direita para a esquerda, de modo também a somente ser legível diante de um espelho. É o que Ernesto Bozzano denomina "escrita pelo espelho".

Clóvis informa, ainda, que em visita à escritora Maria Lacerda de Moura, já desencarnada, em companhia do Dr. Rômulo Joviano, Chico recebeu, através da psicofonia sonambúlica, "uma mensagem em idioma hindu".

Mais tarde, espíritos diversos escreveriam em outros idiomas nas cartas dirigidas aos pais e parentes encarnados. Algumas delas estão inseridas no livro *A Vida Triunfa*, cujo autor é meu irmão Paulo Rossi Severino.

VÁRIAS MODALIDADES:
FENÔMENOS DE MATERIALIZAÇÃO

Como se verifica, a exuberância da fenomenologia mediúnica em Chico Xavier sempre foi grande. Desde 1928, ele participava de sessões de desobsessão para auxílio às entidades sofredoras através da psicofonia ou incorporação, a princípio em reuniões desta modalidade que se realizavam no Luiz Gonzaga e, depois, no "Grupo Espírita Meimei. Ao mudar-se para Uberaba, seus compromissos continuavam os mesmos. Ele tinha também o fenômeno da transfiguração, além de clariaudiência e clarividência, desde os 4 anos de idade.

Conforme testemunho de vários participantes, Chico também foi médium de efeitos físicos, atuando com Peixotinho, notável e humilde médium nessa modalidade. De 1952 a 1953, ambos participavam de reuniões com amigos íntimos de Pedro Leopoldo, Belo Horizonte, São Paulo e Rio de Janeiro. Nelas, materializaram-se entidades de altaelevação — Emmanuel, Maria João de Deus, Meimei, Scheilla, Bezerra de Menezes e outros —, que cuidaram de alguns doentes, dando ao mesmo tempo belíssimas orientações espirituais.

Ranieri relata muitas dessas sessões não só em *Materializações Luminosas* como em outros livros, afirmando, por exemplo, que o espírito de dona Maria João de Deus surgia como uma estrela, iluminando todo o recinto. Dentro Nesse mesmo campo fenomenológico, milhares de pessoas constataram, em sessões normais de atendimento público, a impregnação do ambiente pelo éter e também por ondas de perfume com odores diferentes.

Após dois longos anos de experiências nas sessões de materialização, Emmanuel solicitou que essas reuniões fossem encerradas, porque estavam a ponto de descambar para a curiosidade improdutiva e isso estava ameaçando o trabalho mais importante — o da formação do livro psicográfico.

José Gonçalves Pereira, nosso querido amigo, fundador e diretor da

Casa Transitória da Federação Espírita do Estado de São Paulo, de saudosa memória, participou de inúmeras sessões de materialização em Pedro Leopoldo. E deu testemunhos. No livro de Roque Jacinto – *Quarenta Anos no Mundo da Mediunidade* – é descrita uma dessas reuniões em que José Gonçalves, sob forte emoção, vê o espírito de sua mãe materializado. No livro *Mandato de Amor*, Jô, Gonçalves e Bissoli descrevem também essas materializações luminosas. Os que presenciaram, afirmam que Emmanuel tinha impressa na sua toga romana toda a constelação do Cruzeiro do Sul que iluminava de forma deslumbrante todo o ambiente.

ESCRITA EM BRAILE

Devemos a Wanda Joviano e Geraldo Lemos, especialmente ao trabalho da editora Vinha de Luz, o resgate de centenas de páginas recebidas por Chico Xavier, no período de Pedro Leopoldo, e que não tinham sido publicadas. Em *Militares no Além,* está publicada a mensagem em braile, recebida pelo médium, em 1937, de autoria de Engrácia Ferreira, a pioneira no Brasil desse sistema de escrita para cegos.

A mensagem é dirigida a Julia Amorim, que transcreveu para esse alfabeto inúmeras obras espíritas, além de outras que são fundamentais para o estudo e a ilustração dos cegos. Devido à falta de traquejo do médium nessa escrita, a mensagem demorou duas horas para ser concluída.

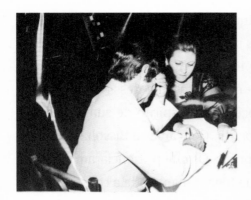

Capítulo 9

PARNASO DE ALÉM-TÚMULO: IMPACTO E ASSOMBRO PARA OS CRÍTICOS LITERÁRIOS

Em 1962, em nossas tertúlias na CEC, relembramos em Uberaba os 30 anos do lançamento de *Parnaso de Além-Túmulo*, antologia de poetas portugueses e brasileiros, primeira obra psicografada pelo médium e publicada em 9 de julho de 1932, pela FEB.

Essa grandiosa obra dos poetas desencarnados, recebida aos 21 anos, pelo rapazinho humilde de Pedro Leopoldo, descortinou para o mundo uma nova alvorada de esperanças. Os mortos de pé retornaram, trazendo a prova inequívoca da sobrevivência da alma, aturdindo o mundo latino, notadamente a gente de fala portuguesa. O médium relembrou um aspecto importante desse acontecimento. (27)

Tivemos, em Manoel Quintão, o nosso inesquecível amigo da FEB, o apoio decisivo para o lançamento de Parnaso de Além-Túmulo, *o primeiro livro de nossas modestas faculdades mediúnicas, em 1932. Desde o início de nossas atividades na Seara Espírita, encontrei nele um orientador, cuja dedicação não posso esquecer. De uma bondade infatigável e de uma paciência sem*

limites para comigo, Manoel Quintão foi para mim, desde o nosso primeiro contato, um mentor amigo e um guia paternal, que vive constantemente em meu culto pessoal de carinho e gratidão.

---

(27) BARBOSA, E. **No mundo de Chico Xavier**. *2. ed. Araras: IDE - Instituto de Divisão Espírita, 1975. Capítulo 8, p. 87.*

E é justamente de Manoel Quintão o prefácio da primeira edição dessa obra única. A certa altura desse preâmbulo, o então presidente da FEB assim se expressa sobre ela:

"Aqui, não só concorrem poetas brasileiros e portugueses, como retinem cristalinas e contrastantes as mais variadas formas literárias, como a facilitarem de conjunto a identificação de cada um. Romantismo, Condoreirismo, Simbolismo, aí se ostentam em louçanias de sons e de cores, para afirmar não mais subjetiva, mas objetivamente, a sobrevivência dos seus intérpretes. É ler Casimiro e reviver *Primavera*; é recitar Castro Alves e sentir *Espumas Flutuantes*; é declamar Junqueiro e lembrar a *Morte de D. João*; é frasear Augusto dos Anjos e evocar *Eu*".

E Manoel Quintão relembra que o médium Xavier era um quase adolescente, sem lastro de grande cultura e treino poético, e recebia as poesias de um jato. Sem conhecer dos autores uma única estrofe.

AUGUSTO DOS ANJOS E AS PLANTAÇÕES DE ALHO

Nessa retrospectiva, não podemos nos esquecer de que, em 1931, ano em que o médium recebeu o *Parnaso*, ele trabalhava no armazém de secos e molhados do Sr. José Felizardo Sobrinho e tinha como imperativo maior os seus deveres paternais para com os seus irmãos menores, os filhos de Cidália, devendo, portanto, trabalhar arduamente, para o suprimento do lar. Há passagem muito interessante relembrada pelo médium no primeiro Pinga-Fogo, programa da TV Tupi: (28).

Em 1931, quando eu ia fazer 21 anos, o espírito de Augusto dos Anjos sentia muita dificuldade em escrever por meu intermédio. Nesse tempo, eu trabalhava num armazém e esse armazém me dava também serviços para cuidar de uma horta muito grande, com plantações de alho, porque o alho na região em que eu nasci é um fator econômico de muita importância. Então, depois das seis da tarde, para mim, era um prazer regar os

(28) XAVIER, F. C. **Pinga fogo com Chico Xavier**. 2. ed. São Paulo: Edicel – Editora Cultural Espírita Edicel Ltda., 1983. p. 53-54.

canteiros de alho e os espíritos começavam a conversar comigo. Eu achava muito prazer naquelas horas, porque eu me isolava de todo o serviço do armazém para ficar plenamente à disposição dos espíritos amigos. Então, ele começou a ditar uma poesia que está no Parnaso de Além-Túmulo, *o primeiro livro de nossa mediunidade. A poesia chama-se* Vozes de uma Sombra. *E ele começou a falar com aquelas palavras maravilhosas, muito técnicas, e eu, com o regador na mão, custava a compreender. E ele falava que gostava de escrever no campo e que aquela era uma hora em que ele queria ditar, para que eu ouvisse, para poder compreender na hora de escrever, porque muitas vezes escrevo também como médium ouvinte. E eu sentia aquela dificuldade toda, então ele falou comigo assim: "Olha, você quer saber de uma coisa? Eu vou escrever o que eu puder, pois a sua cabeça não aguenta mesmo!". E a poesia está no livro, mas só o que ele pôde; era muito mais bonita, uma beleza! Ele falava de fótons, cores, de mundos, galáxias. Quem era eu para entender aquilo, eu, que estava regando canteiros de alho?*

AGORA VOU AO PASTO....

Outra poesia de Augusto dos Anjos e que consta do *Parnaso de Além-Túmulo* foi ditada também de forma insólita. Chico almoçava na cozinha de sua casa, com o prato na palma da mão, quando ouviu alguém tossir atrás dele. Voltou os olhos e viu Augusto dos Anjos, o consagrado autor de *EU,* que lhe falou sem rodeios:

"Não tenha medo, a doença não pega mais." Acrescentando: "Quando você acabar de almoçar, pegue papel e lápis e venha comigo". É preciso ressaltar que essa exigência do poeta, de que Chico fosse ouvi--lo no pasto, fora da casa, era um costume que tinha quando encarnado.

O relato é de Pereira Guedes (29) que teve notícias, pelo pintor Funchal Garcia, do modo peculiar com que Augusto dos Anjos compunha

(29) BARBOSA, Elias. **Presença de Chico Xavier**. 2. ed. Araras: Instituto de Difusão Espírita (IDE), 1979. p. 87.

suas poesias. Ele costumava dizer ao amigo: "Funchal, agora vou ao pasto, em busca de alguma coisa". De volta, lia para o pintor amigo a sua produção, uma de todas aquelas que estão no seu único livro, *Eu*.

Chico mostrou para Manuel Quintão e Pereira Guedes o pasto no caminho de quem vai para Sete Lagoas onde o poeta ditou o seu primeiro poema *Voz do Infinito* e que está em primeiro lugar em *Parnaso de Além- Túmulo*.

HISTÓRIA DE UM SONETO

Em 1931, Chico acompanhava um enterro, em Pedro Leopoldo. Da Igreja ao cemitério, era longo o percurso. Vejamos o fato narrado por Ramiro Gama (30):

"Um padre presente abeira-se do rapaz e pergunta:

— Então, Chico, dizem que você anda recebendo mensagens do outro mundo....

— *É verdade, reverendo. Sinto que alguém me ocupa o braço e se serve de mim para escrever...*

— Tome cuidado. Lembre-se de que o Espírito das Trevas tem grande poder para o mal...

— *Entretanto, padre, os espíritos que se comunicam somente nos ensinam o bem.*

O sacerdote retirou um papel em branco da intimidade de um livro que sobraçava e convidou:

— Bem, Chico, estamos no cemitério, acompanhando um amigo morto... Tente alguma coisa. Vejamos se há aqui algum espírito desejando escrever.

Chico recebe o papel e concentra-se. Em poucos instantes, sente o braço tomado pela força espiritual e psicografa a poesia aqui transcrita:

---

(30) GAMA, R. **Lindos casos de Chico Xavier**. *17. ed. São Paulo: Livraria Allan Kardec Editora (Lake); 1995. p. 63-64.*

Adeus

O sino plange em terna suavidade,
No ambiente balsâmico da igreja;
Entre as naves, no altar, em tudo adeja
O perfume dos goivos da saudade.
Geme a viuvez, lamenta-se a orfandade;
E a alma que regressou do exílio beija
A luz que resplandece, que viceja,
Na catedral azul da imensidade...

Adeus, Terra das minhas desventuras...
Adeus, amados meus... diz nas alturas...
A alma liberta, o azul do céu singrando...
— Adeus ... — choram as rosas desfolhadas,
— Adeus... — clamam as vozes desoladas
De quem ficou no exílio soluçando...

(Auta de Souza)

OBRA ADMIRÁVEL

Elias Barbosa faria, depois, trabalho completo e realmente admirável sobre essa obra por ocasião da comemoração dos 40 anos de seu lançamento. Foi em 1972, quando a FEB, em brilhante iniciativa, relançou-a em edição especial.

O culto psiquiatra de Uberaba relacionou estudos estilísticos dos 56 poetas, esgotando o assunto. São suas estas palavras que enfeixam o significado do *Parnaso de Além-Túmulo*: "Oito lustros de impacto, de assombro para os críticos literários de nossa Pátria".

Realmente, a obra primeira é um assombro. Sem admitir a tese espírita, fica muito difícil explicar a presença de tantos poetas portugueses e brasileiros, cada um com sua autenticidade de estilo e criatividade.

DITADOS MEDIÚNICOS NA ESCOLA

Diante do sucesso do *Parnaso de Além-Túmulo* fica difícil não lançar um olhar para a fase escolar de Chico Xavier e avaliar o tamanho da sua renúncia ao anular-se para que o trabalho dos Espíritos resplandecesse.

Já no ambiente escolar, ele se preparava para a importante missão, enfrentando inúmeros momentos de conflito por ouvir vozes e sentir que mãos invisíveis guiavam sua escrita. (31)

Em 1922, eu contava 12 anos de idade e frequentava o 4º ano no Grupo Escolar São José, em Pedro Leopoldo. Era um ano de muitas co-memorações do 1º Centenário da Independência de nosso País. O governo do Estado de Minas Gerais instituiu prêmios para os alunos de todas as classes da 4º ano das escolas primárias, que apresentassem as melhores páginas sobre a história do Brasil. Era um concurso a que todos nós, as crianças do 4º ano, em Minas, devíamos comparecer. Nossa professora, dona Rosária Laranjeiras, abnegada educadora mineira, profundamente respeitada, nos círculos do Magistério em nosso Estado, desencarnada, há alguns anos, em Belo Horizonte, e que lecionava, nesse tempo, em Pedro Leopoldo, marcou data para a referida prova.

E Chico conta que no início da prova viu um homem ao seu lado ditando o que ele deveria escrever. Levantou-se e disse à professora:

Dona Rosália, perto de mim, na carteira, eu vejo um homem ditando o que devo escrever. Apesar de ser ainda muito jovem, naquele tempo, ela era uma criatura de imensa bondade e profunda compreensão que sempre me ouvia com grande paciência. Depois de escutar-me, perguntou igualmente em voz baixa: "O que é que esse homem está mandando você escrever?". Eu repeti o que ouvira do espírito explicando: Ele me disse que devo começar a prova contando assim: O Brasil, descoberto por Pedro Álvares Cabral, pode ser comparado ao mais precioso diamante do mun-do que logo passou a ser engastado na Coroa Portuguesa... Ela mostrou admiração no semblante, mas me falou em voz mais baixa ainda: "Volte,

(31) BARBOSA, E. **No mundo de Chico Xavier**. 2. ed. Araras: Instituto de Divisão Espírita (IDE); 1975. Capítulo 1, p. 14-17.

meu filho, para a sua carteira e escreva a sua prova".

Chico voltou e escreveu. E recebeu Menção Honrosa da Secretaria da Educação de Belo Horizonte. Mas concluiu: *Dona Rosália Laranjeira ficou muito satisfeita, mas, de minha parte, sabia que as páginas não eram minhas.*

O fato é que esses fenômenos ocorreram muito frequentemente com Chico Xavier no período escolar, conforme lembra Dona Naná, proprietária do antigo e hoje desaparecido Hotel Diniz, em Pedro Leopoldo (32):

"Dona Rosária Laranjeiras — primeira e única professora do Chico Xavier no Grupo Escolar — fazia convescotes, passeios campestres com os alunos, uma vez por semana, possibilitando-lhes sentirem a natureza, traduzindo-lhes a Mensagem de Amor; viverem um dia de primavera. No dia seguinte, no entanto, teriam de dar-lhe por escrito, a impressão do passeio. Chico, nas descrições, tirava sempre o primeiro lugar. Era dele a composição melhor. E isto foi chamando a atenção de todos e dela mesmo. Não era possível. O Chico deveria ter de cor o que escrevia porque excedia muito o que aprendera. E assim pensando preparou-lhe uma armadilha. Realizou um passeio mais cedo e na volta encaminhou todos os alunos para o Grupo. Desejava ali, naquele mesmo dia, a impressão. Distribuiu-lhes o papel e esperou. No julgamento, o Chico tirou, de novo, o primeiro lugar: escrevendo uma verdadeira página literária sobre o amanhecer e daí tirando conclusões evangélicas. D. Rosária mandou os alunos para casa e foi mostrar aos seus amigos íntimos a composição do Chico e todos foram acordes em reconhecer que aquilo ou fora copiado ou, então, era... dos espíritos".

CONSELHO DA MÃE AO FILHO

Prevendo o sucesso da obra *Parnaso de Além Túmulo* e os percalços na vida do filho tão jovem, dona Maria João de Deus, ao término

(32) GAMA, R. **Lindos casos de Chico Xavier**. *17. ed. São Paulo: Livraria Allan Kardec Editora (Lake). 1995. p. 151-152.*

do livro *Cartas de uma Morta*, lançado em 1935, despediu-se do filho deixando-lhe conselhos valiosos. Por esse texto, pode-se avaliar a envergadura moral do espírito que lhe foi mãe extremosa.

Não deixe de ler, leitor amigo, esta verdadeira aula que o amor maternal transmite ao filho, pedindo-lhe que não se deixe iludir pela posse dos bens materiais: *Seja a tua mediunidade como harpa melodiosa.* Aceite a pobreza *pensando n'Aquele que não tinha uma pedra onde repousar a cabeça dolorida e, quanto à vaidade, não guardes a sua peçonha no coração.*

Em pé, Chico (5º da esq. p/ dir.), e, ao seu lado, o presidente da FEB, Manoel Quintão. Sentado na frente (3º da esq. p/ dir.) seu pai, João Candido.

Distribuição gratuita de livros espíritas, por João Nunes Maia, a partir de Uberaba

Capítulo 10

DE HUMBERTO DE CAMPOS
A IRMÃO X

A produção mediúnica de Chico Xavier atingira 60 livros, até 1958, quando ele se mudou de Pedro Leopoldo.

Comentávamos com Chico, num de nossos encontros da CEC, o último livro, *Contos e Apólogos,* que ele havia recebido de Irmão X efora lançado no ano de 1958, antes da mudança. Lembrávamos também de *Boa Nova*, do mesmo autor, um dos mais belos livros de sua produção mediúnica, preferido nosso e do próprio médium.

Chico contou-nos que Humberto de Campos habitava uma Escola, ou antes, uma Academia Literária de grande beleza arquitetônica, no mundo espiritual, da qual ele, Chico, guardara uma lembrança muito clara, fruto dos muitos encontros que tivera ali com o grande literato. Nesta Escola, havia uma árvore belíssima, que parecia produzir música ao som do vento. O efeito era extraordinário, parecia que as folhas tinham voz e reproduziam sons e músicas.

Na volta, naquela madrugada em casa, relembrei o que sabia sobre o encontro entre Humberto de Campos, desencarnado, e o crítico literário Agripino Grieco. E também a contribuição admirável dessa glória de nossa Academia Brasileira de Letras à causa da imortalidade da alma.

RELEMBRANDO A MENSAGEM DE HUMBERTO DE CAMPOS A AGRIPINO GRIECO

Marcou época o encontro de Chico Xavier com Agripino Grieco, escritor e crítico de renome, em Belo Horizonte. Vejamos como o médium relatou esses momentos: (33)

Achava-me em casa do professor Cícero Pereira, à rua Bonfim, 360, em Belo Horizonte, de visita a esse nosso caro amigo já desencarnado, quando o nosso estimado Bady Curi, que, mais tarde, presidiu a União Espírita Mineira, apareceu à minha procura, em companhia do confrade, o farmacêutico Rodrigo Agnelo Antunes. Disseram que Agripino Grieco estava à minha espera e desejava ver-me em serviço psicográfico. Fiz-lhe ver que não devíamos forçar ninguém a crer nos fenômenos mediúnicos, mas instaram, em nome da amizade, e acompanhei-os... Com surpresa, não encontrei o sr Agripino Grieco no recinto. Ele só chegou, depois de vários minutos de espera, acompanhado de alguns amigos. Mais tarde, lendo entrevistas desse escritor sobre nosso encontro, cheguei à conclusão de que ele também fora à União por insistência de amigos que desejavam vê-lo em contato com alguma ocorrência mediúnica.

Ainda em seu depoimento a Elias Barbosa, Chico contou que o professor Cícero pediu a Agripino que rubricasse o papel em branco e logo em seguida ele começou a psicografar. Comunicaram-se Augusto dos Anjos e Humberto de Campos. Depois de lidas as mensagens, o grande escritor e crítico literário "pronunciou palavras comoventes" que muito confortaram o médium, encorajando-o no trabalho de espiritualização.

Foi generoso para comigo, deu-me muita atenção na referida noite, despediu-se de mim com um abraço e não mais o vi.

Numa entrevista que deu ao jornal *Diário da Noite*, do Rio de Janeiro, naquele mesmo ano de 1939, Agrippino Grieco relatou o que se passou na reunião. Confirmou que rubricou as páginas em branco e a

---

(33) BARBOSA, E. **No mundo de Chico Xavier**. 2. ed. Araras: Instituto de Divisão Espírita (IDE), 1975. Capítulo 3, p. 36-37.

comunicação célere dos dois autores através do médium. Afirmou que a atenção que deu ao fenômeno e a leitura que fez em voz alta dos trabalhos apresentados não significaram nenhuma adesão ao credo espírita. E ressaltou:

"Mas o certo é que, como crítico literário, não pude deixar de impressionar-me com o que realmente existe do pensamento e da forma daqueles dois autores patrícios nos versos de um e na prosa de outro. Tendo lido as paródias de Albert Sorel, Paul Reboux e Charles Muller, julgo difícil (isso o digo com a maior lealdade) levar tão longe a técnica do pastiche. De qualquer modo, o assunto exige estudos mais detalhados, a que não me posso dar agora, nesta visita um tanto apressada à formosa terra de Minas".

Depois de ressaltar que o assunto exigia mais estudos, não deixou de repetir a sua profunda emoção ao ler as referências de Humberto de Campos à sua pessoa, na mensagem de Chico Xavier. E concluiu: "Agora, após a sua morte, eis que me é dado encontrar-lhe novamente as ideias e o estilo, e da maneira extraordinária porque o foi".

NOS BASTIDORES DO ENCONTRO

Gilberto Campista Guarino narrou, no jornal *Obreiros do Bem*, do Rio de Janeiro, episódios gravados por seu amigo, Cesar Burnier Pessoa de Melo, trabalhador espírita dos mais dedicados e frequentador assíduo da casa de Chico Xavier, em Pedro Leopoldo. (34)

Entre os episódios, Burnier narrou os bastidores do encontro entre Agripino Grieco e Chico Xavier:

" Convidado a comparecer à sessão, Agripino Grieco relutou muito, de início, especialmente em função dos palpites de Joany, seu secretário, que não o deixava um minuto, exercendo forte pressão sobre sua pessoa".

Burnier lembra que estavam presentes na reunião inúmeros amigos,

---

(34) GUARINO, G. C.; BURNIER, C. **Jornal Obreiros do Bem**. *Rio de Janeiro, out. 1977.*

dentre os quais o senador Camilo Chaves e Efigênio Salles e que Chico psicografou diante de "um dos mais severos críticos do País, inteligência lúcida, mas homem bom e humilde". E prossegue:

"A sessão durou cerca de uma hora. Terminada, Chico volta-se para o crítico e diz-lhe:

Dr. Grieco, a mensagem é para o senhor. Eu vou passá-la às suas mãos para que o amigo leia em voz alta, se achar necessário, e tome conhecimento, porque há conceitos aí referidos à sua personalidade literária por Humberto de Campos.

"Agripino arregalou os olhos e disse:

— É singular! Nunca houve intimidade entre a minha pessoa e Humberto de Campos. Nós sempre nos tratávamos amavelmente, com aquele verniz social que deve haver sempre entre os literatos. Muitas vezes eu o encontrei em livrarias. Nós nos cumprimentávamos, mas cada qual se mantinha na sua posição, procurando os livros, os manuscritos, as coisas de que necessitava. Eu digo isso porque jamais poderia esperar que Humberto de Campos, que não era do meu mundo afetivo, de fato, pudesse dirigir a mim uma mensagem como Chico Xavier acaba de me afirmar. Vou ler a mensagem.

— Ela era estupenda, — prossegue César Burnier — em alto estilo literário, belíssima. Depois de fazer considerações muito especiais à literatura nacional, Humberto de Campos, nessa mensagem, repetiu exatamente o que Agripino Grieco havia dito, minutos antes. Nesse documento, Humberto dizia que, embora nunca tivesse havido entre os dois maior relacionamento, ele se sentia alegre, por encontrar-se com um grande batalhador. Fez, além disso, vários comentários em torno da figura de Sainte Beuve.

Durante a longa leitura, Grieco, vez por outra, parava e dizia:

- É muito singular tudo isso! A mensagem é realmente de Humberto. O estilo é inconfundível. Humberto está vivo nestas frases!".

Terminada a sessão, César Burnier, Agripico Grieco e Joany tomaram um carro, que os conduziu ao Grande Hotel, na rua Bahia, em Belo Horizonte. No quarto, sentados, Grieco sobre a cama e César numa cadeira, próximo a ele, puseram-se a conversar sobre o assunto. 'Eu me recordo' – prossegue Burnier – 'das palavras de súbita saudade de Humberto de Campos, a despeito da opinião de Joany que dizia ameaçadoramente: - Cuidado, cuidado! Amanhã podem explorar isso, e você vai aparecer como espírita; e temos as nossas conferências, hein!...'

Mas Agripino garantiu-lhe que estava profundamente impressionado com a comunicação que ele considerou, novamente, notável. Para ele, somente Humberto de Campos... Ninguém mais!".

1944: UM ANO PARA NÃO ESQUECER

No início de 1944, Chico Xavier e a FEB foram notificados pela Oitava Vara Cível do Rio de Janeiro sobre um processo que estava sendo movido contra eles pelos herdeiros do escritor Humberto de Campos. A viúva, Sra. Catarina Vergolino Campos, e seus três filhos, questionavam na Justiça a autenticidade dos cinco livros lançados pela FEB, cuja autoria era atribuída ao grande escritor.

O processo exigia que os textos escritos por Chico Xavier passassem por análise rigorosa de comprovação científica, bem como por exames gráficos e estilísticos confiáveis. Conforme ressalta Suely Caldas Schubert: (35)

"O processo chamou a atenção de todo o País, pois a família de Humberto de Campos, ao acusar a FEB e Francisco Cândido Xavier de uso indevido do nome do escritor e de auferirem vantagens monetárias com a venda dos livros, pretendia que o Tribunal sentenciasse se essa obra literária mediúnica era ou não do Espírito Humberto de Campos. Em caso negativo, pedia a apreensão de todos os exemplares, a proibição do uso do nome do escritor e pagamento de perdas e danos. Em caso afirmativo, isto é, se ficasse provado que o autor era mesmo Humberto de Campos,

---

(35) CALDAS, Schubert S. **Testemunhos de Chico Xavier**. *Rio de Janeiro: Federação Espírita Brasileira*, 1985. p. 42-48.

solicitava que o juiz declarasse a quem pertenceriam os direitos autorais, se à família do autor espiritual ou à FEB".

Em resumo: se o juiz negasse a autenticidade dos textos, Chico e o representante da FEB teriam que pagar indenização por perdas e danos e poderiam ser presos por falsidade ideológica. Se decidisse reconhecer os livros como obras do escritor, teria que apontar para quem ficariam os direitos autorais. Dada a gravidade da situação, o presidente da FEB chamou o Dr. Miguel Timponi para defendê-lo e ao médium.

Diante do processo, vários literatos se pronunciaram. Monteiro Lobato resumiu bem o pensamento dos que foram favoráveis ao médium: "Se Chico produziu tudo isso por ele mesmo, então, ele pode ocupar quantas cadeiras quiser na Academia". O médium recebeu apoio muito grande da mãe do escritor, dona Ana de Campos Veras. Em 21 de maio de 1938 ela já havia enviado uma foto do filho a Chico com a seguinte dedicatória: "Ao caro senhor Francisco Cândido Xavier, devotado intérprete espiritual de meu caro Humberto, ofereço com muito afeto esta fotografia como prova de amizade e gratidão".

Ela, inclusive, declarou ao jornal *O Globo,* de 19 de julho de 1944, que ficou emocionada ao ler *Crônicas de Além-Túmulo* por constatar o mesmo estilo de seu filho. Afirmou que não tinha dúvidas quanto a isso, embora não tivesse nenhuma explicação científica para o mistério. O suspense terminou com o veredito do juiz João Frederico Mourão Russel. Ele não respondeu quanto à autenticidade da autoria dos textos, porque resumiu a questão a um único ponto: os direitos do autor terminam com a morte. A FEB e Chico Xavier estavam livres. Uns vinte dias após o fim do processo, Chico escreveu a Antônio Wantuil de Freitas, presidente da FEB (36): *Como sabes, meu caro Wantuil, nem todas as publicações poderiam ser corretas, no caso escandaloso, e nem todos os jornalistas me procuraram com boas intenções. (...) Minha situação era*

(36) CALDAS, Schubert S. **Testemunhos de Chico Xavier**. Rio de Janeiro: Federação Espírita Brasileira, 1985. p. 34.

muito delicada e mesmo assim não faltaram inúmeros confrades que me escreveram sobre o acontecimento. Alguns me perguntaram acremente se eu não estava obsidiado e se já não havia enlouquecido (...) Continuemos, meu amigo, em nossos trabalhos, edificados na consciência tranquila.

E Humberto de Campos continuou produzindo, pelas mãos de Chico Xavier, agora, porém, mais precavido, com o pseudônimo de Irmão X.

Chico Xavier entrevistado por Clementino Alencar, em 1935

Clementino Alencar e Chico, no Armazém do seu Juca

Capítulo 11

DOLOROSO TESTEMUNHO

Havia sempre curiosidade em torno dos papéis que estufavam os bolsos do paletó do médium. Em nossas conversas na CEC, ele contava que colocava os casos mais desesperados no bolso direito, os pedidos por resolver; e, no bolso esquerdo, aqueles já solucionados, inclusive as cartas, os bilhetes e as lembranças que deveriam ser entregues às famílias. Quantas vezes suas roupas não podiam ir para a lavanderia, porque seus bolsos ainda não tinham sido convenientemente esvaziados, por falta de tempo.

Depois que me mudei para São Paulo, em 1963, nem paletós de muitos bolsos resolveriam a questão dos pedidos. Eram necessárias muitas sacolas para carregar o volume de solicitações de todo o Brasil.

Emmanuel costumava dizer ao pupilo que aqueles que viajam em sua companhia só podiam estar em mar alto, porque se "o navio tocar a praia os tripulantes logo vão querer parar para descansar e não pode; haveria prejuízo para a tarefa. Assim, os que desejarem parar enfrentarão os perigos e as ondas do Alto Mar". Certamente, o mentor referia-se às lutas e ao trabalho sem descanso que seu protegido tinha de enfrentar diariamente. Lutas para as quais a maioria de nós não está preparada.

Acompanhando mais de perto a vida de Chico, vendo-o sempre às voltas com os problemas de centenas de pessoas e o seu esforço em auxiliá-las da melhor forma, comecei a pensar nos problemas difíceis que viveu dentro do próprio círculo familiar, sem poder resolvê-los ou dar-lhes a solução que as pessoas esperavam. Foram muitos os dolorosos testemunhos que teve de enfrentar.

Lembrei-me mais intensamente da sua separação do irmão consanguíneo e companheiro de lides espíritas, José Xavier.

JOSÉ XAVIER RETORNA À PÁTRIA ESPIRITUAL

Foi em fevereiro de 1939, mais precisamente no dia 19, que José Xavier retornou, de maneira imprevista, à pátria espiritual. Clóvis Tavares (37) estava em Pedro Leopoldo e conta como tudo aconteceu:

"Todas as tardes, José Cândido e eu íamos ao correio buscar a correspondência de Chico, já bem grande nessa época. Assim, também no sábado, 18, antes de anoitecer... E quem imagina o que nos pode acontecer no minuto seguinte? Horas depois, na madrugada de domingo, o cruel e doloroso impacto. Vitima de um insulto cerebral (*), o alegre e carinhoso José, inesperadamente, presto transpôs o limiar do Mundo Invisível".

Clóvis Tavares prossegue falando do modo abrupto com que ele deixara o mundo e o testemunho de grandeza do sentimento cristão do nosso Chico. Foi o querido médium o amparo de toda a família

SENHA ENTRE CHICO E JOSÉ XAVIER

No livro *Um Amor, Muitas Vidas,* Jorge Damas Martins (38) conta que César Burnier passou metade da noite com o médium, devido à morte de seu irmão, José Xavier, ocorrida entre 3 e 4 horas da manhã, do dia 19 de fevereiro de 1939. Muitos dirigentes espíritas estavam presentes no velório.

Quando o corpo estava sendo velado no velho CE Luiz Gonzaga, que funcionava na casa do próprio José, Cesar Burnier atirou um chapéu que

(37) TAVARES, C. **Trinta anos com Chico Xavier**. 3. ed. Araras: Instituto de Difusão Espírita (IDE), 1983. p. 67-68.
(38) MARTINS, J. D. **Um amor, muitas vidas**. São Paulo: Lachâtre, 2007. p. 55.
*Palavra que designava antigamente o acidente vascular cerebral, vulgo, derrame.

bateu no rosto de Chico Xavier e caiu. Havia uma senha entre Chico e o irmão. Eles tinham combinado que algo seria jogado em cima de Chico e, então, ele saberia que José estava presente. Somente 30 anos mais tarde, na cidade de Franca, interior de São Paulo, estando Cesar Burnier presente, Chico revelou: *Cesar, você agora vai ficar sabendo... o chapéu no meu rosto era a senha exata combinada entre mim e o meu irmão.*

A DOR DA PARTIDA E UMA DÍVIDA A PAGAR

Com a partida de José, os encargos do jovem médium aumentaram sensivelmente. Era necessário amparar a viúva, sua cunhada Geni, companheira das atividades espíritas, mas também muito doente; periodicamente, internava-se para tratamento e os filhinhos, entre eles, um menino deficiente grave, que viveria pouco mais de 12 anos. Todos permaneciam sob a tutela de Chico. Mas havia um agravante. José deixara uma dívida pesada — 11 cruzeiros — relativa à conta de luz.

Os proventos da selaria com os quais mantinha a família não mais poderiam auxiliar o orçamento doméstico, porque os serviços previdenciários na época eram precários; os benefícios de aposentadoria não alcançavam, senão, uma pequena parcela da população. Como fazer? O salário de Chico mal dava para as despesas da família, ao final de cada mês. Como pagar os 11 cruzeiros? O médium estava pensativo.

Ramiro Gama (39) descreve com detalhes o episódio, denominando-o: Dívida Paga pelo Alto.

"Emmanuel lhe diz: 'Não se apoquente, confie e espere...' Horas depois, alguém lhe bate à porta. Vai ver. Era um senhor da roça. 'O senhor é o "seu" Chico Xavier?'.

— *Sim. Às suas ordens, meu irmão.*

— Soube que seu irmão José morreu. E vim pagar-lhe uma bainha de faca que ele me fez há tempos. E aqui está a importância combinada.

(39) GAMA, R. **Lindos casos de Chico Xavier**. 17. ed. São Paulo: Livraria Allan Kardec Editora (Lake), 1995. p. 68-72.

Chico agradeceu-lhe. E, ficando só, abriu o envelope. Dentro estavam 11 cruzeiros... para pagar a luz. Sorriu, descansado, livre de um peso. E concluiu para nós: *Que bela lição ganhei.* E dissemos: — Também, para os que sabem olhar para os lírios dos campos, que não temem o amanhã, porque sabem que ele pertence a Deus."

NOTÍCIAS DE JOSÉ XAVIER NO ALÉM

Em um dos nossos encontros na CEC, em Uberaba, Chico contou-nos o desdobramento do caso José Xavier. Quando José caiu enfermo, acometido do acidente vascular cerebral, o médium orou muito, pedindo ao plano espiritual auxílio diante do doloroso acontecimento. Os espíritos, com Dr. Bezerra de Menezes à frente, informaram que, pelas leis de causa e efeito, José Xavier deveria permanecer 11 anos jungido ao leito, paralítico, e incapaz de comandar as próprias ideias.

No entanto, informou o venerável espírito, as orações e os pedidos eram tantos em seu favor que o Plano Superior estudava a possibilidade de conceder-lhe a desencarnação. Durante seis horas consecutivas, inúmeros espíritos — Emmanuel, Bezerra de Menezes, Meimei, Scheilla, André Luiz, e outros — fizeram um círculo em torno do corpo enfermo, orando com Chico e os companheiros encarnados. Após essas horas de expectativa, eivadas de fé, a resposta do Mais Alto chegou como bênção: a desencarnação tinha lhe sido concedida para aquele mesmo dia, porque os 11 anos dedicados ao serviço da Doutrina, como cooperador constante do CE Luiz Gonzaga, proporcionara a José Xavier o ressarcimento da pesada dívida.

Os 11 anos de luta espírita compensaram os 11 anos de enfermidade cruel que deveria passar atrelado ao leito. E José Xavier deixou o corpo. Chico disse-nos que ficaram sequelas no períspirito, com essa partida brusca. O irmão sentia muita tontura no mundo espiritual, porque, para logo, reencetara o serviço da Espiritualidade, conservando-se em regime de trabalho intenso até os dias de hoje. Mas as tonturas continuavam de permeio às tarefas, quando José ouviu de um benfeitor uma notícia que lhe trouxe grande esperança ao coração. No dia 21 de junho, Luiz Gonzaga iria descer dos planos mais elevados em visita aos sofredores das esferas inferiores, envolvido pelas vibrações de agradecimento que partiam de todos os corações que o veneravam.

Aqui vale lembrar que o nome Luiz Gonzaga dado ao Centro Espírita de Pedro Leopoldo, na verdade, foi pensado com o intuito de homenagear o rei Luiz IX, guia de Allan Kardec. Mais tarde, os fundadores do CE perceberam que se enganaram, porque 21 de junho era a data do nascimento de Luiz Gonzaga, o patrono da juventude italiana. Como o essencial para o mundo espiritual é o que fazemos de bom, independentemente de nomes e endereços, José recebera a bênção da desencarnação por ter trabalhado no Luiz Gonzaga e agora estava ali com a expectativa da passagem do grande benfeitor.

Foi nessa festa dedicada ao espírito Luiz Gonzaga que José o viu todo iluminado, passando numa bela biga romana, tirada por dois cavalos brancos, e solicitou-lhe, mentalmente, que o auxiliasse. Luiz Gonzaga atirou-lhe então uma flor branca, semelhante a uma camélia; José aspirou-a e as pétalas fluídicas foram absorvidas por seu corpo espiritual, curando-o, totalmente, das tonturas e vertigens.

Depois disso, José Xavier continuou em estreito relacionamento com o irmão, afirmando, certa feita, que tinha tanto serviço no mundo espiritual que desejaria muito um colo de mãe, pelo amor de Deus!...

Clementino Alencar, Chico e José Xavier, 1935

Capítulo 12

VALIOSOS ENSINAMENTOS

Em nossa vida, na CEC, anotei valiosos ensinamentos que o médium nos passava durante o convívio espiritual de todas as semanas.

Para o contágio mental não há vacina, afirmou Chico, a propósito dos problemas de higiene e equilíbrio psíquicos. Com referência ao assunto, nosso amigo contou-nos o caso de dois irmãos perturbados mentais que ele, certa ocasião, visitou no sanatório. Foi uma preciosa aula sobre a lei de ação e reação.

Tivera a oportunidade de conhecer a causa dessa loucura vendo os quadros da existência passada desses dois irmãos consanguíneos confinados ao hospital psiquiátrico, um deles recém-formado em Medicina e o outro em Direito.

Em Londres, eles exerciam as funções de médico e advogado, do mesmo modo que na existência atual, e envolveram-se nas tramas escuras da delinquência, arrastados pelas paixões terrestres. Enleados aos propósitos menos dignos de uma prima, também residente em Londres e casada, planejaram afastar-lhe o esposo. Introduziram-se, lentamente, no ambiente doméstico, ganharam a confiança do rapaz e executaram o plano arquitetado, com muita argúcia.

Chamado a intervir para a cura de uma simples gripe, o médico, que já previra isso, entrou com medicamentos tóxicos e comprometeu seriamente a saúde mental do marido da prima. Instalada a perturbação mental, obtida de maneira insidiosa, o advogado entra como conselheiro da família e requer a reclusão do rapaz ao sanatório. Conseguida a internação, a morte não demorou muito. A prima entrou na posse de grande fortuna e passou a dividi-la com os dois comparsas. E o restante da existência transcorreu como se nada houvesse acontecido. Mas, a justiça divina não falha.

Para o mundo, não houve crime, porque a trama passou despercebida do tribunal dos homens, no entanto, desencarnados, os três delinquentes sentiram o fogo do remorso a avassalar-lhes a consciência. O único meio para a cura e a libertação era o regresso ao palco da vida física com finalidade de resgate. Eis a razão verdadeira da internação do médico e do advogado no hospital psiquiátrico, assim que eles se formaram na existência atual. E a mãe de ambos não é outra senão a prima que arquitetara com eles o plano nefasto na encarnação passada.

Temos aí um estudo perfeito da pergunta 964 de *O Livro dos Espíritos,* e mais detalhadamente da Lei de Ação e Reação. Diz-nos a questão 964: "Deus tem suas leis a regerem todas as vossas ações. Se as violais vossa é a culpa. Indubitavelmente, quando um homem comete um excesso qualquer, Deus não profere contra ele um julgamento, dizendo-lhe, por exemplo: Foste guloso, vou punir-te. Ele traçou um limite: as enfermidades e muitas vezes a morte são a consequência dos excessos. Eis aí a punição: é o resultado da infração da lei. Assim em tudo".

LUTAS ACERBAS: O MENINO EMMANUEL LUIZ

Tivemos também o ensejo de estudar a Lei de Causa e Efeito quando Chico nos contou a história de seu sobrinho Emmanuel Luiz, filho de Geni e José Xavier. Na época da Revolução Francesa, ele assinava como juiz da Corte Suprema 1.500 sentenças de morte na guilhotina por dia. Renasceu no Brasil em tristes condições, como filho com deficiência, na família de Chico Xavier.

O menino doente durante anos dormia no mesmo quarto do tio, porque sua mãe frequentemente precisava ser internada em hospital psiquiátrico e seu pai havia falecido, vítima de acidente vascular cerebral.

Emmanuel Luiz possuía cabeça normal, os membros, no entanto, não cresceram e, às vezes, chegava a ter até 80 crises epiléticas por dia. Entre os relatos de César Burnier a Gilberto Campista Guarino, também consta a história do sobrinho com deficiência que ficou sob a guarda de Chico Xavier durante mais de uma década. (40)

Conta César Burnier: "Chico tinha um irmão que era casado com uma senhora muito digna e dedicada ao Espiritismo. Essa senhora, incansável trabalhadora, ouviu, em sonho, um Espírito que lhe perguntava se ela estava disposta a receber um velho inimigo da família, um velho inimigo seu, que vinha à Terra para uma prova muito dura. A pobre e nobre senhora não titubeou, afirmando que o receberia de coração aberto. Diante do plano estabelecido pela Espiritualidade, processou-se a gestação, com desvelos e cuidados comoventes.

Durante a sua gravidez, foi profundamente influenciada por Espíritos que odiavam o nascituro. (...) Nascida a criança, verificou-se que se tratava de um caso excepcional. A dedicada e extremosa mãe costumava trazê-la nos braços, com a cabeça pendida sobre os ombros. Mas como salivasse, essa criança, e essa saliva fosse muito ácida, a cunhada de Chico se viu forçada, a conselho de Emmanuel, a colocar o menino numa caminha, pois trazia o ombro em chagas. Era Emmanuel (o nome do menino), no centro de um quarto, cercado de incessante e amorosos cuidados. Mal dormia... gemia e padecia atrozmente (...)

Certa vez, apareceu em Pedro Leopoldo uma senhora, poderosa médium de São Paulo, dona Maria Máximo, que tinha uma peculiaridade: ela fazia jejum e tirava fotografias com as pessoas que a consultavam. Revelado o filme, a médium trazia, exteriorizada no corpo, a doença que, porventura, a pessoa carregasse. Ela estava junto de mim, de Chico e do menino Emmanuel, a quem, já foi dito, aquele dedicava um carinho comovedor. Um caixeiro viajante português, passando por Pedro Leopoldo,

(40) GUARINO, C. G.; BURNIER, C. **Jornal Obreiros do Bem**. *Artigo de outubro de 1977. p. 5 – 6.*

resolveu (as célebres coincidências...) fotografar-nos em grupo.

No dia seguinte, dona Maria Máximo entrou em contato comigo, dizendo que o caixeiro viajante a procurara, estarrecido, com a fotografia, revelando-lhe um fato que reputava fantástico... Todos nós, exceto o menino Emmanuel, havíamos desaparecido, e, no meio do quarto, sobre o menino que se fazia visível, um rosto imenso, a ele ligado por uma espécie de cordão umbilical; um rosto escuro, horrendo. Tratava-se de um perseguidor espiritual, surgindo ao lado de gendarmes e meninas vestidas como nos tempos da Revolução Francesa".

César Burnier prossegue: "Certa noite, enquanto orávamos, pude ver, diante de mim, o vulto de um homem alto, de olhos azuis, um pouco moreno, com plumas no chapéu, e que batia com a mão numa campainha, tentando abafar a minha voz. Não pude perceber, no momento, quem fosse a pessoa, só intuindo que se tratava de alguém que atravessara a minha existência, tiranicamente. Chico, intensamente comovido, chorava muito, enquanto ouvia de Emmanuel estas palavras, que me transmitiu: *Chico, a prece vai ser muito útil à criança, principalmente depois que ela desencarnar. No presente instante, nem Jesus Cristo poderia afastar de Emmanuel esta grande prova a que se sujeita.*

E Burnier ouviu, no dia seguinte, do seu guia: "A criatura que você viu, ontem, é Fouquier-Tinville, o acusador público da Revolução Francesa, que veio à Terra em provação dolorosa, mas que está sendo muito útil aos sofredores, uma vez que suas vibrações nervosas (...) são aproveitadas em regiões difíceis, para despertar entidades em indescritíveis sofrimentos".

Burnier concluiu: "Há poucos meses (de quando este fato foi narrado), aqui no Rio, na Fundação Marieta Gaio, Chico me disse que a criança desencarnou aos 12 anos, conforme avisara Emmanuel. Foram-lhe concedidos 50 anos de moratória. Deverá retornar dentro de uns 30 ou 30 e poucos anos".

Ramiro Gama confirma essa informação, relatando que o benfeitor

Emmanuel teria dito que, após a desencarnação, ele ficara com a aparência de uns vinte e poucos anos. Acentuando: (41)

Agora ele vai para o Espaço e frequentará uma Escola durante 50 anos para aprender a servir e a ressarcir seus males. Enquanto esteve enclausurado na carne, seu Espírito aprendeu muito e seus algozes, vendo-o desta maneira e ouvindo nossas preces e os comentários das lições evangélicas no Luiz Gonzaga, também aprenderam a ter piedade e a perdoar...

Quando Chico nos relatou o caso do sobrinho, em Uberaba, pudemos perceber quanto ele amou esse menino. Na verdade, amou-o como seu próprio filho. Quando ele partiu, em 1949, na adolescência, os parentes se sentiram aliviados, mas Chico sentiu imensamente a sua falta.

A DOR DE VÊ-LA NO HOSPITAL

Em 1985, quando de sua entrevista a Gugu Liberato (42), Chico contou mais lances desse episódio familiar.

Sua cunhada Geni teve de ser internada em uma casa de saúde mental, porque o seu mal se agravara. Chico acompanhou-a até Belo Horizonte e voltou para casa com o coração muito abatido.

Ficou pensando em seu irmão desencarnado, muito moço ainda, na viúva que enfrentava assim uma prova tão difícil, e na criança paralítica que chorava muito, sem a presença da mãe.

Sentei-me, comecei a orar e as lágrimas me vieram aos olhos. (...) Então, achegou-se a mim o espírito de nosso Emmanuel e me perguntou por que é que eu chorava. Respondi a ele que naquela hora eu me enternecia muito por ver minha cunhada viúva numa casa de saúde mental em condições assim tão precárias. Então, ele disse:

"Não, você está chorando por seu orgulho ferido. Vocês aqui têm sido instrumentos para cura de alguns casos de obsessão para a melhora de muitos desequilibrados, e quando aprouve ao Senhor que a provação

(41) GAMA, R. **Chico Xavier na Intimidade**. São Paulo: Livraria Allan Kardec Editora (Lake), 1974. p. 30.
(42) Mattos D. **Chico Xavier em Pedro Leopoldo**, 1ª ed. Votuporanga: Editora DIDIER; 2000. p. 160 – 163.

viesse debaixo do teto de vocês, você está com o coração amargurado, ferido, porque foi obrigado a recorrer à assistência médica, o que é muito natural. E uma casa de saúde mental, um sanatório, um hospício, é uma casa de Deus. Você não deve ficar assim!".

Chico contou que afirmou ao mentor compreender a Lei de Ação e Reação, que deveria ser respeitada sempre, mas pedia a ele que trouxesse a cunhada de volta o mais depressa possível. E continuou chorando porque compreendeu que a situação era mais grave do que pensava.

"Por que você continua chorando?" Perguntou o guia. Ante o seu interesse, eu me agastei muito indevidamente, porque minha atitude era desrespeitosa diante de um amigo espiritual tão grande e tão generoso. Respondi: Eu estou chorando porque, afinal de contas, o senhor precisa saber que ela é minha irmã!...

A isso ele redarguiu: "Pois muito me admira, porque, antes dela, você tinha, dentro daquela casa, 300 irmãs e eu nunca vi você ir lá chorar por nenhuma. A dor Xavier não é maior do que a dor Almeida, do que a dor Pires, do que a dor Soares, a dor de toda família que tem um doente. Se você então quer seguir a doutrina que professa, ao invés de chorar por ela, tome o lugar dela ao lado da criança que está doente, precisando de calor humano. Substitua a nossa irmã, que, assim, você vai exercer a fraternidade". Foi uma lição que não posso esquecer.

REFERÊNCIA A MARIA MÁXIMO

Vimos, aqui, a referência à médium Maria Máximo que participou da reunião com Chico e Cesar Burnier, prestando assistência ao sobrinho do médium em Pedro Leopoldo. Quero deixar registrado que ela foi uma mulher abnegada que dedicou muito da sua vida e da sua mediunidade em favor da humanidade. O Centro Espírita Ismênia de Jesus, de Santos, é fruto do seu labor cristão e do seu esposo, abnegados servidores do Cristo.

No livro de Eduardo Carvalho Monteiro — *Chico Xavier Inédito: Psicografias ainda Não Publicadas* —, temos uma mensagem de Emmanuel, de 5 de setembro de 1940, dirigida a ela, assim como um poema – *Hino da Casa dos Pobres* –, do poeta João de Deus, ambas recebidas por Chico Xavier, em Pedro Leopoldo.

Capítulo 13

CHICO XAVIER
E A CIDA DO PÊNFIGO

Em nossas atividades na CEC de Uberaba, encontrávamos, com relativa frequência, nossa querida amiga, exemplo de dedicação ao semelhante, Aparecida Conceição Ferreira, a Cida do Pênfigo, como era mais conhecida. Contou-nos ela, em entrevista, que Chico Xavier a auxiliara a mudar o nome de Hospital do Pênfigo para Lar da Caridade. Não podia mais ter a denominação de hospital, porque o doente devia permanecer internado no mínimo cinco anos para encontrar a cura e, por lei, num hospital, ele só poderia ficar até 190 dias. Muitos permaneciam 10 a 12 anos, como uma das internas, que estava com ela há 18 anos.

Na verdade, a instituição que dirigia e que continua na ativa até os dias de hoje não cuidava só de doentes, mas também de crianças – na época, eram 286 crianças internas no Lar Isabel de Aragão e 32 doentes de fogo-selvagem (pênfigo foliáceo). "Os remédios são caríssimos, não conseguimos vencer os pagamentos", confessou Cida.

"Toda orientação para a nossa tarefa tem vindo de Chico. Devemos tudo a ele. Se Chico não tivesse vindo para Uberaba eu não teria feito nada. Ele sempre manda as pessoas que o visitam — de São Paulo, do Rio, do exterior, para conhecerem nossa instituição e ele sempre nos ajuda muito.

Faço questão de dizer que Chico nos deu um cheque de 140 mil cruzeiros para a construção do nosso colégio. Ele recebeu de D. Ida Góis, do Rio de Janeiro, um cheque com essa importância e trouxe para nós. D. Maria Eunice Lucchesi, de São Paulo, estava presente quando ele nos entregou essa dádiva tão preciosa para nós que estamos sempre a braços com tantas dificuldades! Chico Xavier é, sem dúvida, o esteio de nossa casa!", concluiu.

COMO O PAI PODERIA ENTENDER?

Ao ouvir nossa Cida do Pênfigo, fiquei pensando no espanto de João Cândido com um filho assim, que tinha total desapego aos bens terrenos. Como é que ele poderia entender, por exemplo, que o filho recebesse uma herança de 300 contos, como de fato recebeu de Frederico Figner e doasse tudo integralmente sem retirar nem ao menos o suficiente para pagar os impostos da casa onde moravam e que eles não tinham como pagar?!

Faltava, às vezes, o necessário em casa, mas Chico jamais recebeu um único centavo do trabalho dos espíritos e nem qualquer paga direta ou indiretamente pelo serviço mediúnico que realizava. Era indispensável "dar de graça o que de graça tinha recebido".

Durante toda sua vida o médium ganhou muito pouco, mas sempre viveu de acordo com seu salário. Vida modesta e simples, sem conta em banco, marcada por um profundo desprendimento dos bens terrenos.

A partir de 1932, os livros psicografados por seu intermédio começaram a ser editados. E vendiam de forma espantosa. Mas o médium sempre doou todos os direitos autorais para as editoras, a fim de que elas canalizassem os lucros para as obras assistenciais em favor dos menos favorecidos. Jamais ficou com donativo algum; quando não podia escapar deles, tomava sempre o cuidado de encaminhá-los para obras de benemerência, como a do Lar da Caridade e a do Lar Isabel de Aragão, dirigidos por nossa Cida. Como é que João Cândido poderia entender tamanho desapego?!

Mais tarde, Chico contaria detalhes de sua relação com o pai no programa Pinga-Fogo.

O OLHAR PECULIAR DE JOÃO
CÂNDIDO ÀS TAREFAS DO FILHO

De fato, no programa da TV Tupi, Chico explicou que seu pai tivera dificuldade em manter-se em emprego fixo desde o ano de 1925. A partir dessa data, passou a sobreviver como cambista, vendendo bilhetes de loteria. E vendeu bilhetes por mais de 30 anos consecutivos.

Foram inúmeras as dificuldades por que passaram. Uma delas ocorreu em 1939, conforme relatou o médium no programa.

Meu pai caiu em estado grave, com um reumatismo muito renitente, que lhe impôs certa paralisia durante algum tempo. Nesta ocasião, as duas pessoas que trabalhavam em casa éramos ele e eu. Mas não conseguíamos muita coisa além dos 200 mil réis, antes do cruzeiro. De modo que os médicos aconselharam que ele usasse um tipo de injeções que naquele tempo eram chamadas de injeções de ouro. Eu não sei classificar do ponto de vista de farmacologia, o termo exato, mas cada injeção custava, naquele tempo, 150 mil réis. Ele era obrigado a usar duas por mês. Então, o nosso numerário dava mais ou menos para as duas injeções, e ficamos atrasados com as despesas da família, durante quase um ano, porque as injeções restituíram a ele a saúde, ainda por muito tempo.

No ápice da moléstia saiu a lume a obra Brasil, Coração do Mundo, Pátria do Evangelho, *de autoria de um dos nossos maiores escritores desencarnados no Brasil, amigos de Belo Horizonte chegavam em casa comentando o êxito do livro (...).*(43)

Chico relata que o pai ouvia tudo que contavam e num dia em que estavam a sós, fazendo os exercícios necessários, ele comentou:

"Chico, eu soube que este livro que saiu de você foi entregue a be-

---

(43) XAVIER. F. C. **Chico Xavier dos hippies aos problemas do mundo**. 5. ed. São Paulo: Federação Espírita do Estado de São Paulo (Feesp), 1986. p. 86-89.

nefício das almas, e nós também somos almas e dizem que você entregou este livro a benefício da pobreza, e eu creio que não existem pobres mais pobres do que nós, agora. E você podia agora arranjar um livro para nós ganharmos muito dinheiro, porque nós estamos atrasados no armazém".

Eu disse: Papai, o senhor não deve pensar nisto porque o senhor sabe, nós temos muitos bons amigos, todos nos ajudam, mas como paga, vender o trabalho dos bons espíritos, isto não é possível, eles não permitem isso. Nós estamos na mediunidade com absoluto desinteresse; os livros são deles, não são nossos, e eu peço ao Senhor para não pensar nisso não.

O senhor não fica preocupado com isto, os pequenos vão crescer, tudo vai melhorar, nós todos vamos trabalhar, e na hora da dificuldade nós todos devemos, mas depois pagamos. Os nossos amigos de Pedro Leopoldo são boníssimos, eles vão nos ajudar, os nossos credores.

Ele disse: "Mas, meu filho, você não pode receber um tostão destes livros?".

Eu falei: Como paga, meu pai, não posso receber.

E ele respondeu: "Meu filho, então seus espíritos estão muito atrasados. Isto é gente que já morreu há muitos mil anos, no tempo que nada tinha preço".

E meu pai, que não entendia bem de literatura, nem deste mundo nem do outro, me disse assim: "Imagine que eles são bem antigos, que em vez de assinarem Manuel, eles assinam Emmanuel. É gente do Egito, gente que não conheceu rádio, que não conheceu preço do feijão, porque eu acho que estes espíritos, se eles são caridosos, deviam ter dó de nós".

Chico diz que ficou constrangido, porque, de fato, era seu pai, era a queixa de um doente e que ele não podia transmitir a ninguém. O médium tinha os olhos cheios d'água. Percebendo o estado emocional do filho, João Cândido falou, então:

"Olha, eu não vou te acariciar, porque minhas mãos não estão funcionando, mas não fica triste com o que eu falei, segue para a frente com seus livros, com seus espíritos, porque eu vendo bilhetes de loteria, e naturalmente que breve eu vou partir para o outro mundo, e eu lá, à hora de correr, meu filho, vou parar a roda para você.

Quando for mês de junho e de dezembro, você compra bilhete da Loteria Federal, que eu vou parar a roda e as bolas para você ganhar".

João Cândido desencarnou aos 93 anos, em 6 de dezembro de 1960. Pai da maior antena psíquica do século XX, olhava de modo peculiar para a tarefa do filho; nunca entendeu muito bem a movimentação toda dos espíritos em torno da sua mediunidade.

Chico Xavier e dona Cida no Lar Isabel de Aragão

Chico e seu pai, João Cândido, na década de 1930

Capítulo 14

DISSABORES

Desde que *Parnaso de Além-Túmulo* veio a lume, e também os primeiros livros de Humberto de Campos, com grande repercussão na imprensa, por serem inequívocas provas de sobrevivência da alma, Chico Xavier encontrou inimigos implacáveis nos dois planos da vida.

Em nossos encontros na CEC, o médium comentava certos acontecimentos, procurando sempre minimizar a pesada carga de sombras que suportava.

Sabíamos que o padre Julio Maria, de Pedro Leopoldo, escrevera durante 14 anos, crônicas semanais muito pesadas contra ele, chamando-o de nomes menos próprios, que não nos é lícito comentar. Veio ele a desencarnar de forma violenta, em desastre de jipe, ficando retido sobre uma árvore, sem poder ser retirado. Na ocasião, Chico recebeu de Emmanuel uma grande lição: o padre Julio Maria fora um benfeitor. Apontara-lhe as falhas do serviço.

Outro episódio doloroso para o médium foi a reportagem de David Nasser e Jean Manzon na revista *O Cruzeiro*, na qual ele fora duramente humilhado. Em nossa convivência na CEC, tomamos conhecimento dos bastidores dessa reportagem, por meio dos relatos do próprio Chico. E pudemos, então, perceber o papel relevante e exemplar do seu guia Emmanuel, em todo o episódio. No entanto, para relatar o que aconteceu durante e depois da "visita", é preciso recordar alguns dados dessa reportagem que foi publicada na revista *O Cruzeiro* de 12 de agosto de

1944 e que teve texto de David Nasser, intitulado Chico, Detetive do Além, e fotos de Jean Manzon.

Para obtê-la, os dois repórteres chegaram a Belo Horizonte, a bordo do avião de Assis Chateaubriand, dono, na época, do maior império de comunicações do nosso país — os Diários Associados — para o qual ambos trabalhavam. Depois de amargarem a estrada poeirenta de terra batida que ligava antigamente a capital mineira a Pedro Leopoldo, e de receberem um sonoro "não" do Dr. Rômulo Joviano, chefe de Chico na Fazenda Modelo, mudaram de estratégia a fim de não saírem de lá sem a reportagem. Usaram de intimidação e de expedientes truculentos, a fim conseguir a versão tendenciosa que mentalizavam.

Julgavam que competia a eles desconstruir a imagem de credibilidade do mineirinho simplório, que ousava apresentar-se como intérprete de cabeças coroadas da literatura brasileira. Afinal de contas, para eles, o mulato de origem humilde que se projetara nacionalmente como médium de Humberto de Campos não passava de um enganador ingênuo que precisava conhecer o seu lugar. Praticamente invadiram a casa do médium, depois de cortar a linha telefônica, fazendo-se passar por jornalistas estrangeiros. Mandaram e desmandaram.

Jean Manzon fez fotos do médium como quis; colocou-o na banheira com uma vela na mão, na banheira em posição de prece, mostrou-o copiando textos de livros com lápis em punho e muitas outras mais. E não deixou de bater uma foto bem próxima do rosto, estampando-a com a sugestão de que o médium tinha um *facies* lombrosiano. Enfim, a reportagem saiu na revista mais lida do País, na época, expondo o médium à maior retaliação que uma pessoa humilde e sincera pode receber.

BASTIDORES DA REPORTAGEM

Como já me referi, em nossas reuniões da CEC, Chico contou-nos os bastidores da "visita" dos repórteres. Antes da chegada deles e da invasão da casa, Emmanuel avisou-o: *Chico, não resista. Faça tudo o que lhe ordenarem.*

Jean Manzon e David Nasser entraram com Henrique Natividade à frente — um homem de corpo avantajado, um armário, que fazia as vezes de piloto de avião e segurança — e que, ali, serviria também de "intérprete" aos dois que se apresentaram como jornalistas estrangeiros. Ao entrarem, capricharam no sotaque e disseram a Chico que não resistisse porque nem Getúlio Vargas podia com eles. Chico fez tudo o que mandaram. Deixou-se fotografar nas posições mais estranhas e ridículas, e respondeu às perguntas tendenciosas.

Segundo relato do médium, uma hora e meia depois, quando "as visitas" saíram, havia fezes espalhadas por toda a casa. As peças do enxoval de uma de suas irmãs, que estavam dentro de um baú, foram transformadas em tiras, e os trapos que restaram estavam misturados às fezes. Por esses fenômenos de efeitos físicos, ocorridos durante a reportagem, dá para avaliar a natureza dos espíritos que faziam parte da comitiva. Por modéstia, em nossa conversa em Uberaba Chico não se referiu ao desfecho final que todos nós conhecemos.

Aparentemente, Chico foi vencido pela falange de espíritos que costuma humilhar e espezinhar os servidores de Jesus. Mas só aparentemente. Inspirado por seu guia, o mineirinho pobre e humilde de Pedro Leopoldo ofereceu a cada um dos repórteres um livro autografado. Somente 30 anos mais tarde, em entrevista concedida a João Antero de Carvalho para o jornal *O Dia*, do Rio de Janeiro, David Nasser contaria que a reportagem com Chico Xavier foi o maior remorso de sua vida, e revelaria o desfecho inesperado. Ficamos sabendo, então, que dois dias depois do encontro com Chico Xavier, enquanto redigia a reportagem, Nasser foi interrompido por um telefonema de Jean Manzon. O fotógrafo parecia nervoso:

— David, você trouxe aquele livro que o homem nos ofereceu?

— Claro que sim.

— Pois bem, abra-o na primeira página e leia a dedicatória.

Nasser largou o telefone fora do gancho e correu atrás do livro, na biblioteca de sua casa. Ao abrir, viu escrito: "Ao irmão David Nasser, oferece Emmanuel". A Manzon, ele havia feito dedicatória semelhante.

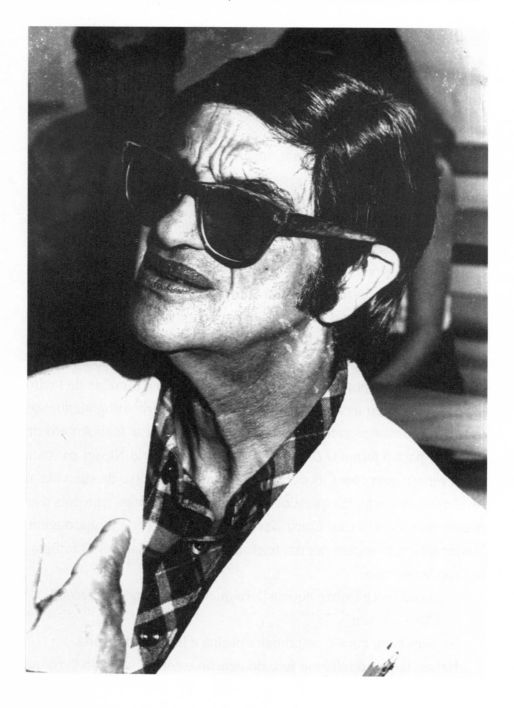

Capítulo 15

CHICO E O ATAQUE DAS TREVAS

Em nossas saudosas conversas na CEC, em Uberaba, Chico comentava conosco as lutas com os espíritos adversários do bem, contrários à tarefa da Espiritualidade Superior. A peleja era enorme. Vamos encontrá-la igualmente nas memórias dos seus biógrafos.

Conta-nos Ranieri (44) o que Chico lhe disse a respeito da luta na recepção dos livros:

"Foi por volta de 1946-1947. Chico frequentava nossa casa aos sábados e domingos e recebia nessa época o *Libertação*. Durante a semana, às vezes, íamos a Pedro Leopoldo e convivíamos com ele, ouvindo música.

Chico gostava do Concerto de Varsóvia e era com intensa emoção que acompanhava o desenrolar da peça musical. (...) A recepção do livro, por se desenrolar nas zonas inferiores, atraia espíritos de baixo teor vibratório. Chico, pela manhã, aos primeiros clarões do sol, saía para a Fazenda Modelo onde prestava seus serviços. À tardinha, retornava pela estrada de terra. Comumente ia numa espécie de carroção puxado por animais, outras vezes a pé.

Uma tarde, quando retornava do trabalho, contou ele que foi cercado por mais de 600 espíritos armados de pau. No texto de Ranieri, Chico descreve assim o difícil encontro:

Às vezes, *faço esse caminho a pé. Vou pela manhã, às seis horas,*

---

(44) RANIERI, A. R. **Chico Xavier o santo dos nossos dias**. *v. I, 2. ed. Guanabara/RJ: Eco, 1973. p.104-105 e 110-111.*

e volto à tarde, também pelas cinco ou seis. Sabem que quase sempre encontro espíritos pelo caminho? Quando estou recebendo algum livro 'a pressão mediúnica' se torna muito grande. Os espíritos maus, então, vêm, desafiam-me e me atacam. Dizem nomes feios, horríveis. Quando recebi Libertação, *me aconteceu o seguinte: voltava para casa quando defrontei na estrada mais de 600 espíritos maus que me atacaram. Diziam impropérios. Vociferavam. Muitos armados de paus.*

- Miserável! Protegido! – gritavam eles. Fiquei assustado. Meu coração batia descompassado. Estava sozinho. Foi quando me lembrei de orar. Caí de joelhos e fiz uma prece sentida em favor daqueles irmãos.

Compreendi que ia morrer, atacado por eles. Mas pedi a Deus que os perdoasse e que os amparasse. Que lhes abrisse a visão e lhes desse a luz espiritual. Logo fui surpreendido com um fato estranho: aquelas figuras e aquelas sombras começaram a se desfazer e a desaparecer aos meus olhos atônitos. Quando terminei a prece, não havia ninguém. Em seguida, Emmanuel me apareceu e falou demoradamente sobre o valor da oração, única força que poderá nos proteger. Tenho procedido assim, todas as vezes que essas criaturas me aparecem e sempre Jesus me auxilia. O nosso caro Emmanuel também não nos abandona.

Prossegue Chico, na narrativa de Ranieri:

Sempre que recebo livros, passo por esses sofrimentos. Olha, um dia destes fui tomar banho e no chuveiro estavam três espíritos de mulheres nuas que sorrindo me convidaram para tomar banho com elas. Recorri à oração e tratei de dar o fora...

E Ranieri conclui: "Uma simples oração, pronunciada com sinceridade e amor pode afastar 600 espíritos... Infelizmente, o homem não procura desenvolver a fé no interior de sua alma. "Na realidade, a fé é como uma planta que precisa ser tratada todos os dias recebendo água, luz e ar para sobreviver. Cuidemos, cada dia, dessa planta imortal que Deus nos entregou para que pudéssemos através dela caminhar até Ele".

Carlos Baccelli conta, em *Mediunidade e Vida,* o que Chico lhe disse sobre o problema da perda da visão (45):

...esse meu olho esquerdo adoeceu numa noite de 1931, quando eu estava recebendo as poesias do Parnaso de Além-Túmulo *e* Emmanuel *havia chegado recentemente na minha vida mediúnica. Havia acabado de receber uma poesia do vate fluminense Casimiro de Abreu. Os ponteiros do relógio mostravam pouco mais de alguns minutos , uns 10 ou 12 minutos, mais ou menos, para as 2 horas da madrugada. Eu estava a sós, na sala maior da casa em que morávamos, quando senti que meu olho esquerdo parecia incomodado com alguns fragmentos de areia. Esfreguei-o, numa tentativa de me libertar da possível areia que me preocupava, mas a coceira no olho continuou. Experimentei fixar a luz elétrica com o meu olho direito e a visão estava perfeita, mas quando fechei o olho direito e procurei fitar a luz com o olho esquerdo, não vi a lâmpada acesa e sim um foco difuso, parecendo que o órgão fora colhido por neblina grossa. Fiquei assustado e me entreguei à oração.*

Nesse tempo, o Dr. Bezerra de Menezes já me prestava a caridade de abençoada assistência. Ele me apareceu e disse: "O olho amoleceu em vista de causa que não podemos saber agora. Prepare-se para ir ao tratamento, em Belo Horizonte, para que sua família não diga que você ficou sem tratamento por nossa causa".

Em sua narrativa, o médium conta que um amigo o levou para a consulta em Belo Horizonte e o oftalmologista confirmou: *O olho amoleceu. Isso é um tipo de catarata obscura e inoperável.*

Ao terminar o relato, Chico pergunta:

Não seria tudo aquilo o resultado de alguma agressão de falanges das trevas, procurando impor-me a cegueira para que a tarefa do livro espírita-cristão não permanecesse em minhas mãos? Deixo a pergunta no ar para meditarmos. O que sei é que há quase 55 anos (isso era em 1936) devo medicar diariamente o olho doente, com colírios à base de cortisona

(45) BACCELLI. C. A. **Chico Xavier mediunidade e vida**. São Paulo: Instituto Divulgação Editora André Luiz, 1987. p. 80.

e cloranfenicol, cujas doses, nas crises, os médicos que me tratam determinam. Mas tudo está bem e conto a vocês dois para nossos estudos.

O PODER DAS TREVAS

Adelino da Silveira, em *Kardec Prossegue,* anotou o que Chico disse sobre o poder das trevas (46):

O povo subestima o poder das trevas e elas vão entrando. Os espíritos das trevas têm uma hierarquia quase perfeita. Eles me criaram quase todos os tipos de dificuldades possíveis e imagináveis para que eu parasse a mediunidade. Certa vez o espírito de Emmanuel me disse: "Você será testado de todo jeito".

Penso muito, antes de sair de casa, porque nunca sei o que vai acontecer. Muitas vezes, eles improvisam na hora. Parece que ficam esperando eu dar um tropeção para acabar de me empurrar.

Certo dia, levei um tombo. Caí de costas, batendo fortemente a cabeça. Quando ia querer reclamar, ouvi o espírito de Emmanuel dizer-me:

— "Agradeça".

— Como??

— "Agradeça".

Ainda no chão, procurei elevar um pouco a voz e disse: Obrigado, meus irmãos, muito obrigado.

No caminho de volta para casa, perguntei ao espírito de Emmanuel: Por que o senhor me disse para agradecer?

— "Porque, se você se irritasse, emitiria vibrações quase iguais às deles e eles ficariam com mais forças".

---

(46) SILVEIRA, A. **Kardec prossegue**. *Jabaquara: CEU, 1991. p. 20-21.*

Capítulo 16

RELEMBRANDO O PASSADO

Corria o ano de 1959. Era um dia normal de atendimento na CEC. Chico conversava com os irmãos da fila, antes do início da sessão, e eu, como de hábito, estava ao seu lado, acompanhando o trabalho paciente e generoso com que ele acolhia a todos.

Em um dado momento, ouvi-o chamar-me, não sei por que, voltei-me para a janela situada à minha direita, que correspondia à parede esquerda da entrada do salão, como se tivesse sido chamada por alguém invisível. Depois, voltei-me para o lado esquerdo. Fiz esse giro inverso, a fim de olhar o Chico. Nesse momento, já não era mais eu, entrara em um estado modificado de consciência, mergulhada em outro ambiente, vendo outra paisagem. Enxerguei Kardec no lugar de Chico. Vi-o nas vestimentas do século XIX, com a mesma postura, no seu ambiente de trabalho. Lembro-me de ter dito: Professor!

Quando voltei a mim, estava ainda um tanto aturdida, sem me dar conta ao certo de onde me encontrava. Já não via mais Kardec. Agora era Chico que estava diante de mim. E constatei que ele sorria muito. Sem entender ao certo o que se passava, ouvi-o dizer, ainda sorrindo:

Uai, Marlene, você está vendo o nosso passado?

Desde então, a crença virou certeza. Para mim, não havia mais dúvida: Chico era Kardec reencarnado. Por instantes, eu tinha visto uma cena do século XIX.

144 | *Chico Xavier | Meus pedaços do espelho*

O ENCONTRO COM CHICO E KARDEC

Recentemente, constatei, com alegria, que o mesmo fenômeno acontecera com nossa cara irmã de ideal, Maria Izabel Mazucatti, de São Paulo. Seu testemunho foi dado em uma palestra, realizada em 2 de outubro de 2009 e aproveitado na revista comemorativa dos 100 anos de nascimento de Chico Xavier, intitulada *Centenário de Amor e Luz! 1910 – 2010.*

Vou me reportar a pequeno trecho da revista organizada por Eurípedes Higino dos Reis, retirado do artigo *O Encontro com Chico e Kardec.* Izabel conta que lia muito André Luiz e Emmanuel, mas não estava muito inclinada a estudar Kardec. Via a foto dele e pensava: "Não é simpático, tem uma cara de bravo, ah, não vou ler nada! *O Livro dos Espíritos* é tão filosófico... Não, eu prefiro mais André Luiz". Izabel justificava sua preferência dizendo que começava a entender melhor o mundo espiritual com as histórias que André Luiz contava.

Certa noite, numa sexta-feira de 1976, ela voltara a visitar Chico, participando da reunião do Grupo Espírita da Prece. Ao término dos trabalhos, aguardava a posição do médium quanto aos temas que iriam abordar, no dia seguinte, porque, aos sábados, às 9 horas, realizava-se o Evangelho na casa dele e, comumente, ele anunciava na sexta-feira qual o assunto que iriam tratar na reunião de sábado. Após os trabalhos dessa sexta-feira de 1976, Chico atendia uma fila imensa, mas pegou *O Livro dos Espíritos e O Evangelho Segundo o Espiritismo:*

— *Pois é, minha irmã, vamos então ver qual a lição para amanhã no nosso Evangelho.* E continuou atendendo a fila.

"Com uma das mãos ele procurava no Evangelho a lição que batesse com *O Livro dos Espíritos,* com a outra, ele parecia ler com os dedos. E eu olhando aquilo..."

Izabel descreve então algo inusitado: "Mediunidade, companheiros, não se define, e eu tenho um pouco (...). De repente, eu fui olhando para o Chico e tive a impressão de que a minha cabeça estava dilatando; eu queria me mexer, mas não conseguia. Fiquei paralisada e de dentro do

Chico foi surgindo justamente a imagem daquele homem da foto que eu achava bravo. Ele me encarou e eu fiquei ali olhando. Não era o Chico, era Kardec. Era o próprio Kardec, isso eu vi! A perna batia de tanto que tremia, meus lábios batiam e ele me encarava. E eu captava assim:

— *Cale a boca! Eu não admito que você fale para ninguém o que você está vendo neste momento.*

Eu fui devagar, devagar, abaixando a cabeça e, quando eu olhei, era o Chico e ele virou para mim e disse assim:

— *Pois é, Izabel, não precisava, minha irmã, ter colocado 'O Duelo' no* Evangelho Segundo o Espiritismo*, mas, na época, por qualquer coisa se matavam uns aos outros amparados pela lei.*

Eu não conseguia falar, eu só via que ele estava confirmando tudo nessas suas palavras. E aí ele disse:

— *Pois é, mas nós temos que levar em conta o duelo mental que travam as criaturas".*

Para Maria Izabel Mazucatti, não havia mais dúvida. Como é natural, ela fez as pazes com a obra de Kardec.

NOTÍCIAS POR TELEFONE

Certa vez, na década 1980, recebi um telefonema do Rio de Janeiro. Era de minha querida irmã espiritual, Alba das Graças Pereira, autora da ópera espírita Ciro e Celia, baseada no livro *50 Anos Depois...* , e também dileta amiga de Corina Novelino e Chico Xavier.

"— Marlene, estou telefonando para passar-lhe um recado de Sylvia Barsante. Ela me ligou há pouco. Disse que esteve com o Chico em Uberaba e que ele afirmou a ela que você trabalhou com Kardec."

Naquele dia, Chico confirmava mais uma vez a visão que eu tivera em 1959, ao tempo da nossa vida na CEC.

KARDEC E GEORGE SAND

Chico contou-nos que no dia do lançamento de *O Livro dos Espíri-*

tos, 18 de abril de 1857, Allan Kardec saiu às ruas de Paris com vários exemplares, distribuindo-os aos que passavam nos arredores da Livraria Editora Dentu. Deu-os a intelectuais, artistas, literatos, pessoas comuns do povo.

Nesse dia, segundo o médium, George Sand passava pelo local; parou a carruagem e recebeu das mãos de Kardec um exemplar do livro com seus efusivos cumprimentos.

Mais tarde, em uma de suas cartas ao Codificador, ela confessaria que se tornara espírita, mas que não tornaria pública a sua convicção para não atrapalhar a divulgação da novel doutrina, uma vez que ela era uma figura polêmica e poderia dificultar, com sua adesão, os avanços do Espiritismo na sociedade. Estabeleceu-se, desde então, uma correspondência normal entre ambos, Kardec e George Sand, com confissões muito íntimas da parte dela.

Nas madrugadas da CEC, após as sessões, Chico revelou-nos vários trechos dessa correspondência.

Em uma delas, Sand dizia: "Falam de mim toda sorte de abominações, mas você sabe meu amigo que eu sou apenas mulher". Em outra: "Eu e Chopin vivemos como duas freiras".

Chico revelou-nos que a ligação com Chopin durou oito anos. O compositor viveu sob o teto dela durante todo esse tempo e não dedicou uma só de suas músicas ao seu coração de mulher. Em uma de suas cartas, Aurore Dupin — seu nome verdadeiro — falou sobre isso a Kardec, queixando-se amargamente da ingratidão.

A ligação entre eles rompeu-se desde que Chopin começou a interferir no amor de Aurore por seu filho Maurício. É claro que, entre um e outro, ela preferiu o filho.

Sand viveu durante 20 anos com Manseau, que foi o amor de sua vida. Quando ele desencarnou, Aurore escreveu em seu diário: "Perdi o companheiro de minha velhice".

Chico disse-nos também que Sand fumava muito e que tivera

dificuldades em lidar com isso no plano espiritual.

Quando estive na casa do Dr. Canuto Abreu, em São Paulo, perguntei a ele se tinha as cartas trocadas entre Allan Kardec e George Sand e ele me respondeu que não as tinha e que não fazia ideia da existência delas. Perguntei, porque sempre soube que o Dr. Canuto comprara o espólio de Kardec, em Paris, e, por essa razão, ficara com o enorme acervo que pertencia ao Codificador. Aliás, ele era o único que poderia ter tal correspondência. Como não a tinha, e não sabia o paradeiro delas, como é que Chico poderia saber detalhes dessas cartas trocadas entre Allan Kardec e George Sand?

NOTÍCIAS DE DELPHINE

Perguntei a Chico sobre Delphine de Girardin que assina uma das comunicações que constam de *O Evangelho Segundo o Espiritismo — A Desgraça Real*. Chico respondeu-nos que Delphine era muito amiga de George Sand e que tivera um papel importante no início do movimento espírita, sobretudo, apresentando a pequena mesa de comunicação com o além a Vitor Hugo, quando visitou o grande escritor no exílio.

Contou-nos também outro fato pouco conhecido. O marido de Delphine era, com um amigo seu, um dos maiores jornalistas da França. Por um motivo que Chico não declinou, os dois amigos se desentenderam e um mandou a luva para o outro. Sand fez tudo para impedir o duelo, mas não houve jeito, ele acabou acontecendo, redundando dele a viuvez de Delphine. Alguns anos depois, ela partia também.

Esse fato foi um dos motivos pelos quais Allan Kardec empenhou-se em combater o duelo, em *O Evangelho Segundo o Espiritismo*. Os mentores da Codificação determinaram que espíritos como o de Delphine dessem mensagem para mostrar que a evolução quem faz somos nós mesmos, espíritos comuns.

COMEMORAÇÃO DO CENTENÁRIO DE
O LIVRO DOS ESPÍRITOS

Lembro-me, perfeitamente, que Chico nos contou como foi a comemoração do primeiro centenário de *O Livro dos Espíritos,* em 18 de abril de 1957. Ele ainda estava em Pedro Leopoldo.

Fiquei bastante curiosa quando ele afirmou que Bezerra de Menezes, Emmanuel, André Luiz e muitos outros foram à comemoração e que ele tinha ido também, enquanto Scheilla ficara tomando conta do movimento espírita brasileiro. Não me contive e perguntei quem tinha presidido o conclave e a resposta foi bem clara:

— *Léon Denis presidiu a comemoração.*

Nesse dia reforcei em mim a certeza de que Chico era Kardec reencarnado, por uma razão muito simples, se Kardec não estivesse reencarnado, o mais natural seria que ele presidisse a festividade.

Em 1977, quando entrevistei José de Paulo Virgílio, em Pedro Leopoldo, ele confirmou o que Chico nos dissera, conforme nos narrou.

"Chico nos levou a conhecer o lugar onde Emmanuel apareceu a ele pela primeira vez; estavam conosco Ismael Braga e D. Esmeralda Bittencourt. Ali, nesse local, Chico nos disse que muitos espíritos estavam saindo do Brasil para uma grande comemoração. Eles iam prestar uma homenagem a Allan Kardec pelo aniversário de *O Livro dos Espíritos.* Cem anos que o livro havia sido lançado em Paris.

— *Emmanuel está me dizendo*, afirmou Chico, *que Scheilla vai ficar tomando conta do Brasil, de todo o movimento espírita brasileiro, enquanto vai se verificar essa festa no Mundo Espiritual.* Oramos e voltamos para nossas tarefas", concluiu Zé de Paulo.

E GABY INAUGUROU A LIVRARIA

Certa vez, Chico contou-nos fatos que marcaram os últimos dias da existência física de Allan Kardec. Relembramos, com a narrativa dele, que Kardec trabalhou exaustivamente por mais de 12 anos consecutivos para trazer a lume as obras básicas, a Revista Espírita, e as tarefas e mensagens inerentes à divulgação da novel Doutrina.

Sua dedicação à tarefa deu origem a um trabalho editorial de larga envergadura, que conquistou muito prestígio entre seus amigos e admiradores — nomes de destaque nos meios literários, nas artes e na ciência.

Como decorrência dessa produção editorial já conquistada, Kardec havia decidido fundar, no início de 1869, com os amigos que o apoiavam em todas as horas, uma livraria espírita, em Paris, para mais ampla divulgação da Doutrina.

Tudo ficará pronto, até o final de março de 1869 e a livraria seria inaugurada, logo depois, no dia 1o de abril.

Acontece que Kardec já vinha sentindo fortes dores no peito, por isso conversou com Gaby, sua esposa, a respeito da sua preocupação com a inauguração. Confessou a ela que vinha sentindo essas dores e que faltavam apenas cinco dias para a inauguração da livraria.

Aventou, então, a hipótese de estar doente e até mesmo de não comparecer por não estar mais encarnado.

Amélie Gabrielle, a Gaby, era nove anos mais velha do que o marido e tinha por ele afeição maternal. Como é natural, ficara preocupada com o relato do marido e insistia em adiar a inauguração, porque a dor poderia aumentar, ou mesmo agravar-se, com sério perigo para a saúde do companheiro.

Kardec enfatizou que queria que o evento se realizasse dentro da maior distinção possível, conforme haviam combinado, e que não seria justo adiá-lo, tendo em vista que muitos dos amigos vinham de outros países e já deviam estar a caminho da França, a fim de participar. Diante do pedido do marido, Gaby cedeu: "Na sua impossibilidade, disse ela, eu irei no seu lugar". E foi o que aconteceu. Kardec faleceu no dia 31 de março de 1869. No dia 1o de abril, às 10 horas, Gaby inaugurou a livraria....

Depois da conferência inaugural, das entrevistas, ela voltou para perto do marido e acompanhou o restante do funeral. O corpo físico de Kardec foi enterrado no dia 2 de abril de 1869.

Capítulo 17

MAIS LEMBRANÇAS DA PEREGRINAÇAO

Na noite de 3 de março de 1962, chovia a cântaros, mas fizemos o percurso da peregrinação normalmente. Conosco estavam amigos e amigas queridos; nossa Maria da Cruz, companheira de Corina Novelino, nas tarefas do Lar de Eurípedes, em Sacramento; Heigorina Cunha, sobrinha de Euripedes Barsanulfo, nossa dileta irmã espiritual; Ramón e Lília, de Franca. Relembramos, durante o trajeto, as alegrias do trabalho de assistência e os resultados silenciosos que se obtêm em nome de Jesus.

Chico contou-nos o caso do Sr. Antônio, um dos assistidos. Por dois sábados consecutivos, a lição do *Evangelho Segundo o Espiritismo*, lida em sua casa foi o Perdão das Ofensas. Na terceira vez, quando a mesma página foi aberta "ao acaso", "seu" Antônio pediu licença para narrar aos amigos um fato que havia ocorrido com ele. Um dia, defrontado, violentamente, pelo genro que lhe descarregou dois tiros, quis revidar. Lembrou-se, porém, das lições lidas em sua casa, durante a visita dos sábados, acerca do perdão das ofensas. Conseguiu, então, equilibrar-se e desejar o bem ao agressor.

PERFUME E ÉTER NO QUARTO DE MARIA

Na peregrinação, era assim. Durante as visitas de sábado, tínhamos teatrinho infantil, ao ar livre, e cantávamos o hino à alegria cristã na porta da casa de Ronan. Muitos números de canto, poesias e mesmo contos que o menino Marcomedes dizia com muita graça. Não faltavam também os versinhos de dona Maria: "'Alicrim' verde 'panhado'; No meio tem a virtude; Eu não pude, mas mandei 'sabê' de sua saúde".

Ao final do verso, ela estendia o raminho de alecrim para o Chico e todos ríamos. A alegria era contagiante. O Jardim Aeroporto deve guardar ainda as risadas cristalinas nascidas do coração, que tantas vezes pontilharam nossas caminhadas de fraternidade.

Entre as assistidas da peregrinação, tínhamos outra Maria, nossa irmã paralítica, e uma de nossas recordações mais saudosas. Em sua casa, junto ao seu leito, cantávamos o Hino a Scheilla. Ela já estava muito depauperada, por 30 anos consecutivos de doença, jungida ao leito. Muitas senhoras, por esse Brasil afora, talvez, ainda guardem os crochês de dona Maria, ofertados por Dalva Borges, nossa presidente da Comunhão, como mimo aos visitantes. Era mais uma sutileza da alma de Chico.

Enquanto cantávamos, o pequeno quarto rescendia a perfume e éter, denotando o carinho do plano espiritual no tratamento de nossa amiga. Dona Maria desencarnou em outubro de 1962.

Alguns dias após sua partida, ao entrarmos no quarto antes ocupado por ela, Chico foi abordado pelo espírito de outra Maria, irmã de nosso Benedito e que há algum tempo havia desencarnado. Ela lhe falou a respeito de um trabalho semelhante que estava sendo realizado no mundo espiritual, por ela e outros companheiros já desencarnados, e que estavam agora esperando apenas as melhoras de dona Maria paralítica para aumentar as tarefas. Eles faziam uma peregrinação espiritual!

Contamos, então, aos amigos, que, certa vez, nos trabalhos de assistência aos nossos irmãos da Abadia, uma menininha vendo "seu" Lázaro chegar, gritou para dentro de casa: "Mãe, o 'paz de Deus' está aqui!".

Todos rimos muito porque expliquei que "seu" Lázaro costumava entrar nas residências repetindo sempre: «A paz de Deus seja com todos!".

Transcorridos muitos anos, fico feliz de lembrar que "seu" Lázaro concretizou seu sonho e com seu mano João manteve, no próprio lar, o templo espírita de orações que se tornou uma bênção e um refrigério a muitos irmãos do caminho no Alto da Abadia.

Momentos da Peregrinação, em Uberaba

Marlene, Freitas e Lígia na grande distribuição em Uberaba, 1962

Capítulo 18

UM SONHO:
A VIDA LITERÁRIA

Naquele ano de 1962, quem olhasse os livros de Chico Xavier, colocados à venda nas livrarias, e tivesse os olhos céticos, haveria de se perguntar de onde ele buscava tanto pendor literário para escrever poesias e romances, cartas e crônicas.

Aos que não acreditavam na sua mediunidade psicográfica e pensavam que ele teria tido tempo para consultar grandes bibliotecas de Pedro Leopoldo, recomendamos dar uma olhada no texto que o médium escreveu *Palavras Minhas,* na Introdução de *Parnaso de Além Túmulo*, sua primeira obra psicográfica. Nela, Chico afirma: *Sempre tive o mais pronunciado pendor para a literatura: constantemente, a melhor boa vontade animou-me para o estudo. Mas, estudar como? Matriculando-me, quando contava 8 anos, num grupo escolar, pude chegar até o fim do curso primário, estudando apenas uma pequena parte do dia e trabalhando numa fábrica de tecidos, das 15 horas às 2 da manhã; cheguei quase a adoecer com regime tão rigoroso (...).*

Chico conta que nunca pode aprender, se não alguns rudimentos de aritmética, história e vernáculo, do jeito que são ensinadas nas escolas primárias. Seu pai era completamente avesso à sua vocação e muitas vezes ele teve o desprazer de ver seus livros e revistas queimados por ele. Seus familiares não podiam mesmo estimular seu pendor para a literatura, porque tinham uma vida de múltiplos trabalhos e obrigações.

O meu ambiente, pois, foi sempre alheio à literatura, ambiente de pobreza, de desconforto, de penosos deveres, sobrecarregado de trabalhos para angariar o pão cotidiano, onde se não pode pensar em letras , confessa ele no texto.

E suas esperanças desapareceram de vez, com a morte de Cidália, em 19 de abril de 1931,porque com ele ficaram os seis filhos dela para serem alimentados e educados.

ENTREVISTEI A PRIMEIRA BIBLIOTECÁRIA

Um exame desapaixonado da vida em Pedro Leopoldo, de 1910 a 1958, e das rudes lutas enfrentadas pela família Xavier, mostrará, desde logo, a impossibilidade de formação de um extraordinário literato, autodidata, capaz de escrever "à maneira de" centenas de escritores e poetas como queriam fazer crer os céticos e dogmáticos, ante a impossibilidade de explicar a produção mediúnica de Chico Xavier.

Em 1977, entrevistamos, em Pedro Leopoldo, dona Terezinha Barbosa. Ela foi a bibliotecária da primeira biblioteca pública da prefeitura, fundada em 1962, três anos depois que Chico se mudou de sua cidade natal, transferindo-se para Uberaba. Foi do Dr. Wilson Lobato Martins o projeto de criação da biblioteca, sendo, então, prefeito, o Dr. Antonio Dias Pereira.

Terezinha lembra-se que a Biblioteca se iniciou com uns 250 a 300 volumes. Livros mais da linha "água com açúcar", romances principalmente do gosto feminino. Havia também uma enciclopédia e algumas obras poéticas. Essa biblioteca tem como sede atual o Serviço Social da Indústria (Sesi). Mesmo que a biblioteca existisse ao tempo dele, qual a possibilidade o médium teria de frequentá-la, com regime tão rigoroso de trabalho para o sustento do pão de cada dia?

A OBRA LITERÁRIA DOS ESPÍRITOS

Sem dúvida, as portas da literatura fecharam-se para Chico Xavier, mas seu extraordinário dom enchera as prateleiras das livrarias com obras da mais pura literatura. Chico apagou-se, para que os Instrutores Espirituais brilhassem.

Assim tem sido com o seu mentor espiritual Emmanuel. Ele foi o professor, amigo, instrutor severo e disciplinado, mas, acima de tudo, o pai. Essa afinidade perdura há séculos e é relembrada pelo admirável benfeitor quando do primeiro encontro (47):

Tenho seguido sempre os teus passos e só hoje me vês na tua existência de agora, mas os nossos espíritos se encontram unidos pelos laços mais santos da vida e o sentimento afetivo que me impele para teu coração tem suas raízes na noite profunda dos séculos (...)

Quando iniciou sua missão, Chico desejou ser médium para romances, mas somente pôde concretizar seu ideal em fins de 1938 e início de 1939. Não recordaremos todos os romances de Emmanuel, mas destacaremos *Paulo e Estevão,* que, no ano de 1962, foi festejado nos seus 20 anos de existência.

PAULO E ESTÊVÃO

Chico o psicografou em determinados dias da semana, no porão da casa do Dr. Romulo Joviano, seu chefe na Fazenda Modelo, em Pedro Leopoldo. O médium contou-nos que não sabia do conteúdo do texto, mas via as cenas e acompanhava os personagens, torcendo muitas vezes para mudar o destino de alguns deles.

Como numa tela cinematográfica, vejo tudo o que Emmanuel escreve. Ele liga a sua mente à minha mente e eu fico como que mergulhado numa espécie de hipnose espiritual... Roma aparece como era. Até as pedras das ruas, as colunatas dos Templos e a algazarra do povo voltam de novo à minha mente e sinto-me presente a todos os acontecimentos.

Soubemos detalhes verdadeiramente emocionantes do que aconteceu quando ele recebeu a última página desta obra-prima. Nós encon-

(47) XAVIER, F. C. **Emmanuel**. 27. ed. Rio de Janeiro: Federação Espírita Brasileira, 2008. p. 11. Introdução.

tramos a mesma descrição desse episódio inesquecível feita por Ranieri em sua obra *Chico Xavier, o Santo dos Nossos Dias (48)* Vamos transcrevê-la acrescentando nossas próprias memórias.

"Diante de seus olhos, tornavam a perpassar as cenas empolgantes ocorridas há quase dois mil anos. Como num filme cinematográfico, tudo voltava a se reproduzir com absoluta perfeição. As lutas de Paulo, os seus sofrimentos e a sua glória. Tudo ressurgia como por encanto. Sob intensa vibração, Chico percebeu que o ambiente estava completamente iluminado por imenso clarão, e que inúmeros espíritos, também iluminados, começaram a chegar superlotando o pequeno cômodo, mas verificou também que, de repente, as paredes pareciam desfazer-se de maneira que se estendia a seus olhos o Infinito imenso."

Emocionado, Chico viu os personagens do livro: Áquila, Prisca, Gamaliel, Barnabé, Paulo, assim como Estêvão e Abigail.

"Ali estavam as grandes figuras do passado evangélico do mundo. Os apóstolos e as figuras respeitáveis do Cristianismo de todos os tempos.

Ali estavam os espíritos dos homens que lutaram, sofreram e morreram por um Cristianismo libertado e por um mundo mais compreensivo. Seus pés pousados no solo eram estrelas de luz".

Dominado pela emoção, Chico terminara o livro monumental. "Irresistível poder, todavia, arrastava-o para o solo. Lágrimas copiosas rolavam-lhe nas faces. De joelhos, à proporção que as entidades se retiravam, ia ele, humildemente, beijando os pontos sagrados onde os grandes espíritos haviam deixado as marcas luminosas de seus pés, ou as pegadas cintilantes de seus passos. E quando tudo voltou à normalidade, ei-lo ainda de olhos pregados no Infinito, sentindo repercutir em si mesmo as vibrações inolvidáveis de tantos séculos."

O SAPO POR TESTEMUNHA

Quando nos deu a conhecer também as emoções desse final do

---

(48) RANIERI, R. A. **Chico Xavier, o santo de nossos dias**. v. I, 2. ed. Guanabara: Eco, 1973. p. (?)

livro, que seria lançado em julho de 1942, Chico acrescentou um detalhe inesperado. Contou-nos que um sapo acompanhara o trabalho de psicografia de *Paulo e Estêvão,* desde o início. Todos os dias em que psicografava, o sapo esperava-o na soleira da porta e entrava com ele, ficando em um canto do recinto, até o final da recepção, quando, então, saía com o médium, esgueirando-se para o mato. Durante todos os meses de recepção do livro, esse fato se repetia. No último capítulo, deu-se a maravilhosa visão espiritual descrita pelo médium com uma sutileza a mais.

Após a retirada dos Espíritos sublimes, Chico beijava o chão, que se tornara fosforescente, salpicado de seus rastros de intensa luz, e, de joelhos, orou a Jesus agradecendo a oportunidade do serviço. Nesse momento ímpar, ele envolveu o sapo na oração sublime:

Só você, irmão Sapo, foi meu companheiro no silêncio sublime e inesquecível desta hora. Deus o guarde e abençoe!

Capítulo 19

PONTO DE ENCONTRO

A CEC, em Uberaba, constituiu-se em excelente centro aglutinador e irradiante de novas esperanças para centenas de almas necessitadas de reajuste. Lá desfilaram reis, rainhas, generais e soldados, apeados do poder pelo impositivo da reencarnação, assim como foi ponto de encontro de intelectuais, artistas, latifundiários e detentores de grandes fortunas, fracassados em vidas anteriores, que voltaram, transmudados em outros corpos, em busca de novos rumos espirituais.

E Chico Xavier foi o grande fulcro de convergência, a esperança de centenas de almas ansiosas de reabilitação.

Sei de mim que recebi, depois de meus amados pais, o mais forte apelo de renovação que o meu espírito rebelde poderia jamais conceber.

A partir de 1959, estagiei por quatro anos consecutivos no Quartier Latin da Espiritualidade, quando, do meu convívio mais próximo com o paternal amigo, nas atividades da CEC. Sem dúvida, estou ciente de que temos de pagar um ônus bem alto quando o Senhor nos coloca defronte às lições vivas de um mestre espiritual como Chico Xavier.

Quando de nossa vida na CEC, o médium costumava referir-se à frequência de duas ex-rainhas às nossas atividades comuns, inclusive à presença da rainha degolada de França, Maria Antonieta. Certamente, ele deveria acolher essas cabeças coroadas junto de si, com a finalidade de encaminhá-las à Casa do Pai, para que não voltassem a errar nos desmandos do poder. Por isso me emocionava muito quando Chico contava sobre a sua ligação com Jésus Goncalves, que fora, em vidas passadas, o ex-rei dos visigodos – Alarico I e Alarico II – transformado agora em um simples e humilde poeta cristão, retemperado pelo sofrimento. Um vencedor, após 15 séculos de lutas em favor da própria reabilitação.

ALARICO, O LEPROSO. JÉSUS, O REI

Vale a pena recordar o que Chico nos contou (49) sobre a vida e a obra de Jésus Gonçalves e que lhe fora relatada em grande parte por ele mesmo.

O médium não o conheceu pessoalmente, mas manteve correspondência regular com ele por mais de dois anos, quando se achava em tratamento em Pirapitingui, por causa do mal de Hansen. As palavras dele o confortavam muito. Em muitos dos pequenos avisos que lhe enviava dizia que, ao partir da Terra, pretendia ir vê-lo em espírito.

Em algumas ocasiões, conta Chico, *enviou-me retratos dele, atendendo aos meus pedidos e porque a moléstia lhe impusesse algumas alterações fisionômicas, costumava escrever-me com bom humor:*

"Irmão Chico, se você notar alguma diferença de uma foto para outra, isso é defeito da máquina, porque continuo sempre o mesmo".

(...) Acontece, porém, que, em se desencarnando, se não me engano em fevereiro de 1947, nosso poeta veio efetivamente ao nosso encontro como prometera.

Foi em uma sessão no Luiz Gonzaga, numa noite de terça-feira de 1947, quando estavam reunidos Francisco de Paula Cardoso, que residia em Santa Cruz do Rio Pardo, Estado de São Paulo; Dr. Raul Soares, diretor residente do Lar Anália Franco, da cidade de São Manoel, no mesmo Estado; e o próprio médium. Emmanuel escreveu uma mensagem e logo após Chico viu um homem-espírito que lhe apareceu em um suave clarão. Sentiu profunda simpatia por ele.

---

(49) BARBOSA, E. **No mundo de Chico Xavier**. 2. ed. Araras: Instituto de Divisão Espírita (IDE), 1975. Capítulo 4, p. 57-58.

O visitante aproximou-se mais de mim e ouvi-lhe a voz calma e firme:

"Chico, eu sou Jésus Gonçalves! Cumpro a minha promessa ... Vim ver você!...".

E pediu, depois de abraçá-lo:

"Se possível, Chico, quero escrever por você... dar minhas notícias aos irmãos que deixei a distância e agradecer a Deus as dádivas que tenho recebido...".

Chico chorava muito e, profundamente emocionado, consentiu na comunicação.

Jésus debruçou-se, então, sobre o seu braço e escreveu em lágrimas os versos que recitara para ele, momentos antes, em voz alta, e que constam do livro *Flores de Outono*.

Quando a pequena reunião terminou, recordou Chico, *a emoção não me permitiu a leitura. Dr. Raul Soares, vivamente sensibilizado, leu os versos e, no dia seguinte, seguiu para a cidade de Pirapitingui, de onde escreveu, imediatamente, comunicando que Jésus havia desencarnado, alguns dias antes de nossas preces.*

O título do soneto é Palavras do Companheiro, que faz parte do livro *Flores de Outono* (50), citado pelo médium.

DAS ROSAS QUE ME DESTE POR FERIDAS

Muito instrutiva é a revelação que Jésus Gonçalves fez de suas encarnações pregressas, em uma das reuniões, na cidade de Pedro Leopoldo, estando presente Clóvis Tavares. Foi em uma noite de julho de 1948. É o próprio Clóvis quem descreve essa revelação, a partir dos sonetos recebidos por Chico Xavier (51):

"Em admirável e impressionante ressurreição mnemônica – para usar a feliz expressão de Gabriel Delanne –, o generoso poeta desencarnado

(50) GONÇALVES, J.; XAVIER, F. C. **Flores de outono**. 3. ed. São Paulo: Livraria Allan Kardec Editora (Lake), 1984. p. 110-111.
(51) TAVARES, C. **Trinta anos com Chico Xavier**. 3. ed. Araras: Instituto de Difusão Espírita (IDE), 1983. p. 188-195.

declara haver sido aquele tristemente famoso Alarico, célebre rei dos visigodos e antigo aliado militar do imperador Teodósio. E recorda suas aventuras guerreiras, à frente dos godos, naquele distante ciclo evolutivo: a travessia da Trácia e das Termópilas, o pesado resgate imposto a Atenas, as ameaças a Constantinopla, as batalhas contra Estilicão, o saque a Roma, o 'basta' às margens do Busento.

Aliás o primeiro quarteto do primeiro soneto é a descrição perfeita – note o leitor – do itinerário de Alarico, desde o ano da morte de Teodósio (395) até a conquista de Roma (410) e sua morte logo após em Cosenza, quando pretendia conquistar a Sicília.

A segunda quadra é a visão panorâmica daqueles três lustros de atividades guerreiras: o morticínio de populações indefesas e, durante a invasão da Grécia, a escravização de mulheres, a destruição de templos, os saques de Aquileia e Cremona, Roma cercada e faminta, mortes e prisioneiros, o fabuloso resgate de milhares de libras de ouro e prata e milhares de túnicas de seda...

Emocionado, o luminoso espírito de Jésus Gonçalves ainda acrescenta que voltou, décadas mais tarde, ao seio de seu povo, já então fixado na Espanha. 'Filho de Eurico, rei dos Visigodos da Península Ibérica, ele volta a chamar-se Alarico: é o rei Alarico II, que reina na Espanha Visigótica de 484 a 507, ano em que é derrotado e morto em Vouillé, em luta contra os francos'. 'O espírito de Eurico, que fora seu pai nessa época, também esteve presente à nossa reunião'".

Antes de despedir-se – conta-nos nosso Chico – o carinhoso Amigo Espiritual faz uma breve e inteligente comparação entre suas experiências do passado, quando empalmava o poder terreno, e sua última romagem no mundo, entre os sofrimentos remissores de Pirapitingui.

Assim, trocadilhou, nestas poucas palavras, o delicado poeta paulista, palavras que diz em muito a quem tem olhos de ver e ouvidos de ouvir:

Alarico – o leproso

Jésus – o rei...

E Clovis publica o soneto recebido celeremente pelo lápis mediúnico naquela noite.

Ante Jesus

Inda vejo, Senhor, de alma oprimida,
A Trácia devastada, a ânsia de Atenas,
Constantinopla em lágrimas e penas
E Roma flagelada e envilecida....

Vejo a conquistadora e horrenda lida,
O gozo, o saque e a morte, em velhas cenas,
E o fausto senhoril que trouxe apenas
Desilusão e horror à nossa vida.

E ouço-te a voz, Jesus, dizendo – Basta!
De um rei fizeste um verme que se arrasta
E abriste-me o caminho da aflição!...

Anos correram como sombras vagas,
Mas depois de vestir-me de lepras e chagas,
Achei-Te, Excelso, no meu coração!

II
Hoje, Senhor, não peço o vão tributo
Das multidões famélicas, vencidas,
Que humilhei, no transcurso de outras vidas,
Semeando miséria, pranto e luto...

Das rosas que me deste por feridas
Recolhi muita graça e muito fruto.
Passageiras vitórias não disputo,

Nem procuro vanglórias esquecidas.

Perdoe-me, Senhor, se agora venho,
Recordando-Te as úlceras no lenho,
Rogar-Te algo das bênçãos que entesouras!

E que eu possa, feliz com o dom divino,
Socorrer os irmãos do meu destino
No turbilhão das chagas redentoras!

E Jésus Gonçalves conclui, dizendo a Chico Xavier:
"Agora, após os sofrimentos inauditos retorno e como vê, meu caro, em sua misericórdia, o Senhor me recuperou para a vida eterna".

Capítulo 20

PIETRO UBALDI
E A DOUTRINA ESPÍRITA

Pietro Ubaldi, o apreciado médium italiano, veio pela primeira vez ao Brasil em 1951 para conhecer o movimento espírita do nosso País. Nessa ocasião, visitou Chico Xavier em Pedro Leopoldo, no dia 17 de agosto de 1951, tendo sido recebido com muito carinho pelo médium brasileiro e por um grupo de companheiros espíritas de várias regiões do país. No livro *Trinta Anos com Chico Xavier*, Clovis Tavares (52) – um grande admirador do médium italiano – descreve com minúcias o encontro dos dois missionários.

Na sessão da qual participaram, no Centro Espírita Luiz Gonzaga, Chico recebeu mensagem de Francisco de Assis para o ilustre visitante e este recebeu uma de Sua Voz, o espírito que o guiava na missão espiritual.

Ficamos sabendo que, além da mensagem psicografada, Chico viu a mãe do visitante, dona Lavínia, que chamou o filho de *"mio bambino"* e de *"mio garofanino"* (meu pequeno cravo). Ubaldi confirmou que estes eram realmente os termos afetuosos com que sua mãe o chamava desde pequenino. Outro momento especial foi quando Chico notificou a presença, junto de dona Lavínia, de sua filha Maria, irmã de Ubaldi, dizendo que ambas tinham vindo da Itália para acompanhá-lo em sua visita ao Brasil. Ubaldi confirmou que tinha sim uma irmã chamada Maria, mas

(52) TAVARES, C. **Trinta anos com Chico Xavier**. *3. ed. Araras: Instituto de Difusão Espírita (IDE), 1983.* p. 141-145.

que, na verdade, a deixara viva em sua terra natal.

Chico relembrou ao professor que a Maria à qual se referia e que detectara pela vidência havia morrido criança, quando ele era muito pequeno. Maravilhado, o visitante confirmou a informação de Chico, que lhe relembrara fatos que dormitavam nos escaninhos de sua memória infantil. Mais testemunhos foram dados pelos Espíritos, naquela visita, ressaltando, por exemplo, o fato de as missões de Ubaldi e de Chico terem se iniciado na mesma época: dezembro de 1931.

CONTRÁRIO À PERMANÊNCIA DE UBALDI NO BRASIL

Após a desencarnação de Pietro Ubaldi, alguém perguntou a Chico Xavier se ele havia recebido alguma comunicação dele e o médium respondeu: (53)

Não!... Ele é um gênio. Eu não recebo gênio.

Perguntado qual era o estado em que Ubaldi se encontrava no mundo espiritual, respondeu:

Eu não sei. Quando esteve lá em Pedro Leopoldo, durante a psicografia, eu ouvia o Santo (Sua Voz), dizer: Pietro, volte. Volte, Pietro!...

— Mas por quê? Questionou a pessoa intrigada.

Ah! Ele não devia ter mudado para o Brasil. O seu lugar era lá na Itália. Aqui ele ficou só entre os espíritas de cúpula...

Em alguns de seus livros sobre o médium de Pedro Leopoldo, Ranieri conta que, algumas vezes Chico lhe pedira para que exercesse influência entre os amigos de Ubaldi a fim de o convencerem a voltar para a Itália, porque sua missão era lá.

Infelizmente, Ubaldi não ouviu o conselho de seu guia, radicou-se no Brasil, tendo vivido em São Vicente, litoral paulista, até o final de seus dias terrenos. Ultimamente, tive a oportunidade de fazer palestras na Itália e constatar a dificuldade de aceitação dos temas espirituais pela sociedade italiana, fenômeno, aliás, comum em toda a Europa. Real-

---

(53) MONTEIRO, E. C. **Sala de visitas de Chico Xavier**. *Capivari: EME, 2000. p. 95-120.*

mente Ubaldi fez falta em seu país de origem.

Mas, em 1963, ele fez uma proposta no VI Congresso Espírita Panamericano, ocorrido em Buenos Aires, para que o movimento espírita adotasse seus livros. (54)

Acompanhemos a informação na resposta que lhe deu o Irmão Saulo, pseudônimo de Herculano Pires, e que foi publicada no livro de Eduardo Carvalho Monteiro, *Sala de Visitas de Chico Xavier.*

Vejamos a introdução de Herculano:

"Depois de discorrer sobre a estagnação das religiões, Ubaldi chega às seguintes conclusões:

1) O Espiritismo estacionou na teoria da reencarnação e na prática mediúnica; 2) Não possuindo 'um sistema conceptual completo', não pode ele ser levado a sério pela cultura atual; 3) A filosofia espírita é limitada, não oferece uma visão completa do Todo e 'não abrange todos os momentos da lei de Deus'; o Espiritismo não construiu uma 'teologia espírito-científica, que explique o que a católica não explica'; 5) O Espiritismo corre o perigo de ficar parado no nível Allan Kardec, como o catolicismo ficou no nível São Tomaz e o protestantismo no nível Bíblia.

Diante dessa situação, propõe, Ubaldi, a adoção pelo Espiritismo, dos livros de sua autoria, abrangendo a 'série italiana' e a 'série brasileira'". Em seguida, Herculano defende a validade da proposta espírita. Para quem quiser conhecer na íntegra – e vale muito a pena – a resposta de Herculano Pires a Pietro Ubaldi, recomendo vivamente a leitura de todo o texto no referido livro de Eduardo Carvalho Monteiro.

POSIÇÃO DOS ESPÍRITAS APÓS A MORTE

— O que há com os espíritas, que estão morrendo, Chico? — perguntou Ranieri ao médium. E a resposta não se fez esperar (55):

"É triste dizer, mas estão chegando no plano espiritual em péssimas

(54) MONTEIRO, E. C. **Sala de visitas de Chico Xavier.** *Capivari: EME, 2000. p. 95-120.*
(55) RANIERI R. A. **Chico Xavier, o santo de nossos dias**. *v. I, 2. ed. Guanabara: Eco, 1973. p. 40.*

condições. Outro dia, Manuel Quintão esteve aqui se lamentando: o problema dele foi o cigarro de palha. Você sabe, Manuel Quintão foi um grande amigo e um bom espírita. Médium, receitista notável, inteligência aguda, tradutor das obras de Rochester, cronista vivo, foi na Antiguidade aquela figura apostolar de Policarpo, amigo de Emmanuel, mártir do Cristianismo nascente. Pois o Quintão vem encontrando grandes dificuldades no plano espiritual pela falta que sente do seu cigarro de palha. E há outros que aparecem por aqui como indigentes espirituais.

Diz Ranieri que Chico citou alguns líderes espíritas conhecidos nossos que haviam chegado ao mundo dos espíritos em péssimas condições espirituais, eles que pregaram das tribunas e polemizaram por toda a parte, muitas vezes expondo o Evangelho com maestria.

A conclusão é que não basta pregar, nem saber as Escrituras ou a Doutrina de cor; o que é preciso é viver o Evangelho com amor e fraternidade.

Capítulo 21

A MISSÃO DE CHICO NO OLHAR DE PARENTES E AMIGOS

Estávamos em dezembro de 1962. Era o meu mês de despedidas da CEC. Logo no início, Chico entregou-me um envelope no maior sigilo, era o seu "presentinho" para a minha formatura. Emocionada, agradeci. Comprei o tecido do vestido e apressei-me em mandá-lo confeccionar. Fiquei muito tocada por esse gesto repleto de delicadeza. Nesses anos de convivência, aprendera a conhecer melhor a alma de Chico e seus gestos paternais, mas ele sempre me surpreendia. O relato desse carinho, dessa delicadeza foi uma constante em cada entrevista que fiz com parentes e amigos que conviveram com ele.

ALMA SENSÍVEL E BOA

Nas lembranças de Helena Paula da Silva, encontramos os traços de sensibilidade e bondade da alma do médium. Ela relatou-me com emoção e saudade os momentos da infância.

"Chico ensinou-me a fazer bordados e pinturas. Ele deveria ter uns 18 ou 19 anos, eu era menina. Quando eu sentia dificuldades nos exercícios escolares, Chico me auxiliava. Ele foi secretário da União Auxiliar Operária e, o "seu" Ataliba, presidente. No exercício desse cargo, ele lançou um concurso para os meninos e meninas do Grupo Escolar São José: nós deveríamos escrever sobre o Operário Brasileiro, as meninas com o tema: O Operário Brasileiro na Economia do Brasil e, os meninos:

O Operário Brasileiro na Defesa do Brasil. Ele me deu orientação para escrever sobre o tema e auxiliou também outro menino, cujo nome não me recordo, e a comissão julgadora deu o primeiro lugar a nós dois. Naqueles bons tempos, 1930, ganhei 50 mil réis. Foi uma festa!.

Chico promovia bailes muito bonitos. Certa vez, ele idealizou um que marcou época: as moças tinham faixas com os nomes dos Estados e os rapazes tiravam cartõezinhos onde estavam escritos também os nomes dos Estados. O rapaz olhava a moça que estava com a faixa correspondente ao Estado sorteado e tinha direito, então, de dançar com ela quatro ou cinco vezes. Chico também sorteou um cartão e dançou com minha irmã, que hoje está casada e já é avó. Tenho até hoje um livro que ele me deu, já está amarelecido pelo tempo. Minha mãe de criação, Joaninha, era paupérrima, não podia comprar o livro do 3º ano. O Grupo não tinha para emprestar, Chico pegou o dele e me deu, tenho até hoje guardado.

Tantas alegrias, tantas coisas boas Chico nos deu, fico até comovida em lembrar. A minha tia Joaninha trabalhava como cozinheira na casa do "seu" Juca, o dono do armazém em que Chico estava empregado. Nas horas vagas, ela também ia capinar na horta que pertencia ao mesmo "seu" Juca e onde Chico colaborava depois de atender ao público no balcão. Essa horta era uma maravilha. Ali, Chico ouviu muitos poetas cujas poesias estão hoje no *Parnaso*. Quando nós estávamos no Grupo, Chico gostava muito de fazer quadrinhas, poesias e mesmo diálogos para nós dizermos nas festinhas. Chico era assim", prosseguiu Helena, "organizava festas com teatro, pintava lencinhos para serem distribuídos de presente a cada criança que tomasse parte aqui no Centro".

RECORDAÇÕES DE LUCÍLIA

"Chico sempre foi doce!... Nunca brigou, nunca discutiu. Ele nos criou, porque papai morava fora. E como ele tinha um modo especial de educar a gente!..." Quem descreve é Lucília, falando do irmão Chico Xavier. Em Pedro Leopoldo, na sala acolhedora de sua casa, Lucília recordava momentos de sua vida familiar. Sua voz era pausada e firme, com um modo muito peculiar de destacar as sílabas, pronunciando-as muito bem. Pacheco, seu marido, acompanhava com interesse a entrevista da esposa, ajuntando esse ou aquele apontamento às suas reminiscências.

Da primeira infância, do tempo em que passaram em Matozinhos, Lucília lembra-se de Chico esquentando água e fazendo escalda-pé em Cidália, sua mãe.

André, Lucília, Neusa, Cidália, Dorinha e João foram os seis filhos do segundo casamento de João Cândido. Todos moravam com Chico; os filhos de Cidália e os de Maria João de Deus, na casa da Rua São Sebastião, onde está a residência atual de Lucília, reconstruída recentemente.

NÃO ERA PRECISO PEDIR

E Lucília prossegue em suas lembranças: "Nós respeitávamos muito a maneira como Chico nos olhava. Era uma vida pobre, mas muito alegre. A gente não sentia falta do dinheiro como hoje. As crianças daquela época não tinham tantas necessidades de supérfluo. Chico dizia para nós: *'Vocês é que sabem...'*. E nós o respeitávamos também".

Lucília relembra que "o pai podia ajudar muito pouco nas despesas da casa porque aquilo que ele ganhava com a venda de bilhetes de loteria era muito pouco, na verdade era Chico quem sustentava a casa. Você sabe, nós não precisávamos falar nada com Chico. Aquilo que eu e minhas irmãs conversávamos durante o dia, enquanto ele trabalhava, ele nos dava resposta à noite.

Certa vez, nós já estávamos mocinhas, eu e Dália, minha irmã, já trabalhávamos fora e nós comentávamos:

— Bem que o Chico podia pôr empregada para nós. Além de trabalhar fora, ainda a gente tem de fazer todo o serviço da casa. Na hora do almoço Chico nos deu a resposta: *Não ponho empregada para depois não ouvir do marido de vocês que se casaram com moças preguiçosas.* Era sempre assim. Certa vez, Dália não estava mais trabalhando, Chico a tinha tirado da fábrica, e ela havia me dito que precisava muito fazer umas compras. À noite, do mesmo dia, Chico deu-nos ordem para ir à Casa Nova comprar um tanto em nome dele e nos deu uma quantia em dinheiro também. Por causa de Chico ser assim, adivinhar o que a gente pensava, fiquei mal acostumada, não tenho o hábito de pedir nada a meu marido".

Pacheco sorri com bonomia e relembra que, após seu casamento com Lucília, em 1947, Chico ainda ficou em companhia deles até meados de 48, quando, então, foi morar com Luiza.

PÉTALAS DE ROSA NA DESPEDIDA DE NEUSA

Lucília fala de Neusa, sua irmã.

"Neusa estava muito doente. Chico fez a prece e Arnaldo deu o passe: pétalas de rosa caíram sobre Neusa, forrando a cama. (...) Havia muito cheiro de éter na casa. Petrina, uma amiga, afirmou: 'Este sono dela vai ser longo!...'. De madrugada tentei entrar em seu quarto, mas não consegui, de manhã, às 6 horas, olhei para Neusa, ela estava acabando de morrer..."

 Nas recordações de Lucília, o problema é a quantidade de casos... "Chico sentava para escrever, tomava parte nos assuntos que discutíamos, ouvia rádio e ouvia discos... A qualquer hora estava sempre escrevendo." Pacheco lembra-se de que pedia ligação interurbana para Chico, e isso há alguns anos atrás, o tempo de espera era grande, e durante o período todo que aguardavam, Chico escrevia, sem parar. "E os presentes que ele recebia" — e Pacheco sorri ao lembrar — "distribuía tudo. Às vezes a pessoa que dava via seu presente sair pelas mãos de outra..."

CONSULTAS ESPIRITUAIS

Lucília continua:

"Certa vez, um rapaz procurou Chico, aqui em casa. Precisava de uma receita dos espíritos para sua mãe que estava muito enferma." Chico atendeu ao pedido e depois de entregar a mensagem ao moço aconselhou: *Meu filho, não compra esse remédio agora não, deixa para comprar em Belo Horizonte, antes, passa na sua casa para pôr um agasalho. Está muito frio!...*

Depois Chico nos explicou que não podia dizer nada para o rapaz, que estava muito aflito, mas ele vira que sua mãe já havia falecido!...

Quando Lucília esperava nenê, 28 anos atrás, Chico sabia que ela passaria por problemas, porque tinha um defeito orgânico. Com a assistência do Dr. Bezerra de Menezes, felizmente, depois de três dias, o parto se desenvolveu dentro da normalidade.

Depois do gostoso cafezinho mineiro, despedimo-nos do casal Waldemar Silva (Lucília e Pacheco) levando dentro do coração um pouco desse passado referto de lutas e bênçãos e, acima de tudo, de grandes lições.

O SORRISO BOM DE CIDÁLIA

Houve muito calor humano na receptividade do casal Cidália e Francisco (Chiquinho) Teixeira de Carvalho, quando os entrevistei, em 1977. Cidália abriu um sorriso enorme:

"Temos muita saudade do tempo em que Chico estava ao nosso lado. Nossa vida é repleta de boas lembranças!... Luiza fala com muito amor de minha mãe, pois ela abraçou os nove filhos do primeiro casamento, com carinho e dedicação. Depois que minha mãe se foi, eles nos abraçaram também com muito amor. Chico sempre foi muito alegre, e nos dava uma vida de ensino. Quando menina, eu não dava valor, com o tempo fui aprendendo. Nossa vida era cheia de simplicidade e alegria.

Chico sempre foi muito liberal: *Respeita toda e qualquer religião*. Depois que minha mãe desencarnou, eu era menina, tinha 7 anos, e me entusiasmei com as outras crianças que iam à igreja. Desejei fazer a coroação. Chico concordou. Ele me arrumou com entusiasmo, fez questão que eu fizesse aquilo que eu tinha vontade. Ele escreveu a letra, aliás, quem fez foi Augusto dos Anjos, por intermédio dele, e o Zeca Machado compôs a música. Foi uma coroação memorável, em Pedro Leopoldo. Chico era assim. Nunca nos chamou para reunião alguma. Deixou que o tempo se encarregasse de nos conduzir, como de fato aconteceu.

Uma vez, ele me deu *O Evangelho Segundo o Espiritismo* e disse que eu guardasse, porque iria precisar... E, de fato, como precisei! Chico sempre foi muito zeloso, olhava muito pelas irmãs. Ele sabia que eu era levada, gostava de festas, teatro... E como eu trabalhava na fábrica de tecidos à noite, meu irmão tinha todo cuidado comigo. Às quartas-feiras, depois que ele vinha da Fazenda Modelo, onde tinha reunião em casa do Dr. Rômulo Joviano, eu aguardava, com ansiedade, a sua volta, porque ele sempre trazia, de lá, um pedaço de bolo para mim.

Nós ficávamos, então, conversando até tarde, Chico gostava de ouvir as novidades das colegas, na fábrica, os casos de meus namoros. Ele ouvia, olhava, pensava... Uma noite, já eram 2 da manhã, nós tomávamos café, contávamos casos. Depois fui me deitar. Com isso, me acostumei a deitar e a acordar tarde. Apaguei a luz, e a luz tornou a acender. Tornei a apagar e a luz tornou a acender. Fiquei nervosa, abri um berreiro.

Chico, então, me disse: *Vai deitar com Deus, deixa que eu apago a luz.* Lembro-me de que Chico, a certa altura, falou, e parecia dirigir-se a alguém no quarto: *A hora que você quiser apagar a luz você apaga, se quiser dormir de luz acesa, você dorme com Deus.* E ligou a rádio- vitrola para escrever. Ele trabalhava até tarde, enquanto nós dormíamos. No dia seguinte, quando perguntei se a luz tinha apagado, ele me disse: Não sei, minha filha, não tive tempo de olhar".

TELEVISÃO ANTES DO SEU APARECIMENTO

E Cidália continua desfilando o fio de recordações.

"Nós tínhamos obrigações domésticas, que eram divididas: uma semana a gente cozinhava, em outra bordava, e, enquanto fazíamos os trabalhos manuais, ouvíamos as novelas pelo rádio.

Chico, muitas vezes, nos dizia: *Vejo vocês ouvindo novela pela rádio, mas o homem é muito inteligente, Deus o fez à sua semelhança; vamos ver aparelhos em que a pessoa vai ser vista nas casas, estando, na verdade, muito longe dali. Os artistas vão ser vistos como em tela de cinema.*

Isso ele me disse há 39 ou 40 anos atrás. No Rio, quando vi pela primeira vez a televisão, veio-me à lembrança, a conversa com o Chico. E eu logo concluí: "o Chico é mesmo fora de série."

O PRIMEIRO DIA DAS MÃES COMEMORADO NO BRASIL

"Há 28 anos foi comemorado o Dia das Mães, aqui em Pedro Leopoldo, no campo do Industrial, um campo de futebol perto de casa. Chico desejou fazer essa comemoração no primeiro domingo de maio. Chamamos todas as crianças da rua Nossa Senhora da Saúde; Luiza fez um bolo eu fiz os doces; compareceram também senhoras.

Foi emocionante a festa! Lembro-me de que dona Elisa, muito católica, perguntou como deveríamos começar e Chico disse que deveríamos iniciar com uma oração à Nossa Mãe Santíssima, porque muitos de nós que ali nos encontrávamos tínhamos perdido nossas mães muito cedo. As lágrimas deslizaram no rosto de dona Elisa. Enquanto isso, as crianças cantavam "Hy, Lilly, Hy Loo!". No final da festa, Chico me disse: Dália, um dia todo mundo vai fazer uma comemoração igual a esta dedicada às Mães!"

IRMÃO DO MUNDO

"Respeitamos, no Chico, o pai, o amigo, o irmão. Nosso Culto Cristão do Lar é às quartas-feiras, porque, aqui em casa, esse dia da semana Chico dedicava para nos visitar. Ele vinha, escrevia na varanda até tarde da noite. Até hoje, para nós, a quarta-feira é sagrada. Foi bom, para Chico, ter saído de Pedro Leopoldo, ele pode produzir muito mais. Nós sempre fomos muito apegados com ele. Sabemos que ele é irmão do mundo, precisamos compreender seus caminhos... Longe ou perto, estamos sempre ligados pelo coração, pelo pensamento, porque nosso amor é o mesmo. Feliz daquele que sabe aproveitar aquilo que Chico tem para dar, como irmão do mundo. Só daqui a milênios vamos ter outra oportunidade como essa!..."

Deixamos Cidália e Chiquinho levando conosco alegria no coração.

NA CASA DE ANDRÉ, OS LANCHES DAS MADRUGADAS

Em 1977, encontrei-me com André Luiz Xavier, na Livraria Boa Nova, em São Paulo, onde trabalhava. Lentamente, com sua voz pausada, André relembrou muitas particularidades da vida em Pedro Leopoldo.

"Participei mais ativamente da tarefa do Chico no período de 1942 a 1958. Devo confessar que, naquela época, eu não estava amadurecido. Somente agora, com a perseverança nos deveres espíritas, percebo melhor a importância de tudo o que se passou em minha vida. Às segundas e sextas-feiras, quando terminava a reunião pública, Chico convidava os amigos para o café em minha casa. Em geral, a sessão terminava às 3 ou 4 horas da madrugada e Chico contava muitos casos...

Minha tarefa maior era auxiliá-lo na correspondência. A hora do correio era sagrada; todos os dias, às 13 horas, nós levávamos as cartas, que eram centenas, para despachar. Chico comia correndo, pois chegava do trabalho na Fazenda Modelo, às 11h30, para o almoço, às 13h30 ou 14 horas ele regressava, para voltar para casa novamente por volta de 17h30 - 18 horas. Eram muitos os deveres a que Chico estava ligado: às segundas e sextas-feiras, as reuniões públicas a que me referi, que terminavam sempre altas horas da manhã; às terças-feiras, trabalhava na psicografia de livros e na correspondência até 1h30 da manhã.

Às quartas-feiras, participava de reuniões com o Dr. Rômulo Joviano e família, na Fazenda Modelo, voltava meia-noite e tanto; às quintas-feiras, fazia parte do Grupo Meimei, nas sessões de desobsessão; aos sábados, trabalhava até altas horas da noite, varando a madrugada, psicografando livros e mensagens e, no domingo todo, recebendo amigos íntimos até à noite. Chico sempre gostou muito de música, às vezes, aos sábados, ele ia ao cinema".

SESSÕES DE MATERIALIZAÇÃO

A tarefa mais importante de Chico é o livro, no entanto, ele também foi médium para reuniões muito importantes de materialização. Muitos amigos de São Paulo, Belo Horizonte e do Rio participaram dessas reuniões, que eram muito íntimas. Gonçalves, Bissoli, Jô, dona Esmeralda Bittencourt, Antonio Sampaio, e alguns outros, participaram de muitas dessas reuniões.

O espírito de Scheilla trazia aparelhos interessantes; certa vez, ela colocou um em Bissoli que tornava possível ver tudo por dentro: estômago e intestino apareciam com muitos detalhes. Emmanuel, quando vinha, era só luz, uma estrela mesmo!... Muitas conchinhas cheias de perfume caíam, durante as sessões. Nós pesávamos Chico antes e depois; ele chegava a perder de 3 a 4 quilos. Essas reuniões eram realizadas às terças ou quartas-feiras, mas, depois de dois ou três anos, por ordem de Emmanuel, elas foram encerradas.

O OLHAR DO AMIGO

José de Paulo Virgílio foi meu anjo condutor, abrindo-me caminho para as entrevistas que fiz em 1977 para o número especial da *Folha Espírita em Revista,* comemorativa dos 50 anos de mediunidade de Chico Xavier. Ele relembra lances de sua vida no Luiz Gonzaga:

"Conheci melhor, Chico, em 1947, antes eu era católico, apostólico romano de modo que meu conhecimento dele era superficial. Por causa de uma obsessão, fui vítima de uma grave enfermidade. Ouvia espíritos maus. Um dia, quando ia atravessar a rua, vi que vinha uma viatura e ouvi uma voz que me dizia: 'Passa que dá tempo'. E avancei, para passar, mas fui colhido, o choque jogou-me longe. A partir daí, começou uma fase de grandes sofrimentos na minha casa. Fraturei o pé, que ficou todo azul, o Dr. Rocha queria operar, cortar fora. Minha esposa, percebendo a situação, comentou com Chico: 'Como é que eu vou ficar com um homem aleijado?!'".

Zé de Paulo conta que Chico deu toda orientação, que o levou à cura. O trabalho sugerido pelo médium na construção do Grupo Meimei, curou-o. Depois disso, ele ficou muito ligado ao serviço de assistência do Centro Espírita Luiz Gonzaga.

AS LARANJADAS

Nós juntávamos roupas usadas, enxovaizinhos, comprávamos arroz, feijão, e distribuíamos para o povo necessitado. O culto da assistência começou em 1951, mais ou menos. Percorríamos as casas das velhinhas, passávamos embaixo da Ponte Fria, íamos até a Seva dos Porcos, na Fazenda, onde viviam uns irmãos nossos em situação desoladora. Era interessante, porque Chico chamava de laranjada os envelopes que continham dinheiro para serem distribuídos para as famílias: Uma laranjada era vinte cruzeiros; duas, quarenta; e assim por diante.

Além de visitarmos as casas, também auxiliávamos nos enterros. Os amigos de fora ajudavam nessas tarefas todas. A visitação iniciava-se às 19 horas e terminava às 2 horas da manhã. No final, Chico fazia questão de levar o povo que acompanhava a peregrinação ao restaurante, fazia-se um lanche e conversava-se, então, até 3 horas da madrugada.

SALVINA

Nossa tarefa começava no Morro das Viúvas, e Salvina era uma das nossas irmãs de lá, que vivia entrevada na cama. Ela falava muito na herança de uma fazenda e Chico sempre conversava com ela dizendo que tivesse paciência que os advogados estavam tratando do caso da partilha. Tudo o que era de melhor, balas, doces, roupas, Chico guardava para Salvina. Sempre teve muito carinho com ela. Orava, conversava, animava muito. Ele nos contou que, em vidas passadas, Salvina fora uma duquesa milionária, dona de muitas fazendas e aquilo tudo ficou gravado, tendo ela voltado neste estado deplorável, porque negou tudo aos outros.

"Um dia, Chico já estava em Uberaba, Salvina estava agonizando, quando cheguei. Ela ainda me disse: 'Eu não vou ver Chico?'.

— Você vai sim — respondi — ele está em Uberaba, e você pode fazer uma visita para ele. 'E minha fazenda?', insistiu.

— Olha, o documento está com Chico, isso você tem que ver com ele. Com essa minha resposta, ela se acalmou. Desencarnou e fizemos o enterro, com a graça de Deus."

Nesse momento da entrevista, pedi licença a José de Paulo, para narrar a continuação da história. Em Uberaba, frequentando a CEC, ouvi do próprio Chico o relato do que se passou com Salvina, no mundo espiritual.

Em uma tarde, no ano de 1960, Chico tomava o seu banho e preparava-se para a peregrinação em Uberaba, quando sentiu a aproximação de um espírito, reconhecendo tratar-se de um moço muito belo. Sorrindo, o espírito falou-lhe: — *Chico, venho trazer-lhe hoje um abraço especial de Salvina.* O médium ficou muito emocionado, porque lembrava-se perfeitamente de Salvina. Era uma das assistidas em Pedro Leopoldo.

E ele nos disse, nessa mesma ocasião, que essa senhora tinha um distúrbio psíquico muito grande, falava de uma fazenda que lhe havíamos roubado, de sua herança e de seus cachos de ouro. Disse-nos também que lhe repetia sempre: *"— Salvina, quando você receber a sua herança, lembre-se de nós, minha filha!".*

Interessante foi que o espírito do moço trazia também um abraço de Salvina para você, José de Paulo, e para as duas senhoras, D. Quininha e D. Auxiliadora que cuidavam dela. Enquanto Chico nos contava esse fato, durante a peregrinação, o moço tornou a aparecer e concluiu: *"— Ela manda lhe dizer ainda que já herdou a fazenda de Luz do Pai".*

Desse modo, meu caro José de Paulo, o resgate já se processou, felizmente, com a valiosa ajuda de todos vocês.

UM DOCE MUITO PESADO

E José de Paulo Virgílio prosseguiu em seu depoimento: "Um dia, D. Esmeralda Bittencourt, benemérita companheira do Rio de Janeiro, que trazia sempre fardos de roupas para distribuirmos, veio com uma senhora um tanto obsediada para fazer conosco a peregrinação. Essa senhora era muito materialista; considerava bobagem a gente estar tratando da assistência. Ela ouvia sempre a gente falar em doce, Chico agradecendo, aquela coisa toda, e um dia ela trouxe em embrulho muito bonito, todo enfeitado e falou:

— 'Olha, Chico, trouxe hoje essa merenda para vocês. São os doces que vocês gostam'. Fiquei incumbido de carregar o pacote. Era muito pesado e eu andando para todo canto com aquilo".

Zé de Paulo prossegue contando que Chico não o deixou abrir o pacote, senão quando todos já tinham ido embora.

— *Se você está com tanta aflição pode abrir*. Quando abri, eram dois tijolos de olaria e, dentro, estava um bilhete: 'Esse é o doce que vocês gostam e é isso que merecem...". Fiquei revoltado.

— Isso é desaforo — desabafei!.

E Chico logo interferiu: — *Não, meu filho, que beleza! Ela acha que merecemos tijolos, para construir casa para nós. Muito bom!*

SÃO NOSSOS IRMÃOS

"Uma vez, nós vínhamos do cafezinho, na casa do André, devia ser umas 3h30 da manhã. Lembrei Chico que, no dia seguinte, ele teria de trabalhar:

— *Não tem nada não, meu filho! Ainda dá para a gente dormir umas duas horas.*

Era sempre assim, Chico não dormia mais do que 1h30, 2h. E nós seguimos pela praça que hoje se chama Getúlio Vargas. Alguns presos tinham fugido da Penitenciária das Neves, e um deles era muito perigoso, assaltava e matava à mão armada. De longe, eu vi três homens de macacão com um número nas costas. – 'Chico', falei amedrontado: 'Devem ser os fugitivos da Neves'.

— *São sim, meu filho.*

— 'Vamos voltar?', propus.

— *Por que nós vamos correr de nossos irmãos, meu filho. Nós* temos de continuar.

— 'Ah!, Chico, não estou com coragem, não'.

— *Não podemos correr, não. Emmanuel está falando aqui que nós te- mos que passar.*

Minhas pernas estavam bambas, o coração batia disparado. Foi quan- do nós ouvimos um dos fugitivos falar: 'Vamos atirar!'.

Chico me disse, então: — *Não corra, não, meu filho! nós vamos passar, sim.*

Aí, outro falou: 'Não façam nada, não, gente. É Chico Xavier que vem voltando da reunião. Esse coitado não tem nada, porque tudo que é dele é para dar para os outros. Nós vamos é perder tempo'.

Aí, veja você, como Chico é grande. Ele se dirigiu aos nossos irmãos:

— *Boa noite! Meus irmãos, vocês estão bons?* — 'Estou bom!', cada um deles respondeu.

— *Olhe, meus filhos, vocês passem por aqui, senão eles vão perseguir vocês.* Dali a pouco, a polícia passou em perseguição deles e matou um nas bandas do cemitério. Aí, então, falei a Chico: — Você ensinou a eles o lugar de passar?

— *Nós temos que orar e ajudar sempre. Eu estava sabendo o que ia se passar com nossos irmãos."*

RESPONSABILIDADE DO SERVIÇO

Continuam as lembranças de Zé de Paulo:

"Ninguém nunca viu Chico queixar-se de doença, nem de cansaço, nem de nada. É um exemplo muito bonito. Aos domingos, eu ia almoçar com ele. Assim que acabávamos a refeição, ele arrumava a minha cama, me cobria e ia escrever à mesa. De vez em quando, ele ia verificar se eu estava dormindo, arrumava a coberta, tinha aquele cuidado todo. Sou muito grato a Chico, por tudo isso. Certo dia, falou-me da mudança para Uberaba, e da minha responsabilidade com a tarefa assistencial em Pedro Leopoldo, pois tudo devia continuar.

— *Meu filho, você vai ficar aí* — disse ele — *você é responsável. Você não tem o direito de pedir nada a ninguém. Tudo o Senhor Jesus vai pôr em suas mãos, não vai faltar nada. O dia que não tiver nada para pôr no fogo você vai fazer a prece de sempre.*

E, de fato, nada nos tem faltado na continuidade de nossas tarefas. Um dia, eu estava muito triste, não tinha mantimentos, não tinha dinheiro, fiz a prece, meia hora depois encostou uma kombi com macarrão, batatas, cenouras, tomates, veio tudo, enfim. Agradeci a Jesus as bênçãos recebidas".

José de Paulo Virgílio em 1977

Capítulo 22

A PRECE DE CHICO NA MINHA FORMATURA

A cerimônia da minha formatura fora marcada para 14 de dezembro de 1962, um sábado. Os convites chegaram e entreguei-os a Waldo e Chico, no dia 24 de novembro.

Como são indefiníveis os estados de alma! Senti-me, à época, como se tivesse nascido outra vez e, de posse de outra roupagem, estivesse vivendo em outra esfera.

Afigurava-me ter vivido um século, nesses quatro anos na CEC e, ao mesmo tempo, pareceu-me tão curto esse estágio... Estranha contradição!

Nesse dia da entrega de convites, Chico ficou muito emocionado. Rememorou cenas de nossos primeiros contatos; disse que não esquecia a minha sainha azul e a blusinha branca de nossos passeios aos domingos pela rua do Senai, após o programa Ondas de Luz. Afirmou a Dalva que me tinha como filha, relembrando os momentos de amizade e, principalmente, as minhas risadas que eram muito especiais. Rimos muito, de modo que pude disfarçar um pouco a emoção profunda que me dominava.

Nossos amigos não poderiam comparecer à solenidade, porque ocorreria em dia de sessão pública, mas Chico me disse que faria o possível para estar comigo na quinta- feira, dia 12 de dezembro, o que de fato aconteceu.

No dia da entrega dos convites, 24 novembro de 1962, Chico e Waldo psicografaram poesias do mesmo autor, Noel Rosa. Como sempre acontecia nesses casos, enquanto um recebia, o outro esperava.

Algumas vezes, a mensagem, por intermédio de um, era a continuidade da que o outro havia recebido.

Tempos inesquecíveis!

Na impossibilidade de comparecer no dia 14, Chico esteve conosco no dia 12 de dezembro, quinta-feira, para uma reunião informal com a família. Relembro-me com gratidão do gesto de tia Elith e suas filhas, Sonia e Dora Vilela, preparando com o maior carinho a reunião íntima à qual compareceu a minha família — meu pai Pedro, minha mãe Ida, meus irmãos Paulo e Cairbar, meu futuro marido, Freitas Nobre – e, naturalmente, Chico e Waldo. Foi simplesmente inesquecível a prece que Chico fez, pedindo a Jesus por minhas responsabilidades espirituais ao término do meu curso.

Infelizmente, nenhuma de nossas companheiras da CEC pode estar na colação de grau, no dia 14. Apenas Maria da Cruz, a querida amiga de Sacramento, esteve conosco nesses momentos de muita emoção.

De São Paulo, tive a alegria de receber os queridos amigos Spartaco e Zita Ghilardi e os companheiros do Grupo Espírita Batuíra, de São Paulo. Fui a oradora da turma e recebi um abraço especial do querido Spartaco, por ter feito a prece de Eurípedes – o magnífico poema Deus – ao final do meu discurso na colação de grau.

Depois da festa, fomos para a casa da vó Cota, senhora na casa de quem eu me hospedava, porque ela ainda estava em convalescença de uma cirurgia. Depois fomos para o templo da CEC.

Nossos amigos Trindade e Olinda Garcia ofereceram-nos a gentileza de algumas fotos como lembrança. Freitas foi o anjo bom que compartilhou de nossas alegrias e emoções, proporcionando-nos momentos de muito carinho.

No dia seguinte, 15 de dezembro, foi a grande distribuição de Natal, na CEC. Tomei parte no grupo do empacotamento, com Ligia, Dora, Izabel, Divina, e Freitas. Trabalhamos bem...

UMA VOZ IDENTIFICADA 20 ANOS DEPOIS PREVENIRA O INCÊNDIO

Como relatei, minha mãe, Ida Rossi Severino, e meu pai, Pedro Severino Jr, estiveram em Uberaba por ocasião da minha formatura, em dezembro de 1962.

Antes da colação de grau, minha mãe esteve com Chico e o presenteou com uma torta de mamão verde, que era especialidade da nossa família e que ela fazia no maior capricho.

No dia 14, após a solenidade, fomos à CEC para participar da parte final dos trabalhos. Após a sessão pública, na madrugada do dia 15, acompanhamos o médium até a porta de sua residência, como normalmente o fazíamos. Ao despedir-se dele, minha mãe perguntou se tinha gostado da torta de mamão verde que ela lhe dera de presente. Chico disse que adorou a torta e perguntou se ela havia sido comprada em uma das confeitarias finas da cidade de São Paulo. A continuação do diálogo entre minha mãe e o médium foi uma das maiores provas que a minha família poderia ter da sobrevivência da alma. Para que o leitor tenha uma ideia exata do que se passou, reproduzo a seguir o relato de minha mãe, publicado na *Folha Espírita* em dezembro de 1975. Eis o artigo:

"Transcorriam os anos difíceis da ultima guerra. Meu esposo é farmacêutico, formado pela Universidade de São Paulo. Tínhamos uma farmácia na pequena cidade de Severínia, na Araraquarense, e resolvemos transportá-la para Buritama, vilarejo da Noroeste, situado entre Birigui e Monte Aprazível.

Estávamos casados há uns dez anos e nossa família cada vez ficava mais numerosa... Como a cidadezinha não era dotada de energia elétrica, resolvemos nos abastecer de uma quantidade razoável de gasolina, para termos o combustível de reserva necessário para o petromax e o querosene para as lamparinas.

Levávamos uma vida maravilhosa, eu e meu esposo: durante o dia, o trabalho na 'botica' e, à noite, as tarefas espirituais no Centro Espírita

'Discípulos de Jesus', dirigido pelo meu cunhado, Luiz Antônio Severino, atualmente inspetor de farmácia da Zona Sul de São Paulo.

Como mãe espírita, sempre fiz questão que meus filhos frequentassem o Centro, por isso, aprontava-os com muito carinho para as reuniões, cuidando para que nós e a petizada não chegássemos atrasados.

Em uma dessas noites, enquanto meu esposo saía com os pequenos, carregando ao colo o caçula de 6 meses, fiquei com a incumbência de fechar a casa; mas, ao dar a volta na chave, ouço uma voz feminina, advertindo-me claramente: 'Ida, cuidado com o fogo na tua casa'. Fiquei muito chocada com o aviso. Preveni meu companheiro e ele logo concluiu que se nós tivéssemos algum incêndio em casa, seria por intermédio das lamparinas. Recomendou-me que as escondesse todas e, de fato, quando voltamos do Centro, segui a orientação do Severino.

Durante sete dias consecutivos, ouvi a mesma voz advertindo-me sobre o fogo. No oitavo dia, meu marido estranhou que eu não estivesse pronta para a reunião. Indagou qual era o motivo, pois eu nunca faltava. Não pude explicar, mas o fato é que eu estava muito preocupada. Comecei a passar a roupa e estranhei que meu filho Gamaliel tivesse me dito 'boa-noite', sem vir me beijar, como fazia habitualmente.

Decorridos uns 20 minutos, Paulo, meu filho mais velho, havia terminado a tarefa escolar e, ao deitar-se, deparou com a cama do irmão pegando fogo: Liel colocara a lamparina acesa sobre a cama; esta entornara e o fogo já se alastrava por quase todo o leito.

Paulo voltou dizendo:

— Mamãe, vai ver o fogaréu que está lá no quarto...

Eu estava atendendo um senhor que desejava um colírio e pedi a ele que me auxiliasse a debelar o fogo. Agimos, imediatamente, e, graças a Deus, tudo não passou de um grande susto...

Como Severino previra, o fogo veio por intermédio da lamparina... E, sabem os meus leitores, onde se encontrava guardado o estoque de combustível? A uns 2 metros distante do fogo...

Fiquei muito grata ao bom Deus por ter poupado, através da voz espiritual, a vida de meus filhos. Decorridos muitos anos, mudamos para São Paulo, instalando nossa botica no bairro de Vila Matilde. Quando Lenita, minha filha, terminou o vestibular, prestou os exames na Faculdade de Medicina de Uberaba e lá permaneceu durante os seis anos de curso. Por ocasião de sua formatura, fomos até Uberaba, aproveitando para fazer uma visita a Chico Xavier, nosso bondoso médium.

Na sexta-feira, dia 13 de dezembro de 1962, entreguei a ele uma torta feita por mim e que tem receita exclusiva de minha avó paterna. No dia seguinte, sábado, às despedidas, Chico perguntou-me se o recheio da torta eu havia adquirido nas grandes confeitarias de São Paulo. E eu lhe respondi que não, era receita de minha avó paterna. Imediatamente, ele virou-se para o lado e disse: É a vovó Maria Zerbini. Descreveu-a, então, com detalhes, acrescentando, *há muitos anos ela livrou seu lar de um pavoroso incêndio!*

Fiquei muito emocionada com a revelação. Vinte anos depois, eu vinha a saber que a voz feminina que eu não conseguira identificar e que nos salvara na pequenina Buritama, era de minha inesquecível avó. Voltei muito feliz para casa, abençoando a Doutrina Espírita — o verdadeiro Consolador prometido por Jesus!".

1962: ENCERRAVA-SE UM CICLO DE MINHA VIDA

Nos últimos momentos em Uberaba, ao me despedir de Chico, eu estava profundamente emocionada, mas era preciso controlar-me, segundo tudo o que havia aprendido com ele. Busquei forças na sua ternura paternal e guardei mentalmente os valiosos conselhos que recebi dele, orientações seguras que me tem norteado a vida toda.

Disse-me para eu fundar uma Casa Espírita que estivesse sob a minha direção; não era aconselhável que eu me filiasse a nenhuma outra já existente.

Que eu tivesse cuidado para colocar pouca gente na diretoria e prestasse bem atenção, porque a responsabilidade maior sempre seria minha.

Nas despedidas, ao deixar a cidade de Uberaba, que me acolheu durante seis anos, minha alma deixava escapar emocionada um grito silencioso:

Adeus, Uberaba querida! Obrigada por todo o apoio fraternal que a querida família espírita me proporcionou. Obrigada por tudo de bom que você me deu!

Marlene e Freitas Nobre

Marlene ao lado dos pais, Ida e Pedro Severino

Chico e Marlene na formatura em 1962

Marlene e amigos da CEC

Capítulo 23

RETORNO A SÃO PAULO

Minha convivência tão estreita com um mestre espiritual do timbre de Chico Xavier não poderia deixar de produzir sulcos profundos na sinfonia imperfeita que eu estava compondo como sendo minha própria história de vida. Impregnara-me de praticamente todos os lances vividos por ele, desde a mais tenra infância. Eu diria, mesmo, desde a sua visita a Pedro Leopoldo, antes do seu ingresso na carne, e me convencia, a cada dia, de que tivera o privilégio de acessar a história de vida de uma figura absolutamente extraordinária.

Para mim, não havia dúvida de que a imagem desse ser humano incomum com quem convivi cotidianamente durante quatro anos impregnaria também os anos que eu viveria à frente. E foi o que de fato aconteceu.

Quando cheguei a São Paulo, em dezembro de 1962, expus ao meu pai Pedro e ao meu mano Paulo as recomendações do querido amigo quanto à organização da nossa Casa Espírita. E eles concordaram que deveríamos seguir a orientação dele e oficializar a fundação do Grupo Familiar, que se constituía em nosso abençoado campo de trabalho espírita há muitos anos, desde 1952, quando nos reuníamos em São Paulo na residência de meu avô materno, Aristodemo Rossi.

Certa feita, em uma das peregrinações da CEC, Chico contou-me detalhes da minha infância, afirmando que fora Cairbar Schutel quem lhe revelara. Disse-me também que eu me comunicava com Schutel em

Matão, antes da minha reencarnação atual.

Como meus pais, muito jovens ainda, atuavam no movimento espírita, no interior do Estado de São Paulo, em Monte Verde e Monte Azul, em ligação muito estreita com o valoroso servidor do Cristo nas terras de Matão, optamos por dar o seu nome ao nosso Grupo Familiar.

Assim, surgiu, em 16 de março de 1963, o Grupo Espírita Cairbar Schutel (GECS) com atividades doutrinárias na cidade de São Paulo e ação social em Santo André, São Caetano e Diadema. Foi somente a partir de 1966 que a tarefa assistencial fixou-se definitivamente em Diadema.

Mais tarde, depois de dez anos à frente do GECS, em uma de nossas visitas ao médium em Uberaba, pedi ao querido amigo um nome para a Creche que pretendíamos lançar como complemento às nossas tarefas assistenciais. Lar do Alvorecer foi o nome que ele escolheu para a instituição, que surgiu em 16 de março de 1977, como um dos departamentos do GECS, e que nos tem permitido dar segurança às mães que trabalham fora, cuidando da instrução e educação moral de seus filhos.

Em 16 de março de 2013, nossa querida Casa, a que ele nos incentivou a fundar, completou 50 anos. No Grupo Espírita Cairbar Schutel, desde a primeira hora, conto com meu irmão mais velho, Paulo Rossi Severino, como vice-presidente, meu esteio, meu norte, meu exemplo. Ao longo dos dez primeiros anos de fundação, chegaram Magali Abujade e Cecilia Mello Mattos, secretária e tesoureira, respectivamente, de nossa instituição, irmãs queridas que têm nos apoiado em todas as tarefas, conforme a recomendação de Chico, com os mais belos exemplos de renúncia e amor ao Cristo.

Jesus teve piedade de minha alma devedora e me enviou apoios de primeira grandeza para que eu pudesse chegar até aqui. São as bênçãos imerecidas que não tenho como retribuir, dada a minha pobreza espiritual.

O RETORNO A UBERABA A CADA DOIS OU TRÊS MESES

Assim, em dezembro de 1962, voltei para a casa de meus pais, casei-me em 1964, estagiei no Hospital das Clínicas de São Paulo até 1967, e aqui, nesta megalópole, prossegui nas minhas tarefas médicas, mas sempre ligada às atividades do querido médium, em Uberaba, cuidando também, como é óbvio, dos desdobramentos naturais dos compromissos espíritas aos quais me liguei mais especificamente a partir de 1963.

O fato de ter me casado com alguém, que amava Chico tão profundamente quanto eu, favoreceu-me o propósito e o empenho de visitá-lo a cada dois ou três meses em Uberaba, o que me permitiu a gravação de entrevistas e ocorrências diversas. Foi assim que, mesmo tendo retornado a São Paulo, continuei a acompanhar, dentro do possível, lances de sua vida exemplar.

O meu interesse sempre foi o de divulgar as lições de sabedoria que marcaram a vida e a obra daquele que considero o mais fiel discípulo de Jesus no século XX e em todos os tempos.

CHICO XAVIER DEIXA DE PUBLICAR PELA FEB

Em 1964, Chico Xavier decidiu não mais enviar livros para publicação pela FEB. Para conhecer as razões que o levaram a isso é preciso, antes, compreender a estreita ligação do médium com o parque gráfico da FEB.

Frederico Figner, abastado espírita do Rio de Janeiro, era muito amigo de Chico Xavier, tendo-o visitado muitas vezes, em Pedro Leopoldo.

Com a sua morte, Chico deparou-se com uma doação inesperada: cem contos de réis, quantia que lhe deixara Figner em testamento.

O médium ficou espantado, cismarento... E refugiou-se na meditação: *Que é que esse dinheiro está querendo de mim?*

Decidiu, então, devolver a avultada soma às filhas do abnegado presidente da FEB e naturais herdeiras do ilustre desencarnado. As filhas de Fred Figner tornaram a devolver a quantia a Chico, afirmando-lhe que aquela soma lhe pertencia, por ordem do pai.

Foi quando, então, o médium decidiu enviar a "herança" à FEB, como doação. Soubemos, pelo estudioso confrade Stig Roland Ibsen, que essa quantia — 100 contos de réis — foi o ponto de partida para que a FEB montasse o notável parque gráfico que a serviu durante decênios. Acrescente-se ao donativo as vendas das cem primeiras obras, das 462 psicografadas pelo médium enquanto em vida e, certamente, compreenderemos melhor o papel determinante de Chico na pujança da obra editorial da FEB. Esse reconhecimento é justo e não deveria ser esquecido.

MAS POR QUE A FONTE SECOU?

Por que Chico Xavier não destinou mais nenhum livro à publicação pela FEB?

Para responder a esta pergunta, é preciso relacionar, ainda, as circunstâncias que o levaram a isso. A decisão está ligada ao desdobramento de um evento que o desgostou profundamente. Trata-se do episódio desencadeado pelas sessões de materialização realizadas em 1964, na cidade de Uberaba, nas quais Chico Xavier e Waldo Vieira tomaram parte e mais 19 médicos, colegas do Waldo, e que tinham por finalidade a comprovação da imortalidade da alma. Vamos conhecer esse triste episódio, narrado por Jorge Rizzini, que o acompanhou bem de perto (56).

"Dezenove médicos se reuniam, periodicamente, em Uberaba, a fim de realizar sessões de materializações no consultório do Dr. Waldo Vieira. A médium era Otília Diogo, uma senhora analfabeta. Sabedor dessas sessões experimentais, durante as quais se materializavam diversos Espíritos, inclusive, a freira Irmã Josefa, o repórter José Franco aproximou-se dos médicos e, de posse de algumas fotografias, publicou uma simpática reportagem na revista *O Cruzeiro*.

E, assim, ganhando a confiança dos médicos, foi convidado a assis-

(56) Cf. *Revista Chico Xavier, 60 anos de Mediunidade.* São Paulo: Federação Espírita do Estado de São Paulo (Feesp), dez. 1987.

tir a uma experimentação. Mas, na noite de 3 de janeiro de 1964, não compareceu sozinho ao consultório de Waldo Vieira: José Franco surgiu acompanhado por sete repórteres e fotógrafos! Os médicos, coagidos, não puderam recuar. Os repórteres tiveram ampla liberdade para fiscalizar o consultório e os participantes. Chico Xavier estava presente na condição de mero assistente, mas suas roupas foram também examinadas".

Em seguida, Rizzini descreve todas as medidas tomadas pelos repórteres para evitar fraudes, algemando, inclusive, a médium, vestida com uma túnica negra, a uma jaula de ferro. E prossegue em sua narrativa:

"Chico Xavier, a pedido dos médicos, abriu a sessão com uma prece. Cinco minutos depois, Otília Diogo, gemendo, entrou em transe, liberando ectoplasma pela boca, pelos ouvidos e pelo nariz. Fotografias foram tiradas. Surgia irmã Josefa, vinda do espaço, totalmente materializada, embora o ambiente vibratório fosse de má qualidade.

Detalhes importantes: a freira materializada deixou-se fotografar ao lado dos repórteres Mario Moraes, Jorge Audi e José Franco, mantendo com eles diálogos e até permitindo que lhe tocassem o corpo. Diversos Espíritos, inclusive, masculinos, se materializaram nessa sessão memorável".

DEPOIMENTOS DOS REPÓRTERES

E Rizzini prossegue:

"O médico Eurípedes Tahan Vieira, no final dos trabalhos, teve a feliz ideia de gravar a opinião dos repórteres. O repórter policial Nilo Oliveira fez declaração e assinou que havia algemado a médium, dona Otília, que havia colado também esparadrapo na fechadura dos cadeados, e tinha tomado conta do exterior da casa, onde se realizara a sessão, e que não havia observado absolutamente nada de anormal nem por fora e nem por dentro, ao término da mesma.

Mario Moraes, por sua vez, afirmou que "nunca havia visto coisa igual". E mais: "Não tenho explicação para o que vi".

O fato, porém, é que, dias depois, os repórteres publicaram na revista *O Cruzeiro* extensa e violenta reportagem com o título A Farsa da Materialização.

A partir daí, começou a defesa de Jorge Rizzini, que perduraria por três meses. Uma luta, através da TV Continental, canal 11, do Rio de Janeiro, em horário nobre, contra a revista dirigida por David Nasser, os cinco repórteres e o perito Carlos Éboli. Luta que o fez emagrecer seis quilos. Campanha vitoriosa, segundo ele, porque ninguém destrói a Verdade!

MAIS DEFESA

Sem dúvida, a contribuição de Jorge Rizzini foi muito valiosa, mas era necessário também fazer a defesa pela mídia impressa. Foi Chico Xavier que contou, como isso se deu, a Carlos Baccelli (57).

Quando houve o problema das materializações de D. Otília Diogo, os 19 acadêmicos de Medicina que participaram encomendaram a uma revista uma reportagem de defesa. Naquela época, a revista cobrou 800 mil cruzeiros, que foram pagos por amigos de São Paulo. O Dr. Wantuil de Freitas , presidente da FEB, achou as duas reportagens tão interessantes, que mandou reproduzi-las no Correio da Manhã, *do Rio de Janeiro. O jornal mandou-lhe uma conta de um milhão e duzentos mil cruzeiros!... Ora, eu trabalhei em Pedro Leopoldo durante 31 anos e nunca publicamos um livro sequer pelas instituições de lá. Eu sempre achei que tal medida daria muito o que falar...*

Quando me transferi para Uberaba, o Waldo e a Dalva Borges insistiram comigo durante cinco anos para a fundação de um departamento editorial na CEC. Eu sempre resistia. Pois bem, o Waldo me auxiliava a abrir as correspondências endereçadas a mim. Um dia, depois de abrir um telegrama, eu o vi chorando... Naquele rosto tão sério, rolavam copiosas lágrimas. Eu me surpreendi, porque nunca havia visto o Waldo chorar

---

(57) BACCELLI, C. A. **As bênçãos de Chico Xavier.** Uberaba: Didier – Casa Editora Espírita Pierre – Paul Didier, 1998. Capítulo 64, p. 62-64.

daquele jeito, e indaguei-lhe o que havia ocorrido. Ainda chorando muito, ele me respondeu: "O Wantuil", Chico, "está lhe cobrando as reportagens que mandou publicar; ele sabe que você não tem dinheiro, que você não pode pagar... Se estão fazendo isso com você, que tem trabalhado para eles como um empregado durante tantos anos, o que farão comigo daqui a algum tempo?!" (....)

O Waldo e a Dalva já haviam sido cobrados antes pela FEB, a qual exigia que pelo menos eles recebessem dos médicos; mas a reportagem no Correio da Manhã *fora encomendada pelo Wantuil e eles não se viam comprometidos com dívida alguma. Foi quando eu disse ao Waldo que ainda tínhamos um caminho: — Vocês têm insistido comigo para a criação de um departamento editorial; pois bem, a Comunhão paga ao Wantuil e eu me rendo à ideia de vocês... Publicaremos um livro por ano! E começaremos com* Livro da Esperança... *Eu me vendi por um milhão e duzentos mil cruzeiros!... Mas me sentia mal, quando alguém vinha solicitar dos espíritos um livro para a Comunhão, porque a instituição não precisava disso para sobreviver; durante muitos anos ela sobreviveu com o óbolo dos amigos... Foi por este motivo que rompemos com a Federação. Então, aqui, no Grupo Espírita da Prece, que foi criado com um Culto do Evangelho no Lar, não podemos ter diretoria alguma, porque aí as coisas se complicam... Perderemos essa alegria que temos aqui, sem termos que estar prestando obediência a ninguém...*

Foi por isso que Chico Xavier encerrou sua correspondência semanal com Wantuil de Freitas, nos meses de junho e julho de 1964. Interrompia-se ali um diálogo que se fizera constante desde 1943 e que se pode acompanhar no excelente livro *Testemunhos de Chico Xavier*, de Suely Caldas Schubert.

Marlene e Freitas com os filhos, Marcos e Marcelo, e amigos visitando Chico Xavier

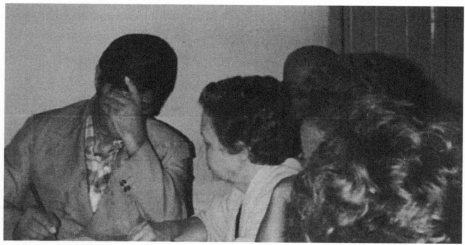

Chico psicografando no Grupo Espírita da Prece

Capítulo 24

O MÉDIUM É SUBMETIDO À TERCEIRA CIRURGIA

Antes de se tornar figura de projeção nacional no programa Pinga Fogo, Chico Xavier enfrentou um período muito difícil, de 1963 a 1969, marcado por muitas alegrias e conquistas, mas igualmente por dores acerbas. Inclusive físicas.

Elias Barbosa constatara, através de exames feitos em Uberaba, que Chico estava com a próstata muito aumentada. A pedido do médium, contatou o Dr. Oswaldo de Castro, em São Paulo, dando-lhe detalhes do que fora encontrado. Chico precisava ser operado e Bezerra de Menezes havia dito que caberia ao Dr. Oswaldo escolher quando e onde. Era a terceira cirurgia a que o médium se submetia e estava mais do que na hora, porque precisava superar os episódios de muita dor no trato urinário, que vinha sentindo nos últimos tempos.

É o Dr. Oswaldo de Castro quem conta:

"Chegando de viagem do exterior, Chico me disse que iria fazer a cirurgia e que eu tinha que estar nisso. Organizei a equipe, disse que era para uma pessoa que eu queria muito bem, mas não revelei quem seria operado. Falei com um amigo: Américo Zoppi, que me lembrou que eu poderia falar com outro amigo, urologista, o Levi de Almeida.

Chegamos ao Hospital Santa Helena, em São Paulo, onde eu operava e, no portão, Chico disse: — *André Luiz está me falando para não deixar dar adrenalina para mim porque vai fazer mal.*

Chico ficou internado no 7º andar, no quarto 72. Isso foi no dia 29 de agosto de 1968. Instalado, ele começou a dar notícias dos aparelhos espiritualmente instalados nos cantos do quarto.

É para esterilização do ambiente, conforme explicou Bezerra. Também comentou que foi levado a conhecer o trabalho que se realizava espiritualmente, no subsolo do hospital, para socorro dos espíritos que desencarnavam nas suas dependências, antes de seguirem para outros planos. Segundo Bezerra, aquela instituição tinha um carinho especial da espiritualidade, pelo trabalho de assistência social que realizava. Pertencia à Fundação que também fundara o Hospital Alemão, hoje, Oswaldo Cruz.

Quando Chico foi para a sala de operação, saiu na maca e fez sinal de despedida, sorrindo".

E Dr. Castro prosseguiu contando o desenrolar dos acontecimentos:

"Vendo que se tratava de Chico, o paciente a ser operado, Levi disse:
— Você não é Chico Xavier?

Chico respondeu daquele seu jeito: *É... seu criado...*

Quando estava terminando a operação, surgiu a dúvida de quem iria operar a hérnia, que se formara em decorrência das garfadas na barriga, que levara, quando criança, da madrinha.

Eu pensei: Bem que o Américo Zoppi podia estar aqui. Ele entendia e operava muito bem. De repente, ele entrou sem ser chamado, dizendo: 'Precisam de ajuda aí?'.

Terminada a cirurgia, acompanhei Chico até o quarto. Nena e Galves — amigos íntimos do médium, fundadores do Centro Espírita União, em São Paulo — , minha esposa, Terezinha, e Suzana Mousinho ficaram em vibração e quando eu disse que Américo é quem havia operado a hérnia, Nena disse que já sabia: 'Um espírito passou por aqui e nos avisou'.

No pós-operatório, Chico contou que já não era ele. *A Meimei me tomou o corpo 48 horas, até passar o pós-operatório.*

Castro constatou que os espíritos faziam fila para cumprimentá-lo, no leito do hospital. Chico estava tranquilo e, de repente, dizia: *Ah! Auta de Souza!* E, na sequência, dizia outros nomes.

Quando teve alta, para não magoar ninguém, ele quis visitar uma pessoa não espírita, para não gerar ciúme. Foi visitar a Tarsila do Amaral. A artista pintava sentada em uma cama alta. Ela disse ao Chico que no dia em que ele recebesse o título de cidadão paulistano, ela estaria presente numa cadeira de rodas. Mas não deu tempo. Desencarnou antes. Quando Chico recebeu o título, ele a viu presente espiritualmente na cadeira de rodas.

Não tenho dúvida! Chico foi um verdadeiro apóstolo!".

SUZANA MOUSINHO RECORDOU O AMIGO NO HOSPITAL

Ranieri esteve com Suzana Mousinho, a amiga dileta de Chico, desde os tempos de Pedro Leopoldo, que o hospedava no Rio e em Petrópolis. Segundo ela, "Chico foi operado por três vezes e lhe pediu sempre que fizesse o favor de pedir às pessoas que estivessem no quarto do hospital que se retirassem, caso ele fosse anestesiado. Tinha receio de dizer coisas inconscientemente, mas o fato é que ele recebia visitas espirituais".

E ela contou-lhe que, no quarto do Hospital Santa Helena, em São Paulo, Chico fixava muito um crucifixo que havia na parede. Jesus pregado na cruz. Olhava-o e verificava que o crucifixo estava todo iluminado. Emmanuel explicou-lhe: (58).

São as preces dos enfermos que ficam neste quarto e as preces das pessoas sinceras, que vem visitá-lo e que voltam quando oram o seu pensamento para esta cruz.

CRAVOS PARA OS BENFEITORES ANÔNIMOS

Na entrevista que fiz com Nena e Galves, do Centro Espírita União,

(58) RANIERI, R. A. **Recordações de Chico Xavier**. 4. ed. São Paulo: EDIFRATER – Editora da Fraternidade S.C. Ltda. (Edifrater), 1988. Capítulo 45. A Cruz, p. 112-113.

anfitriões de Chico em São Paulo, fiquei sabendo de mais detalhes sobre a operação de 29 agosto de 1968, em São Paulo.

É Nena Galves quem conta: "Chico estava recém-operado e os pedidos dos amigos e funcionários do hospital eram muitos, todos queriam vê-lo. Mas os médicos acharam por bem impedir as visitas para seu mais rápido restabelecimento.

Um dia antes de sua saída do hospital, Chico pediu a Galves que adquirisse dez dúzias de cravos coloridos. Recebendo as flores, saiu de seu quarto amparado pelos amigos, Suzana Maia Mousinho e Galves, dirigindo-se à portaria, secretaria, cozinha e enfermaria, enfim, a todas as dependências onde estavam seus amigos anônimos, agradecendo tudo quanto tinham feito por ele.

Distribuiu cravos, abraços e palavras de esperança e fé a todos. Voltou ao leito com lágrimas nos olhos e o coração agradecido. Os corredores e demais dependências por onde Chico havia passado permaneceram perfumados com o sublime aroma que os espíritos distribuíram através dele".

Uberaba, 20 - 11 - 68

Querida Marlene:

Deus nos abençoe, conce-
dendo a Você, junto do nosso
caro Dr. Nobre e das crianças,
muita saúde e paz, alegria
e bem-estar. Recebi sua querida carta de
1º... E as operações já passaram, graças a Deus! Passei
por um pós-operatório algo
difícil, mas, a cada dia que
surge, estou sempre melhor.
Quando o nosso pessoal de
S. André esteve aqui, há dias,
eu estava retomando as
atividades mediúnicas e ainda
um tanto abatido, mas agora

[nota na margem esquerda, escrita verticalmente:]

Marlene, eu pedira que Você tinha estado espiritualmente comigo no
tratamento cirúrgico porque muito precisei - na véspera
e no dia das cirurgias -, muito desdobramento. Você o Dr. Nobre
e.5. "Bonsucesso reja bem! Abraço Chico

Você e Dr. Nobre continuem em firmes e valorosos nas tarefas que o Senhor lhes confiou. Estou com muita confiança nas novas etapas de serviço político e humanitário do nosso caro Dr. Nobre e no apostolado que vocês dois abraçaram em Diadema. Louvado seja Deus! Muitas lembranças para os nossos queridos Dr. Pedro, D. Ida e todos os corações abençoados da Família Severino. Na certeza de que nos seremos muito em breve tempo, reúne você, Dr. Nobre e os nossos queridos principezinhos num grande e afetuoso abraço quem não os esquece

Chico

Capítulo 25

AS VIAGENS AO EXTERIOR

Outro assunto muito difícil para Chico Xavier, vivido nesse período de 1963-1969, foi o abandono dos compromissos espirituais por parte do médico Waldo Vieira. Sem dúvida, uma das provações mais difíceis e dolorosas de sua vida. Para saber a extensão da sua dor, é preciso que acompanhemos as duas viagens ao exterior que ambos realizaram, em 1965 e 1966, e o desfecho final.

Sob a inspiração de Emmanuel e André Luiz, os dois médiuns planejaram a viagem aos Estados Unidos e à Europa tendo como principal objetivo a fundação de um núcleo e a publicação de algumas obras espíritas em inglês. Para tanto, programaram contato com editoras americanas interessadas no assunto.

Foi assim, com esse propósito de divulgação mais ampla da Doutrina Espírita, que embarcaram, no dia 21 de maio de 1965, para os Estados Unidos, provocando grande congestionamento no aeroporto de Congonhas, em São Paulo, ao se despedirem de dezenas de pessoas que se comprimiam na ânsia de abraçá-los. Partiram com destino a algumas cidades norte-americanas e europeias.

Como resultado dessa primeira viagem, foi fundado o Christian Spirit Center, que manteve os serviços iniciais de difusão da Doutrina Espírita, como é vista e praticada no Brasil. Regularmente, foram distribuídos impressos com mensagens em inglês dos Benfeitores Espirituais, e lançadas as bases para a publicação do primeiro livro, *The World of the*

Spirit, pela Philosophical Library, de Nova York, cujo lançamento dar-se-ia em 17 de maio de 1966, quando da segunda viagem.

Nesse livro, as mensagens dos amigos espirituais tiveram tratamento especial e como primeiro tradutor Wallace Leal Rodrigues. O revisor foi Russel Baldwin, norte-americano. O núcleo mais importante do Christian Spirit Center ficou sediado no Estado da Carolina do Norte, em Elon College.

EXPERIÊNCIA COMOVENTE

Ao jornalista Valentim Lorenzetti, Chico contou um pouco dessa vivência na primeira viagem: (59).

Tendo chegado pela primeira vez a Washington, na tarde de 22 de maio de 1965, sábado, resolveram visitar um templo espiritualista no dia seguinte, para começar as tarefas entre os irmãos norte-americanos. No dia 23 de maio de 1965, visitaram o Templo Espiritualista dos Dois Mundos (The Church of Two Worlds), sediado em 3.038 Q Street, NW. Georgetown, Washington, D.C., templo esse dirigido pelo médium Ministro Gordon Burroughs. Chico, Waldo e amigos sentaram-se no último banco. Ninguém ali os conhecia. Acompanharam as preces, os cânticos e comentários de doutrina com orações de reconhecimento a Jesus pela realização da viagem. Chico ressaltou:

Na parte final da reunião, uma senhora, a médium encarregada de transmitir mensagens ao público, em se dirigindo da tribuna do templo às pessoas presentes, de modo particular, indicou nós quatro à assembleia ali reunida e comunicou, em voz alta, que, nós, os irmãos de outro País, ali presentes, levávamos aos Estados Unidos uma tarefa de renovação espiritual e de aproximação fraterna, acrescentando que o trabalho iniciado reclamava tempo e sacrifício, entretanto, cabia-nos prosseguir, porquanto não nos faltaria o amparo de Jesus e de seus enviados.

(59) BARBOSA E. **No mundo de Chico Xavier**. 2. ed. Araras: Instituto de Divisão Espírita (IDE), 1975. Capítulo 14, p. 138-140.

Logo após, a médium, em transe, anunciou a presença junto de nós, no recinto, de um professor e de um médico (a teacher and a doctor) (....). Eram nossos benfeitores desencarnados, Emmanuel e André Luiz, cuja presença conosco, no momento, o médium Waldo Vieira e eu já havíamos registrado (...).

Essa mensagem, assim, de público, pelo caráter de espontaneidade com que foi transmitida, nos trouxe imenso estímulo ao trabalho e profundo reconforto aos corações.

ENTREVISTA AO *DIÁRIO DA NOITE*

Ao regressarem da primeira viagem ao exterior, Waldo e Chico deram entrevista aos jornalistas, em casa do professor Herculano Pires, em São Paulo (60).

Waldo Vieira ressaltou que as diferenças entre o Espiritismo anglo-saxão e o latino são apenas formais. "No fundo, temos muito em comum". Referiu-se, então, às inúmeras mensagens recebidas em Nova York, em inglês; à fundação do Christian Spirit Center, que iria difundi-las, e do contrato firmado com a Philosophical Library — uma das mais reputadas do mundo de língua inglesa— para a publicação do *Ideal Espírita* em inglês.

Chico enfatizou o carinho dos benfeitores espirituais pelo Christian Spirit Center e o empenho deles em continuar na produção de mensagens em inglês.

Waldo deu notícias da Inglaterra: "Comoveu-nos o ambiente verdadeiramente espírita das instituições, como a Associação Espírita Britânica, de Londres, onde a mediunidade curadora é aplicada da mesma maneira que em nossos Centros.

Em Londres, há três periódicos espíritas mundialmente conhecidos: Light, Two Worlds, e Psychic News. Visitamos as redações de todos e fomos recebidos com muita alegria".

---

(60) Cf. PIRES, J. H. Jornal Diário da Noite, São Paulo, 9 set. 1965.

Chico Xavier lembrou a recepção oferecida pelos espíritas londrinos, na residência do casal Maurice Barbanell.

Um admirável casal de médiuns – esclareceu. *O sr. Barbanell é escritor e jornalista, colaborador ativo dos periódicos Psychic News e Two Worlds. É o médium que recebe as comunicações famosas do elevado espírito de Silver Birch.*

EMOÇÃO NA CIDADE FRANCESA

Nessa entrevista a Herculano Pires, Waldo Vieira e Chico Xavier falaram também da emoção de visitar a cidade de Carcassone, na França. Waldo havia recebido um livro do espírito Honoré de Balzac, com o título *de Cristo Espera por ti*, que se passa nessa cidade medieval francesa.

"Foi com muita emoção" – explica Waldo Vieira – "que visitamos a velha *Cité*, de mil anos, entre suas muralhas admiravelmente conservadas, no centro da moderna Carcassone. Hospedamo-nos aí. Visitamos seus velhos edifícios, a muralha e as torres, identificamos os locais descritos no romance. Balzac afirma no prefácio que o enredo é real. Com emoção, encontramos numerosos indícios a respeito, inclusive na visita que fizemos a vários túmulos no cemitério antigo".

Chico Xavier recordou a visita à Maison des Spirites, fundada por Kardec, em Paris; à Union Spirite Française, de Léon Denis; e à Société de Recherches Psychiques, fundada por Gabriel Delanne. Contou que participaram de trabalhos espíritas maravilhosos na capital francesa e que visitaram os túmulos dos ilustres pioneiros no cemitério Père Lachaise. Constatou que a lembrança de Kardec permanece viva no coração dos visitantes — espíritas ou não espíritas — que cobrem seu túmulo permanentemente de flores.

ESPIRITISMO SUBTERRÂNEO

Depois de passar pela Itália onde também fizeram contatos importantes, Waldo conta:

"O mais impressionante de toda a nossa viagem foi a visita à Espanha, onde tivemos a oportunidade de conhecer um Espiritismo subterrâneo, feito às escondidas, sob constante ameaça. Com dificuldade, conseguimos estabelecer alguns contatos. Mas, depois de estabelecidos, tivemos a revelação da grande tragédia do Espiritismo espanhol.

Um dos dirigentes desse Espiritismo oculto declarou-nos que quase toda a mocidade espírita da Espanha desapareceu. A perseguição é implacável. Muitos esquivaram-se a qualquer contato conosco, embora nos mandassem recados pedindo desculpas. Quando quisemos comparar a situação à dos cristãos primitivos em Roma, um dos dirigentes declarou-nos que a deles é ainda pior.

E esclareceu os motivos: os cristãos tinham as catacumbas para se reunirem, e eles não dispõem de nenhum lugar seguro. Além disso, não podem confiar nem nos próprios filhos, educados constantemente na prática da delação em nome do Estado. É horripilante o que vimos na Espanha. Mas ao mesmo tempo confortou-nos a firmeza dos espíritas espanhóis".

Para os ingleses vive-se na Espanha o *underground* Spiritualism (Espiritualismo subterrâneo). Lá, os livros espíritas são vendidos às escondidas e por preços astronômicos.

Quanto ao Espiritismo, em Portugal, Chico afirmou que vem sendo suprimido progressivamente, mas que se surpreendeu com a quantidade dos espíritas, em Lisboa.

O último centro que ali funcionava, dirigido pelo confrade Isidoro Duarte, que já realizou uma visita demorada ao movimento espírita brasileiro, foi também fechado há dois anos.

As reuniões espíritas estão proibidas e são dissolvidas pela polícia. Resta apenas a Revista Estudos Psíquicos, *de Isidoro, que continua a ser publicada. É doloroso o que vimos na Península Ibérica. Os espíritas são tratados como criminosos, como elementos perigosos, mas continuam a sacrificar-se para socorrer os pobres, os necessitados e levar aos corações a iluminação do Evangelho de Jesus. Que diferença entre o que vimos ali e o que temos no Brasil, nos Estados Unidos e em toda a América, na Inglaterra e França!*

Ao final da reportagem Chico agradeceu aos amigos: *Sentimos a vibração de solidariedade cristã de todos os bons amigos que, de longe, nos ampararam com suas preces.*

Capítulo 26

1966: CHICO EM NOVA YORK

Graças ao material que coligi para a Revista, continuo a recordar, nos meus pedaços do espelho, as viagens de Chico e Waldo ao exterior para chegar ao decepcionante final e compreender melhor a extensão do testemunho e da dor de Chico Xavier com a partida de Waldo Vieira.

Oswaldo de Castro contou-me o relato de Eurípedes Tahan Vieira, nosso colega de faculdade, quando fazia especialização em oncologia no Memorial Hospital de Nova York, em 1966.

"Eurípedes era companhia constante de Chico Xavier durante esse período em que o médium esteve por lá. Ambos estavam no centro de Nova York quando foram abordados por uma pessoa desconhecida, que falava espanhol e batia no ombro do médium. Chico disse que precisava ir até a casa desse senhor e Eurípedes levou-o até lá. Durante todo o tempo, Chico mantinha conversa com o desconhecido em espanhol. Quando chegaram à residência, o médium aplicou passes em uma pessoa enferma e deu-lhe água fluidificada, impregnada de uma substância leitosa e perfumada.

Eurípedes então observou: 'Chico, você falou fluentemente o espanhol...'.

Ao que Chico respondeu: *Não fui eu, não, meu filho. Foi a avó dele, que falou por meu intermédio*".

CHICO ENVIAVA CARTAS E POSTAIS

Com carta postada em Elon Collegue, no dia 2 de julho de 1966, dirigida a mim e a Freitas, tivemos notícias dos viajantes.

Anexo, temos a satisfação de enviar-lhe um número do jornal Cosmic Star, de fevereiro último (páginas 1 e 5) que publicou interessante reportagem sobre nossas atividades no Brasil, e alguns impressos avulsos, com mensagens de traduções mediúnicas, feitas por amigos espirituais daqui, por intermédio de nossas faculdades psicográficas, pelas quais estamos observando um fato interessante e inesperado – amigos espirituais traduzindo amigos espirituais, trazendo a interpretação da Doutrina Espírita, como é vista e praticada no Brasil para o conhecimento dos nossos irmãos de língua inglesa. Para que os prezados amigos vejam um exemplo do serviço mediúnico em andamento, explicamos que a mensagem A Compass of the Soul, recebida por Waldo e traduzida por intermédio dele mesmo é a página do Dr. Bezerra, Bússola da Alma, que está no Reformador de abril último, e a mensagem, *de nome Promotion, recebida por Chico e traduzida por intermédio dele mesmo, é a conhecida página* Promoção *do nosso amigo espiritual Albino Teixeira; como podem ver, os caros companheiros, pelas mostras que lhe enviamos, o Christian Spirit Center está lançando essas traduções mediúnicas, em folhetos avulsos para maior divulgação dos nossos princípios espíritas-evangélicos do Brasil junto à mente popular.*

E terminam assinando *Waldo e Chico,* com o carinho de sempre.

ATIVIDADES DO CHRISTIAN SPIRIT CENTER

Quando o casal Salomão e Phyllis Haddad esteve em férias, no Brasil, tive oportunidade de entrevistar a ambos para a *Folha Espírita.* Hoje, eles já se encontram no mundo espiritual.

Com essa entrevista, tivemos excelente oportunidade de colher informações sobre o centro espírita fundado em sua residência, em Elon College, na Carolina do Norte, quando da viagem de Chico ao exterior. Os brasileiros Salomão e Phyllis Haddad residiam há muitos anos nos Estados Unidos.

Eis a entrevista:

"**Folha Espírita**: Na sua opinião, foram proveitosas as viagens de Chico à América do Norte?

Salomão J. Haddad: É lógico que foram. Em nosso século, de tantas facilidades de transporte e comunicação, é muito natural que um dos representantes mais legítimos do Espiritismo em todo o mundo, como é Chico, cuidasse também dos seus irmãos do Norte. A América precisa muito de Kardec. E essas viagens permitiram o início de um trabalho que tem que se estender bastante, ainda, mas que já se constitui em uma semente pequenina...

FE: Como se deu a fundação do Christian Spirit Center?

S. J. Haddad: Chico Xavier e o Dr. Waldo Vieira, em sua primeira viagem, em 1965, tinham como meta principal lançar o livro *Ideal Espírita*, em inglês, e nos chamaram para as responsabilidades desta tarefa nos Estados Unidos. Em Nova York, depois de uma semana de esforço com o livro, Waldo nos transmitiu o parecer dos espíritos de que deveríamos fundar um núcleo espírita, especialmente com a finalidade de divulgação do Espiritismo na América. Nasceu, assim, o Christian Spirit Center. Colocamos a palavra Christian para frisar bem a ideia cristã da Doutrina.

FE: Phyllis, quando foi a estada de Chico em Ellon College?

Phyllis Haddad: Tivemos o privilégio de tê-lo em nossa casa, em 1966, quando da segunda viagem, por três semanas consecutivas. Foram dias maravilhosos. Chico recebia lições de inglês, três vezes ao dia. E à noite trabalhava até 2 horas da manhã, diariamente, psicografando e escrevendo cartas.

Houve um fato muito interessante: Chico esgotou o estoque de selo dos correios. O pessoal de lá queria saber quem era esse homem, porque viram que se tratava de uma pessoa diferente.

FE: E o Christian Spirit Center, continua em funcionamento?

Phyllis Haddad: Nós temos reuniões familiares em nossa casa mesmo, porque ainda não temos sede própria. Conosco trabalha, nas traduções de livros e mensagens, uma moça mexicana, Evelyn Morales, muito dedicada. Ela e Haddad cuidam dessa parte.

S. J. Haddad: Nosso núcleo é mais para o futuro do que para o presente. Se eu conseguir me aposentar, então, sim, terei tempo para desenvolver um trabalho maior. Poderei vir mais ao Brasil e levar também elementos para lá. Já lançamos *Ideal Espírita e Agenda Cristã*, e um livro de literatura infantil, de autoria de Roque Jacinto. *O Lobo Mau Reencarnado*. Agora estamos trabalhando para a edição de *Nosso Lar*. (...) Vivemos em ambiente um tanto difícil, é preciso ter muita paciência, saber esperar.

FE: Sem dúvida, já é uma semente e muito importante para o Espiritismo, junto aos nossos irmãos do Norte!...

S. J. Haddad: Como disse, é um trabalho com vistas para o futuro. Esperamos que os livros espíritas sejam vendidos agora em livrarias leigas. Lentamente, a semente vai germinar...

FE: Temos certeza".

PROVAÇÕES E TESTEMUNHOS

Na segunda viagem aos Estados Unidos, Chico Xavier deu os mais árduos testemunhos de fidelidade a Jesus, diante das imensas provações que passou por lá. Abandonado por Waldo Vieira, que viajou para o Japão, cego de um olho, com dificuldade para andar, Chico, felizmente, encontrou grande apoio na amizade do casal J. S. Haddad. O médium relatou o grande reconforto que teve nas mensagens de sua mãe, Maria João de Deus, e nas de Meimei, recebidas pela médium Phyllis Haddad, em Elon College (61).

Mas a volta de Chico ao Brasil foi particularmente dramática e dolorosa. Segundo seu relato, por duas vezes, o avião em que viajava teve que fazer conexão em terra, devido ao mau tempo e às tempestades que

(61) BARBOSA, E. **No mundo de Chico Xavier**. 2. ed. Araras: Instituto de Divisão Espírita (IDE), 1975. Capítulo 17, p. 158-159.

ocorreram. E ele não conseguiria voltar, se não tivesse a ajuda de um espírito; um jovem que se materializou e que lhe deu os apoios físico e moral necessários para se colocar em pé e resistir, aportando, finalmente, no Brasil.

RIR É O MELHOR REMÉDIO

Como sempre o fazia, Chico contava os seus casos com muito bom humor, para não deixar um clima pesado à sua volta. Falava, sobretudo, de seus casos pessoais. Essa era uma atitude própria dele, porque, em sua vida, cultivava, com naturalidade, alegria sadia e espontânea. Era um traço particular: gostava de ver as pessoas felizes ao seu redor. Sua intenção era que todos se descontraíssem, rindo com suas vivências, mesmo com aquelas que tivessem no seu conteúdo certa carga emocional de tristeza.

Vou narrar aqui dois desses episódios, que ele nos contou na CEC, com relação às suas viagens ao exterior.

Certa vez, ele foi buscar umas peças de roupa que havia deixado aos cuidados de uma lavanderia dos Estados Unidos e precisava pagar pelo serviço. Estava na fila e percebeu que a moça do caixa falava depressa demais com os clientes; para ele, brasileiro incipiente na língua inglesa, estava muito difícil de entendê-la. Quando chegou a sua vez, deu-se o que suspeitava, não compreendia nada do que a moça lhe dizia. Com isso, a interlocutora foi se exasperando e já gritava um tanto colérica, piorando ainda mais a comunicação entre eles. Nisso, Chico lhe disse, em alto e bom som: *I'm deaf (Sou surdo)*.

Nesse instante, lembra o médium, a moça do caixa acalmou-se, falando para si mesma que tinha de ter mais paciência com ele, afinal, estava diante de uma pessoa surda, com deficiência. E, de fato, mudou o modo de se comunicar, continuou a falar alto, mas já agora bem devagar, pausadamente, articulando bem cada sílaba. Dessa forma, Chico entendeu-a perfeitamente, efetuou o pagamento, e voltou feliz para casa.

O outro caso aconteceu em Londres.

Chico tomara o metrô na capital do Reino Unido; precisava ir de uma estação para outra. Perguntou a um senhor, que se sentara ao seu lado, em que altura deveria descer. O senhor indicou quantas estações ele teria pela frente e em qual delas deveria descer. O metrô seguiu o seu curso, Chico, atento, esperava a estação em que deveria descer, sentado ao lado desse senhor. Ao avizinhar-se de determinada estação, antes daquela na qual o médium deveria descer, o inglês levantou-se, porque chegara ao final do seu percurso. Ao passar por Chico, disse-lhe, com entonação de voz marcante:

- Muito obrigado por ter mantido a sua boca fechada durante todo o trajeto! Muito obrigado por ter se mantido calado!

Coisas da fleuma britânica...

REPERCUSSÕES DA ENTREVISTA DE MARILYN MONROE

Entrevistado pelo jornal *O Diário*, de Ribeirão Preto, entre outros assuntos, Chico tornou a abordar o encontro com Marylin Monroe (62) em um cemitério de Hollywood, conforme consta da entrevista que Humberto de Campos fez com a atriz, publicada no livro *Estante da Vida*.

O repórter relembrou a Chico que, recentemente, Norman Mailler havia publicado a biografia da atriz e ele queria saber se o médium tinha conversado com Marilyn a respeito dessa obra e se ela a tinha aprovado.

Não li o livro, mas sempre leio, nos jornais, as notícias. Sobre o contato com Marilyn a história é a seguinte: tendo ido à América do Norte, em companhia de amigos, em 1966, visitamos um cemitério, onde estava a memória de pessoas ligadas a algumas que estavam conosco. Com grande surpresa, então, ouvi a notícia de que naquele cemitério estavam as cinzas de Marilyn. Naturalmente, eu me comovi muito. Fiz uma prece no seu túmulo. Assisti a dois filmes de Marilyn, dos quais não me lembro o

(62) XAVIER, F. C.; Emmanuel. **A terra e o semeador**. 3. ed. Araras: Instituto de Difusão Espírita (IDE); 1981. Encontro com Marilyn Monroe, entrevista transcrita do jornal O Diário, Ribeirão Preto, SP, p. 136-137.

nome, mas sempre a admirei muito. Era uma artista de grande beleza e de grande influência no mundo. Naquele cemitério, existe uma árvore muito grande. Nela vi diversas entidades e vi Marilyn. Ela estava repousando com a cabeça no colo de uma senhora. Não posso dizer que estava vendo uma realidade ao ponto de vista que eu interpretei, ou se, pela prece, o meu pensamento se tivesse ligado a regiões distantes, onde, talvez, o pensamento dela recebesse a nossa mensagem.

Vi muitos vultos naquela árvore, porém, me detive na personalidade dela. Vi também o espírito de Humberto de Campos de longe, aproximando-se dela para conversar. Depois, ele passou para mim e me deu a entrevista que ele tinha realizado com ela. Um amigo que lá estava me disse que a senhora, no colo em que estava Marilyn, era uma ex-atriz que também desencarnara, vítima de câncer, antes da morte de Marilyn. De modo que Humberto de Campos me deu essa mensagem e ela consta de um livro. Eu perguntei também a Humberto se ela tinha algum ponto essencial na entrevista que tivesse impressionado a ele. E ele me disse que o ponto essencial da entrevista que teve com Marilyn foi o problema da liberdade sexual, menos bem conduzida. Ela se detivera com muito empenho na liberdade sexual, exercida com espírito de responsabilidade não tão segura, quanto acha que seria de desejar, nos dias de hoje. Ela disse que pretendia voltar à Terra, talvez em tempo breve, para uma reencarnação, em que pudesse fazer uma revisão dos pontos de vista e das diretrizes que adotou na existência que acabara de deixar.

Capítulo 27

WALDO VIEIRA TRANSFERE-SE PARA O RIO DE JANEIRO

Finalmente, concretizara-se a separação de Waldo Vieira dos compromissos assumidos com Chico Xavier e a CEC de Uberaba. Waldo voltara da segunda viagem ao exterior diretamente para o Rio de Janeiro, onde estabelecera residência.

Ele abraçara imensa responsabilidade, com a mudança de Chico para Uberaba, assumida, conscientemente, e estimulada pelo apoio constante dos benfeitores espirituais. No entanto, após dez anos de muitos testemunhos, não conseguiu manter-se no posto onde seu programa existencial, por sua livre escolha, o havia situado.

Em 1966, premido por outros interesses, deixou os trabalhos da CEC e transferiu-se para o Rio de Janeiro, em busca de realizações mais apropriadas aos seus novos ideais.

Em entrevista (63), naquela ocasião, Chico analisou o doloroso fato:

Vi a mudança do nosso caro Waldo para o Rio com o pesar de todos os companheiros e amigos de Uberaba, principalmente nós, os da CEC, que sempre encontramos nele um apoio e um exemplo, inspirando-nos e sustentando-nos em serviço.

Waldo não é tão somente o médico abnegado e médium espírita que conhecemos e admiramos, mas, igualmente, o amigo e o condutor de quem não estimaríamos nos separar.

(63) BARBOSA, E. **No mundo de Chico Xavier**. 2. ed. Araras: Instituto de Divisão Espírita (IDE), 1975. Capítulo 13, p. 159-160.

Acontece, porém, que em se especializando no Japão, desejou ele ampliar horizontes e estudos no Rio e, de nossa parte, não podíamos transformar afeição e agradecimento em egoísmo e cativeiro. Conquanto sentindo imensamente a falta dele, vimo-lo partir reconfortados, todos nós, por vê-lo feliz, seguindo ao encontro de novas conquistas e experiências.

Estamos, porém, convencidos de que ele continuará sendo o missionário da luz e do bem, tanto no Rio ou em outras cidades do Brasil ou do Mundo, como tem sido junto de nós em Uberaba, e desejamos reafirmar que ele prossegue, em qualquer parte, na condição de credor de nossa veneração, reconhecimento, apreço e carinho, para quem rogamos diariamente as bênçãos de Deus.

REPERCUSSÕES DA SAÍDA

A respeito da mudança de Waldo, João Cuin, companheiro dele e de Chico nas sessões de desobsessão, em Uberaba, deu informações mais detalhadas em seu livro *Chico Xavier, Amor e Sabedoria*. Contou que Chico fez advertências delicadas a Waldo, quanto às suas possibilidades de queda, para que tivesse mais vigilância, mas foi tudo em vão.

"O Waldo debandou de vez, renegou todo o seu passado espírita, chegando a classificar de infantil aquela sua gloriosa fase mediúnica.

Foi um período difícil para Chico. Nós, os que estávamos mais próximos do bondoso searieiro Xavier, acompanhamos o seu abatimento, a sua tristeza pelo afastamento do companheiro, esperança de uma continuidade exemplar e promissora."

Cuin referiu-se aos diálogos que tinham, por horas a fio, após as sessões, nos quais o Chico se referia à mediunidade do amigo e parceiro. (64).

"Certa noite, expondo longamente, com visível carinho e emoção, disse que *não havia no mundo, encarnado, naquela época, ninguém mais preparado para a mediunidade do que Waldo Vieira*. E, realmente, po-

(64) CUIN, J. **Chico Xavier, amor e sabedoria**. *São Paulo: Editora e Distribuidora de Livros Ltda. (DPL)*, 2001. *O Médium mais Preparado e o Uso de Psicotrópicos, p. 45-50.*

demos constatar isso nos livros de extraordinário valor espiritual que recebeu em parceria com o querido médium de Pedro Leopoldo."

SURPRESA E DOR

Respondendo, virtualmente, à consulta de um consulente da Associação Médico-Espírita do Brasil, o Dr. Jorge Cecílio Daher Jr., secretário da entidade, assim se expressou:

"Waldo Vieira foi parceiro de Chico Xavier em 17 obras psicografadas, a maioria delas do Espírito André Luiz. Conta o próprio Waldo, em material disponível no Youtube, que o seu encontro com André Luiz se deu quando era ainda adolescente, aos 13 anos de idade, e continuou ao longo do seu curso de Medicina, ressaltando que André Luiz passou a ser o nome adotado por Carlos Chagas, desde o primeiro livro recebido por Chico.

Quando Chico mudou-se para Uberaba, recebendo do próprio Waldo o suporte físico para o trabalho espírita - a organização de uma casa espírita - encontrou alguém com fortes laços de afinidades e ligações transcendentes.

O rompimento de Waldo com o Espiritismo causou surpresa a muitos na época, e dor a Chico. As alegações de Waldo nunca foram satisfatórias, para a maioria do movimento espírita. O que sabemos, é o que ele mesmo afirma. Que decidiu romper com a tarefa de consolação para a tarefa de esclarecimento, que a tarefa de esclarecimento se dá por meio de sua obra e doutrina, que ele batizou de Conscienciologia, dita científica, compromissada com a pesquisa, sem qualquer vínculo religioso.

A Conscienciologia, ou Projeciologia, de Waldo Vieira, é um conjunto de ideias que tentam se organizar em um vocabulário novo, por ele criado, para tentar maquiar os ensinamentos espíritas sobre mediunidade e perispírito. Não vai além disso.

Chico Xavier sempre foi discreto, em relação ao afastamento de Waldo Vieira, mesmo para os amigos mais íntimos, e apenas deixou que se publicasse que o rompimento teria se originado após a viagem aos Estados Unidos e Inglaterra, quando Waldo teria sido "possuído"(65) por uma personalidade de vida anterior.

"Mas quem poderá dar mais esclarecimentos sobre esse rompimento, é o Dr. Oswaldo de Castro", concluiu o Dr. Jorge Daher.

DEPOIMENTO DE OSWALDO DE CASTRO

Para conhecer melhor esse episódio difícil da vida do médium, ouvimos, em São Paulo, o Dr. Oswaldo de Castro, muito amigo de ambos, de Waldo e Chico, e que conhece a fundo as raízes da amizade que os uniu em determinada época.

"Chico contou-me," – disse o Dr. Castro – "que não somente via sua mãe no mundo espiritual, mas também outros amigos, entre eles, Waldo Vieira, que o protegia indicando, inclusive, quais coleguinhas terrenos com os quais deveria brincar para não ser machucado. Combinou que ele um dia viria buscá-lo em Pedro Leopoldo, e que Chico o reconheceria porque seria parecido com Emmanuel. Chico viu-o até 1930, quando veio se despedir porque iria reencarnar. Depois desse ano, Chico nada mais soube de Waldo, até que, um dia, ele apareceu em Pedro Leopoldo. Waldo havia reencarnado em Monte Carmelo, em 1932, e tinha a orientação de uma médium muito segura que lhe recomendou a mudança para Uberaba. E assim ele o fez. Sob a proteção de Mario Palmério, Waldo estudou, formou-se em Odontologia e depois em Medicina, morando na própria Instituição de Palmério e trabalhando na secretaria. Quando estava estudando Medicina, foi a Cabo Frio nas férias e na volta passou por Pedro Leopoldo. Viu Chico pela primeira vez e este logo o reconheceu. No ano seguinte voltou. Chico estava muito doente, sofrendo muito, ele, então, o convidou para morar em Uberaba. Ambos choraram copiosamente. E assim foi feito. A tarefa, portanto, já estava prevista no mundo espiritual".

(65) Cf. NOBRE, M. **A obsessão e suas máscaras**. *São Paulo: Editora Jornalística Fé, 2010. Obsessões de Natureza Anímica, p. 21- 37.*

Na entrevista que me deu em São Paulo, o colega Oswaldo de Castro também ressaltou a mudança de personalidade do amigo Waldo Vieira, ocorrida após a viagem de 1966.

Ambos foram colegas de Faculdade. Oswaldo, além de cirurgião-dentista, fez também o curso de Medicina, na Universidade Federal de Uberaba. Tornaram-se amigos, desde 1954, quando se conheceram. Dr. Castro continuou narrando detalhes que eu desconhecia. Chico contara a mim e a Freitas, no aeroporto, antes do embarque para os Estados Unidos, no início da segunda viagem, em 1966, que Waldo não voltaria para Uberaba, quando regressassem. Fiquei tão espantada que Chico se lembraria por muito tempo do tamanho exorbitante dos meus olhos diante da notícia.

Em seu relato, o Dr. Castro explicou que, ao voltar da primeira viagem aos Estados Unidos, acompanharam os médiuns duas senhoras que se encantaram com ambos.

Muito bem conceituado cirurgião plástico da cidade de São Paulo, Oswaldo operou-as por ocasião da permanência de ambas no Brasil. Uma delas convenceu Waldo a especializar-se no Japão, em técnicas de estética e embelezamento; ele acedeu e permaneceu por lá uns dois meses, tendo deixado Chico totalmente só em Nova York.

Quando Waldo voltou para o Brasil, essa mesma senhora montou para ele um consultório de luxo no Rio de Janeiro onde ele passou a residir e trabalhar. Após esse relacionamento e a separação, Waldo casou-se com a filha de dona Erna, proprietária da Companhia Antártica Paulista.

Castro enfatizou o intenso trabalho das trevas para separar os dois médiuns.

"Nas sessões mediúnicas das quais participei, os obsessores afirmavam que instigariam mulheres e espíritas contra Waldo, e outras coisas mais... Tudo o que ouvíamos intramuros acontecia fora. As artimanhas foram tantas que conseguiram o intento. Esses espíritos são capazes de efetuar verdadeira lavagem cerebral, a ponto de induzir as pessoas a renegar tudo o que fizeram de positivo, fundamentados em lógica aparente, e no fato de lhes incutir conceitos espúrios, incompatíveis com a racionalidade judiciosa. Induzem-no a deixar de servir a Deus para servir a Mamon. Tornam-se convictos de que "o mundo" está errado e que eles estão certos.

A lavagem cerebral é um método de persuasão psicológica, de doutrinação que acarreta, muitas vezes, mudança radical na maneira de pensar. Comparando as personalidades de um indivíduo, antes e depois da lavagem cerebral, temos a nítida impressão de que se trata de dois gêmeos univitelinos, somaticamente idênticos, mas opostos no que concerne ao psiquismo.

Os espíritos benfeitores fizeram de tudo para impedir a dissidência através de obras psicografadas pelo próprio Waldo Vieira, culminando, claramente, com o livro *Cristo Espera por Ti,* cujo autor espiritual é Balzac. Refere-se a um médico francês da cidade de Carcassonne, competente, de caráter impoluto, que se deixou levar, sorrateiramente, pelas águas cativantes da serenidade dos obsessores, para cair inexoravelmente no abismo tenebroso da iniquidade."

MAS POR QUE WALDO NÃO CONTINUOU?

Desejo saber, de Oswaldo, se Chico chegou a comentar a razão pela qual Waldo Vieira não continuou com sua missão, conforme havia prometido ao mundo espiritual, antes da reencarnação, e para a qual tinha se preparado. Castro replica:

"Chico nunca se deteve em muitos comentários a respeito. Dizia apenas que Waldo, quando foi para os Estados Unidos, caiu numa personalidade do passado e deixou completamente a doutrina".

E, relanceando um olhar triste a esse período difícil, lamentou:

"A mediunidade de Waldo era extraordinária. Não podemos esquecer que o *Evolução em Dois Mundos* foi recebido, antes da mudança de Chico para Uberaba. Um capítulo, o espírito André Luiz escrevia lá em Pedro

Leopoldo, o outro, em Uberaba, através da faculdade de Waldo Vieira".

E Oswaldo de Castro conclui:

"Não nos move nenhum sentido de julgamento ao comportamento de Waldo Vieira. Nossa vida é feita de escolhas e cada um de nós responderá por elas. Ao longo do tempo, temos procurado compreender e respeitar suas decisões, porque estamos todos, invariavelmente, uns diante dos outros, como irmãos necessitados de luz, respondendo, cada um de nós, segundo nossos próprios atos".

DAQUI A 15 SÉCULOS

Nas minhas anotações constantes dos diálogos com Chico Xavier, com vistas à leitura dos meus pedaços do espelho, revejo as referências do querido médium à separação de Waldo. É notória a sua distinção moral ao falar sobre o assunto nas entrevistas que deu, sobretudo, o cuidado que teve em não apontar ao amigo a gravidade da defecção. Para nós, no entanto, na intimidade, chegou a abordar ainda que, de forma velada, as graves consequências para Waldo, do rompimento das obrigações espirituais, que assumira voluntariamente com a Espiritualidade Superior e que o arrastaria a pesados compromissos ao longo do tempo.

Em março de 1994, estávamos em Uberaba, visitando Chico Xavier para que ele nos desse algumas palavras amigas no aniversário da *Folha Espírita* que completaria 20 anos em 18 de abril daquele ano. A notícia que corria nos jornais e na cidade de Uberaba era que Waldo Vieira tinha intenção de visitá-lo em sua residência. Perguntei ao médium se consentiria em tal visita e ele respondeu-me em tom firme que não consentiria. Meu irmão Paulo Rossi Severino indagou, então, se ele o encontraria um dia.

E Chico replicou, com muita segurança e firmeza: *Somente daqui a 1.500 anos.*

A GRATIDÃO PERMANECE

Ainda sobre o assunto Waldo Vieira, encerro aqui com algo que aconteceu na residência de Chico, em dezembro de 2000, quando Chico já havia completado 90 anos. Nesse dia, quando entreguei ao médium os volumes, em inglês, de *E a Vida Continua* e *Nosso Lar*, enviados por nosso irmão John Zerio, dos Estados Unidos, o velho tarefeiro sorriu, acariciou os livros, agradeceu ao amigo que os enviara e pediu para meu filho Marcelo, que o visitava também, para guardá-los em sala contígua.

Senti, nesse contato, que seu espírito estava cada vez mais distante do plano onde nos encontrávamos. Afinal, aos 90 anos, suas forças físicas estavam muito depauperadas.

Pensei que sua manifestação efusiva sobre os livros tivesse terminado quando, depois do almoço, ao me despedir, o dedicado servidor do Cristo reteve a minha mão e pediu-me notícias do Waldo. Relatei-lhe as poucas coisas que sabia dele, uma vez que, devido às nossas tarefas precípuas, ele no Rio de Janeiro e eu em São Paulo, não me encontrava com o Dr. Waldo, a cerca de vinte anos.

Só fui entender a razão da pergunta, quando Chico arrematou com uma expressão muito singular no rosto: *Ele iria gostar do Life...*

Aprendi, naquele dia, mais uma grande lição: no coração de Chico e dos amigos espirituais, permanecia inalterável a gratidão pelo trabalho realizado. Para eles, era lamentável que o tarefeiro tivesse desertado da missão, mas isso não anulava o serviço prestado. Afinal, Waldo Vieira fora parceiro de Chico na recepção de 17 livros, entre eles, o que estava na tradução de John Zerio, *E a Vida Continua... (Life goes on...)*, e ninguém poderá lhe tirar esse crédito. No coração de Chico Xavier, permanecia a gratidão...

Naquele dia em que nos encontramos, no mês de dezembro de 2000, Chico permanecia firme na fé, com uma impressionante folha de serviços espirituais prestados ao planeta Terra por mais de sete décadas. O discípulo perseverava fiel nos caminhos do Senhor. Por votação popular, já era agora O Mineiro do Século, mas continuava humilde e simples, infenso às vaidades tolas, repartindo com o mundo o tesouro do seu coração.

Despedi-me dele debulhada em lágrimas, e ainda hoje o vejo nas dobras do tempo, acenando de longe, com seu sorriso bom e terno...

Capítulo 28

BEZERRA DE MENEZES
PEDIU PARA FICAR

Quando iniciei minhas atividades na Associação Médico-Espírita de São Paulo, naturalmente, fiz conexão com o que havia vivido nos tempos de Uberaba. O fato de ter tido o privilégio de conviver com o médium durante quatro anos, permitiu-me ter acesso a momentos cruciais de sua vida do período de 1910-1958. Lembrei-me particularmente do que Chico nos contara sobre a grande láurea recebida pelo espírito Bezerra de Menezes e que tive a feliz oportunidade de acompanhar também no texto de Ranieri (66):

"Chico conversava conosco e nos dizia:

Olhem, outro dia, assisti a um espetáculo maravilhoso na vida espiritual.

Fui levado a enorme salão onde se reuniam mais de mil espíritos de médicos, e centenas de entidades de sublime elevação. Ali se encontrava Veneranda e outros espíritos de ordem superior. O ambiente era de festa, e o salão decorado com os recursos da Espiritualidade Maior.

Todos sorriam. Súbito, rasgou-se ou abriu-se a cortina do Infinito, e nimbado de luz atravessou o véu o espírito de Bezerra de Menezes. Foi recebido com alegria.

Veneranda adiantou-se, beijou-o fraternalmente, e falou:

- "Querido Bezerra, você recebe hoje da Espiritualidade Superior autorização para elevar-se a zonas superiores do espírito, não necessitan-

*(66) RANIERI, R. A. **O santo de nossos dias**. 2. ed. Rio de Janeiro: Eco, 1973. Capítulo Bezerra. p. 142-143.*

do mais reencarnar-se na Terra ou permanecer nela trabalhando, mesmo espiritualmente. Libertou-se, pois, do peso da matéria e nós, cheios de felicidades, o saudamos!".

Bezerra, porém, com lágrimas de agradecimento nos olhos, beijou as mãos de Veneranda e disse:

- "Querida mãe de todos nós, ampara-nos nas nossas fraquezas. Sei que não mereço as alegrias desta hora, e seria ingratidão nossa recusar as possibilidades que o Alto nos reserva. Contudo, peço-lhe que me permita permanecer por mais dois séculos junto aos irmãos que sofrem nas sombras da Terra, em companhia destes médicos amigos que são nossos filhos espirituais! Permita-me voltar para servir!".

De mãos postas, ajoelhado, Bezerra implorou a bênção do serviço na Terra por amor àqueles que permanecem na sombra. Diante dessa rogativa, Veneranda beijou-o filialmente e garantiu-lhe em nome dos Espíritos Superiores o prazo de serviço solicitado. E Bezerra, por isso, ficou entre nós.

Fiquei profundamente tocada com a cena, embora Chico não tenha precisado se ocorreu na década de 1930 ou de 40. O fato é que eu parecia revê-la nos refolhos da própria alma. Bezerra pedira para *permanecer por mais dois séculos junto aos irmãos que sofrem nas sombras da Terra, em companhia destes médicos amigos que são nossos filhos espirituais!*

Impossível deixar de conectar com o surgimento, décadas depois, da primeira célula da Associação Médico-Espírita do Brasil, fundada no dia 30 de março de 1968, na cidade de São Paulo, por inspiração de Bezerra de Menezes, através de mensagens recebidas pelo querido médium Spártaco Ghilardi. Impossível também deixar de conectar com o que aconteceu mais tarde, em 17 de junho de 1995, quando da fundação da Associação Médico-Espírita do Brasil, inspirada igualmente por Bezerra de Menezes.

Foi no final de 1990 que recebi dele o recado de que já estava na hora de juntar os médicos espíritas brasileiros em uma só entidade que tivesse Jesus como modelo e guia do médico perfeito. Tenho certeza de que muitos dos mil médicos presentes à cerimônia que o condecorou pelos serviços prestados à Terra, atenderam ao chamado e estão, hoje, reencarnados, participando das Associações Médico- Espíritas (AMEs). Daí a naturalidade com que todos o têm como patrono, reconhecendo-o, indubitavelmente, como líder e pai espiritual. Observamos que os colegas atraídos para atuar nas AMEs - já são 58 até o momento – sabem, perfeitamente, onde buscar inspiração para o trabalho de amor e sabedoria, que é preciso realizar.

CHICO PEDE NOTÍCIAS DA AME-SÃO PAULO

Logo depois da fundação da Associação Médico-Espírita de São Paulo (AME-São Paulo), ocorrida nas dependências do Hospital São Lucas, na capital paulista, com a especial acolhida do Dr. Eurico Branco Ribeiro, o médium Spártaco Ghilardi visitou Chico Xavier em Uberaba e, a pedido deste, relatou mais detalhes do feliz acontecimento.

O médium de Emmanuel queria saber onde tinham ficado, na novel entidade, a minha posição e a do Dr. Luiz Monteiro de Barros. Spartaco contou-me que o informou corretamente: eu ficara na secretaria e o Dr. Monteiro fazia parte do Conselho Deliberativo.

Desde então, Chico acompanhou todos os passos da entidade e mais tarde os da AME do Brasil.

Em fevereiro de 1990, após assumir pela primeira vez a presidência da AME-São Paulo, procurei-o pedindo ajuda, porque, dos nove diretores, restavam apenas três, os outros tinham pedido demissão.

Chico então me disse que nossa entidade tinha importante missão a desempenhar e que uma falange das sombras tinha se postado contra ela para impedir o seu prosseguimento, mas que era para eu seguir com cautela, coragem e fé, porque o Dr. Bezerra de Menezes estava atento e iria me ajudar. E, de fato, depois de um período muito difícil, a AME-São Paulo conseguiu romper as amarras e fundar a AME-Brasil.

Hoje, quase 20 anos depois, temos 58 AMEs no Brasil e sete no exterior e algum trabalho já realizado, reconhecendo, todavia, que ainda temos um campo enorme de trabalho pela frente.

A decisão de Bezerra de Menezes de permanecer à frente do movimento espírita brasileiro, em articulação perfeita com Léon Denis, responsável pela Latinidade, com vistas ao desenvolvimento do Espiritismo no Brasil e no mundo, foi extremamente importante para todos nós, que militamos nas AMEs. Segundo informações de Chico Xavier, Latinidade é um espaço entre as nações, organizado para desempenhar grandes atividades na expansão do Reino de Jesus no Planeta, que concentra, para tão nobres tarefas, representantes de diversos continentes, especialmente americanos e europeus.

Chico e membros da AME-SP

Reunião realizada na CEC com membros da AME-SP

Visita da AME-SP

Capítulo 29

CIDADÃO UBERABENSE

Um sintoma muito claro de que a tarefa mais ampla de Chico avizinhava-se, foi o título de cidadania que lhe concedeu a cidade de Uberaba, em 1969. A este se seguiriam inúmeros outros, concedidos por diversas cidades brasileiras, de pontos diversificados do País. A proposta de cidadão honorário de Uberaba foi do vereador Israel José da Silva, aprovada por unanimidade por seus pares da Câmara Municipal. A solenidade de entrega do título teve lugar no dia 28 de junho de 1969, no Tênis Clube de Uberaba, com a presença de autoridades de diversos setores da sociedade, familiares, confrades de várias localidades, representantes de muitas entidades espíritas do Brasil.

Convidados pelo presidente da Câmara Municipal, Dr. Homero Vieira de Freitas, fizeram uso da palavra, saudando o homenageado: Israel José da Silva, Dr. João Guido, prefeito do município; Antonio Soares, representante da FEB; Maria Filomena Aluoto Berutto, presidente da União Espírita Mineira; Antonio Carvalho e José Pappa, vereadores de Ribeirão Preto; Jarbas Leone Varanda, presidente da Aliança Municipal Espírita; Freitas Nobre, vereador por São Paulo; Ismael Alves de Carvalho, vereador de Pedro Leopoldo; Rodrigues Filho, representando a CEC; Saulo Gomes, repórter da TV Tupi, Canal 4, de São Paulo.

Depois da diplomação, Chico Xavier fez um discurso emocionado, agradecendo tão distinta láurea e enfatizando que nada tinha feito para merecer tanta honra. Restava-lhe, de agora em diante *uma dívida irres-*

gatável, para com a cidade de Uberaba. Confessou que acabava de receber, com aquele Diploma de Cidadania, uma carta de crédito, para cujo mandato rogava a Deus poder retribuir à altura, pois reconhecia que, de modo algum, a merecia.

Meu marido Freitas Nobre fez uma das mais aplaudidas alocuções, segundo o jornal *Flama Espírita*, de Uberaba. Enalteceu a população de Uberaba e o governo do município pelo acertado gesto. Salientou que religião boa é a que torna melhor o homem. Frisou que, com esse título, havia o reconhecimento, por parte da sociedade, de que o Espiritismo contribui para tornar melhores os seres humanos. Freitas recebeu da Câmara Municipal de Uberaba palavras de reconhecimento.

"Estes agradecimentos são extensivos também às brilhantes palavras, que pronunciou, por ocasião da referida solenidade, ilustrando de forma cabal e inusitada os nossos trabalhos.

Queira, portanto, Vossa Excelência, receber os agradecimentos desta edilidade que representa o povo de Uberaba, tão significativamente honrado com a sua visita à nossa cidade." Assinaram o Dr. Homero Vieira de Freitas, presidente, e Israel José da Silva, secretário.

GRATIDÃO DE CHICO

Deu-se um fato muito interessante, relacionado a essa solenidade que conferiu ao médium o título de cidadão uberabense. Um estudante de medicina da Universidade Federal de Juiz de Fora estava terminando seu curso e foi a Uberaba para pedir a Chico a indicação de um orador espírita para a cerimônia ecumênica de colação de grau, como representante do Espiritismo.

Chico não pensou duas vezes, indicou o nome de Freitas Nobre e justificou: *Foi o único que não me elogiou na solenidade de entrega do título de cidadão uberabense.*

E Freitas foi a Juiz de Fora fazer o discurso espírita na formatura.

AMIZADE ACIMA DO INTERESSE POLÍTICO

É natural que, nesses pedaços de espelho, repontem lembranças da vida política do meu marido, Freitas Nobre, afinal de contas, quando ele foi a Uberaba conhecer Chico Xavier, em maio de 1962, era vice-prefeito de São Paulo, na gestão de Prestes Maia. Foi nessa mesma visita que o conheci nesta existência. Naquela noite em que participou dos trabalhos da CEC, com diversos amigos e companheiros de ideal espírita, que vieram na mesma caravana de São Paulo, entre os quais Spartaco Ghilardi, Luiz Monteiro de Barros, Apolo Oliva Filho, o mentor Emmanuel escreveu uma mensagem especialmente dedicada a ele. Trata-se de Pacificação e consta do *Livro da Esperança,* obra dedicada ao estudo de *O Evangelho Segundo o Espiritismo* por ocasião do seu primeiro centenário.

Após os trabalhos e a leitura das mensagens recebidas, Chico conversou particularmente com Freitas, dizendo-lhe que Emmanuel dedicara a ele a mensagem da noite, porque o Brasil, no ano em curso, 1962, estava passando por momentos difíceis de instabilidade política e que, em breve, a turbulência aumentaria. Inicialmente, cairia para a esquerda, depois para a direita, e, finalmente, seguiria o caminho da estabilidade e do equilíbrio.

Nesses momentos de crise, Chico ressaltou que Freitas seria chamado a atuar como pacificador, a fim de manter o nosso País livre da violência, daí o título da mensagem de Emmanuel, naquela noite. A partir dessa data, de 1962, Freitas passou a receber orientações assinadas por Bezerra de Menezes, sempre que vinha a Uberaba. Uma delas é a que transcrevemos abaixo:

Meu caro Freitas

Paz no Senhor. Apenas um bilhete amigo. Uma palavra do coração a expressar-se nos votos de sempre por sua felicidade e por seu êxito no ministério público. Aliás, tão somente ampliamos, de algum modo, os nossos pensamentos e conceitos habituais, em que tentamos definir a nossa comunhão espiritual em serviço.

Não tema os percalços da marcha. Quando me refiro a isso, não é porque o veja hesitante. Não. Aspiramos a repetir a legenda evangélica. Recordamos a observação do próprio Senhor: "não tema, creia somente". E nós cremos, meu filho, na vitória da verdade e na exaltação do bem. Você prossegue avançando. E avançando em nome do Mestre, a fim de glorificá-lo, através da ação construtiva. Achamo-nos à frente e extenso campo de luta em que a prática da beneficência espiritual, a nosso ver, é tarefa de caráter urgente. Isso, porque a Humanidade mais necessita de luz que de pão. Somos muitos, integrando vasta equipe de obreiros e você se erguerá por nossa voz, advogando a causa das realidades humanas que a Doutrina Espírita vem educar e sublimar. De certo, não nos exprimiremos por bandeira fanática, entretanto, não fugiremos à lógica e à justiça. Você não precisará de ataque frontal e espetaculoso aos problemas. Reporemos a edificação espírita no lugar certo, sem alarde e sem exigência. Nossas armas serão aquelas de sempre — as de ordem moral, em que o verbo da verdade se utilizará dos veículos da compreensão e do amor. Reconhecemos o tamanho das questões a resolver e dos conflitos que se esboçam na arena das opiniões e definições. Não nos intimidaremos, porém. O serviço ao próximo ser-nos-á a senha. E no clima de ordem venceremos com o Cristo de Deus. Efetivamente, surpreendemos em toda parte os que jazem acorrentados às necessidades primárias da vida. Aqui e ali enxameiam aqueles que sofrem penúria e orfandade, viuvez e desabrigo, dificuldade e angústia resultantes da carência de recursos materiais. Entretanto, em número maior, sobram as legiões dos nossos irmãos menos felizes, vitimados por lutas, prejuízos e incompreensões, preconceitos ruinosos e perseguições gratuitas que somente o amparo da legislação consegue solucionar. Auxiliemos. Ofereçamos nós mesmos à vitória da causa. Para nós, a política é a ciência de criar o bem de todos e nesse princípio nos firmaremos. Fale construindo e estudemos sempre para edificar sempre mais e melhor.

Filho, na serenidade de sua mente de homem de bem e de missionário do Evangelho nos tempos novos, nós nos refletiremos, colaborando em seu trabalho libertador. Atendamos aos nossos deveres e sigamos à frente, rogando a Jesus nos guarde em sua doutrina e nos esclareça em seu infinito amor, abençoando-nos e sustentando-nos hoje e sempre.

Bezerra

ORIENTAÇÃO SEGURA

Fazendo um rápido histórico, lembramos que, em uma das mensagens, logo após a implantação do Governo Militar, em 1964, Dr. Bezerra de Menezes afirmou que a Espiritualidade iria preservá-lo, afastando-o do quadro político-administrativo do País. Freitas entendeu que estava na hora de deixar o Brasil, porque, se ficasse, correria o risco de cassação e extradição; foi, então, para a França, em outubro de 1966, permanecendo por lá durante todo o ano de 1967 para fazer pós-graduação em Comunicação, na Sorbonne. A defesa da tese foi no final de 1967 e a tréplica foi feita em março de 1968.

Quando voltou ao nosso País, continuou a receber orientações de Bezerra de Menezes. Uma delas foi bem interessante. Era julho de 1970 e Bezerra escrevera: *vamos reintegrá-lo ao quadro político-administrativo do país.* Freitas me disse quando voltávamos para São Paulo:

— "Bezerra falhou, desta vez. Já não posso disputar cargo algum nas próximas eleições de outubro, porque o [Movimento Democrático Brasileiro] MDB já está com todo o seu quadro de candidatos encerrado, sendo impossível uma vaga nessa altura da disputa". Naquela mesma noite, quando chegávamos de Uberaba e já nos preparávamos para dormir, tocou o telefone a 1 hora da manhã. Era Cantídio Sampaio, presidente do MDB, perguntando ao Freitas se ele queria sair candidato a deputado federal pelo partido, porque havia uma desistência entre os que se inscreveram para a disputa à próxima eleição, que se realizaria em outubro.

Meu marido emendou resposta rápida: sim, seria candidato. Esta certeza fora lhe assegurada principalmente com a comunicação de Bezerra. Freitas saiu candidato. Faltavam apenas dois meses e alguns dias para a eleição. Mesmo nesse curto prazo, foi eleito com uma quantidade tão expressiva de votos, que foi suficiente para eleger mais dois ou três candidatos da sua sigla.

Nossa amizade com Chico ultrapassou sempre qualquer interesse de natureza inferior, quer seja na área política ou outra qualquer. Nós a preservamos durante toda a nossa convivência, consagrando a esses laços nosso mais profundo respeito. Tanto é verdade que Freitas pediu autorização a Chico para utilizar as mensagens de Bezerra em um folheto de campanha para a sua candidatura a deputado federal, em 1986, disputa para a qual não foi reeleito.

E obteve de Chico, por telegrama, a total liberdade de utilizá-las como quisesse, porque, na verdade, as mensagens lhe pertenciam por direito. Pensamos muito nisso quando, certa vez, em uma de nossas visitas à casa do médium, em Uberaba — e foram muitas — ele nos disse que não recebia mensagens de políticos. Frequentemente, os políticos desencarnados o procuravam com a intenção de escrever por seu intermédio, mas ele normalmente não aceitava.

AS "CONVICÇÕES POLÍTICAS" DO MÉDIUM

Chico Xavier sempre foi muito cobrado quanto à sua posição política, principalmente na época da ditadura militar, quando os que desconhecem o verdadeiro papel do religioso na sociedade queriam vê-lo empunhando a bandeira fanática e explosiva que mistura de forma imprópria política e religião.

Chico nunca se deixou envolver por aqueles que desejavam atitudes mais radicais da parte dele. Jamais se envolveu em movimento político, porque sua tarefa específica desenrolava-se no campo da divulgação e da vivência do ideal espírita e, portanto, estava muito mais ligada à libertação de consciências e corações através da prática individual dos ensinamentos cristãos.

A queda da União Soviética, as decepções com os ditadores de direita e esquerda, tanto quanto os movimentos de insatisfação da sociedade brasileira com a prática política já reforçaram em nós a certeza de que ele tinha razão quanto às suas convicções de cidadão consciente que sempre procurou fundamentá-las nos ensinamentos de Jesus.

Vejamos, a propósito, algumas de suas considerações expendidas em entrevista ao Dr. Elias Barbosa: (67).

Pergunta: O que acha da situação social do Brasil?

Resposta: *Creio profundamente na segurança e na felicidade do nosso País.*

P: É preciso acabar com a pobreza?

R: *Sim, pela riqueza do trabalho honesto que devemos cultivar indistintamente.*

P: As reformas devem ser urgentes?

R: *Em matéria de reformas, os benfeitores espirituais me ensinam que não devo esquecer primeiramente a que se refere à melhoria de mim mesmo.*

P: A revolução pode ser evitada?

R: *A revolução em que acredito é aquela ensinada por Nosso Senhor Jesus Cristo, que começa pela corrigenda de cada um, na base do "façamos aos outros aquilo que desejamos que os outros nos façam".*

P: Condena o racismo?

R: *Todos somos irmãos, perante Deus, guardadas as posições que o merecimento real em serviço e cultura confere a cada um.*

P: O socialismo traz benefícios?

R: *Creio nos benefícios da fraternidade sentida, admitida e praticada que Jesus nos ensinou e exemplificou.*

P: É a favor da promoção da classe operária?

---

(67) BARBOSA, E. **No mundo de Chico Xavier**. 2. ed. Araras: Instituto de Divisão Espírita (IDE), 1975. Capítulo 8, p. 97-99.

R: *Todos somos operários da vida e creio que a Bondade de Deus faz diariamente a promoção do trabalho para quem o procura, coroando de bênçãos o esforço honesto de toda pessoa, sem distinção de credos ou de atribuições, quem busque realmente servir.*

P: Qual a contribuição do marxismo para a civilização?

R: *Faltam-me quaisquer estudos sobre o marxismo.*

As respostas de Chico Xavier sempre foram tão claras sobre o assunto e suas atitudes tão conhecidas, que todos que tentaram enredá-lo politicamente nessa ou naquela tendência perderam seu tempo. Durante todos esses anos de conhecimento, nunca o vimos nem mesmo, veladamente, desfraldar nenhuma bandeira fanática, muito menos de cunho político.

Capítulo 30

SEM DESFALECIMENTOS

Em 1977, enquanto coligia os dados da edição comemorativa dos 50 anos de mediunidade, foi importante, para mim, rememorar o que se passara 10 anos antes. Waldo Vieira deixou definitivamente a CEC em 1966, às vésperas de um grande marco histórico, os 40 anos de mediunidade de Chico Xavier, no dia 8 de julho de 1967.

Chico Xavier estava só. À sua frente, estendia-se gleba imensa a ser trabalhada, com quase tudo a ser realizado. Devido à sua sensibilidade, quantas lágrimas deve ter derramado o fiel servidor de Jesus, por sentir a defecção do companheiro, e não mais poder contar com o conforto da amizade e o apoio substancial nas tarefas que se expandiam a cada passo.

Mesmo sentindo o peso dos anos, o medianeiro juntou os cacos quebrados com a grande decepção afetiva, e enfrentou o sofrimento, distribuindo alegrias ao seu redor. Enxugava as lágrimas para que ninguém notasse, e atendia a fila extensa de irmãos do mundo que o procuravam em busca de consolação.

Com o auxílio dos bons espíritos, fez da sua solidão um ponto de apoio para vencer as lutas que recrudesciam por toda parte. Chico permaneceu agarrado à leira, sem arredar um milímetro, e, na prática da abnegação, suplantou as dificuldades com a santa paciência de quem sabe compreender, tolerar, perseverar.

Até que se completassem 40 anos de atividades mediúnicas, as reuniões na CEC, presididas por Dalva Rodrigues Borges, seguiram em seu ritmo habitual: às segundas e sextas-feiras, sessões públicas com atendimento das 18 horas até a madrugada, estendendo-se, muitas vezes, até às 6 horas da manhã; às quartas-feiras, reuniões de desobsessão e, aos sábados, assistência ao lar de nossos irmãos mais necessitados, com a Peregrinação, atendimento público e recepção de mensagens ao término das visitas domiciliares.

Depois de completados os 40 anos de labor mediúnico, as reuniões públicas das segundas-feiras foram suspensas.

EM 1967, OS 40 ANOS DE MEDIUNIDADE

O confrade e jornalista Valentim Lorenzetti publicou ampla reportagem sobre Chico Xavier, no jornal *Folha de S. Paulo*, no dia 10 de julho de 1967, em comemoração aos 40 anos de mediunidade de Chico Xavier. Anotei alguns dados da reportagem:

"Nessas quatro décadas, psicografou 91 livros (75 só de suas mãos e 16 em parceria com o médico Waldo Vieira); 17.119 páginas, afora as mensagens avulsas. Muitas obras traduzidas para o esperanto, castelhano, inglês. Mensagens vertidas para aquelas línguas e mais o grego, árabe e o japonês".

Ressalta ainda: "Em 40 anos de mediunidade, Chico frequentou 6.240 reuniões públicas, onde se estuda o Evangelho".

E Lorenzetti esclarece: "Quem fez esse cálculo por baixo foi o Dr. Elias Barbosa, médico e professor de Farmacologia da Faculdade de Medicina de Uberaba. E mais as seguintes contas: Chico dedica a média de 5 horas por dia à chamada mediunidade. Contando-se o mínimo de 160 pessoas que compareçem a cada reunião, ele já abraçou e beijou a mão de mais de um milhão de pessoas. Chico tem o costume de beijar a mão de todos. Faz questão de se colocar abaixo de qualquer mendigo que o procura. É respeitado pela sua humildade".

Segundo ressaltou Elias na reportagem: "Chico Xavier provou, em

40 anos de mediunidade incessante, que o exercício da mediunidade não prejudica a saúde ou o equilíbrio de ninguém e que se pode viver à própria custa, cooperando com os bons espíritos, 'dando de graça o que de graça ou por graça tenha recebido', conforme os ensinamentos de Jesus".

Elias condensou, assim, a tarefa modelar do médium. Provara que podia trabalhar para ganhar o pão de cada dia, sem cobrar nada pelo exercício da mediunidade, e, mais, que esse exercício não lhe prejudicou a saúde física ou a mental.

Certa feita, quando visitei o médium, depois do aparecimento na TV Tupi, ele me disse: *Está pingando fogo por aqui...* E me confessou que, após 40 anos de mediunidade, *tivera ordem de Emmanuel para receber as cartas aos familiares que haviam perdido seus entes queridos.*

O IMPORTANTE É SERVIR

Elias Barbosa contou-nos que o médium Xavier ia à sua casa em Uberaba toda terça-feira, de 1959 até 1975, para conversarem sobre livros e outros assuntos. É possível conferir o que ele disse no testemunho que deu a Oceano Vieira (68).

Às vezes, ele datilografava para o médium alguma mensagem, mas, de outras, Chico queria que ele o levasse para encontrar alguma pessoa necessitada.

— *Meu filho, tem uma senhora que está me chamando lá no hotel, você pode me levar?*

— "Vamos embora Chico", respondia Elias, sempre pronto a atendê-lo.

Em uma das vezes o médico conta que foram ao hotel Mauad, localizado na mesma rua do seu consultório.

"Nós entramos no carro. Chegando lá, ele perguntava e dava o nome da pessoa. Aí, batia lá no quarto, o pessoal quase desmaiava.

---

(68) Cf. DVD *Chico Xavier Inédito – de Pedro Leopoldo a Uberaba*, organizado por Oceano Vieira de Melo e lançado em 2007, pela Versátil.

— 'Seu' Chico, mas não é possível, você aqui'. Aí ele dava passe em todo mundo e depois pedia para eu dar passe nele.

Isso é uma coisa importante, que eu achei no Chico, porque, no culto evangélico que ele fazia na casa dele, todo dia, às 11 horas da manhã, quando eu podia, eu participava. Ele dava passe em todos e, no final, ele pedia ao 'seu' Weaker Batista, um espírito puro que era vizinho e amigo dele. 'Seu' Weaker Batista dava passe nele.

A gente vê uma quantidade de médium passista que acha que não precisa tomar passe. Eles falam: 'Não, eu não preciso tomar passe, eu dou passe'. Então, é importante saber que Chico tomava passe.

Outra vez, era em outro hotel: Ó, meu filho, *estão me chamando, você me leva lá?* — 'Vamos embora, Chico'.

E quando surgiu em São Paulo aquele cinemascope, nós fomos ao cinema, assistir a um filme. Chico Xavier não tinha sossego, o povo enxergava-o dentro do cinema, no escuro. Uma coisa séria. Toda hora chegava gente.

— 'Chico....' A pessoa se ajoelhava: 'Chico Xavier, é você aqui? Pelo amor de Deus...'. Impressionante! São Paulo era uma coisa tão grande e eu andava com ele para todo lado.

No livro *No Mundo de Chico Xavier*, ele não queria dar entrevista. Eu dizia: 'Mas, Chico, nós precisamos ter um livro com as suas palavras, porque um biógrafo falar é uma coisa, outra é o biografado responder'. Aí ele aceitou, mas foi difícil. A humildade dele era demais.

Tinha o caso de uma moça que o médico receitou para ela um ano-rexígeno, quer dizer, um remédio para tirar o apetite. A partir do momento em que ela começou a tomar, passou a ver a avó dela desencarnada atravessando a parede. Então, eu fui observando vários casos, e comentei com Chico e ele falou:

— *Nosso André Luiz está aqui e está falando que, realmente, não somente o álcool etílico, essas drogas, cocaína, maconha e esses medicamentos para tirar o apetite, todos eles abrem a mediunidade de uma forma escancarada.*

Lembro-me de ele falar uma vez, para todo mundo, não foi só para mim não, que, quando ele desencarnasse, Emmanuel ia reencarnar. Isso é o que ele falou: *Nosso Emmanuel, gente, vai voltar, está só esperando eu partir.*

DEVO TER ESSES PRIVILÉGIOS SEM SABER...

Entre meus entrevistados para a *Revista*, contei com Nena e Chiquito Galves, os anfitriões de Chico Xavier, em São Paulo, que me contaram casos muito pitorescos, vividos na companhia do médium e que teremos a oportunidade de abordar mais adiante. Destaco aqui um deles, por julgá-lo bem emblemático. Contou-me Francisco Galves:

"Paramos na Livraria Espírita Boa Nova, na rua Aurora, 706, aqui em São Paulo, quando um confrade se aproximou de nós e perguntou ao conhecido médium: — 'O Senhor é mesmo Chico Xavier?'.

— *Sim, sou um seu criado,* respondeu Chico.

O homem deu-lhe um forte abraço e exclamou:

— 'Dizem que o senhor está completando neste ano 50 anos de mediunidade ininterrupta e também completando 150 livros mediúnicos. Isto é verdade?'.

— *É verdade.*

— 'Ah! Mas o senhor então é um privilegiado dos Céus!'. falou o homem com muito entusiasmo – 'Diga-me, Chico, quais são os seus privilégios perante os Céus? ...'.

Chico informou, muito calmamente:

— *Meu amigo, eu não sei quais são os meus privilégios perante os Céus, porque fiquei órfão de mãe aos 5 anos de idade, fui entregue à proteção de uma senhora que, durante quase dois anos, graças a Deus, me favorecia com três surras de vara de marmelo por dia; empreguei-me numa fábrica de tecidos aos 8 anos de idade, e nela trabalhei 4 anos seguidos, à noite, estudando na escola primária, durante o dia. Não podendo continuar na fábrica, empreguei-me como auxiliar de cozinha, balcão e porta, num pequeno empório, durante mais 4 anos, em seguida, empreguei-me numa repartição do Ministério de Agricultura, na* qual trabalhei 32 anos, *começando da limpeza da repartição, até chegar a escriturário, quando me aposentei; em criança, sofri moléstia de pele, fui operado no calcanhar, onde me cresceu um grande tumor, sofri dos 12 aos 15 anos, de Coreia, ou "mal de São Guido»; fui operado em 1951, de uma hérnia estrangulada; acompanhei a desencarnação de irmãos que me eram particularmente queridos em família; sofri um processo público em 1944, de muitos lances difíceis e amargos, por causa das mensagens do grande escritor Humberto de Campos; em 1958, passei por escandalosa perseguição, com muitos noticiários infelizes da imprensa, perseguição de tal modo intensa que me obrigaram a sair do campo reconfortante da vida familiar em Pedro Leopoldo, onde nasci, transferindo-me para Uberaba, em 1959, para que houvesse tranquilidade para os meus familiares que não tinham culpa de eu haver nascido médium; em 1968, fui internado no Hospital Santa Helena, aqui em São Paulo, para ser operado numa cirurgia de muita gravidade e agora, no princípio deste ano do cinquentenário de minhas pobres faculdades mediúnicas, agravou-se em mim um processo de angina, que começou em novembro do ano passado ... angina essa com a qual estou lutando muito ...*

E terminou, ante o confrade espantado: *Se tenho privilégios, como o senhor imagina, devo ter esses privilégios sem saber.*

Sem dúvida, uma resposta perfeita. Uma revisão justa dos principais lances da existência desse admirável servidor de Jesus.

Ao longo do tempo, porém, por tudo que tive oportunidade de acompanhar, esta lista de lutas e dissabores só fez crescer. De início, teríamos que acrescentar tudo quanto ele passou no período de 1963-1969, quando pagou um alto preço por ampliar sua missão em favor da humanidade. E prosseguiria assim, até o final de sua existência corpórea.

UM MARCO

Ao organizar minhas memórias, percebi, claramente, que tudo estava programado para acontecer após 1967, quando, então, já teria cumprido 40 anos de mediunidade e pudesse se apresentar, como de fato o fez, com um lastro enorme de serviços espirituais prestados. Não é difícil constatar que, de 1963 a 1969, Chico viveu um período de transição em sua vida, no qual foi extremamente testado e os que estavam à sua volta também, porque a sua missão teria um alcance social bem maior.

Conforme vimos, os testes morais e físicos foram pesados, como a tentativa de desacreditá-lo perante a opinião pública, com as reportagens negativas de 1964, da revista *O Cruzeiro*; seu doloroso afastamento da FEB; o abandono de Waldo; e o preparo para a nova fase, com a cirurgia corretiva mais do que necessária para lhe apaziguar o sofrimento físico. E, finalmente, o maior divisor de águas – o programa Pinga-Fogo, da TV Tupi.

Iniciava-se, para Chico Xavier, um novo período, em que ele seria conhecido de grande parte dos brasileiros e, sobretudo, em que a sua mediunidade exemplar se constituiria em consolo para os seus irmãos em humanidade.

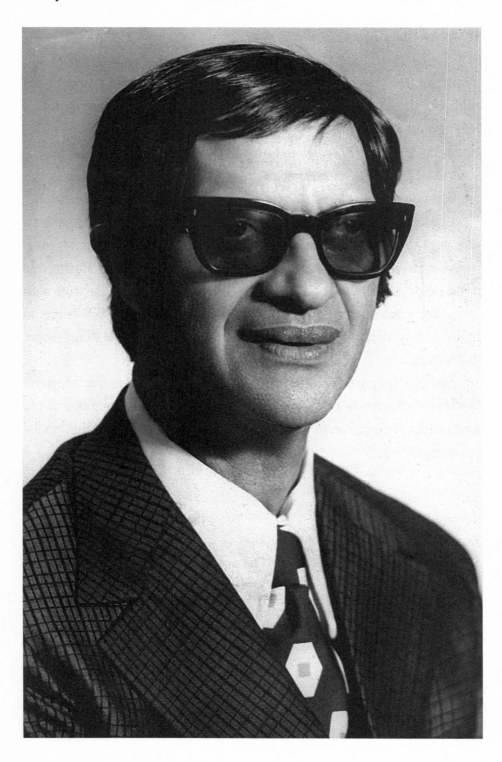

SEGUNDA PARTE

Capítulo 31

FIGURA DA MÍDIA

Corria agora o ano de 1977. Eis-me às voltas com a preparação da Pequena História de uma Grande Vida, para a *Folha Espírita em Revista*, comemorativa dos 50 anos de mediunidade.

Assim, em 1977, no meu intuito de escrever sobre sua vida, passei a colher depoimentos em Pedro Leopoldo, Uberaba e São Paulo, pesquisei o conteúdo de diversos livros dos seus biógrafos, além de acompanhar e anotar os fatos, tanto na CEC, quanto no Grupo Espírita da Prece.

Não foi nada fácil registrar os testemunhos em Pedro Leopoldo. A resistência dos mineiros foi muito alta, devido a experiências negativas com a imprensa, em episódios recentes. Depois de quase dois dias de tentativas infrutíferas, já me preparava para voltar a São Paulo, dando por terminada uma viagem frustrante, quando José de Paulo Virgílio abriu-me as portas dos amigos, tornando possível a realização das entrevistas na terra natal de Chico Xavier.

Meu trabalho de registros diversos deu-me o ensejo de ampliar o círculo de amizades e ter mais contato com a grande família espiritual em torno do médium. Essa mesma família que, segundo ele, vinha se encontrando mais frequentemente há mais de cinco mil anos, em encarnações sucessivas.

"PINGA-FOGO"

Como já tive oportunidade de ressaltar, com a minha coleta de dados, em 1977, para a *Folha Espírita em Revista,* uma das diferenças marcantes em relação ao primeiro período de convivência, narrado na primeira parte deste livro, é que Chico, na década de 1970, tinha já se tornado uma figura conhecida da grande massa dos brasileiros, especial-mente em razão de sua presença na televisão, um meio de comunicação que se expandiu muito no País a partir da segunda metade da década de 1960.

Os espíritas do Brasil estão bem conscientes do que representou, para a doutrina, o aparecimento de Chico Xavier perante as câmeras da TV Tupi de São Paulo, para responder sobre questões importantes con-cernentes à nossa evolução como filhos de Deus (69). Desde a primeira apresentação do Pinga-Fogo, em 28 julho de 1971, a CEC, em Uberaba, começou a receber verdadeira avalanche de visitas; almas que sentiram na mensagem de Chico Xavier a presença do verdadeiro amor cristão. Foi a partir daí que se multiplicaram as cartas-mensagens dos familiares desencarnados para os parentes que permaneciam na Terra. Tarefa de consolação bem própria da finalidade intrínseca do Espiritismo.

O PINGA-FOGO NO DIÁRIO DO CONGRESSO NACIONAL

Freitas Nobre, do plenário da Câmara Federal, deu notícias do pro-grama Pinga-Fogo do final de julho (70).

"Sr. Presidente, srs. Deputados, São Paulo vibrou com o último Pin-ga-Fogo do Canal 4 – Emissoras Associadas – quando Francisco Cândido Xavier, o popular e querido Chico Xavier, de Uberaba, analisava com o auxílio de seus patronos espirituais, os mais profundos problemas da sociedade contemporânea.

---

(69) *Para saber mais sobre o Pinga-Fogo, há os DVDs, da Versátil, e livros com o conteúdo completo dos programas, inclusive o de Saulo Gomes.*
(70) *Cf. Diário do Congresso Nacional, Brasília, 4 ago. 1971.*

Os órgãos de informação, de maneira geral, não se esquivaram a reconhecer a excelência do programa e sua extraordinária atualidade. A *Folha de S. Paulo*, de ontem destacava:

'O auditório aberto ao público mostrava seu respeito emudecido e posteriormente emocionado, aplaudindo de pé esse homem verdadeiramente cristão pela modéstia, pela mansidão de atitudes. Pode-se crer ou não na doutrina que ele prega, mas não se pode duvidar de sua grandeza humana'.

Lyba Fridman, no *Shoping News* de domingo, 1º de agosto, em sua coluna Rádio e TV, opinava:

'Da maior qualidade, este Pinga-Fogo da TV Tupi; destaque especial para o mediador Almir Guimarães, que conduziu a inquirição dentro da linha de maior sobriedade. Destaque especial para os jornalistas convidados, João de Scatimburgo e Herculano Pires, e os fixos Helle Alves, Reali Jr. e Saulo Gomes, este o repórter responsável pela presença do psicógrafo de Uberaba nesse Pinga-Fogo. Mais uma coisa: a presença de Chico Xavier é tão cheia de paz que não se sentiu o menor sinal de concorrência entre os jornalistas da TV Tupi e os de outras emissoras, que, em pleno estúdio, gravaram a entrevista para seus programas em outros prefixos'.

O jornalista e professor Herculano Pires, ex-presidente do Sindicato dos Jornalistas Profissionais do Estado de São Paulo, teve oportunidade de comentar o extraordinário programa da TV Tupi, destacando: 'Os observadores atentos puderam perceber a diferença de linguagem e de conceitos, quando, no final do programa, já desligando-se da influência de Emmanuel, Chico Xavier falou por si mesmo, a respeito de sua mãe e das emoções que sentia.

A seguir, a comunicação do poeta Cyro Costa provou a sua flexibilidade mediúnica. Chico recebeu com extrema velocidade, alexandrinos (versos em 12 sílabas), um soneto perfeito que é, ao mesmo tempo, uma síntese dos problemas em debate (no programa) e traz a marca do poeta. (...)

E Freitas Nobre continua: 'Toda São Paulo comenta e revive os mais emocionados momentos do grande debate televisado. Alguns mais curiosos comparam a perfeição na identidade de estilo de Cyro Costa, ainda em vida e o soneto recebido por Chico Xavier. 'De fato, para quem conhece a obra poética de Cyro Costa, essa identidade é extraordinária e nos obriga a raciocinar com mais profundidade em torno dos temas que a TV 4 fez chegar a milhões de lares, em São Paulo e em outros Estados'".

Em seguida, Freitas Nobre lê, no Plenário da Câmara, os dois sonetos de Cyro Costa, um produzido na vida física e o outro pela psicografia, que analisaremos mais adiante. Para ele, "somente a recepção desse soneto, por essa demonstração, já teria consagrado o programa".

CYRO COSTA

Herculano Pires, em excelente artigo na *Revista Internacional de Espiritismo*, de fevereiro de 1972, resgata a memória desse distinto poeta que havia sido um dos homens mais conhecidos, em São Paulo e no Brasil, nas primeiras décadas do século XX e que era um desconhecido, 30 anos depois de sua morte. E relembrou um pouco a sua trajetória:

"Cyro Costa nasceu em 1879 e faleceu em 1937, formou-se em Direito pela Faculdade do Largo São Francisco, em 1902; entrou para a Polícia paulista; estudou na Suíça, especializando-se com o famoso professor Reiss e aplicando seus conhecimentos para a humanização de nossa organização policial no Brasil.

Distinguiu-se nos meios jornalísticos e literários por suas crônicas, seus artigos de colaboração em jornais e revistas, mas, principalmente, por seus poemas, entre os quais se destacaram e se tornaram clássicos os dois magníficos: Pai João e Mãe Preta (...)".

Herculano revelou um fato interessante:

"As duas filhas e o genro de Cyro Costa vibraram de alegria, ao assistir ao programa e constatar que o parente querido voltava depois de 34 anos de ausência para encerrar um dos programas mais assistidos da televisão brasileira. Entusiasmados, eles levaram vários volumes da *Terra Prometida*, a obra póstuma do poeta, para dar de presente ao Grupo Espírita Emmanuel, de São Bernardo do Campo, quando os visitaram".

Nesse artigo, Herculano publicou o soneto psicografado, Segundo Milênio, e, em seguida, um soneto da lavra de Cyro Costa, quando encarnado, O Colonizador, que consta do livro *Terra Prometida*. A seguir, os sonetos, e primeiro o psicografado:

Segundo Milênio

Apaga-se o milênio. A sombra deblatera.
Vejo a noite avançar do anseio em que me agito.
Guerra e sonho de paz estadeiam conflito.
De polo a polo a dor reclama em longa espera.

Explode a transição no ápice irrestrito.
A cultura perquire. A crença se oblitera.
A forma antiga, em luta, aguarda a nova era.
Roga-se tempo novo ao tempo amargo e aflito.

A civilização atônita, insegura,
Lembra um tesouro ao mar que a treva desfigura,
Vagando aos turbilhões de maré desvairada.

Entretanto, no mundo, a nau que estala e treme,
A luz prossegue e brilha. O Cristo está no leme,
Preparando na Terra a nova madrugada.

O Colonizador

Do livro *Terra Prometida*

Fôra em nome d'El Rei, Nosso Senhor, que um dia,

Alvejando no azul do pélago profundo,
Voejaram de Cabral as velas à porfia,
Na colonização do Velho ao Novo Mundo.

A gente de ultramar, na audaz pirataria,
Em vendo a terra em flor, bendisse o Éden fecundo...
É cúpida, brutal, com os frutos que colhia,
Tornou-se a maldição para o índio moribundo!
Embora! O ardor da Raça Heroica, em recompensa,
Fecundou o Eldorado e deu-lhe como crença,
O Evangelho imortal da clássica beleza!

E a tuba de Camões, que além do mar vibrava,
Com ênfases de oceano, altíssona , cantava
O harmonioso explendor da Língua Portuguesa!

Herculano analisa os dois poemas: "O vocabulário, a distribuição harmoniosa das palavras esdrúxulas, dando um toque musical aos versos, o equilíbrio das rimas – nem ricas nem pobres, mas sustentando o voo da inspiração e rematando a teia dos ecos, sem quedas nem exageros - toda essa estrutura poética característica do autor o identifica da mesma maneira nos dois sonetos. A própria diferença temática chega a esmaecer sobre o fundo comum da visão heroica".

Herculano prossegue: "Os dois sonetos sintetizam, no silogismo artístico do alexandrino, duas epopeias milenares, dois ciclos de evolução terrena que se fecham para que outro possa abrir-se em perspectivas infinitas. Em Segundo Milênio, fecha-se o americano para que se abra o universal, o milênio cósmico".

E continua: "Só os míopes e os cegos de espírito não verão em cada um desses sonetos a contraprova do outro. E como decorrência lógica, necessária, a identificação do autor".

Ao término do artigo, Herculano expõe o erro cometido por aqueles que, ao copiarem ou lerem o Segundo Milênio, por desconhecimento, interpretaram o terceiro verso do poema psicografado da seguinte forma: "Guerra e sonho de paz estardeiam em conflito". Escreve o articulista: "O acréscimo da preposição 'em' prova a falta de entendimento e quebra a métrica alexandrina, dando um verso de 13 sílabas poéticas ao invés de 12".

E conclui: "Essa prova nacional de incompreensão tem enorme valor teórico, segundo Bozzano. O verbo estadear só podia ser hoje empregado, com essa precisão e essa propriedade poética, por um poeta do tempo e da estirpe de Cyro Costa. Tempo e estirpe – pois hoje o verbo não tem curso, está praticamente esquecido, e mesmo que tivesse em dia, somente um estilista de gosto refinado poderia usá-lo com propriedade".

UM MARCO E UM ALERTA

Como vimos, segundo cálculos feitos por Elias Barbosa, até 1967, Chico já havia beijado a mão de mais de um milhão de pessoas. É um volume considerável. E esse gesto de humildade e de doação espontânea, a pessoa não esquece, porque o exemplo cala profundamente na alma humana. É natural, portanto, que ao atingir o ano escolhido pela Espiritualidade - 1971-, com esse volume de atendimento, o povo já tivesse reconhecido nele as atitudes que são próprias do verdadeiro discípulo de Jesus.

Aliás, por tudo quanto conheço de Chico, sei que ele não se apresentaria na TV, perante o povo do seu País, sem esse lastro. Assim, o programa Pinga-Fogo, da TV Tupi, só fez confirmar de forma escancarada o que mais de um milhão de brasileiros já tinha recebido no contato direto: a vocação do médium de se doar por inteiro à humanidade.

O programa aconteceu no ápice do período de transição planetária. E, nele, Jesus advertiu o planeta Terra, através do seu mais fiel servidor, que os habitantes teriam mais 50 anos pela frente para decidir quanto ao próprio destino e que deveriam escolher o caminho do amor. E esse prazo é lembrado pelo próprio medianeiro durante o programa tanto quanto na mensagem de Cyro Costa – Segundo Milênio - recebida ao final. Basta prestar atenção a um verso deste soneto: "Explode a transição no ápice irrestrito".

Com o programa Pinga-Fogo, a pátria do Evangelho recebeu, antes de tudo, um alerta inesquecível de vigilância na escolha do próprio destino.

Chico responde às perguntas do jornalista Almir Guimarães

Freitas Nobre, um dos entrevistadores do programa Pinga-Fogo, e Chico Xavier

Capítulo 32

EXAME MÉDICO NO MÉDIUM EM TRANSE

Com a maior exposição de Chico na televisão, no programa Pinga-Fogo, da TV Tupi, o número de entrevistas e reportagens sobre o médium aumentou consideravelmente nos meios de comunicação. A mediunidade sempre fora um mistério. Durante **séculos**, o destino dos médiuns sempre fora o cárcere, a fogueira, ou os flagelos materiais e morais.

Nos dias de hoje, porém, diante das provas contundentes da comunicação dos espíritos, as dúvidas e os conflitos não podem ser resolvidos dessa forma. Como é que um homem simples, com pouca instrução, fora capaz de responder questões tão complexas e produzir versos alexandrinos perfeitos em mensagem recebida com velocidade espantosa?

A tela da TV Tupi escancarara para todo o Brasil um mistério que era preciso decifrar. Em que parte do cérebro localizava-se tal capacidade? Haveria uma explicação materialista satisfatória?

Foi assim que surgiu uma reportagem de grande impacto na revista *Realidade* – uma das publicações de maior circulação na década de 1970 – que abordou a realização de um eletroencefalograma (EEG) no médium Chico Xavier, enquanto estava em transe. A reportagem foi de Hamilton Ribeiro (71) com a colaboração de Marinho de Azevedo, Vera Lúcia Leitão e Reizia L. Jordan.

O médico que obteve o referido EEG foi nosso velho conhecido, Dr.

---

(71) *Cf. Revista Realidade, ano VI, n. 68, nov. 1971.*

Elias Barbosa, de Uberaba, Minas Gerais. O exame tinha por objetivo verificar se o organismo físico do médium era caracterizado por algum desequilíbrio ou distúrbio em sua estrutura, que explicasse o trabalho literário ou a fenomenologia que por seu intermédio se produzia.

Hernani Guimarães Andrade, presidente do Instituto de Pesquisas Psicobiofísicas (IBPP), tomou conhecimento da reportagem e opinou sobre ela em entrevista à revista *Informação*, de São Paulo (72).

Vejamos, a seguir, as colocações de Hernani Guimarães Andrade sobre o modo como o exame foi feito e apresentado ao neurologista.

"O relatório do médico que obteve o EEG, dizia o seguinte:

"1. À hiperpneia (respiração forçada), surtos de ondas pontiagudas tipo Sharp, nas regiões temporais à esquerda, com predomínio nas anteromediais; 2. Durante a psicografia, deu-se o aparecimento de raros surtos de ondas Sharp, nas regiões temporais à direita, sem predomínio nítido (sic).

A tentativa era de se saber o que se passaria com a atividade elétrica do médium, por ocasião do transe, no momento em que presumivelmente recebesse a influência de uma entidade comunicante (psicografia)".

Hernani Andrade ressalta:

"Submetido pelo repórter da revista ao neurologista, Dr. Juvenal Guedes, sem maiores informes sobre o paciente, o EEG foi interpretado como sendo anômalo.

'Não é um eletro normal, absolutamente', disse o Dr. Juvenal Guedes. E explicou: 'Há uma descarga elétrica anormal produzida abaixo do córtex, que se irradia ora à direita, ora à esquerda, com predominância para a esquerda. Diante de uma ativação dessa descarga, o paciente pode chegar à convulsão do tipo epiléptico, ou equivalente (alheamento, sensação de ausência, automatismo psicomotor, sensação de já visto, etc.)'.

E ressalvou, clara e criteriosamente: **'Qualquer afirmação médica, no entanto, precisa ser cotejada com a história clínica do paciente'** (sic)".

---

(72) *Cf. Revista Realidade. Informação. São Paulo, ano IV, n. 44, jul. 1980.*

Hernani prosseguiu em sua análise:

"Tanto os resultados (do EEG), quanto os métodos utilizados nos testes podem ser considerados científicos. Em vários centros de pesquisas parapsíquicas de diversos países, são usados os eletroencefalogramas para estudar as alterações surgidas na atividade cerebral durante os chamados **estados alterados de consciência**. A título de ilustração, podemos citar dois deles: A Psychophysiological Study of Out-of-the – body-Experiences in a Selected Subject, *Journal of the American Society for Psychcal Research*, v. 62, n. 1, jan. 1968, p. 3-27, pelo Dr Charles T. Tart, o qual usou a eletroencefalografia para estudar uma paciente, durante fases de desdobramento; as alterações observadas nos EEGs foram tão estranhas que impressionaram vivamente uma das maiores autoridades em EEGs ligados a esses estados, o Dr. William Dement. A paciente, entretanto, é absolutamente sã, em sua situação normal cotidiana. Na Electroencephalographic Study on the Zen Meditation (Zazen), in: *Altered States of Consciousness*, University of California, Davis, 1969, p.489-501, por Akira Kasamatsu e Tomio Hirai, no sumário desse trabalho, pode ler-se: 'Fora o seu significado religioso, o treinamento da meditação Zen produz mudanças não só na mente, como também no corpo – estas influências são de interesse para estudos científicos do ponto de vista da psicologia e da fisiologia' (*opus cit.*, p. 500)".

"A lista de trabalhos dessa categoria é imensa" – prossegue Hernani – (...) Em quase todos, observa-se que as anomalias reveladas no EEG obtido durante os estados alterados de consciência não são indicadores seguros de patologias cerebrais, tais como disritmias epileptoides, etc. Na realidade elas revelam modificações elétricas ocorridas devido à atividade nervosa cerebral, em função daqueles estados alterados de consciência. Além disso, seria necessário o seu cotejo com inúmeros EEGs feitos em situações normais e também sob o transe, para chegar-se a qualquer tipo de diagnóstico clínico, se fosse este o objetivo visado.

Na mesma reportagem, figura a 'opinião' do então médico-assistente da Clínica Psiquiátrica do Hospital das Clínicas, Dr. Eunofre Marques. Este facultativo é apresentado pelo repórter como tendo frequentado 'sessões espíritas e umbandistas com o objetivo de estudar a personalidade dos médiuns'. O repórter limitou-se a transcrever trechos de um artigo do Dr. Eunofre e, de *'motu* próprio', procurou enquadrar o caso do Chico Xavier, na categoria 3 daquele artigo, cuja bibliografia inclusive não foi indicada. A citada categoria 3 trata da disritmia cerebral. Pelo que se deduz da reportagem, o Dr. Eunofre não opinou sobre o EEG do Chico Xavier e, talvez, nem mesmo dele tomou conhecimento. A 'opinião' foi apenas do repórter, portanto..."

Chico Xavier e Hernani Andrade no IBPP

Capítulo 33

PRESENÇA NA BIENAL DO LIVRO

São Paulo sempre foi, para Chico Xavier, uma cidade muito amada. Foram incontáveis as viagens que fez para cá e inúmeros também os eventos dos quais participou entre os paulistas. Ele sempre dizia que jamais se preocupou com lápis e papel para o seu trabalho psicográfico, porque os paulistas nunca lhe deixaram faltar a matéria-prima da sua tarefa mediúnica.

Participamos de quase todas as tardes e noites de autógrafos do médium, em São Paulo. Foi particularmente importante a vinda dele à II Bienal do Livro de São Paulo, realizada de 17 a 25 de junho de 1972, montada no prédio do Museu de Arte Contemporânea, no Parque do Ibirapuera. A média diária de público era de cinco mil pessoas, mas, no dia de fechamento, 25 de junho, o movimento foi extraordinário. Nesse dia, Chico Xavier autografava. Dois livros especialmente estavam sendo lançados *Dos Hippies aos Problemas Humanos* (com a matéria do Pinga-Fogo) *e Mãos Unidas.*

Foi um sucesso. A editora Lake vendeu cerca de 8 mil exemplares. Pessoas formavam filas quilométricas, aguardando o autógrafo do médium.

O professor Herculano Pires também fora convidado pelos organizadores para autografar e estava presente na II Bienal. Ele declarou ao jornal *Espiritismo e Unificação,* de Santos: (73)

---

(73) Cf. Jornal Espiritismo e Unificação, Santos, ano XX, n. 234, jun. 1972.

"O convite para que Francisco Cândido Xavier e eu aqui compare-cêssemos para participar de uma tarde de autógrafos representa uma distinção para o movimento livreiro do Espiritismo. Significa, ao mes-mo tempo, que o livro espírita alcançou uma posição de destaque na área mundial como livro e tem uma contribuição para dar. É reconhecido como tal e já firmou sua posição no campo da cultura".

CIDADÃO PAULISTANO

Como consequência natural do amor dos paulistas a Chico Xavier, a Câmara Municipal de Vereadores de São Paulo, Capital, no dia 19 de maio de 1973 entregou o título de Cidadão Paulistano ao querido mé-dium. O estádio do Pacaembu para onde a Câmara havia transferido a Sessão Solene, estava lotado, com milhares de pessoas que foram pres-tigiar o importante evento.

Meu marido, Freitas Nobre, fez parte da solenidade, como represen-tante da Câmara Federal e como ex-colega dos edis, pois havia sido vere-ador por cinco legislaturas e vice-prefeito de São Paulo de 1960 a 1964. Estivemos presentes e dias depois recebemos de Chico uma recordação impressa com os principais lances daquela noite memorável.

Vamos aqui lembrar um trecho do agradecimento de Chico Xavier, após receber o título:

(...) Este troféu pertence a todos aqueles que trazem o nome de Nos-so Senhor Jesus Cristo por norma de vida. Pertence à Doutrina Espírita de quem eu sou o último dos últimos dos servidores....

Conta-se que, ao celebrar a primeira missa, na manhã de 29 de agosto de 1553, no Ato de Inhapuambuçú, hoje Pátio do Colégio, nesta Capital, o eminente padre Manoel da Nóbrega, fundador de São Paulo, considerada presentemente a cidade mais importante do Hemisfério Sul, foi visitado pelo apóstolo São Paulo, que lhe apareceu nimbado de luz. Redivivo, o amigo da gentilidade apontou-lhe as campinas circunjacentes e lhe pediu fundasse, no Planalto Piratiningano, uma cidade, em nome de

Nosso Senhor Jesus Cristo, que se estabelecesse sobre as quatro colunas básicas do Cristianismo: amor e fé, trabalho e instrução. Desde esse dia, entre o Tamanduateí e o Anhangabaú, padre Nóbrega dá-se pressa na fundação inicial do Real Colégio de Piratininga, distribuindo encargos e responsabilidades entre os companheiros inesquecíveis, dentre os quais, o nosso admirável apóstolo José de Anchieta, nas atividades do magistério, se incumbe das lições de Humanidade.

Manoel da Nóbrega, impressionado, medita na revelação com que fora distinguido e recorda o encontro de Jesus com o mesmo apóstolo São Paulo, às portas de Damasco, nos dias do Cristianismo primitivo e delibera inaugurar as obras do Real Colégio de Piratininga na data que relembra a conversão do notável doutor de Tarso, 25 de janeiro de 1554, com o estabelecimento definitivo da grande instituição.

Atendendo ainda a divina mensagem de que se fizera objeto, no dia do mencionado, Nóbrega entrega o ofício da missa ao reverendo padre Manoel de Paiva e designa Anchieta para que desempenhe as funções de acólito na grande solenidade, e ele mesmo, ora e fica na expectativa de visões novas, para lhe trazer mais amplos esclarecimentos. Entretanto, ao invés de novas revelações, obtém na oração renovadas energias para trabalhar e trabalhar cada vez mais na consolidação da obra nascente. A cidade de São Paulo surgia, desse modo, ao calor da prece, entre o artesanato e o altar, no clima da fraternidade que Jesus legou, em base de amor ao próximo e respeito recíproco, o único realmente capaz de assegurar-nos a ordem e a tranquilidade na sustentação do trabalho e no alicerce das instituições que garantem a felicidade e o progresso.

Desdobra-se, o padre Manoel da Nóbrega, em esforços múltiplos pelo engrandecimento e prosperidade da vida em berçário de educação e serviço, paz e luz. Informado, mais tarde, de que a Câmara Municipal de Santo André da Borda do Campo passava enorme dificuldade para sobreviver, recorre ao desembargador Mem de Sá, então na Bahia, solicitando a ele a mudança da Municipalidade para a Vila de São Paulo. Obtida a concessão, Nóbrega, que consagrara o Real Colégio de Piratininga ao apóstolo São Paulo, recorda a excelsa Maria de Nazaré, que todos venerramos por nossa Mãe Santíssima, na Cristandade, por haver trazido até nós a sublime presença de Jesus, e que ele escolhera para medianeira e protetora de sua vida apostólica, resolvendo invocar-lhe o amparo e a bênção para a Legalidade Paulistana. Escolhe, por isso, a data de 8 de maio de 1560, em que toda a Cristandade recorda a Anunciação Angélica para a transferência da muito digna Câmara Municipal de Santo André da Borda do Campo para a Vila de São Paulo. A ocorrência inicia-se com absoluto respeito. Acompanhado por numerosos portugueses e brasilíndios, Manoel da Nóbrega deixa a Comunidade de Santo André da Borda do Campo pela madrugada, carregando os documentos históricos da transferência, sob a custódia da oração. É um préstimo religioso, que se efetua de uma cidade para outra. Alcançado o destino, celebra-se a missa, na manhã alta. Impressionado com o que vira, o grande sertanista João Ramalho, vereador muito digno da Primeira Câmara Municipal de São Paulo, indaga de Nóbrega quanto aos motivos de tantas cerimônias religiosas e o inesquecível sacerdote, jurista de nossas primeiras fundações, respondeu que a Câmara Municipal de São Paulo estava nascendo nas terras de Santa Cruz para ser refúgio e fortaleza de Deus.

Impregnada de Deus, esta Câmara garantiu a construção dos alicerces da nacionalidade, desde quando se fez representada por Nóbrega e Anchieta, na formação do Primeiro Tratado de Paz das Américas, nos entendimentos de Iperoig, preservando o tesouro genético que lastrearia as gerações do Brasil cristão de hoje e mantendo a integridade do território brasileiro até a fundação da Real Cidade de São Sebastião do Rio de Janeiro, tanto quanto desde a organização das Bandeiras com que plantou a Civilização Cristã nas vastidões do País, até 28 de setembro de 1822, quando a Edilidade Paulistana, por documento incontestável, sustentou o espírito democrático de nossas instituições, garantindo as liberdades religiosas e sociais da Cristandade no Brasil.

Todas essas lembranças não aflorariam por acaso no cérebro de Chico Xavier. De alguma forma, ele deve ter vivido tudo isso.

Chico na solenidade de entrega do Título de Cidadão Paulistano

Entrega do Título de Cidadão Paulistano

Capítulo 34

A FUNDAÇÃO DA FOLHA ESPÍRITA

Quando trabalhava na coleta de dados para escrever *Pequena História de uma Grande Vida,* percebi com mais clareza a importância da fundação do jornal *Folha Espírita*, uma vez que se tornou rica fonte de informações do movimento espírita, e, em particular, da vida e obra de Chico Xavier.

Fazia tão pouco tempo! Os amigos estavam reunidos na sala de jantar de nossa casa, na rua Ribeiro do Vale, em São Paulo, convidando Freitas para assumir o projeto de um jornal espírita mensal. Jamil N. Salomão e Ney Prieto Peres haviam consultado Chico, em Uberaba, e a resposta não poderia ter sido mais clara:

A tarefa é do Dr. Freitas Nobre e do Grupo Espírita de Diadema. Algum tempo depois, em 18 de abril de 1974, a *Folha Espírita* era lançada nas bancas de jornais e comemorada em cerimônia simples, que reuniu amigos e diretores de várias entidades espíritas, nas dependências da Livraria da Federação Espírita do Estado de São Paulo (Feesp), que funcionava, na época, na Rua Maria Paula, 140, mesmo local de hoje, mas na antiga sede.

"A data foi escolhida exatamente porque lembrava a todos nós o dia histórico do lançamento de *O Livro dos Espíritos,* em 1857, em Paris, por Allan Kardec", ressaltou Freitas Nobre, em seu discurso, durante a solenidade de lançamento do primeiro número, na sede da Feesp.

Em Nosso Objetivo, o editorial do primeiro número do jornal, Freitas norteou o que seria importante para a publicação.

"*Folha Espírita* pretende ser o veículo de divulgação das atividades espíritas em nosso País, sintetizando também os acontecimentos internacionais que interessam à doutrina ou dando a interpretação para os fatos diversos e a projeção explicativa do Espiritismo à história contemporânea." Valorizava, o fundador, as produções artísticas, as entrevistas de atualidade, o resumo de um livro, a colaboração de vários dos nossos mais destacados confrades, e sonhava com um amplo plano de circulação diária, embora não tivesse estipulado prazo para isso.

Freitas Nobre costumava dizer que a *Folha Espírita* deveria interessar também ao simpatizante do Espiritismo, ao desprevenido que passa pela banca de jornal e procura explicações mais convincentes sobre os enigmas da vida e da morte, do ser, do destino e da dor.

Jamil N. Salomão, 17 anos depois da fundação, em seu artigo de homenagem a Freitas Nobre, relembrou que "Chico Xavier foi um dos maiores incentivadores para que a *Folha Espírita* fosse produzida e por diversas vezes ressaltou a importância de o jornal contar com a direção de Freitas Nobre, cuja inteligência e competência, certamente, seriam a viga mestra desse empreendimento, de difícil suporte, pelos inúmeros tropeços comuns à imprensa espírita no Brasil de uma maneira geral".

Neste ano de 2014, a *Folha Espírita* completa 40 anos. Olhando para trás, constatamos que o livro *Lições de Sabedoria* foi produzido a partir das entrevistas que Chico Xavier concedeu durante 23 anos ao jornal. Paulo Rossi Severino, coadjuvado pela Associação Médico-Espírita de São Paulo, publicou, em 1990, o livro *A Vida Triunfa*, único trabalho de pesquisa sobre a mediunidade de Chico Xavier, graças às cartas-mensagens que ele preparava para cada número do jornal. Foram mais de 160 entrevistas com os familiares, uma pesquisa de campo excepcional, única no gênero, e que permitirá, no futuro, a apresentação da mediunidade de Chico Xavier à ciência do mundo.

A seção *Espiritismo e Ciência* esteve, por cerca de 20 anos, sob a responsabilidade de Hernani Guimarães Andrade, com o pseudônimo de

Karl W. Goldstein, Lawrence Blacksmith, ou Sergivan Du Marrik. Com brilho próprio, Hernani sempre procurou informar ao leitor o que estava sendo produzido de mais moderno no campo da ciência e quais os pontos de interligação com os ensinamentos espíritas. A partir desses artigos instigantes, vários livros de Hernani foram publicados pela Folha Espírita Editora, enriquecendo a qualidade do estudo construtivo em nosso país.

Folha Espírita participou de campanhas memoráveis.

Em 1980 e 81, foi inesquecível a campanha em prol do Prêmio Nobel da Paz, para Chico Xavier; em julho de 83, a promoção Encontro pela Paz, no Centro de Convenções Anhembi, que reuniu 3.500 pessoas, durante três dias, com a apresentação da peça Além da Vida, sob a direção de Augusto Cesar Vanucci, e que proporcionou também conferências e debates sobre os temas.

Em 1992, realizou o Congresso Internacional de Transcomunicação, em parceria com a Associação Médico-Espírita de São Paulo, que reuniu 2 mil participantes; em 1993, participou do alerta contra a legalização do aborto em nosso País, em trabalho conjunto com a Feesp e a União das Sociedades Espíritas de São Paulo e, em 1997, o II Congresso de Transcomunicação.

Os diretores nunca retiraram e nem retiram financeiramente nada do jornal, pelo contrário. Freitas Nobre sabia dos percalços e assumiu com coragem, durante muito tempo, o ônus financeiro da publicação.

Desde o começo, o fundador desejou vendê-la nas bancas de jornais e transformá-la, com o correr do tempo, em jornal diário. Até hoje, porém, a sua periodicidade continua sendo mensal, embora o seu formato tenha mudado para tabloide. Enfim, a *Folha Espírita* tem cumprido seu papel histórico: registra, para as próximas gerações, os fatos e assuntos relevantes do seu tempo e posiciona-se também como contemporânea do futuro, porque aponta para as grandes transformações deste milênio, à luz do otimismo que a fé proporciona.

Com sua visão de futuro, Freitas Nobre concluiu o primeiro editorial: "Conhecemos os percalços de nossa caminhada, mas estamos seguros de que a Providência não faltará nos nossos momentos de dificuldades e que as bênçãos do Divino Mestre serão o estímulo para as tarefas que nos foram confiadas na área da comunicação e da divulgação da Doutrina Espírita".

Estamos absolutamente seguros da proteção espiritual, basta verificar o verdadeiro milagre que tem sido permanecer na trincheira de luta, com tantos planos econômicos a experimentarem nossa capacidade de resistência. Mas isso só tem sido possível graças ao trabalho de uma equipe valente e idealista de voluntários. E da melhor qualidade.

Nessas memórias, tenho me valido de reportagens e entrevistas de outros confrades e as que eu mesma fiz para o jornal *Folha Espírita* e que são testemunhos vivos da vida e da obra do médium Xavier.

CHICO XAVIER NAS LEMBRANÇAS DE GOLIAS

Entrevistei o ator Ronald Golias, para a *Folha Espírita* de agosto de 1974. Destaco aqui o que ele disse sobre o médium de Emmanuel:

"Fui visitar Chico Xavier a uma hora da manhã, logo após o término de um dos meus *shows* em Uberaba. Batemos um longo papo. Havia uma comitiva de São Carlos, nessa noite. Conversamos muito (...) Naquela noite, Chico fez questão que eu retirasse minhas malas do hotel e fosse dormir em sua casa.

Após a reunião, fomos até a cidade para um cafezinho no 1.001. Eram quatro horas da manhã, quando nos recolhemos. E deu-se comigo um fato interessante. Eu tinha que tomar o avião às sete horas da manhã, como tenho necessidade de dormir oito horas, em geral não durmo quando tenho pouco tempo assim, com medo de perder a condução de volta. Mas nessa noite foi diferente. No quarto reservado para mim, havia duas camas. Chico falou com muita segurança e amabilidade: *agora, você vai dormir nesta cama e na outra você vai deixar todas as suas preo-*

cupações. Deitei mesmo, dormi profundamente, e só acordei de manhã-zinha, ao ouvir uma melodia muito suave. Estava feliz da vida!"

E concluiu: com Chico Xavier recolhemos exemplos maravilhosos de filosofia de vida. Seria muito importante que cada um de nós fosse um Chico Xavier".

"CHICO XAVIER ME TRANSMITE MUITA PAZ"

Entrevistei Nice Rossi Braga, a primeira esposa de Roberto Carlos, para a FE de outubro de 1974.

Roberto Carlos fez um *show* memorável, em São Paulo, em fevereiro de 1973, em benefício das obras assistenciais de Uberaba, com a presença de Chico Xavier.

Perguntei a Nice qual a razão de suas palavras de carinho no *show* de Roberto Carlos, homenageando o espírito de Emmanuel com as flores que lhe eram oferecidas. Qual a razão de tanta espontaneidade e gratidão?

"Você sabe" — respondeu-me — "até meu marido estranhou a minha desinibição naquela hora, porque, normalmente, sou muito tímida, tenho muita dificuldade de expressar-me em público. Mas aquilo foi bem espontâneo em mim. A verdade é que eu havia atravessado uma fase muito difícil. Estava bastante desorientada, tinha medo de tudo, de carro, de avião, sentia-me nervosa. Passei então a ler todas as noites um livrinho de Emmanuel, *Paz e Renovação*, com que Chico me presenteara. E essa leitura diária, antes de me deitar, fez-me um bem enorme, trouxe-me muita paz. Essas lições ensinam a amar o inimigo; não guardar ódio ou ressentimento; compreender todas as criaturas; conservar a paciência; e aceitar tudo com resignação. Confesso a você que coloquei muito sentimento, muito coração nas minhas palavras naquele momento."

Com relação ao seu carinho por Chico Xavier, enfatizou:

"Sinceramente, Chico é fora de série. Ele não é um ser como a gente, porque é puro. Quando converso com ele, me dá as respostas que estou buscando sem que eu diga nada.

Certa vez me falou: *Você é tão forte, tem tudo pela frente, por que esse medo?* E de fato eu estava atravessando uma fase cheia de medo e inquietação. Chico Xavier me transmite muita paz".

CHICO XAVIER E IVONE PEREIRA AUTOGRAFAM JUNTOS

No dia 19 de setembro de 1973, na Fundação Marieta Gaio, no Rio de Janeiro, Chico Xavier e Ivone Pereira autografaram seus livros em benefício daquela entidade que cuida de crianças e famílias carentes.

Chico estava muito feliz com o encontro e permaneceu firme das 13 horas às 2 horas da madrugada, com pequenas paradas para alimentarem-se. Ao final, Chico recebeu quadrinhas de vários poetas desencarnados.

Um encontro memorável!

Primeira entrevista de Chico Xavier à *Folha Espírita* em abril de 1974

Jamil Salomão (fundador da *Folha Espírita*), Dionisio Azevedo e Freitas Nobre

Chico Xavier e Fernando Worn, colunista da *Folha Espírita* durante muitos anos

Capítulo 35

EM 1975, CHICO TRANSFERE-SE
PARA O GRUPO ESPÍRITA DA PRECE

Nas minhas anotações para a *Folha Espírita em Revista*, chegavam-me os comentários de que Chico Xavier desejava voltar às origens, fundando uma Casa Espírita que fosse tão simples quanto a que tivera no início de suas tarefas mediúnicas em Pedro Leopoldo. Aliás, Chico já havia comentado conosco e com os amigos mais íntimos que desejava completar suas tarefas terrenas em ambiente simples e modesto, como aquele do seu começo.

Deu-se, então, o inesperado. Um dia, na CEC, Chico foi notificado de que havia uma doação, em seu nome, de enorme fazenda em Goiás. Como sempre fazia, tratou logo de desembaraçar-se do legado. Partiu a fazenda em duas e doou 242 alqueires de terra para a CEC de Uberaba e os outros 242 para o Lar da Fraternidade, de Goiás, passando, assim, integralmente, para essas duas instituições a herança que lhe havia sido designada por dona Consuelo Ramos Caiado, distinta senhora goiana.

Após essa doação, o médium desligou-se, em 19 de maio de 1975, da CEC, para que não houvesse dúvida nenhuma quanto ao seu envolvimento como beneficiário, mesmo que de forma indireta, desses bens materiais.

Em 5 de julho do mesmo ano, 1975, iniciou suas atividades normais no Grupo Espírita da Prece onde ficou até a sua desencarnação. Chico Xavier terminou seus dias terrestres trabalhando na Casa simples e modesta que sempre quis.

VISITA AOS REEDUCANDOS DA PENITENCIÁRIA

Estivesse onde estivesse, fosse onde fosse, Chico Xavier era sempre o mesmo. O seu legado maior permanecia inalterado. Todo mês de dezembro visitava os irmãos necessitados do caminho para levar-lhes solidariedade e amor.

Não poderia ser diferente, naquele ano de 1975, quando tanta mudança havia se operado em sua vida.

Por iniciativa de Gilberto Aiello, responsável pelo núcleo espírita, o semeador do Evangelho, que funciona na penitenciária de São Paulo, Chico Xavier fez duas visitas aos irmãos detentos. A primeira delas deu-se na manhã de 27 de dezembro de 1975 e a outra em junho de 1976, com a inauguração da sala Bezerra de Menezes, um recanto de meditação e estudo em meio aos livros da biblioteca espírita; um convite permanente à renovação. Durante esses colóquios fraternos, a receptividade sempre foi muito grande por parte dos reeducandos, mais de quatro centenas, interessados em recolher os ensinamentos do médium.

Fui convidada para esses eventos, integrei a caravana, e fiz a seguinte reportagem, para a *Folha Espírita,* noticiando o evento.

"O coro dos reeducandos da Penitenciária do Estado repetia com ênfase harmônica e vigorosa: 'Ei, irmãos! Vamos seguir com fé tudo o que ensinou o homem de Nazaré'.

O auditório lotado acompanhava, em silêncio, de olhos fixos em Francisco Cândido Xavier, que ali estava naquela manhã de 27 de Dezembro, para uma visita de confraternização.

A sessão iniciara-se com a saudação do Dr. Luiz Gonzaga Santos Barbosa, diretor da Penitenciária, que se dirigiu ao visitante com expressões de respeito e consideração.

Oscar Brasil proferiu a prece inicial e Jorge Formigoni completou a saudação preliminar. A seguir, Gilberto Aiello, responsável pelo trabalho espírita com os detentos, conduziu a reunião que se prolongou por duas horas consecutivas. Através de Aiello, os reeducandos dirigiram perguntas a Chico Xavier, que falou de esperança, fé, reencarnação, amor materno, amor de Deus, felicidade, ressaltando a nossa condição de reeducandos na escola da Terra.

"O mundo só será feliz se a gente cultivar o amor ", enfatizou o médium. Ao final da reunião, ele psicografou bela mensagem de Maria Dolores: Sublimação.

Antes de partir, Chico apertou a mão de cada reeducando, completando quatro horas de permanência na instituição penal. Em nossos ouvidos, por muito tempo ainda permaneceram o coro clamando por Jesus de Nazaré e a frase de Emmanuel relembrada pelo médium:

Haja o que houver à noite, ninguém prende a Alvorada. Sem dúvida, uma nesga de luz e esperança nos céus de São Paulo e do mundo conturbado.

PRESENÇA DE CHICO XAVIER EM ARAXÁ

O programa Pinga-Fogo continuava a reverberar no coração dos brasileiros. Em 12 de janeiro de 1976, Chico Xavier esteve em Araxá a convite de Sylvia de Almeida Barsante para a inauguração da nova sede do Centro Espírita Caminho do Bem, recebendo mensagem especial de Maria Dolores e distribuindo três mil rosas. Sylvia, a anfitriã em Araxá, publicou um livro – *Chico Xavier, Missionário do Amor* – contando esta que era a segunda passagem do médium pela cidade. A primeira tinha sido em 19 de julho de 1955.

No dia da visita, Geraldo Porfirio Botelho, no editorial do jornal *O Correio de Araxá,* destacou as qualidades morais do visitante. (74)

"Chico Xavier é uma síntese de espiritualidade profunda, e as suas mensagens totalmente moldadas nos ensinamentos de Cristo, têm que ser aceitas, e aplaudidas, mercê do seu conteúdo, válido sob todos os aspectos.

A sua figura transcende os limites do sectarismo religioso para atingir, de maneira global, a área do mais puro espiritualismo.

(74) BARSANTE, Sylvia de Almeida. **Chico Xavier, missionário do amor.**

Os Evangelhos são o seu suporte, vale dizer a palavra de Cristo tem, nele, um divulgador excepcionalmente dotado, que não se contenta apenas com o conteúdo das mensagens, mas faz com que elas se lastreiem no exemplo da figura humana sob todos os títulos respeitável, pelos seus exemplos e pela sua maneira de viver."

E reconheceu: "Uma coisa é certa, irrefutável e patente, na sua existência, o dom excepcional de que é dotado, e que não encontra paralelo no mundo".

Concluindo: "A figura do mestre, que hoje nos visita, oficialmente, se projetou de tal maneira, se firmou em tais fatos da sua vida, que se situa num campo inteiramente fora das divergências religiosas".

O repórter Domingos Antunes Guimarães, do mesmo jornal, *Correio da Manhã*, pediu que Chico definisse o que vem a ser realmente, o verdadeiro amor (75).

E o médium respondeu:

O amor verdadeiro é aquele que Jesus exemplificou: aquele que se doa com sentido e espírito de sacrifício, para que a pessoa amada se faça feliz, pois toda vez que nós desejamos algo de alguém, ele tem sempre matizes de egoísmo. O amor verdadeiro é aquele que se entrega do ponto de vista do sacrifício pessoal, sem qualquer recompensa.

Em seguida, o repórter quis saber: Qual a maior ameaça?

E o médium respondeu prontamente:

A ameaça que pode sobrevir do ódio e da ignorância, onde nós não desejamos o aprimoramento individual e nem cogitamos de proteção mútua na vida coletiva.

O ódio e a ignorância são os nossos maiores inimigos, porque eles é que geram as guerras. Do ódio vem a separação, e da ignorância pode surgir o egoísmo.

Chico Xavier teve a oportunidade de comentar também a respeito da novela que era grande sucesso àquela época.

---

(75) BARSANTE, Sylvia de Almeida. **Chico Xavier, missionário do amor.**

A novela "A Viagem", de autoria de nossa grande patrícia e escritora, Ivani Ribeiro, é um trabalho digno do maior apreço. Naturalmente, ela contém determinada mensagem sobre imortalidade, sobre a comunicação dos espíritos, sobre o problema da obsessão. Nós vimos dentro da novela a influência negativa do ódio no campo de nossas vidas, e Ivani Ribeiro abordou muito bem estas questões todas. É uma novela merecedora do nosso maior respeito, de benefício para nós todos que temos acompanhado com muito entusiasmo o trabalho de nossa grande brasileira, que é a programadora, comentarista, criadora de programas e escritora, Ivani Ribeiro.

Capítulo 36

O CORAÇÃO NÃO AGUENTOU

Avizinhava-se o ano do cinquentenário e acelerávamos as anota-ções, sonhando com um evento comemorativo a que o médium pudesse comparecer, recebendo justa homenagem.

Logo em novembro de 1976, porém, recebemos uma notícia que frustraria nossos planos. Chico tivera um enfarte.

Em um dia de atendimento, em novembro de 1976, o médium psico-grafava normalmente, no Grupo Espírita da Prece, as consultas da noite e as mensagens aos familiares, na sua tarefa de consolar e amparar os corações sofridos, como sempre fazia. Dentre as pessoas que ele havia entrevistado, antes da sessão mediúnica, estava uma senhora, que era brilhante professora universitária, e que se apresentou como candidata a receber mensagem do filho que tinha morrido recentemente.

O doloroso caso resumia-se no seguinte: o filho dela tinha se suici-dado. E a razão do suicídio fora a intransigência dela e do marido, em-bora ela não o admitisse, é claro, enxergando o doloroso acontecimento com o prisma dos seus olhos. O fato é que o filho chegara todo entu-siasmado em casa, afirmando que ia entrar para um convento, porque queria ser padre. Ela e o marido opuseram-se, imediatamente, e de for-ma violenta, dizendo que não iriam admitir semelhante absurdo. Ambos eram materialistas, comunistas, e ocupavam cargos de destaque na vida universitária do País. Diante da reação violenta dos pais, o jovem entrou para o seu quarto e tirou a própria vida.

Ela viera a Uberaba para receber a mensagem do filho.

Ocorre que, ao término da sessão, não havia mensagem alguma para ela. Os motivos, todos nós, que temos certa informação sobre o mundo espiritual, sabemos: o menino não teria nenhuma condição para escrever. Mas é preciso humildade para entender que *o telefone toca de lá para cá* e é preciso humildade para submeter-se aos desígnios de Deus.

Mas o fato é que essa senhora não tinha esse preparo e, em voz alta, após a sessão, destratou o médium de forma cruel. Afirmou que ele estava ali a serviço tão somente das pessoas ricas e poderosas, era inte-resseiro, bajulador e outros adjetivos impróprios, por isso não recebera a mensagem do filho dela.

Chico não reagiu, manteve-se silencioso e calmo, mas foi para casa, de certa forma, combalido, e naquela madrugada teve um infarto agudo do miocárdio.

O Dr. Eurípedes Tahan Vieira, desde muitos anos, era médico do mé-dium, por isso foi chamado às pressas. Cuidou dele durante todo o perí-odo agudo e continuou a acompanhá-lo, como já o fazia antes, por mais 26 anos, até a sua desencarnação, em 2002. Segundo diagnóstico do Dr. Vieira, ao longo do tempo, o médium teve dois enfartes e, de 1976, ao final da existência, tratou-se de *angina pectoris* (76).

Durante toda a sua convivência com o médium, o Dr. Eurípedes Vieira reconheceu que ele sempre respeitou a Medicina e seguiu à risca a prescrição médica.

CHICO XAVIER MANTEVE-SE NO REGIME MÉDICO

Em março de 1977, ano do cinquentenário da mediunidade de Chi-co Xavier, nós, os diretores da *Folha Espírita*, visitamos o médium que

---

(76) *Insuficiência de oxigenação do coração por problema vascular do próprio órgão.*

obedecia ao regime de recuperação das forças físicas e, com cautela, havia retomado as tarefas do Grupo Espírita da Prece. Vi as pastilhas sublinguais que ele carregava no bolso para uma emergência, que todos esperavam não ocorresse.

À nossa frente, Chico Xavier, dez quilos mais magro, recebia um belo poema de Maria Dolores. Chico contou-nos as circunstâncias em que o poema fora produzido, as mesmas que são próprias dos grandes momentos de arte. A poetisa chorava e o medianeiro também; perto dela, um violinista tocava, mas eram as lágrimas deles que, de encontro ao arco, tangiam as cordas do instrumento, a alma pura da musica celeste, enquanto a mão do médium grafava essas notas em versos sublimes.

Os sensitivos, como os poetas e artistas, produzem obras-primas ao buril do sofrimento. Como as ostras, em trabalho humilde, enovelam os espinhos dolorosos em pérolas valiosas com as quais enfeitam a natureza.

Chico Xavier estava em convalescência. Tivera duas crises agudas de angina, e precisava manter regime médico rigoroso. Às sextas-feiras e sábados, por volta das 10 horas da noite, um auxiliar o retirava da multidão e ele seguia para casa. Havia lamentos, protestos, incompreensões entre os que participavam da sessão no Grupo Espírita da Prece.

Assisti-o dizer que estava muito doente do coração, necessitado de tratamento, mas a senhora a quem ele se dirigia não o entendia, parecia completamente indiferente, como se ele fosse um robô. Outro agarrou-o tão violentamente para um abraço que tive a impressão de vê-lo tombar.

Através da *Folha Espírita,* buscamos a compreensão dos que compareciam a Uberaba, relembrando que há 50 anos as mãos de Chico Xavier eram instrumentos dóceis aos espíritos, espargindo bênçãos em forma de livros e mensagens. Era chegada a hora de respeitar-lhe os impedimentos médicos.

TRABALHO LIMITADO

Em fevereiro de 1979, fizemos outra visita ao querido médium.

Privado do seu "cafezinho" – com horário certo para os remédios –, dependendo da orientação dos espíritos, programava ou não os atendimentos da semana. Aspirava alcançar os 200 livros, pois já havia psicografado 160. Constatamos a persistência do médium nas tarefas espirituais, apesar da moléstia cardíaca que o acometeu, desde novembro de 1976. Notava-se que o querido amigo trabalhava dosando energias, a fim de continuar fiel às tarefas de intercâmbio.

Chico Xavier obedecia a rígido esquema para o corpo e para a mente; horário certo para os remédios (e eram muitos); disciplina alimentar rigorosa, naquele momento ingeria 200 gramas de alimento, abstendo-se do café, de longe a sua bebida preferida; falava pouco, porque a voz já não lhe era fácil, em decorrência da própria moléstia e ele precisava de muito esforço para ler as mensagens no final das reuniões das sextas-feiras e dos sábados.

Como ele próprio nos confessou, aprendeu a conviver com a angina, inclusive nas crises agudas que de vez em quando repontavam violentas, exigindo-lhe muita coragem. Estivemos em Uberaba numa dessas ocasiões muito dolorosas e pudemos constatar seu esforço inaudito em cumprimentar as pessoas, apesar da sudorese intensa, das mãos frias e da intensa dor precordial. Mas Chico faria tudo para continuar atendendo ao povo, como de fato permaneceu, daí o regime e a disciplina exemplares. A Providência Divina favoreceu-lhe as intenções, conforme o ensinamento evangélico: Batei e abrir-se-vós-á; Buscai e achareis.

Chico, naquele momento, não tinha condições de programar nada, porque não sabia se seu corpo suportaria esse ou aquele compromisso, com data marcada por antecipação. Segundo condição que lhe era imposta pelos próprios espíritos, estava em processo de desaceleração de atividades, obedecendo a exigências orgânicas muito sérias.

Outra pessoa em seu lugar estaria em cadeira de balanço, há muito tempo...

A VISITA DE VALÉRIA

Chico contou-nos o seu emocionante encontro com Valéria (76A) no período de convalescença. Para saber quem é Valéria, é preciso voltarmos a Pedro Leopoldo, entre os anos de 1953 e 1959, quando Chico prestava assistência, com outros companheiros, às casas dos mais necessitados, levando balas, bolos e oração aos doentes.   Conheceu, nessa época, Valéria, moça hemiplégica e muda, irmã de Laura, uma das assistidas. Durante seis anos consecutivos, eles levavam doces e guloseimas e sempre oravam com Valéria.

De certa feita, ela foi acometida de febre alta. Era gripe forte, às portas da pneumonia. Nesse dia, após a prece, Chico insistiu para que Valéria se lembrasse de que Jesus curava os enfermos. Ela deveria mentalizar as curas do Mestre e imaginar-se andando. O médium insistiu para que ela falasse o nome de Jesus. E Valéria, com sua dicção imperfeita, pronunciou:

- Zozuzo!

- Zozuzo!

Todos ficaram muito alegres e logo imaginaram que ela ficaria boa. No dia seguinte, porém, Chico e os companheiros foram chamados, porque Valéria havia partido para o mundo espiritual.

Os anos rolaram. Em 1976, quando Chico teve o enfarte, ficou vinte dias de repouso absoluto em sua residência, sob os cuidados de nossa cara irmã, Dinorá Fabiano. Era proibida a visita dos encarnados, mas não dos desencarnados. E Chico passou a recebê-las à tarde e à noite.

Ele conversava em voz alta com as entidades que vinham visitá-lo. Uma tarde, entrou uma moça morena, muito bonita. Chico pediu para que ela se sentasse. A moça esclareceu que era uma de suas amizades de Pedro Leopoldo. Chico pediu para que ela falasse o sobrenome da família, porque ele havia tido um problema circulatório e não estava bom de memória, procurando, assim, justificar-se.

(76A) Cf. Folha Espírita, jan. 1986.

A moça disse: "Eu vou dizer apenas um nome - Zozuzo!". Imediatamente, Chico lembrou-se de Valéria e ficou muito emocionado. Em seguida, ela colocou a mão sobre o seu coração. Disse que vinha lhe trazer confiança em Jesus e a dor desapareceu. Chico ficou muito emocionado com essa lembrança e, em lágrimas, lembrou a importância do nome do Cristo.

DUAS SENHORAS

Chico tinha por hábito minimizar seus problemas, provocando risos. Todos os momentos difíceis ou as situações que lhe trouxeram sofrimento, ao longo da existência, mereceram do médium tratamento jocoso, a ponto de rirmos muito com essas lembranças tristes, o que, sem dúvida, só acontecia com essa criatura especial.

Com relação às suas doenças, por exemplo, ele apresentou um quadro hilariante.

Não me casei, mas, em compensação, duas senhoras vieram morar comigo. Uma delas chegou quando eu era mais moço — Dona Catarata — e, desde essa época, não mais me deixou. A outra veio mais recentemente, é dona Angina. É mais exigente, de trato mais difícil. E eu tenho que me render às exigências das duas senhoras sob pena de sofrer muito nas mãos delas.

Capítulo 37

AS LEMBRANÇAS DE WEAKER E ZILDA

"NUNCA VIMOS CHICO PARADO"

A minha coleta de dados para a Revista incluía, como já tive oportunidade de dizer, entrevistas com aqueles que conviviam mais de perto com o médium, a fim de obter informações detalhadas sobre sua vida diuturna e, principalmente, sobre a repercussão de seus atos no contexto familiar.

Zilda e Weaker Batista acompanharam as atividades de Chico Xavier, praticamente, desde a mudança do médium para Uberaba. Por ocasião dos 50 anos de exercício da mediunidade de Chico, nós os ouvimos em entrevista.

O casal viera de Anapólis, em Goiás, para passar alguns dias em Uberaba; ouvir orientação espiritual, quanto ao problema mediúnico de Zilda, e regressar logo em seguida às lides normais do Centro Espírita Vicente de Paula, naquela cidade. E os dias prolongaram-se em 17 anos. Waldo Vieira falara-lhes, nessa ocasião, de tarefas a serem abraçadas, ali, na CEC, em Uberaba, por aconselhamento do grande benfeitor e amigo espiritual, Dr. Bezerra de Menezes.

Desde, então, todos os esforços do casal convergiram para favorecer a tarefa de amor que Chico desempenha na coletividade. Eles auxiliam o médium no serviço de correspondência. Em 1977, eram expedidas em torno de 500 cartas por semana e 140 mil mensagens remetidas em volumes por semana.

"Nosso trabalho — meu e de Zilda — é o de empacotamento, porque todo o endereçamento é feito pelo Chico. Sua dedicação a esta, como a todas as outras tarefas, é muito grande. Normalmente, ele fica até 3 ou 4 horas da manhã, expedindo correspondência. Ele não deixa nunca para depois o serviço que está no caminho", esclarece Weaker.

90 LIVROS EM 19 ANOS

"Com a aposentadoria, Chico pôde dedicar todo o seu tempo ao mundo espiritual. O resultado deste trabalho, podemos sentir confrontando alguns dados: em Pedro Leopoldo, a espiritualidade trabalhou por suas mãos, formando 60 livros, enquanto que, aqui, foram recebidos 90, em 19 anos de atividades.

Isto se deve ao fato de que nós nunca vimos Chico parado", ressaltou Weaker. "Ele não perde tempo, tem sempre lápis, caneta e papel à mão para escrever, quer trabalhando nas respostas às consultas que lhe chegam por carta, do Brasil todo, e mesmo do exterior, quer ouvindo e anotando as mensagens dos espíritos. Seu contato com Emmanuel é permanente, a qualquer hora do dia e da noite ele nos diz a opinião ou o ensinamento de seu guia e protetor com relação aos mais diversos assuntos."

DORMIR É PERDA DE TEMPO

"Ninguém faz ideia de quanto Chico trabalha", ressalta Weaker. "Ele acha, por exemplo, que a pessoa não deveria dormir, considera uma perda de tempo *com tanta coisa boa que a gente tem para fazer*. Mesmo agora, com a moléstia que o acometeu em fins de 1976 — está com um processo anginoso — ele tem muita dificuldade para repousar, conforme a recomendação médica, porque está acostumado a dormir apenas duas horas por noite.

No momento, ele começa a trabalhar cedo, por volta das 7 horas da manhã, senta-se à mesa, conversa um pouco e logo depois inicia a tarefa; às 11 horas, vê conosco o andamento da correspondência, observa se precisamos de alguma coisa, volta ao trabalho; ao meio dia, vem novamente, almoçamos, ele toma os remédios — está com uns 12 medicamentos aconselhados pelos cardiologistas — descansa até 14 horas e reinicia depois com a mesma boa vontade. Eu nunca vi na minha vida ninguém trabalhar assim".

RESTRIÇÃO DEPOIS DO ENFARTE

Segundo Weaker, "Chico é muito dócil ao conselho dos médicos quanto aos medicamentos. Depois das crises, ele faz consultas periódicas. Sua melhora foi espantosa; já não se nota o abatimento do princípio da doença. Sua maior alegria é servir ao próximo. Nossas atividades no Grupo Espírita da Prece, onde estamos, atualmente, sofreram, como é natural, algumas restrições do ponto de vista de horário.

As reuniões de atendimento público às sextas-feiras iniciam-se às 16 horas e terminam às 22 horas, segundo conselho médico. Antes, você bem se recorda, iam até quatro ou cinco horas da manhã.

Aos sábados à tarde, fazemos o Culto da Assistência, com a leitura do Evangelho e a distribuição de alguns mimos aos nossos irmãos mais necessitados. Chico permanece conosco também nas reuniões de desobsesão.

Quanto à mudança da CEC para o Grupo Espírita da Prece foi uma decorrência natural", reconheceu. "Chico sonhava em ter um grupo pequeno, uma casinha pobre e simples, onde ele pudesse fazer o trabalho como havia começado, em Pedro Leopoldo. E é o que está acontecendo agora."

Weaker ainda ressalta:

"Quanto mais o tempo passa, mais a gente percebe a grandeza de alma do Chico. É impressionante! Às vezes, saio daqui de casa com uma porção de perguntas para fazer, quando chego junto dele, tenho todas as respostas. Podem ser as questões mais difíceis e profundas! A emoção é muito grande quando nós falamos desta alma maravilhosa à qual tanto devemos! ...".

"TEMOS EM CHICO O CARINHO DE UM PAI"

Os olhos de Zilda brilhavam, ao falar de Chico. E ela fala pausadamente:

"Weaker pode dedicar-se muito mais, porque, quando mudamos para cá, eu estava muito envolvida com os deveres do lar, tinha filhos pequeninos. Ele foi secretário do Dr. Waldo Vieira, auxiliava nas consultas médicas gratuitas dadas aos necessitados; arrumávamos a farmácia e ele cooperava no setor de datilografia das mensagens. Isto até   a mudança do Dr. Waldo para o Rio de Janeiro, o que se verificou em 1966. Depois disso, nossas humildes tarefas, continuaram crescendo... Chico desincumbiu-se com muita dedicação de todos os trabalhos e encargos espirituais, tanto no plano do livro, quanto no atendimento aos irmãos nas reuniões públicas, desdobrando-se muito mais.

Sempre tivemos em Chico Xavier o carinho de um pai. Não sabemos exprimir toda a gratidão de nossos corações por todo o Bem que dele temos recebido!".

SIMPLICIDADE E GRANDEZA DE ALMA

Desejo saber se Chico teria algum laivo de vaidade com tantos títulos de cidadania e homenagens.

"Não. Chico não tem vaidade", enfatiza Zilda. "Quando ele recebe títulos de cidadania, acha que nada é endereçado a ele, mas à Doutrina Espírita.

Ele se veste com a maior simplicidade. Se, às vezes, coloca uma roupa melhor nas apresentações de cerimônia, é porque ele tem respeito aos amigos e à própria Doutrina que ele representa e à qual tem demonstrado tanto amor.

Não acredito que nós tenhamos altura para compreender a beleza que ele vê no mundo espiritual e que não nos pode revelar muitas vezes integralmente. Você sabe, Chico vive junto de nós, mas nós não temos os recursos de que ele necessita para produzir mais; outras criaturas de condição mais elevada, do ponto de vista de evolução espiritual, favoreceriam muito mais a tarefa dele.

Mas nós queremos dizer que o consideramos muito mais, como a um espírito superior. Sentimos que a sua casa é a continuação de nossa casa e somos muito gratos a Deus por essa graça. Aqui, todos nós estamos felizes se Chico está feliz. Para nós, a coisa melhor do mundo é vê-lo alegre e ele só está contente quando realiza algo em prol do semelhante."

EURÍPEDES HIGINO DOS REIS FALA SOBRE O PAI

Na entrevista que deu à *Folha Espírita* quando do lançamento do livro: *Chico Xavier, Apóstolo do Brasil*, Eurípedes Higino dos Reis falou sobre os ensinamentos de seu pai. (77)

"Chico Xavier dizia que a Doutrina Espírita, a Doutrina de Jesus que ele conhece, teria sempre muitos estudos em centros, grupos, e outras entidades, mas dois ensinamentos de Jesus não poderiam ser esquecidos jamais: 'Fora da Caridade não há salvação' e 'Amai-vos uns aos outros, como eu vos amei'. Ele esperava que os intelectuais da Doutrina pensassem melhor sobre os cursos, porque estes iriam despertar disputas no nosso meio, discussões, opiniões contrárias. E não foi isso que Jesus, Allan Kardec e ele próprio, através dos bons espíritos, esperavam. Disse que o movimento iria crescer e muito, mas não deveria perder o brilhantismo da humildade."

FOI MUITO TRISTE DEIXAR A COMUNHÃO

"Quando deixou a CEC, e também mudou de casa, em 1976, passando a morar no número 165 da Rua Dom Pedro I, nós éramos muito poucos, ao lado dele, somente uns oito gatos-pingados. Para ele, foi muito triste deixar a CEC, a Casa Espírita que fundou em 1959. Ao sair, ele me disse: *'Aqui deixei a metade da minha vida'*. Três meses depois, teve seu primeiro enfarte. A angina apareceu com força. Como ele era previdente, fez Declaração Testamentária, com várias testemunhas, às quais atribuiu as responsabilidades de seu cumprimento. Procurei ser fiel. Isso me dei-

---

(77) Cf. *Folha Espírita*, n. 430, jun. 2010.

xou feliz. Com a passagem dos anos, a saudade aumenta, mas estou em paz com o querido Chico Xavier e comigo mesmo."

BONDADE DE CORAÇÃO

E Eurípedes continua com suas lembranças: "Ele sempre foi muito grato às pessoas que o acompanharam, como o amigo e companheiro Dr. Eurípedes Tahan Vieira, que orientou todo o seu tratamento médico, e a nossa companheira da casa, Dinorá Fabiano, a quem ele chamava de mãe.

Ele era companheiro, chegava ao nosso nível para que não nos sentíssemos humilhados. Colocava sempre a gente na frente por bondade de seu coração. Mas nós sabemos da sua grandeza. Ele foi o grande amigo de Jesus. Muitas vezes, fui criticado por decisões que ele me pedia para tomar: '*Me poupe disso, meu filho. Não posso atender agora*'. Apesar de sua evolução espiritual, ele era humano, sentia dores, cansaço, renunciou a quase tudo".

COMO SEGUIR OS SEUS EXEMPLOS DE VIDA

Para Eurípedes, "seu exemplo de vida está aí, para todos. Agora, inclusive, colocado em filme, segundo o diretor Daniel Filho. Chico Xavier não é quem sabemos que é, porque psicografou *Nosso Lar, Paulo e Estêvão, Parnaso de Além-Túmulo*. E, sim, por seu exemplo de vida. Era como Jesus, nunca mandou ninguém fazer isso ou aquilo. Seu dia a dia falava mais alto. Exemplificou humildade; amor ao próximo. Teve como lema: fora da Caridade não há salvação. Seguiu Jesus quando disse: amai-vos uns aos outros como eu vos amei; não mandou ninguém mudar de religião e nem dizia que a Doutrina Espírita era o caminho certo. Dizia ele: "*O caminho é Jesus*".

JARBAS LEONE VARANDA: UNIFICAÇÃO SEM PERSONALISMOS

Perguntei a Jarbas Leone Varanda, seareiro incansável da unificação do movimento espírita no Triângulo Mineiro, hoje já desencarnado, o que destacaria como pontos preponderantes na tarefa do Chico. E ele ressaltou, na entrevista à *Folha Espírita em Revista*:

"Como missionário que é, Chico Xavier somente pode ser visto no contexto histórico brasileiro, isto é, dentro da missão do Brasil perante as outras nações. Nesse sentido, e apesar de possuir todas as faculdades mediúnicas, a difusão da ideia espírita que revive Jesus, através, principalmente, da mensagem, do livro, decalcada no exemplo que sempre deu do Bem, do Amor e da Caridade, é a sua principal tarefa! Evidentemente, e dentro desse contexto, está ele projetando o Brasil, com vistas à revivescência do Cristianismo!".

Perguntei a Jarbas o que Chico tinha a dizer sobre a unificação.

"Você sabe," — respondeu — "estamos ligados ao movimento de Unificação há 20 anos e, durante todo esse tempo, somente vimos e ouvimos palavras de estímulo, apoio e esclarecimento construtivo dos espíritos e do próprio Chico, relativamente ao citado movimento. É preciso que se diga, todavia, que os espíritos, tanto quanto Chico Xavier, não gostariam de ver o movimento, instituindo no meio espírita aquilo que eles chamam de "espírito de cúpula", uma espécie de "elitização", onde houvesse mais cultos e menos cultos, chefes e dirigidos, portas a dentro do Espiritismo. Não desejam, assim, uma hierarquia sacerdotal, desnaturando o Cristianismo primitivo em sua feição simples e pura; não aconselham a formação de uma elite de intelectuais, mas, sim, que os mais cultos sirvam de apoio aos menos cultos, e que a Doutrina Espírita seja praticada tal como o foi o Cristianismo Primitivo 'sem personalismos deprimentes', sem castas, sem profissionais religiosos, sem discriminações e imposições de ideias sob qualquer pretexto. Tudo dentro da mais perfeita liberdade de ação dos espíritas em geral, objetivando a implantação de Jesus no coração dos homens!".

Jarbas Leone Varanda em 1994

Weaker Batista

Sua esposa Zilda

Capítulo 38

O OLHAR DE NENA E FRANCISCO GALVES, NOS 50 ANOS

Francisco e Encarnação Galves, mais conhecidos no meio espírita como Chiquito e Nena, receberam Chico Xavier em casa durante muitos anos, quando de sua passagem por São Paulo. Nós os entrevistamos para a *Folha Espírita em Revista*, em 1977, e ficamos sabendo que eles conheceram o médium no mês de maio de 1959, em Uberaba. E, desde então, são grandes amigos.

Nossa primeira pergunta foi sobre o problema cardíaco que nosso querido médium estava atravessando no momento. Qual o comportamento dele frente à dor?

Nena Galves reconheceu que Chico se comporta como qualquer ser humano, frente à dor; também sofre e sente, mas sua grandeza está em saber suportá-la, com equilíbrio, omitindo as queixas, na medida do possível, para não causar sofrimentos a outrem.

"Tivemos oportunidade de ver, em muitas ocasiões, especialmente nas longas noites de autógrafos, nosso Chico tomar seguidamente analgésicos para amenizar suas dores e continuar sorrindo e confortando corações amargurados, procurando, portanto, esquecer a própria dor para confortar o próximo. Seu guia espiritual, Emmanuel, recomenda-lhe equilíbrio, dizendo-lhe o seguinte: '*A dor é sua, o sorriso é dos outros*'".

Com a possibilidade de conhecê-lo mais de perto, pergunto quais as qualidades que destacariam na personalidade do médium? E o casal responde:

"São muitos os aspectos relevantes da personalidade de Chico que poderiam ser destacados: A tolerância é, sem dúvida nenhuma, sua grande virtude, seu traço marcante. Também o desprendimento dos bens terrenos: Chico tem tido inúmeras oportunidades de enriquecer-se, através de sua mediunidade, mas sempre soube rechaçá-las com veemência. E, sem dúvida, a humildade é uma constante na personalidade de Chico e que muitas vezes é confundida com ingenuidade. Nós que o conhecemos de perto sentimos essa virtude forjada em lutas e sofrimentos, à luz do Evangelho de Jesus. "A calma, a paciência, a disciplina e muitas outras virtudes podemos destacar ainda como traços positivos de seu caráter."

CASOS PITORESCOS

Em todos esses anos de conhecimento, são muitos os fatos pitorescos ocorridos com Chico, quais o casal poderia relatar? Nena começa lembrando de um que é prova evidente de sua grande humildade.

"Galves, acompanhado de Chico, havia estacionado o carro próximo ao mercado municipal, na capital paulista. O rádio permanecia ligado, sintonizando uma estação que transmitia a prece Pai Nosso, do monsenhor José Silvério Horta, gravada por Chico Xavier. Um garoto que estava nas imediações aproximou-se, pedindo para cuidar do automóvel, e ouvindo a prece, falou, referindo-se àquela voz.

— Minha mãe gosta muito desse 'cara'.

Então, Chico perguntou: *Você o conhece?*

— Não, moço, ele é morto!

— *É mesmo?* inquiriu o Chico, achando curiosa a resposta. *Você tem certeza?*

— Claro que tenho, é morto e é santo.

Chico, que a tudo ouvia com surpresa, afagou a cabeça do menino conversando com ele carinhosamente. O garoto, ao reconhecer a mesma voz, recuou como se estivesse vendo um fantasma.

Bem, o garoto não estava longe da verdade, pois até seus amigos mais íntimos, conhecendo sua vida, custam a acreditar que Chico existe."

A ESPERA DO TÍTULO

É Galves quem conta: "Em janeiro último, estávamos numa roda de corintianos e palmeirenses, conversando sobre futebol. Falávamos sobre a demora do título de campeão para o Corinthians, quando alguém disse:

— 'Mas esperar mais de 22 anos para ser campeão já é demais ... Eu não teria coragem de ser corintiano, depois de tanto fracasso...'.

Alguém da turma perguntou ao médium: — 'E você, Chico? Que diz sobre isso? Você, que se diz corintiano, tem coragem para esperar esse campeonato, sempre distante?'

Chico respondeu em cima:

— *'Vocês não se impressionem... eu continuo firme, na espera do título. A minha bandeira de corintiano, um dia, vai ser desenrolada!'*

— 'Mas, pense bem', falou o outro, 'o Corinthians já espera isso em vão, há mais de 22 anos e você ainda espera?'

Chico esclareceu muito calmo: — *'Isso não tem importância, não. Para mim, esse tempo é sopa, pois justamente agora estou completando 50 anos de mediunidade. Como vê, temos muita margem de tempo para esperar'.*

Nós, que o ouvíamos, reconhecemos a sua fidelidade e a sua constância às causas que abraça".

ORE POR MIM ...

"Certa tarde, já regressando para casa, na Rua Benjamin Constant, São Paulo, capital, muitos amigos, que reconheciam nosso Chico, faziam questão de cumprimentá-lo. Nosso querido amigo sempre solícito e humilde abraçava a todos, dando autógrafos em pequenos papéis e não raro em carteiras de documentos, pois tudo o que lhe dão para assinar como recordação ele assina com muito amor e muito carinho. Após algumas dedicatórias, a todos Chico atendeu. Aproximou-se um senhor muito simpático e abraçou Chico efusivamente, louco de alegria, beijava nosso médium. O homem chorava e ria. Quando se despedia, pediu-lhe, nosso querido amigo Chico, que orasse em seu favor. Prontamente, retrucou:

— Você, Chico, está chorando de barriga cheia, seu danado!

Rimos muito e continuamos nosso caminho."

LAVE A BOCA QUANDO FALAR NESSE NOME

"Fomos, Chico, Galves e eu, despedir de um amigo muito querido que embarcava em Viracopos para os Estados Unidos em viagem de estudos. Tomávamos um café quando uma senhora, acompanhada de seu esposo, reconheceu nosso querido médium.

Aproximou-se dele em prantos, pedindo-lhe proteção e ajuda. Esclareceu que viajavam, ela e seu marido, para a América do Norte, e haviam deixado sua mãezinha muito nervosa. Alegava, nossa irmã, que dificilmente se separavam e quando isto acontecia sua progenitora sofria muito.

Pediu a Chico que telefonasse à sua mãe, que ficara muito nervosa e assim ela viajaria mais tranquila. Deu-lhe um cartão com o endereço, reforçando o pedido: — 'Não se esqueça, telefone para mamãe!'.

Fomos para casa. Era tarde para efetuar a ligação.

Chico havia assumido vários compromissos para o dia seguinte, por isso, só por volta das 17 horas efetuou a ligação.

Tomando o telefone, ao ouvir a voz da velha senhora do outro lado Chico falou:

— Aqui, quem está falando é Chico Xavier, um seu servidor. Tivemos a alegria de conhecer sua filha ontem. Ela nos pediu muito que estabelecêssemos contato com a senhora no que temos muito prazer.

A última frase, Chico não pôde terminar, pois a senhora, do outro lado, falou:

— 'Seu ordinário, canalha, lave a boca quando falar nesse nome.

Não tem mais o que fazer? Imagine se eu vou acreditar que minha filha iria contar a qualquer pessoa que viajaria e eu ficaria sozinha. Você deve ser um desocupado, que está tentando me enganar e usando o nome de Chico Xavier. Eu já sei quem é você. Você não me engana, seu sem-vergonha, você é o Tonico, seu malandro! Não use o nome do Chico para brincar comigo, ouviu?'

Chico pôde apenas balbuciar:

— *'Perdão, minha senhora, Deus a abençoe!'* e desligou o telefone.

NO ANO NOVO JUDAICO

Era cedo ainda, manhã radiante de sol, ao atravessarmos a Rua Barão de Itapetininga, onde Chico e eu íamos comprar alguns remédios para seus olhos, na Drogaria Barão. Eis que simpática senhora, ao reconhecer nosso Chico, abordou-o efusivamente.

— 'Chico, que alegria ver você hoje! Foi uma bênção dos Céus! Que felicidade a minha! Há muito queria conhecê-lo pessoalmente.'

Chico retribuiu com muito carinho o abraço, e, ao despedir-se, agradeceu, desejando à senhora, que nunca havia visto, um feliz Ano-Novo. Só então nos demos conta de que estávamos exatamente na data em que os israelitas o comemoram.

CEU

Descíamos em certo trecho da Avenida São João, quando fomos abraçados por um amigo. Chico já se encontrava em tratamento de angina de que foi acometido, em novembro de 1976 e o amigo lhe perguntou pela saúde.

— 'Mas você, agora, vai bem?'

— *Sim, vou melhorando.*

O amigo continuou: — 'Também penso, Chico, que um médium qual você com quase 150 livros publicados, num caso de desencarnação, será logo promovido a Planos Superiores, não é mesmo?'.

— *É* — respondeu Chico, muito sério — *eu até já estou planejando a fundação de um centro espírita cristão para logo depois da minha morte ...*

— 'Muito bem!' — tornou o companheiro – 'e já tem nome, esse grupo?' Chico esclareceu:

— *Sim, já tem nome, e a sigla é CEU.*

— 'Sem dúvida, a sua tarefa há de ser nos céus' — dizia o confrade entusiasmado – 'mas qual o nome da sigla?'

— *Centro Espírita Umbralino* — e acrescentou — *Se Deus permitir, em minha transferência para o Umbral, quero ficar trabalhando.*

O REMÉDIO É TRABALHAR

Estávamos adquirindo medicamentos, em companhia do Chico, na Rua Barão de Itapetininga. Medicamentos que o médium costumava empregar no tratamento dos olhos, quando se abeirou de nós um senhor que logo o interpelou:

— 'Chico Xavier, há muitos dias quero encontrá-lo, tenho atravessado uma fase de duras provações, com muitos negócios atravessados. Tudo parece dar o contra. Tenho orado e fui muito amigo do Cornélio Pires. Ainda agora cedo, senti perfeitamente que o Cornélio estava junto de mim. Veja se você me ajuda'.

Chico passou a mão pela cabeça e disse:

— *Vai, quem sabe Cornélio pode auxiliar ao Senhor!*

— 'Isso mesmo' — disse o outro – 'Tome aqui este papel e observe se escuta alguma coisa para mim. Ando muito carregado..'

O médium tomou a folha de papel que o amigo lhe estendia com um lápis, apoiou-se sobre um livro, já em plena rua, e escreveu claramente psicografando:

— *Meu amigo pense nisso:*

Contra olho ruim, contra azar, contra mandraca ou feitiço, o remédio é trabalhar.

Por baixo, estava a assinatura do Cornélio Pires.

Chico entregou o escrito e falou ao destinatário:

— *É o que Cornélio escreveu para o senhor. E só isto!*

LARGAR TUDO

Estávamos com um amigo em Belo Horizonte que queria conhecer as belas mansões da Pampulha. Chico Xavier, esse amigo e eu tomamos um automóvel e começamos a contornar o famoso e lindo lago da capital mineira, contemplando as formosas casas residenciais.

O amigo perguntou ao médium:

— 'Chico, você não tem inveja dos moradores desses lindos palácios?'. Ao que o médium respondeu:

— Naturalmente que os moradores dessas mansões são todos eles excelentes amigos, gente muito boa de nossa terra, mas não tenho inveja deles, porque se todos nós temos que desencarnar um dia e largar tudo o que temos neste mundo, porque havemos de sentir inveja uns dos outros? Penso que cada um de nós está no lugar onde está o trabalho que Deus nos manda fazer'.

TODOS SOMOS FILHOS DE DEUS

"O caso foi com uma senhora médium, clarividente. Ela nos encontrou na rua e, depois de algumas palavras de alegria, perguntou a Chico sobre uma jovem obsidiada que ela conhecia e que havia estado recentemente em Uberaba.

— 'Mas você, Chico' — perguntou a senhora – 'viu o espírito infeliz que está dominando a moça?'

— *Vi, sim* — esclareceu o médium.

E a senhora prosseguiu:

— 'É um espírito horrível. Parece um monstro. Tem a aparência de um grande macaco ou de um animal parecido com um homem. Eu fiquei pasma, quando vi esse temível obsessor'.

Depois de uma pausa, ela acrescentou: — 'E você? O que fez, ao ver esse monstro diabólico?'.

Chico respondeu:

— *Quando eu vi esse espírito, eu me espantei também, mas pedi a ele a bênção.*

— 'Que horror!' — falou a senhora clarividente – 'pedir a bênção a um espírito daqueles? Por que você fez isso?'

E o médium esclareceu: — *Eu faço assim porque creio que os obsessores também são filhos de Deus."*

Ao final da entrevista, Nena e Francisco Galves falaram da admiração pelo amigo: "Conviver com Chico Xavier é receber lições diretamente da Espiritualidade. A família Galves sente-se honrada e agradecida por contar com a amizade deste espírito de escol".

LÁGRIMAS DE CHICO XAVIER EMOCIONAM O PÚBLICO

Em outubro de 1977, ocorreu o II Encontro da Boa Vontade no Centro Espírita União, em São Paulo, dirigido por Nena e Chiquito Galves. Chico psicografou Castro Alves com a mensagem Fala Brasil.

Na ocasião, foi passado um audiovisual em homenagem aos 50 anos de suas atividades mediúnicas. O narrador foi Oliveira Neto. As lágrimas de Chico emocionaram as milhares de pessoas que participaram do encontro.

Encontro da Boa Vontade, Centro Espírita União

Nena Galves, Freitas Nobre e Marlene com Chico

Capítulo 39

APARELHOS DA NASA PESQUISAM CHICO XAVIER

Depois da publicação da *Folha Espírita em Revista*, em 1977, conforme prometemos a Chico Xavier, passamos a coletar dados da mesma forma que já tínhamos feito até ali, uma vez que o trabalho deveria continuar para futura publicação. O fio condutor foi o mesmo: divulgar para o mundo a contribuição de um cristão sincero, que sempre demonstrou profundo amor por seus irmãos em humanidade.

Já, agora, o médium era uma figura conhecida de grande parte dos brasileiros. Sua vida e obra constituíam fonte de interesse da mídia, em bases diferentes daquelas das primeiras décadas do seu labor mediúnico, tendo em vista que prevaleciam agora o reconhecimento e o carinho do grande público, sua figura de paz contribuía para a felicidade dos brasileiros. Para nós, porém, ficava evidente que Chico Xavier já extrapolava sua projeção nacional e passava a exercê-la no âmbito internacional. E, certamente, a fama das faculdades mediúnicas de Chico Xavier havia chegado aos Estados Unidos (78).

A Administração Nacional de Aeronáutica e Espaço dos Estados Unidos (Nasa), responsável pelo importante programa espacial da grande nação do norte, mostrou-se interessada em conhecer a extensão das possibilidades de suas faculdades.

---

(78) *Cf. Jornal Folha Espírita, São Paulo, ano V, jun. 1978.*

Sem dúvida, uma boa notícia, tendo em vista a importância científica da Nasa, extraordinária organização norte-americana que unificou projetos, reuniu homens e recursos, na força aérea e na Marinha, com o objetivo de pesquisar os diversos planetas do sistema solar, o lançamento dos satélites, a viagem à lua e as excursões interplanetárias. Sem esquecermos que, até há pouco, tinha estado sob a orientação do grande cientista Von Braun.

A Nasa elaborou importante projeto com o objetivo de pesquisar as faculdades mediúnicas de Chico Xavier. Para isso, cientistas espaciais dos Estados Unidos deslocarem-se para Uberaba. O engenheiro eletrônico, Paul Hild, permaneceu seis dias na cidade do médium. Utilizou aparelhos modernos, capazes de captar "sons emitidos por espíritos no espaço, "tendo constatado que um dos aparelhos deixou de funcionar sob a força do olhar do médium".

Não se limitou, porém, o pesquisador da Nasa, ao exame de Chico Xavier e de suas faculdades mediúnicas. Ouviu autoridades, bem como religiosos, tanto ligados ao Espiritismo como à Igreja Católica. Utilizou-se até de um aparelho de TV em circuito fechado. O pesquisador constatou que "a aura espiritual de Francisco Cândido Xavier é sentida num raio de 10 metros, o que considerou extraordinário, pois outros médiuns pesquisados mostraram aura de um raio máximo de 2 cm".

Paul Hild ficou tão impressionado que obteve da Nasa a confirmação de que as pesquisas com Chico Xavier prosseguiriam com uma equipe programada para vir brevemente ao Brasil, instalando-se em Uberaba. Estávamos ainda em ângulo muito próximo e sem notícias concretas para imaginar a importância dessas pesquisas. E, infelizmente, nada nos foi revelado quanto à continuidade delas.

JOELMA, 23º ANDAR

Os livros recebidos por Chico Xavier passaram a ter mais influência em nossa sociedade, especialmente aqueles que divulgavam as mensagens dos desencarnados aos parentes que procuravam o médium em Uberaba. O jornal *Folha de S. Paulo*, de 21 de novembro de 1979, noticiou o lançamento de um filme com base em um desses livros.

"Adaptado do livro *Somos Seis*, psicografado por Chico Xavier, foi lançado o filme Joelma 23º andar, que conta o doloroso incêndio que assolou o edifício Joelma, em fevereiro de 1973, em São Paulo, no qual morreram muitas pessoas, a maioria jovens."

O produtor do filme, Sebastião Souza Lima, em entrevista à *Folha de S. Paulo* contou que a ideia de transmitir mensagem espiritual através do filme nasceu da descoberta feita pela equipe de que no livro havia uma mensagem de uma das vítimas do incêndio. A mensagem era da jovem Lucimar. Procuraram, então, a família dela a fim de obter autorização para centralizar a história do filme em sua vida. Chico Xavier conseguiu o consentimento da moça para a feitura do filme *"desde que representasse uma bandeira de fé e esperança para aqueles que sofrem aqui na terra"*

A trama, assim, está centralizada na vida de uma moça do interior paulista que tenta uma vida melhor, estuda e trabalha na capital, tem bom comportamento e premonições.

Ela prevê o incêndio do edifício Andraus, o que a deixa muito abalada, sentindo, talvez, a antecipação de sua própria morte no Joelma.

Com a direção de Clery Cunha, o filme foi lançado em fevereiro de 1980 (...) Ainda hoje Joelma 23º Andar pode ser visto em CD-ROM, distribuído pela Versátil.

Capítulo 40

MOVIMENTO PRÓ NOBEL DA PAZ

Um milhão de assinaturas pedem o Prêmio Nobel da Paz para Chico Xavier

O movimento pró Nobel da Paz para Chico Xavier veio confirmar a nossa impressão de que o médium, a partir de 1977, tornara-se figura de projeção internacional.

No início de fevereiro de 1980 (79), Augusto César Vanucci e Divaldo Pereira Franco, juntos, agitaram a revista *Manchete* e o programa Fantástico, da Rede Globo, propondo a candidatura de Chico Xavier para o Nobel da Paz de 1981.

Iniciava-se, assim, a campanha que empolgaria todo o País.

Vamos descrever esse movimento com o material que a *Folha Espírita* divulgou no período, todo ele calcado nas entrevistas e reportagens que fiz.

Em apenas dois postos de arrecadação foram coletadas perto de meio milhão de assinaturas para pleitear essa indicação.

Augusto César Vanucci conseguiu mais de 300 mil e Saulo Gomes 80 mil. Em todos os Estados brasileiros, foi grande a movimentação em torno da ideia, e em quase todos eles já se formaram as comissões responsáveis pelo movimento estadual.

---

(79) Cf. *Jornal Folha Espírita*, São Paulo, Ano VII, n. 74, maio 1980.

Folha Espírita (80) sediou a reunião de lançamento da Comissão Nacional incumbida de conduzir a campanha no Brasil, tendo sido escolhido, na mesma oportunidade, o grupo de pessoas que trabalharia em nível estadual.

A reunião foi feita na sede da *Folha Espírita*, no centro da cidade de São Paulo, e contou com representantes da capital e do interior, além dos dirigentes.

Divaldo Pereira Franco, em sua exposição de motivos, enfatizou a necessidade de se expressar a Chico Xavier a gratidão de todos os que se beneficiaram com suas obras e seus exemplos de bondade.

"Não se trata de homenagear médiuns, como se poderia pensar à primeira vista", esclareceu, "mas seria uma forma de dizer-lhe : 'Muito obrigado'; a maneira carinhosa de dizer-lhe: 'Nós lhe queremos bem'." Divaldo destacou ainda a figura humilde do médium, cujo nome encontra receptividade em todas as camadas sociais do Brasil e no exterior, independentemente do credo religioso. E exibiu aos presentes o documento de adesão à campanha da Igreja Católica Saint Francis, de Vanderbijlpark, África do Sul.

Divaldo frisou, ainda, a importância de enaltecer o trabalho daqueles que lutam pela paz, principalmente nesta encruzilhada da civilização, quando a violência tem recrudescido de forma avassaladora.

"Chico, o homem de bem, o homem da paz. É essa a proposta daqueles que lançaram seu nome para o Nobel da Paz, em 81." E essa proposta ganha força, através da Capemi, que atende a 94 mil menores carentes no Brasil e cuja fundação foi incentivada pelo médium.

Divaldo afirmou que pensa sensibilizar o chefe da Nação para que ele possa indicar o nome de Chico Xavier ao Parlamento de Oslo.

MAIS DE 300 MIL

Augusto César Vanucci falou do êxito da campanha, desde sua pri-

---

(80) Cf. *Jornal Folha Espírita*, São Paulo, Ano VII, n. 75, jun.1980.

meira entrevista na revista *Manchete*, no início de fevereiro. Mais de 300 mil pessoas já se manifestaram, até meados de abril. Vanucci expressou, ainda, seu entusiasmo com o movimento, tanto que, em maio, pensa em lançar um especial pela Rede Globo.

A seguir, fiz um resumo de como é constituída a Comissão que vai julgar o Prêmio Nobel da Paz, detalhando quais as instituições e pessoas que podem apresentar o candidato e quais os requisitos para a concessão do prêmio.

Todos ficaram sabendo que o Parlamento Norueguês é o órgão que elege a Comissão Nobel, composta de cinco elementos, e que vai julgar os nomes dos candidatos. Esses elementos não são necessariamente membros do Parlamento.

DIVULGAÇÃO NO EXTERIOR

Expliquei ainda que, para serem válidas, as propostas devem ser enviadas até 1º de fevereiro do ano em que tem lugar a distribuição dos prêmios. O diretor do Instituto Nobel é, simultaneamente, secretário da Comissão Nobel e a pessoa responsável por municiar a Comissão, a qualquer tempo, com as informações de que necessita em sua atividade. Uma vez recebidas as propostas, o diretor prepara uma lista com os dados relacionados aos candidatos indicados. Nos últimos anos, a média tem sido de aproximadamente 45.

A Comissão realiza, em seguida, uma reunião e seleciona os candidatos que são julgados de especial interesse e sobre os quais se desejam informações mais detalhadas. Com três consultores, o diretor do Instituto elabora, em seguida, um sumário de atividade de cada candidato. Para esse trabalho, procura obter a maior quantidade de informações, e, nesse aspecto, a Biblioteca do Instituto (que, aliás, está aberta também ao público) é de grande utilidade. A entrega do prêmio é feita em 10 de dezembro, data da morte de Alfred Nobel.

O Prêmio Nobel da Paz pode ser concedido com fundamentos

diversos, atividade política, humanitária ou científica.

Com base nesses dados, Freitas Nobre informou aos companheiros que diversas medidas já haviam sido tomadas com o objetivo de fazer chegar ao Instituto a obra bibliográfica de Francisco Cândido Xavier. Apresentou, igualmente, um modelo de selo para a campanha, e os cartazes necessários para a divulgação, bem como folhetos de instrução para serem entregues à noite, no Pacaembu, durante o lançamento oficial da campanha, com palestra do companheiro Divaldo Pereira Franco.

COMISSÃO NACIONAL

Em seguida, Divaldo acentuou a necessidade de centralizar o movimento em São Paulo, na sede da *Folha Espírita,* como ponto natural de convergência de todo o material da campanha, o que foi aceito pelos companheiros presentes. Ele propôs, ainda, o nome de Freitas Nobre para a presidência da Comissão Nacional Pró-indicação de Francisco Candido Xavier ao Prêmio Nobel da Paz, tendo sido a proposta aprovada por unanimidade .

Freitas Nobre disse que muitos dos que ali estavam tinham mais capacidade e condições para a tarefa, mas desde que havia sido determinação de todos os presentes, a matéria era vencida. Foram ainda indicados para a Comissão Nacional: Divaldo Pereira Franco, Augusto César Vanucci, Marlene Rossi Severino Nobre, Francisco Galves, Encarnação (Nena) Blasques Galves e Hernani Guimarães Andrade.

Foi constituída também a Comissão Estadual ficando a presidência com o confrade Ney Prieto Peres e os demais elementos como membros naturais: João Batista Laurito, José Gonçalves Pereira, Nestor Masotti, Antonio Schiliró, Caio Ramacciotti, Savério Latorre, Douglas Bellini, Euryclides Formiga, Maria Júlia de Moraes Prieto Peres, Antonio Ferreira Filho, Maria Acácia Maciel Cassanha, Luiz Carlos Becker, Jordão Peres, Suzuko Hashisume, Jacques Conchon, Magali Abujade, Paulo

Rossi Severino, Maria Lúcia Lisboa e Rubens Germinhasi.

Foi divulgado o Plantão Permanente da Comissão Nacional e dístico principal: "Difundir o Bem é contribuir para a Paz".

UM HOMEM CHAMADO AMOR

Artistas querem o prêmio mundial da paz para Chico Xavier

A *Sexta-Super,* da Rede Globo de Televisão, transmitiu *Chico Xavier Especial,* um programa de Augusto César Vanucci, que foi ao ar no dia 23 de maio de 1980, com a homenagem de vários artistas notáveis a um homem que eles consideram a própria personificação do amor.

As perguntas foram feitas por Glória Menezes, Vanusa, Yara Côrtes, e Carlos Eduardo Dolabella. Chico Xavier respondeu sobre o amor e a violência; a inseminação artificial e o índio; a família e o tóxico; os livros e a busca da paz; o amor como necessidade fundamental do homem.

E vimos muito mais. Roberto Carlos cantando Força Estranha e Ave Maria; Elis Regina agradecida por ter sido lembrada interpretando música em primeira audição, especialmente composta para o programa por Gilberto Gil; Vanusa e sua linda canção para o Nino Rafael; Joice, em comovente testemunho de amor às filhas e à vida, com Clareana; e todas essas expressivas canções entrecortadas, ora pela palavra de Chico, ora por textos psicografados.

Tony Ramos, Eva Wilma, Lima Duarte, Paulo Figueiredo, Denise Dumont, João Carlos Barroso, Felipe Carone e Lúcio Mauro leram mensagens psicografadas por Chico.

De passagem, foram inseridas algumas cenas tomadas da festa do Pacaembu, quando Divaldo Pereira Franco, em vibrante conferência, lançava, em São Paulo, o Nobel da Paz para Chico Xavier.

A MENSAGEM DE EMMANUEL

Com acento especial, a voz de Glória Menezes lê a mensagem de Emmanuel psicografada ante as câmaras do programa:

Amigos, Jesus nos abençoe.

A inteligência humana conseguirá atingir as maiores realizações. Poderá conhecer a estrutura de outros mundos, construir no piso dos mares; escalar os mais altos montes; interferir no código genético das criaturas; decifrar os segredos da vida cósmica; penetrar os domínios da mente e controlá-los. Inventar os mais sofisticados aparelhos que lhe proporcionem reconforto; criar estatutos para o relacionamento social e transformá-los segundo suas próprias conveniências; levantar arranha- céus; ou materializar as mais arrojadas fantasias... Entretanto nunca poderá alterar as leis fundamentais de Deus e nem viver sem amor.

Augusto César Vanucci psicografou a letra que foi musicada e especialmente apresentada pelo Coral Gama Filho, dando nome ao programa: Um Homem Chamado Amor.

Realmente, tivemos um instante de paz que atingiu seu ponto alto com a Ave-Maria, ao final do programa, um convite à fraternidade e à união entre os seres humanos.

COLETIVA DE IMPRENSA

A Fundação Marieta Gaio, no Rio de Janeiro, sediou o encontro de Chico Xavier com a imprensa, em coletiva que tratou especialmente do Prêmio Nobel da Paz (81).

Muitos jornalistas – Ronaldo Bôscoli, da Manchete; Léa Penteado, de *O Globo*; Suzete Calderon, de *Fatos e Fotos*; Ana Maria Farias, da Editora Abril; Olga Nogueira, do *Diário do Fórum*; Paulo Coelho, da revista *Amiga*; ao lado de Vanusa e Augusto César Vanucci, Divaldo Pereira Franco, Freitas Nobre e outros debateram por três horas consecutivas os mais diversos assuntos, ressaltando especialmente o lançamento do nome de Francisco Cândido Xavier para o Nobel, em 1981.

Folha Espírita participou da coletiva, registrando o acontecimento. Chico Xavier pediu para que Divaldo Pereira dividisse com ele as respos-

---

tas, tendo Vanucci comandado a coletiva.

Lea Penteado (*O Globo*): Gostaria de saber qual o interesse de vocês com a indicação do prêmio ao Chico Xavier. Seria para chamar a atenção do Brasil para a espiritualidade?

Divaldo Pereira Franco: O objetivo é conciliar o homem moderno, vitimado por tantos conflitos, a pensar na Paz. Chamar o homem para fazer uma viagem para dentro de si mesmo, sensibilizando-o para a busca da pacificação interior. Partimos do princípio de que "Fazer o bem é promover a paz. Desse modo, pedimos licença à modéstia de Chico Xavier para dizer que ele sintetiza esse ideal de paz. Ele não apenas sintetiza esse ideal, mas, igualmente, mimetiza de paz aqueles que o cercam. Nada mais justo que procuremos indicar seu nome junto àqueles que a homenageiam no âmbito mundial, os que trabalham pela fraternidade entre os homens.

60 PAÍSES ESTÃO SOLIDÁRIOS

Ângela Abreu (*O Globo*): Vocês já contam, para esse movimento, com a adesão de muitas comunidades do exterior?

Divaldo Pereira Franco: Estivemos entre 14 e 18 de maio, na cidade de Miami, onde soubemos que mais 12 países latino-americanos e 42 nações africanas e anglo-saxãs estão vivamente empenhados nessa campanha. Temos adesões de ateus, filósofos, católicos, pessoas de diferentes convicções que desejam, através desse movimento, promover o bem, realizar a paz.

Chico Xavier: *Agradeço as referências de Divaldo Pereira Franco e a iniciativa de Augusto César Vanucci à indicação do meu nome, mas escutando tantas referências, sinto-me como se estivesse sonhando. Não me considero digno de liderar uma campanha como essa. Peso a responsabilidade com semelhante indicação, mas não me sinto à altura. Estou longe como criatura humana e só posso crer que eles estão atribuindo essa deferência a Emmanuel, a André Luiz e outros espíritos que se co-*

*municam por nossas mãos. Sinto alegria e reconhecimento, mas me con-
sidero sem qualificação alguma para tanto. Acredito que, antes de tudo, é
a expansão da Doutrina Espírita o nosso interesse especial, mas não tenho palavras para descrever meus próprios sentimentos. Muito obrigado
a todos, especialmente a esses dois campeões de bondade que realmente
deveriam ser indicados para o Nobel da Paz.*

Suzete Calderon *(Fatos e Fotos)*: Como o espiritismo foi aceito pelo
povo brasileiro?

Chico Xavier: *Nesta década, encontrei em nossos patrícios aquele
desejo de ver a revivescência do Cristianismo Primitivo, conquanto as implicações científicas e filosóficas de nossa doutrina, o espiritismo, é esse
retorno às lições de Nosso Senhor Jesus Cristo.*

Paulo Coelho *(revista Amiga)*: Qual a saída que Chico vê para a
humanidade, neste momento?

Chico Xavier: *No momento, nós vemos que tudo está fora de lugar.
À primeira vista, poderíamos pensar que a questão é insolúvel. Mas não
é assim. Com a Providência Divina, tudo entrará no lugar. Deveremos
encarar com otimismo a nossa felicidade porvindoura.*

A POSIÇÃO DA FEB

Paulo Rossi Severino *(Folha Espírita)*: Como tem se comportado a
FEB, nessa questão do Prêmio Nobel? Ela está apoiando?

Chico Xavier: *O nosso respeito à FEB é imenso. Nós não poderíamos sentir a FEB afastada de nós. Ela não poderia de si mesma, dado o
esquema de serviço que possui, apoiar do ponto de vista de publicidade.*

*Reconhecemos que a FEB é um patrimônio de bênçãos que nos me-
rece a maior veneração. Não vejo nenhuma colisão entre o esquema da
Federação e aquele dos amigos que estão na campanha, os promotores
do movimento em questão. Com referência ao assunto, nós pediríamos
licença para narrar um fato: O marechal Petain foi o salvador da França
na 1ª Guerra do Ocidente. Mas, aos 80 anos, uma equipe de repórteres*

perguntou a ele quem havia ganhado a batalha de Paris e ele teve a oportunidade de responder:

– *Na verdade, eu não sei, mas se houvéssemos perdido, eu já sei quem seria o culpado ...*

Paulo Rossi Severino (*Folha Espírita*): Chico, se você vier a ganhar o Prêmio Nobel, o que você vai fazer com tanto dinheiro?

Chico Xavier: *Nós poderíamos comparar o dinheiro ao sangue que circula em nosso corpo. Dinheiro parado traz trombose e colapso no corpo social.*

Nunca me faltou o necessário para a sobrevivência, mesmo em meus tempos de maiores necessidades. O que é que faria o brasileiro que viesse a ganhar semelhante prêmio? Espero que ele saiba aplicar na nação em que nasceu.

VIOLÊNCIA E DESAMOR

Ana Maria Farias (*Editora Abril*) : Chico, como vê a onda de violência que aumenta a cada dia?

Chico Xavier: *A violência é qual se fosse a nossa agressividade exagerada trazida ao nosso consciente, quando estamos em carência de amor. Ela lavra, por isso, o desamor coletivo da atualidade. Se doarmos mais um tanto, se repartirmos um tanto mais, se houver um entendimento maior, estaremos contribuindo para a diminuição dessa onda crescente de agressividade. À medida que a riqueza material aumenta, o conforto e a aquisição de bens também cresce, com isso, retornaremos à autodefesa exagerada, isolando-nos das criaturas humanas.*

A vacina é o amor de uns pelos outros, programa que Jesus nos deixou há dois mil anos. Mas nós gostaríamos de ouvir a palavra de nosso Divaldo suplementando a resposta.

Divaldo Pereira Franco: Na verdade, nós não poderíamos aditar outras considerações, apenas dizer que esses fatores estão em todo o mundo. Allan Kardec afirmou que o maior inimigo do homem é o egoísmo, fonte de todos os crimes. Na questão 746, de *O Livro dos Espí-*

ritos, o codificador perguntou aos espíritos qual a causa da guerra e recebeu como resposta a afirmativa de que ela resultava da predominância animal. Thomas Hardy – pensador inglês – afirmou que o homem perdeu o endereço de Deus, daí a razão da violência.

Todos temos necessidade de amar a Deus sobre todas as coisas e ao próximo como a nós mesmos.

Léa Penteado *(O Globo)*: Mas vocês acreditam que as pessoas têm alguma possibilidade de ouvir isso e de aceitar?

Chico Xavier: *Contam, nossos amigos espirituais, que um espírito desejava conduzir ao endereço de Deus, ao caminho do amor, muitas almas e para isso trabalhou 50 anos. Convidando com muito carinho a dezenas de milhares de criaturas, tendo conseguido algumas poucas, para não dizer raras para o trabalho do amor. Depois de 50 anos, pediu para trabalhar com os irmãos que estivessem em larga faixa de sofrimento, dentro de grandes problemas, a fim de chamá-los para a tarefa e, depois de um ano, ele conseguiu mais de cinco mil pessoas. Quando aparece o sofrimento, sentimos que nós pertencemos uns aos outros. Enquanto há o reconforto do carinho, em geral é muito difícil de entendermos os caminhos da solidariedade e do amor, mas quando a dor estabelece padrão de sofrimento, sentimo-nos ligados com a explosão do amor em nós. Conseguimos pelo sofrimento.*

Divaldo Pereira Franco: Há anos, quando uma astronave soviética Soyuz colocava em perigo a vida de três astronautas, o mundo inteiro se sensibilizou. Pedidos do Papa e de religiosos, em geral, foram feitos no sentido de salvá-los, o que, infelizmente, não veio a acontecer, porque eles morreram.

Dentro desta mesma questão, nós nos lembramos daquela estória de um jovem muito arrebatado que desejava uma religião que ele pudesse aprender durante o tempo que pudesse ficar em pé em um só pé. Procurou um rabino e nada conseguiu. Encontrou um profeta e propôs a mesma questão. Ficou na posição indicada e ouviu do profeta a palavra:

Ama ! O jovem espantado retrucou: – Mas, é só ?

E tudo aquilo que tem na Bíblia? – É a explicação disso – retrucou o profeta.

SOFRIMENTO, A DIDÁTICA DA PRÓPRIA VIDA

Olga Auday Nogueira *(Diário do Fórum)*: Se há um Carma, não podemos lutar contra ele? Não é uma forma masoquista de ter de sofrer para aprender?

Chico Xavier: Nós temos necessidade de resgatar o carma ou a dívida que assumimos perante a lei de causa e efeito. Temos de compreender o sofrimento e procurar aliviá-lo.

Venho compreendendo o sofrimento como a didática da própria vida. Qual a razão, por exemplo, de vermos tanta dor entre as plantas e os animais, quando são atacados por doenças? Que dívida teria um cão, ou um gato? Os espíritos nos explicam que eles passam por esses traumas para que possam adquirir memória e sensibilidade. Certa feita, eu estava diante de uma floresta, ventava muito, muitos galhos das árvores foram quebrados, os frutos e as flores foram arrancados. Fiquei pesaroso e perguntei: Qual a razão desse quadro destruidor? E os espíritos amigos nos responderam que as árvores estavam aprendendo a memória diante da tempestade.

O sofrimento é um ingrediente necessário, porque é muito difícil um despertamento sem ele.

Olga Nogueira: Então, o sofrimento é uma necessidade ?

Chico Xavier: *Desconhecedores voluntários de uma lei que é benéfica, somos compelidos a aprender através do sofrimento, a fim de adquirirmos a paciência. Não falo do conformismo preguiçoso, mas devemos aceitar com resignação nossas provas.*

O sofrimento é sempre uma bênção. Não deve ser visto como um drama diante do qual devemos perder as forças, ou desconfiar de Deus.

Antes, devemos disciplinar o nosso livre-arbítrio. Emmanuel explica que há um trajeto enorme entre a sede do pensamento e os lábios e que intimamente somos livres para construir , através das palavras e de nosso atos, mas depois que exteriorizamos essas ações somos dependentes delas.

Eloi Vilela *(Serviço Espírita de Informações)*: Aquele que não sofre estaria desprotegido?

Chico Xavier: *Se uma pessoa está sensibilizada por anestésicos como, por exemplo, os processos obsessivos, como é que ela vai sofrer, se está inconsciente?*

Divaldo Pereira Franco: A pessoa, nessa condição, já estaria enferma, porque o sofrimento das outras pessoas deve nos sensibilizar. O drama da miséria, da fome, das enfermidades diversas, a dor do próximo nos leva a sofrer. A pessoa que não sente deve estar doente.

O PRÊMIO PARA QUEM SE CONSIDERA O MENOR DOS SERVIDORES

Suzete Calderon *(Fatos e Fotos)*: Chico, os livros que você recebe são programados?

Chico: *Desde 1931, eles são todos programados pelo espírito de Emmanuel e seguem o plano traçado por ele. Tenho recolhido as maiores lições no trabalho do livro: observo a extrema cautela de Emmanuel, e seu cuidado me ensina a ser uma pessoa agradecida para com todos aqueles que colaboram na feitura do livro. Vejo todos trabalhando tanto, sinto-me como uma formiga, muito pequena, em meio a tanto serviço.*

Ronaldo Bôscoli *(Manchete)* : Chico, a sua vitória, a sua conquista do P Nobel da Paz seria uma vitória para a sua religião ou para o Brasil?

Chico Xavier: *Estou mais do que convencido de que ninguém realiza nada sozinho. Nosso Senhor Jesus Cristo, quando começou seu apostolado, chamou a si a companhia de 12 e, mais intimamente, a de três, que lhe eram mais afins. Uma qualificação dessa pertence à comunidade da qual eu sou o ultimo servidor. Um prêmio dessa natureza seria* *da comunidade espírita-cristã, de toda a comunidade cristã e, afinal, de todo o País. Nós é que criamos barreiras e limitações; seja para quem for, esta é uma honraria que pertence a todos, sem distinção, eu diria a toda a humanidade, aos que amam a paz, sejam quais forem os companheiros distinguidos para recebê-la.*

Encerradas as perguntas Augusto César Vanucci afirmou que os veículos de comunicação deveriam unir-se em torno dessa bandeira, para acender uma chama nova nos rumos da campanha. Declarou-se feliz pelos resultados e convidou o presidente da comissão Nacional Pró-indicação de Francisco Cândido Xavier ao Prêmio Nobel da Paz de 1981, deputado Freitas Nobre, para que dissesse algumas palavras no encontro.

Freitas Nobre afirmou que a campanha era de todo o povo brasileiro, uma vez que se procurava com o movimento veicular a ideia de paz para uma coletividade tão sofrida como a humanidade de nossos dias, perturbada pelo desenvolvimento da máquina. É preciso devolver a ela "um *quantum* de amor" que lhe foi furtado, exatamente aquele que foi absorvido com a era tecnológica. A campanha visava trazer o prêmio para o Brasil, pátria que tem a forma de um coração, na pessoa de um de seus filhos, que tanto tem contribuído em sua tarefa do livro e da exemplificação da coletividade.

Em seguida, Chico psicografou diante das câmeras da Rede Globo e de todos os jornalistas uma mensagem de Emmanuel, em cujo teor, o guia espiritual do médium, entre outros apontamentos, agradece a atenção que a imprensa dispensou a Allan Kardec e seus ensinamentos, reservando uma coletiva para ouvir o que os espíritos tem a dizer sobre as lições de Jesus.

FREITAS NOBRE ENTREGA EM OSLO 100 QUILOS DE DOCUMENTAÇÃO

183 livros em 10 línguas; 64 obras assistenciais como amos-

**tragem de cerca de 2 mil entidades fundadas, auxiliadas ou man-
tidas com direitos autorais ou campanhas beneficientes de Chico
Xavier**

OSLO-NORUEGA, 1º de fevereiro (correspondência especial para a
Folha Espírita). Representando a Comissão Nacional Pró-indicação de
Francisco Cândido Xavier ao Prêmio Nobel da Paz de 1981, Freitas
Nobre, acompanhado do industrial paulista Celso Gusmão, formalizou
pessoalmente ao diretor-presidente do Instituto Nobel, Sr. Sverderup,
a candidatura brasileira ao grande Prêmio Mundial da Paz para aquele
ano (82).

A documentação constante de numerosas pastas com amostragem
de 64 entidades assistenciais inspiradas por Chico Xavier , ou por ele
fundadas, auxiliadas ou mantidas com direitos autorais ou campanhas
beneficentes, foi entregue à direção do instituto, em Oslo. A petição
inicial trazia a assinatura da Comissão Nacional (Freitas Nobre, Divaldo
Pereira Franco, Augusto César Vanucci, Marlene Rossi Severino Nobre,
*Francisco Galves, Encarnação B. Galves e Hernani Guimarães Andrade),
dos deputados Flávio Marcílio, Homero Santos e Renato Azeredo, presidente e vice-presidente, respectivamente, da Câmara dos Deputados; senador Tancredo Neves, presidente do Partido Popular; deputado Ulysses
Guimarães, presidente do Partido do Movimento Democrático Brasileiro;
Jânio Quadros, ex presidente da República, parlamentares de quase todos os estados, além de centenas de manifestações especiais de Assembleias Legislativas e Câmaras Municipais de todos os recantos do Brasil .*

Igrejas e entidades as mais diversas, de vários países da Europa,
África, Ásia e Américas, formalizaram documentos de apoio ao nome de
Francisco Cândido Xavier, tendo o Instituto Nobel sido informado de
que as demais assinaturas de solidariedade encontram-se à disposição
da Comissão Julgadora do Prêmio, havendo dificuldade no encaminhamento, tendo em vista o grande volume que representaria a remessa

(82) Cf. Jornal Folha Espírita, São Paulo, Ano VII, n. 83, fev. 1981.

desses 2 milhões de aderentes e estocagem desse material.

As nove pastas que apresentam a vida de Francisco Cândido Xavier, sua mediunidade, a ação no campo da assistência social e da psicografia, foram folheadas com interesse pelo diretor-presidente do Instituto Nobel. Cada página e fotografia continha a legenda respectiva em inglês, porém, as perguntas foram sendo feitas em norueguês e respondidas por intérprete designada por especial deferência do embaixador do Brasil na Noruega, Dr. José Teixeira Mesquita. As pastas continham completo levantamento de todas as entidades espíritas do País que foram fundadas com os conselhos ou a orientação direta de Chico Xavier ou de seus amigos espirituais ou que dele receberam auxílio direto ou indireto, inclusive com relatórios e fotografias do trabalho assistencial.

Após a audiência, que foi demorada, nossos companheiros visitaram, em companhia do referido diretor, todas as dependências do Instituto Nobel, demorando-se em alguns dos locais mais importantes do edifício, como a sala das reuniões da Comissão Julgadora, a Biblioteca, a sala com os retratos dos agraciados e dos integrantes da Comissão desde 1901 e o auditório onde, a cada ano, se realiza a sessão solene de entrega do Prêmio Nobel da Paz.

COMISSÃO JULGADORA: Eram os seguintes os membros do Comitê Nobel da Noruega que outorgaria naquele ano o prêmio Nobel da Paz: John Sanness, Egil Aarvik, Trygve Haugeland, Sjur Lindebraekke, e Else Germeten.

CHICO XAVIER SOBRE O NOBEL:
COM ESTA PREMIAÇÃO RECEBEMOS A PAZ DO PRÊMIO

Chico Xavier esteve, no dia 14 de outubro de 1981, nas dependências do Centro Espírita União para o lançamento de mais dois livros: *Família* e *Rumos da Vida*, em reunião memorável que se estendeu das 20 horas do dia 14 às 7 horas da manhã do dia seguinte. Uma verdadeira multidão, estimada em 4 mil pessoas, desfilou ordeiramente por toda a noite, recebendo palavras de conforto, autógrafos, rosas e, sobretudo, muita esperança nessas horas de abnegação e sacrifício em que o médium distribuía tanto amor às criaturas.

Infelizmente, o Prêmio Nobel da Paz de 1981 não foi concedido a Chico Xavier. Quem o recebeu foi o setor da Organização das Nações Unidas que se dedica aos refugiados do mundo (83).

Perguntado a respeito da destinação do Nobel da Paz, Chico Xavier expressou sua alegria com a decisão do Comitê de Oslo, afirmando que uma instituição como esta, da ONU, que protege cerca de 18 milhões de criaturas, merece todo o apoio do Brasil e do mundo.

Estamos muito felizes – acentuou Chico – *porque, com a justiça dessa premiação, recebemos a paz do prêmio.*

Chico Xavier reconheceu que o trabalho desenvolvido foi muito importante, pois permitiu que as maiores bibliotecas do mundo recebessem o volume de resumos de quase 200 livros psicografados, produzidos em cinco idiomas.

Além disso, o material, hoje arquivado no Instituto Nobel, em Oslo, é importante documentação relativa à amostragem de cerca de 2 mil entidades assistenciais fundadas, estimuladas ou mantidas pelo nosso medianeiro entre o mundo corpóreo e incorpóreo, atendendo a milhões de brasileiros sem teto, escola, alimentação, saúde, etc. Enfim, valeu o esforço de todos.

---

(83) *Cf. Jornal Folha Espírita, São Paulo, Ano VIII, n. 92, nov.1981.*

Augusto César Vannucci e Chico Xavier

Freitas Nobre, presidente da comissão Nobel, entre Divaldo Franco e Marlene

Capítulo 41

IMPRESSIONANTE FATO OCORRIDO EM 1982: A VIDA PROSSEGUE ALÉM DA MORTE

Nenhum acontecimento, fosse positivo ou negativo, conseguiria tirar da rota esse verdadeiro trator da Espiritualidade Superior que é Francisco Cândido Xavier. Com Nobel ou sem Nobel, sua tarefa prosseguiu incólume, nunca parou. Sua posição sempre fora de legítima humildade, por isso não se abalara de forma alguma com o resultado. Sua dedicação continuava a mesma.

E era de se ver o expressivo número de pessoas que continuava a procurá-lo em busca de notícias dos familiares desencarnados. Chico Xavier seguia como importante agência de notícias, com enormes serviços prestados aos dois planos da vida, prosseguindo como fiel intermediário dos desencarnados, com várias centenas de cartas-mensagens publicadas em vários livros.

Entrevistei, em 1994, Terezinha Pousa Paiva, a respeito de um importante caso que ela testemunhara. Realmente, ela me fez impressionante relato.

"Desde o final do segundo semestre de 1975, quando Chico inaugurou o Grupo Espírita da Prece, nós passamos a ser fiéis e assíduos trabalhadores da Casa. O trabalho a que estou ligada é restrito às reuniões de sábado à tarde, na Vila dos Pássaros Pretos, e, à noite, no Centro."

Terezinha foi protagonista de um fato muito importante, ocorrido em 21 de agosto de 1982.

"Quero esclarecer que, nessa época, eu tomava conta dos livros que Chico deveria autografar. Nós batíamos os carimbos e preparávamos os livros com a data e o nome da pessoa para que Chico assinasse, facilitando, assim, o trabalho para ele. Havia noite que nós tínhamos 800, 1.000, 1.200 livros. E ele assinava aos sábados, após o trabalho de psicografia. Era uma loucura! E nós ali preparando tudo aquilo...

No dia 21 de agosto de 1982, eu estava preparando os livros quando uma senhora chegou-se a mim, colocou na minha mão uma carta, pedindo que eu a entregasse a Chico.

Eu estava junto à mesa dos livros, do lado de fora, perto da porta de entrada do salão de reunião. Olhei para dentro e constatei que seria impossível entregar a carta a Chico naquele momento, porque ele já havia iniciado a tarefa de psicografia. Disse a ela, então, que ficasse tranquila, porque eu a entregaria ao médium. Nós continuamos a tarefa e eu coloquei a carta dentro da minha bolsa. Depois que a psicografia terminou, fiquei sentada, aguardando a leitura e o final dos trabalhos, porque, normalmente, havia uma sincronização perfeita entre o trabalho do Chico lá dentro e o nosso lá fora. Terminávamos sempre na mesma hora.

Chico começou a ler as mensagens recebidas. A uma dada altura, ele leu: carta do Dr. Gilmar Gomes Borges para a senhorita Helenice Golbi.

Chamou a primeira vez e eu permaneci serena, quieta, tranquila, sem perceber nada. Chamou pela segunda, pela terceira vez. Aí algum espírito me deu uma cutucadazinha e eu decidi olhar minha bolsa e ver o envelope que me entregaram. Abri o envelope e dei com o nome da Helenice e o pedido de notícias do Dr. Gilmar. Levantei-me depressa, larguei até minha bolsa aberta, e falei com o tio Pedro que comandava a porta de entrada do salão. Ele me disse que estava muito difícil de passar, mas eu fui assim mesmo, andando agachada no meio das pernas das pessoas e cheguei até onde Chico estava. Fiquei diante dele, branca, com o coração aos pulos. Minha voz não saía. Quando consegui falar, disse-lhe que estava desde o início dos trabalhos com aquela carta na mão para lhe entregar. Chico pediu-me, então, que eu lesse a carta e que ele leria a mensagem. Foi muita emoção nessa hora! Houve tumulto no salão, vozerio, depois silêncio, todo mundo atento.

Na carta, a moça pedia notícias desse tio, o Dr. Gilmar, que desencarnara em Paris e deu o nome da esposa que era francesa e o nome das três crianças. Assim que terminei, Chico leu a mensagem do Dr. Gilmar.

Coisa incrível! Nela estavam os mesmos nomes. Foi linda a declaração de amor à esposa, em francês, que ele fez nessa carta dirigida à sobrinha.

Esclareço que Helenice era médica e sobrinha do Dr. Gilmar. Na carta, ele informava que pretendia fazer especialização na Alemanha ou em Paris, mas que, infelizmente, Deus quis o contrário e que Eurípedes Barsanulfo viajou além-mar e o recebeu no momento da desencarnação. E assim terminou a carta.

Chico me incumbiu de entregá-la a Helenice. Naquela noite, não se falou de outra coisa. Entre os presentes, estava o Dr. Toledo, da família Xavier de Toledo, de São Paulo. Ele é tio da rainha Sílvia, da Suécia. Ele vinha muito a Uberaba. Nessa noite, ele tinha uma senhora ao lado dele. Dirigindo-se a ela, falou: *Conheço Terezinha de longa data; ela seria incapaz de uma encenação igual a essa, que você viu nesta noite*. Foi um fato que chocou muita gente, principalmente a mim", concluiu Terezinha.

A MENSAGEM NÃO FOI PUBLICADA

Desejo saber qual foi o desfecho com relação à mensagem.

E Terezinha esclareceu: "Nessa época da carta, já fazia quase um ano da desencarnação dele, do espírito comunicante. A esposa já tinha voltado ao Brasil e morava em Brasília, porque o Dr. Gilmar era médico do exército. Chico queria que a mensagem fosse publicada. Em nome dele, procurei a moça que a recebeu e ela me disse que a esposa do Dr. Gilmar não acreditava em nada e que não iria publicar. Chico ficou muito sofrido com isso e eu fiquei com muita pena, porque uma coisa tão linda como essa e a esposa dele não se deixar tocar pela realidade da vida espiritual...

Fiquei com pena de não ter ficado com uma cópia. Esse negócio de a gente ser muito certinha atrapalha, nem me passou pela cabeça tirar uma cópia xerox. Creio, porém, que não adiantaria, porque, pelo que eu conheço de Chico, ele não publicaria sem o consentimento da esposa".

Terezinha Pousa Paiva

Capítulo 42

A ARTE A SERVIÇO
DOS CARENTES

Mercedes Sponda idealizou um evento para auxiliar aos mais carentes, tendo como ponto básico o encontro e a apresentação de artistas. Foi assim que o evento nasceu, informalmente, na sua própria casa. Inicialmente, era uma reunião de amigas para um chá, cuja renda foi destinada a instituições espíritas que dão assistência aos carentes.

Em 1965, essa reunião foi realizada fora desse âmbito, no Clube Português. De 1966 a 1977, ocupou as dependências sociais do Rotary Clube; em 1977, na Casa de Portugal e, a partir de 1978, passou a ser realizado no Esporte Clube Pinheiros.

Em 1972, Chico compareceu ao encontro pela primeira vez, e não mais faltou, até 1986, quando, então, não mais pôde participar. Meu marido e eu éramos encarregados, por Mercedes Sponda, de dar cobertura no momento em que Chico subia ao palco e se concentrava para a recepção da mensagem psicográfica.

Freitas abria os trabalhos, solicitando a colaboração dos presentes com o silêncio e a interiorização necessária, e eu fazia a prece de abertura. Em seguida, Chico psicografava. Ao final, Dr. Bezerra de Menezes mandava-me uma nota dizendo que era hora de encerrar. Eu fazia outra prece mais curta e Freitas dava por encerrado o trabalho. Em seguida, Chico despedia-se de todos, oferecendo uma rosa a cada participante.

Nomes inesquecíveis do mundo das artes e da cultura, muitos deles já falecidos, participavam dos Encontros. Entre eles: Sérgio Cardoso, Dionísio Azevedo, Flora Geny, Jair Rodrigues, Vicente Leporace, Fausto Rocha, Agnaldo Rayol, Denner, Clodovil Hernandez, Wilma Bentivegna, Joelma, Peri Ribeiro, Roberto Leal, Ronnie Von, Wanderléa, Francisco Egydio, Marisa Sanches, Lolita Rodrigues, Lia de Aguiar, Paulo Figueiredo, Rosa Maria, Fábio Júnior, Zezé de Camargo e Luciano, Sandy e Jr, Chitãozinho e Xororó, Sérgio Reis, Perla, Os Incríveis, Los Ângeles, Grupo Santa Maria, Mel na Boca, Célia, Ângelo Máximo, o balé de Aládia Centenaro. E muitos outros.

CHICO HOMENAGEIA DUAS SENHORAS

Em agosto de 1984, Chico Xavier homenageou duas figuras femininas que participaram do Chá Beneficente de Mercedes Sponda: dona Belinha Cavalcanti, esposa do apresentador Flávio Cavalcanti, e dona Nair Machado Paschoal, da família Machado, de Pedro Leopoldo.

Após o *show*, Chico subiu ao palco comigo e Ney Prieto Peres, psicografando poema de Maria Dolores. O médium agradeceu o carinho de todos, reconhecendo não ser merecedor de tanta consideração.

Na homenagem que fez, afirmou que, durante sua existência atual, com muitos problemas de saúde, encorajou-se tomando como exemplo dona Belinha Cavalcanti, que muito tinha sofrido nesta vida, mas sempre soube enfrentar seus sofrimentos com dignidade cristã, sem revoltas, com confiança e bom ânimo.

Disse ainda que dona Nair Machado Paschoal, na infância, fora sua colega do Grupo Escolar São José, em Pedro Leopoldo/MG. Como ele era de família muito pobre, apenas podia levar uma pequena merenda escolar, e dona Nair, ao perceber o problema, de maneira discreta, propôs trocar sua merenda com a dele, alegando que gostava muito do tempero da comida da mãe do coleguinha. Acontece que dona Nair era de família com mais recursos econômicos, consequentemente, suas merendas eram bem mais fartas e substanciosas que as dele. Chico Xavier somente percebeu as magnânimas intenções de dona Nair ao findar-se o 4º ano escolar.

O médium abraçou efusivamente as duas senhoras homenageadas. Todos os presentes emocionaram-se. Uma noite para não se esquecer.

MENSAGEM DE SOLIDARIEDADE A WANDERLÉA

Quando Wanderléa perdeu o pequeno Leonardo, num doloroso acontecimento que sensibilizou o País, todos os pensamentos se voltaram carinhosamente para essa querida artista brasileira. Chico Xavier, desde o acidente, orou muito por ambos, o menino e sua mãe. Ele recebeu em Uberaba os jornalistas Luiz Caio e Luizinho Coruja da revista *Contigo*, que foram ouvi-lo sobre o caso e confessou:

— *Admiro essa moça desde os tempos da Jovem Guarda.*

E mandou uma linda mensagem de fé, solidariedade e esperança para a estrela:

— *Desde o dia em que a tragédia aconteceu, temos todos pedido a Deus por você, Wanderléa. Temos pedido para que você não enfraqueça, não se revolte, nem perca a fé num dos fenômenos mais divinos, a maternidade. Saiba que, através de sua fé, você poderá trazer seu filho de volta. Ele poderá voltar a você, espiritualmente, no corpo de um novo bebê, que você tenha numa próxima maternidade. O mesmo digo a todas as minhas amigas anônimas, que não têm o nome de Wanderléa, mas um desespero, uma angústia tão grande quanto a dela por perder seus filhos ainda pequenos.*

Em seguida, ainda sensibilizado, Chico falou dos artistas em geral:

— *Nunca conheci um artista que não sofresse muitíssimo. Eles pagam um alto tributo pela admiração pública que desfrutam. A dor deles é devassada, torna-se notícia. Não há como mantê-la na intimidade. E foi exatamente isso que ocorreu com nossa querida Wanderléa. Ela é uma grande moça. Tenho muita admiração e respeito pelo trabalho que*

desenvolve, desde os tempos em que, junto a Roberto e Erasmo, apre-
sentava o Jovem Guarda, *aquele programa dominical de muita beleza*
espiritual.

Segundo os repórteres, Chico demonstrava disposição extraordinária e respondia com energia e clareza todas as perguntas, embora tivesse
sofrido um enfarte em novembro de 1976. E Chico concluiu:

— *O médico acha que devo restringir as consultas, que só devo aten-*
der uma média diária de 50 pessoas, não por não estar bem, mas por ter
74 anos. Diminuir as consultas para continuar bem.

Spartaco Ghilardi, José de Paulo, e dona Belinha

Monica Sanches, Paulo Figueiredo, Chico, Mercedes Sponda, Marlene e Freitas Nobre

Marlene, Chico e Dulce Santucci

Lolita Rodrigues cumprimenta o médium

Capítulo 43

ABRACEI CHICO
XAVIER MATERIALIZADO

Por diversas vezes, ouvimos o testemunho de pessoas que relatavam encontros com Chico Xavier, que lhes falava em estado de desdobramento ou de bicorporeidade. Até mesmo em Londres haviam detectado a presença dele. Publicamos aqui o testemunho do prezado irmão de ideal, Gerson Monteiro, presidente da Fundação Cristã Espírita Paulo de Tarso, que descreve um encontro entre ele e o médium e que nos permite avaliar melhor os fenômenos anímicos, mais particularmente, neste caso, o de bicorporeidade.

"Pude constatar a prova da superioridade moral de Chico Xavier ao participar de uma reunião de efeitos físicos, no Grupo Espírita Dias da Cruz, em Caratinga/MG, no ano de 1975, para tratamento das coronárias. Nessas reuniões, os Espíritos se materializavam por intermédio do ectoplasma fornecido pelo médium Antônio Salles, onde centenas de pessoas foram operadas, tratadas e curadas gratuitamente. Numa delas, fui abraçado por Chico Xavier materializado, constatando que, ao seu lado, se encontrava seu guia espiritual Emmanuel, materializado também.

Ao fim de sua visita, ouvimos a voz do Espírito Bezerra de Menezes dizendo: "Chico, está na hora de nós irmos embora". Chico me confirmou esse fato pessoalmente, quando almoçava com ele numa de suas visitas à Fundação Marieta Gaio, nobre instituição espírita do Rio de Janeiro.

É importante esclarecer que o corpo de Chico Xavier repousava em Uberaba, no momento de sua aparição tangível em Caratinga, a 700 quilômetros de distância daquela cidade. Essa faculdade, isto é, a bicorporeidade, era a mesma de Santo Antônio de Pádua. Conta-se que o santo pregava na Itália quando adormeceu. Na mesma ocasião, surgiu em Portugal para defender seu pai, injustamente acusado de assassinato. Este fato motivou a sua canonização. Santo Afonso de Liguori, fundador da Congregação Redentorista, também foi canonizado antes do tempo previsto, por ter sido visto durante a sua vida terrena em dois lugares diversos ao mesmo tempo: em sua cela de sacerdote e ajudando o papa, em processo de desencarnação no Vaticano, o que foi considerado um milagre para a Igreja.

Os fenômenos da bicorporeidade de Santo Antônio de Pádua, de Santo Afonso de Liguori e de Chico Xavier se deram pelo fato de, por suas virtudes, desmaterializarem-se completamente das coisas do mundo, elevando suas almas para Deus, segundo se deduz dos esclarecimentos de Allan Kardec, no capítulo X de O Livro dos Médiuns.

Ao relatar o encontro com Chico Xavier, Gerson concluiu: "A sua força moral residiu na humildade e no imenso amor devotado aos seus irmãos em humanidade. Nunca viveu da religião, ou dela se beneficiou pessoalmente. Doou-se totalmente ao seu ideal como Espírita, a todos os seus irmãos em humanidade, e principalmente aos 'vencidos', aos sofredores de toda sorte, aos desesperados, encorajando-os para a vida com sua palavra amiga e consoladora. Ao nosso querido Chico, agora domiciliado nos altos planos da vida espiritual, os nossos votos de muitas realizações espirituais, sob as bênçãos de Jesus" (84).

DEPOIMENTO DO JORNALISTA OSMAR DE OLIVEIRA

Miriam Portela entrevistou o jornalista Osmar de Oliveira para o

---

(84) *O confrade Gerson divulga seu depoimento através do seguinte contato, que coloca à disposição: gerson@radioriodejaneiro.am.br*

jornal *Folha Espírita*. Ele foi testemunha de um dos mais lindos casos de desdobramento ou de experiência fora do corpo de Chico Xavier. Eis a íntegra da matéria:

"O Boeing da Transbrasil estava lotado. A greve dos aeroviários naquele dia 2 de maio de 1985 tinha tornado quase impossível viajar de avião pelo Brasil. O voo Recife/São Paulo, logo depois do almoço, pela Transbrasil, havia surgido como a única alternativa. Naquele dia – 2 de maio de 1985 – o jornalista e médico, Osmar Pereira Soares de Oliveira, devia voltar, de qualquer jeito, para São Paulo, mesmo sem transmitir a partida de futebol em Recife. Um motivo muito forte o obrigava a partir. Seu irmão, Edson Pereira Soares de Oliveira, de 39 anos, casado, pai de três filhos, comerciante, tinha morrido. Foi brutalmente assassinado, por volta de 23 horas, quando chegava do seu escritório, no bairro de Pompeia, na capital paulista. Seu irmão tinha sido morto a tiros e ele, Osmar, como filho mais velho, deveria contar para seus pais o que tinha ocorrido. Ainda chocado com o impacto da notícia, Osmar tentara o primeiro voo existente para São Paulo, o voo da Transbrasil, a única companhia que não aderira à greve dos aeroviários.

Osmar de Oliveira lembra com detalhes daquele dia: Eu estava a serviço em Recife, onde deveria transmitir uma partida de futebol. O dia 1º de maio, Dia do Trabalho, foi feriado. Dia 2, pela manhã, minha mulher Elizabeth telefona avisando-me que meu irmão estava passando mal. Logo depois, eu vim a saber da verdade. Ele tinha sido assassinado na noite anterior e eu deveria voltar imediatamente para o velório. Com algum esforço, consegui lugar no voo Recife/Salvador/São Paulo da Transbrasil. Sentei-me no último banco do avião. Num momento como aquele eu não gostaria de ser reconhecido, nem de conversar com ninguém. Sentei-me na cadeira que dá para o corredor e abaixei a cabeça, cobrindo a testa com a mão. Durante todo o trajeto eu tentava entender o que tinha ocorrido. Pensava no que diria a meus pais. Que explicações razoáveis eu poderia lhes dar? Eu estava angustiado, mas não conseguia

348 | *Chico Xavier | Meus pedaços do espelho*

chorar. No trecho entre Salvador e São Paulo (o avião continuava lotado) alguém fica de pé ao lado da minha poltrona e se dirige ao passageiro sentado ao meu lado, que ocupava a poltrona do meio:

— *Deixa eu sentar aí!*

Eu estranhei. O avião estava cheio, porque aquele homem estava querendo sentar-se logo ao meu lado? A princípio pensei que fosse alguém que tivesse me reconhecido. Continuei de cabeça baixa, com o rosto coberto. Continuava sem a mínima vontade de conversar, com quem quer que fosse. Afastei a minha perna para que o passageiro ao meu lado saísse e novamente tive que me mexer para que o outro se acomodasse. Olhei-o rapidamente, estranhando a sua atitude.

Senti que haviam tocado no meu braço e olhei para o novo companheiro de viagem. Neste momento ele me disse: — *Agora você me reconheceu.* Sim, eu concordei, era ele mesmo, Chico Xavier. Usava um terno verde-escuro e estava sem gravata. No rosto abatido, usava um tradicional óculos escuros. Então, ele me perguntou: — *Como era ele?* Não sei porquê, deduzia que ele se referia ao meu irmão e passei a descrevê-lo fisicamente. Contei-lhe como era o meu irmão morto. Chico Xavier abaixou a mesinha do avião, pegou um pedaço de papel, talvez fosse um guardanapo, e começou a rabiscar. Ele colocou a mão sobre os olhos e rabiscava rapidamente, formas confusas. Depois de alguns segundos, segurou com força o meu braço e sussurrou:

— *Ele teve que ir mesmo. Deus o levou. Os próximos meses de sua vida seriam horríveis. Deus o poupou desse sofrimento futuro. Não se preocupe, seu irmão está bem.*

E continuou:

— *Depois de passados dois, não, alguns meses, me procure que eu vou lhe dizer como ele está. Você sabe onde eu moro? Eu tenho muita coisa para falar sobre ele.*

Ele se levantou muito lentamente, sem se despedir. Deixei-o passar e ele se dirigiu para a frente do avião. A última imagem que eu guardo é dele caminhando pelo corredor em direção à frente do avião. Não o vi mais. Voltei a baixar a cabeça e cobrir o rosto com a mão.

Quando o avião aterrissou, Osmar de Oliveira tentou rever o passageiro que, durante uns três ou quatro minutos, esteve sentado ao seu lado, e que ele reconheceu ser Chico Xavier. Osmar conta que foi o primeiro a descer do avião, pela porta dos fundos. E começou a olhar todos os passageiros que desciam do avião, dando mais atenção àqueles que desembarcavam pela porta dianteira. Afinal, Chico Xavier tinha ido para a frente do avião. Encheu-se o primeiro ônibus e o segundo também. Osmar permanecia na pista, aguardando. Quando desceram todos os que estavam a bordo, Osmar ainda raciocinou. Ele deve ter algum esquema especial. Provavelmente irá desembarcar com a ajuda de um comissário e seguirá de Kombi da companhia. Para sua surpresa, isso também não aconteceu. Chico Xavier não desembarcou do avião.

O jornalista Osmar de Oliveira confessa que se sentiu confortado após a conversa com Chico Xavier. A consciência de que encontraria sua família arrasada com o assassinato do irmão e da sua imensa responsabilidade, já não o assustava. Ele se sentia forte e com coragem para enfrentar a realidade, apesar da dor que sentia, Osmar desistiu de procurar por Chico. Sua família o aguardava ansiosa, no velório do irmão".

MATERIALIZAÇÃO DE ANDRÉ LUIZ

Oswaldo Godoy Bueno conta, admirado: (85)

"Tive a oportunidade de estar com Chico num trabalho de materialização, no Grupo Irmão Kamura, em São Paulo, quando se materializou o espírito André Luiz. Chico, com a sua humildade, falou:

— *Vejam, é André Luiz que está presente!*

André Luiz caminhou entre todos e, quando chegou diante de Chi-

(85) BUENO, O. G. **Nossos momentos com Chico Xavier, o homem chamado amor**. São Paulo: Grupo de Ideal Espírita André Luiz e Instituto Divulgação Editora André Luiz (Ideal). 2007. *Materialização de André Luiz, p. 115.*

co, ajoelhou-se. Que criatura maravilhosa e sublime era o nosso querido Chico, a ponto de André Luiz ajoelhar-se diante dele".

Todos os três fatos que acabo de citar comprovam a superioridade moral de Chico Xavier. E explicam os testemunhos de muitos que o viram materializado, ou simplesmente em desdobramento, em lugares distintos do País e até mesmo no exterior.

Capítulo 44

A VIDA TRIUNFA

Desde julho e dezembro de 1971, com a primeira grande exposição na mídia nos dois programas Pinga-Fogo, a existência de Chico Xavier mudou muito, porque, a cada ano, sua missão tornava-se mais conhecida e mais próxima do povo. O papel consolador de suas faculdades mediúnicas teve um alcance ainda maior com a recepção de centenas de mensagens de jovens desencarnados; fenômeno que se intensificou depois desses programas.

Pais desesperados demandavam Uberaba em busca de notícias dos entes queridos, na esperança de não tê-los perdido para sempre. E grande parte dos visitantes saía de Uberaba com a alma consolada e convencida da realidade da vida após a morte. Esse papel de consolação marcou a vida e a obra de Chico Xavier, comprovando o êxito de sua missão, planejada e talhada para o homem angustiado do século XX.

O que se constatou, porém, é que as cartas-mensagens dos desencarnados, dirigidas aos familiares, não eram tão somente fonte de consolação, mas igualmente robusta comprovação da sobrevivência da alma.

Paulo Rossi Severino compreendeu perfeitamente essa abrangência, quando começou a publicar no jornal *Folha Espírita*, a cada mês, uma carta-mensagem recebida por Chico Xavier, repleta de informações sobre o comunicante e de comentários sobre os dados contidos no texto psicografado, porque entrevistava diretamente a família que havia recebido as notícias do ente querido desencarnado.

Nessa mesma época, a Associação Médico-Espírita de São Paulo (AME-S.Paulo) acabara de montar um projeto de pesquisa sobre a mediunidade de Chico Xavier e como precisasse de um pesquisador de campo, convidou meu irmão para essa tarefa especial, a qual, de certa forma, ele já estava realizando de maneira muito eficaz. Bastou-lhe tão somente aplicar os questionários fornecidos pela AME, que obedeciam ao padrão de entrevista direta, conforme a metodologia adotada. Em entrevista ao Dr. Decio Iandoli Jr, no programa Ciência e Espiritualidade, da TV Mundo Maior, em junho de 2006, Paulo falou sobre essa parceria.

"A AME queria levantar dados sobre a mediunidade do Chico. E o trabalho de campo foi fundamental. O preenchimento das folhas das pesquisas durava em média três horas e levamos mais de 15 anos aplicando-as. Primeiro, porque tínhamos que respeitar a dor das famílias que nos recebiam; segundo, porque não colhíamos os dados de pronto: tínhamos uma conversa informal com os familiares e acabávamos entrando no mesmo clima emocional. Daí vinha o trabalho do preenchimento dos questionários. A AME-S.Paulo fez também o tabelamento de dados através de computador e as considerações expostas no livro."

Foram mais de 160 cartas-mensagens, das quais a AME-S.Paulo valeu-se de 45 para a pesquisa computadorizada. Surgiu, assim, em junho de 1990, o livro *A Vida Triunfa*, contendo as cartas psicografadas com os comentários elaborados pelo autor e a pesquisa inédita sobre a mediunidade de Chico Xavier, feita pela AME, sob minha responsabilidade e a da Dra. Maria Júlia Peres. Os colegas Abraão Rotberg, presidente da AME; Antonio Ferreira Filho, vice-presidente, também deram explicações ao leitor sobre nosso objetivo com a pesquisa. O material publicado teve a importante revisão de Hernani Guimarães Andrade, presidente do IIBPP.

O MÉDIUM NÃO CONHECIA OS DADOS REVELADOS

Quanto à entrevista que o médium fazia com a família antes da sessão, Paulo esclareceu:

"Chico atendia às sextas-feiras em média 50 a 60 pessoas que o procuravam. Pegavam uma senha e ele conversava com elas, mas nessa entrevista os dados recolhidos não passavam muito além dos elementares, como o nome da família e do falecido. Eram dados superficiais. E quando chegava a carta, o espírito revelava os nomes daqueles que o atenderam no mundo espiritual, avós e bisavós, assim como outros parentes, que não constavam dos dados que Chico conhecia. Houve casos em que tivemos que pesquisar em Portugal para comprovar a veracidade da informação. E muitos dados diferenciados, o que exclui a possibilidade de telepatia. Em média, Chico recebia dez cartas por noite. Além disso, o estilo era inconfundível.

Quando você vê uma carta de um desconhecido é uma coisa. Agora, para o familiar, não há jeito de enganar. Ele consegue ler nas entrelinhas. Ao final, o Chico humildemente falava o nome do espírito que acabara de dar a comunicação e perguntava à família se eles aceitavam a referida carta. A reação emocional dos familiares era intensa, pois antes que Chico Xavier falasse o nome do espírito, já sabiam, pelo conteúdo, que a carta era para eles".

PROVAS E MAIS PROVAS DA VIDA APÓS A MORTE

Paulo Rossi Severino lembrou ainda que houve casos em que o espírito trouxe informações que a família não tinha.

"Foi o caso do espírito Jair Presente" - esclareceu. "Tivemos a colaboração da irmã dele, na pesquisa de campo, pois ele havia citado o espírito Irineu, que tinha sido enterrado no cemitério Flamboyant, na cidade de Campinas, em São Paulo. O nome Irineu era desconhecido da família, mas a irmã, Suely Presente, foi buscar mais informações no cemitério e nada havia constatado, com o administrador, quanto ao assentamento do nome Irineu Leite. Mas ela continuou a pesquisa e consultou o arquivo do jornal local, *Correio Popular*, encontrando a notícia do falecimento de Irineu, causado por acidente automobilístico. Com este dado, ela se dirigiu mais uma vez ao cemitério e insistiu com o administrador, sr. Mangiaterra, e descobriu que o falecido havia sido registrado com o nome errado, Pirineu. Este foi um caso muito importante, porque o além corrigiu o aquém.

Um outro caso interessante foi o do espírito Ricardo, que voltou para contar através de mensagem que havia deixado a noiva grávida, fato que a família desconhecia. Ocorreu também um caso em que o comunicante desencarnou na cidade de Cascais, em Portugal. A sua morte foi dada como suicídio, porém, através da mensagem, ele conta que era destro e que não lograria êxito em se matar, pois a arma fora encontrada em sua mão esquerda.

Ele afastou a possibilidade de suicídio e desejou que os pais não prosseguissem nas investigações. Outro caso interessante, foi o do espírito Teresa. Nos documentos, o seu nome era grafado com a letra 's', mas ela sempre assinava com a letra 'z', o que se repetiu na assinatura da carta psicografada".

Felizmente, o livro *A Vida Triunfa* está aí como testemunho vivo da autenticidade da mediunidade de Chico Xavier e constitui-se, hoje, em base importante para ser reanalisada e publicada em revista indexada, permanecendo como forte evidência científica da continuidade da vida após a morte.

COMENTÁRIO DO MÉDIUM SOBRE O LIVRO

Perguntei a Chico Xavier, em Uberaba, em 1990, como ele via o lançamento do livro *A Vida Triunfa*, primeira obra da *Folha Espírita Editora* e primeira pesquisa sobre sua mediunidade.

- *Para mim que sou leigo, ignorante dos processos literários, o livro vai despertar muito interesse pela composição dos argumentos expostos.*

O que eu li do livro me trouxe uma grande alegria interior.

Com tanta gente com vontade de conhecer algo sobre a vida espiritual, espero que o livro seja muito bem aceito e gostaria mesmo que ele fosse bilíngue, para que A Vida Triunfa *abrangesse todo o continente sul-americano.*

Eu quero dizer que o livro poderia servir à elevação de qualquer povo, onde pudesse ser apresentado, mas creio que o Brasil é muito isolado dos outros países sul-americanos.

Eu tenho esperança de que o Brasil adote o castelhano como língua natural da nação. Algumas vozes se levantam, aqui e ali, mas são vozes ainda muito fracas, porque elas não gritam essa necessidade. E, nós outros, os pequeninos, temos de esperar que as grandes inteligências se manifestem, e elas se manifestarão, porque a economia do mundo vai ensinar aos sul-americanos o que é que eles possuem. Eles podem ter muito trigo, muito ouro, brilhantes sem conta, pedras preciosas da melhor qualidade, os materiais de alimentação comum são confirmados em diversas nações.

Então, eu penso que, quando nossos regentes em política compreenderem isso, poderemos ter o mesmo relacionamento que os países da Europa têm com a América do Norte, uma união feliz e necessária porque, se trabalharmos, teremos isso na mão.

Conforme o desejo do médium e a promessa feita a ele pelos autores, o livro *A Vida Triunfa* teve duas versões, além do português, foi publicado em espanhol e inglês.

Marlene entrevista o médium sobre o livro
A Vida Triunfa.

O autor, Paulo Rossi Severino (de óculos), Marlene
e Chico

Dra. Maria Júlia Prieto Peres, o médium e Marlene

Capítulo 45

A VISITA DE BÁRBARA IVANOVA

Bárbara Ivanova, a parapsicóloga russa, iniciou sua visita ao Brasil em março de 1990 e, desde que chegou, tinha uma ideia fixa: encontrar-se com Chico Xavier (86) O fato é que ela já conhecia e respeitava o seu trabalho, desde longa data. Não sabíamos, até então, como ficara assim tão conectada à tarefa e à vida do médium, mesmo morando em país tão distante. Somente viemos a obter respostas, quando passamos a conhecer um pouco mais de sua história de vida, através de entrevista para a *Folha Espírita* e suas palestras na Universidade de São Paulo, promovidas pelo Instituto Nacional de Terapia de Vivências Passadas (INTVP), presidido pela Dra. Maria Júlia Peres.

Bárbara contou que aprendeu o português em quatro meses, e serviu como intérprete na embaixada do Brasil em Moscou. Explicou essa facilidade em aprender a nossa língua, que é uma das mais complicadas do mundo, segundo reconhece, pelo fato de ter sido um mulato pernambucano, de nome Luiz Cardoso, que era seringueiro. Ela soube dessa existência, após uma regressão espontânea.

Com essa facilidade, tinha acesso às revistas e aos livros do Brasil e às informações sobre o movimento da Parapsicologia em nosso País.

Bárbara foi uma das primeiras pesquisadoras a investigar a reen-

---

carnação na Rússia, mas somente com a *glasnost*, a abertura política liderada por Mikhail Gorbachev, começaram a surgir artigos sobre o assunto na grande imprensa. Segundo informou, o povo russo não tem conhecimento de nada disso, porque não conhece outras línguas, não tem acesso à leitura, e mesmo porque, até bem pouco tempo, as publicações sobre Parapsicologia não eram admitidas em seu país.

Contou que, antes da abertura política, os pesquisadores russos só estavam interessados em experiências de nível primário. Com a médium Nina Koulagina foi assim. Bárbara lembrou que Nina fez o coração de um sapo parar e o animal morreu. Os pesquisadores não iam além desse tipo de fenômeno.

Segundo informou, a Igreja Ortodoxa russa, em seu país, está vivendo atualmente um dos seus melhores momentos. As autoridades já devolveram muitos de seus templos e pensam em reconstruir os que foram demolidos.

Em seu país, não existem atividades na área de Parapsicologia, porque é proibido. Afirmou que a escolha de sua atual encarnação como judia e parapsicóloga, na Rússia do tempo de Stalin, foi realmente um desafio para sua alma, mas tem procurado submeter-se às leis de seu país, pois sabe que só crescemos espiritualmente nas grandes dificuldades.

MÉDIUM DE CURA

Na época em que visitou o Brasil, Bárbara Ivanova atuava como filósofa da Academia de Ciências Soviética. Em suas conferências, nessa instituição, referia-se à alma como campo informacional, individual, complexo e autônomo. Nunca teve problema de aceitação por parte de seus pares, porque a designação sofisticada quebrava de certa forma o impacto do conceito espiritual. Confessou que, ao regressar agora, tinha interesse em falar na Academia sobre Espiritismo no Brasil.

Seus artigos têm sido publicados em vários países do mundo e em suas viagens ao exterior tem trabalhado como médium de cura. Segundo seu conceito, médium de cura é aquele que auxilia a reconstrução dos corpos doentes. Exemplifica lembrando que o corpo enfermo assemelha-se a um automóvel sem combustível, a função do curador é doar esse combustível para que o próprio doente, o condutor do veículo, restabeleça a própria marcha. Para cumprir sua tarefa, o curador deve entrar em contato com os seres superiores que dirigem a ordem cósmica, porque eles conhecem as necessidades humanas.

Foi muito interessante saber, segundo seu relato, que o povo russo aguardava, desde a década de 1970, um novo rei, de nome Mikhail, que seria marcado por uma mancha (de fato, Gorbachev tem um mapa cor de vinho em sua cabeça) e que dirigiria a nação como o últimos dos czares.

PALESTRAS NA USP

Bárbara Ivanova permaneceu por alguns meses no Brasil, realizando palestras em vários Estados. No anfiteatro da Universidade de São Paulo (USP), participou, no dia 24 de junho de 1990, do Semináio de Parapsicologia, promovido pelo INTVP, com outra conferencista russa (79), Larissa Vílenskaya, sua amiga. (87).

Bárbara chegou da Rússia, em março, e é a segunda vez que se apresenta em São Paulo, enquanto Larissa veio dos Estados Unidos, onde reside, especialmente para reencontrar a amiga e conterrânea e participar também de palestras e seminários.

Ivanova falou pela manhã, no seminário, sobre o tema Da Cura Local à Cura Integral das Pessoas e da Sociedade, respondendo depois a perguntas do público. Também pela manhã, Vllenskaya discorreu sobre O Desenvolvimento do Potencial Psíquico: Experiências de Caminhar sobre Brasas e Aplicações nas Curas. Para completar, Bárbara Ivanova falou sobre Trabalhos Científicos Demonstram a Realidade da Reencarnação e suas Implicações com a Saúde, e Larissa sobre Diagnóstico Paranormal, Cura e Leitura Dermo-óptica. No encerramento, Bárbara Ivanova enle-

---

(87) Cf. *Jornal Folha Espírita, São Paulo, Ano VII, n. 196, 1990.*

vou o público com momentos dedicados à meditação e prece.

Houve um instante particularmente tocante, no relato de Bárbara, quando falou de sua prisão pela política soviética. Salvou-a a ida de Larissa para os Estados Unidos, que sabia do fato e poderia contar aos amigos do exterior, com repercussão negativa para o governante russo. Foi com esse argumento que Bárbara conseguiu libertar-se da prisão, algumas horas depois, evitando, assim, as terríveis consequências de um confinamento.

Sua figura de mulher determinada e terna deixava transparecer, ao mesmo tempo, a coragem do soldado valoroso, que luta por um ideal, e a candura de uma avó bondosa e humilde.

BARBARA IVANOVA VISITA CHICO XAVIER

Com a presença de Francisco Cândido Xavier, Bárbara Ivanova encerrou seu périplo de conferências pelo Brasil, na cidade de Uberaba, em reunião promovida pela Aliança Municipal Espírita, nas dependências do Centro Espírita Uberabense literalmente tomadas. Cerca de mil participantes tomaram conhecimento do livro *A Vida Triunfa,* e da obra *O Cálice Dourado*, de Bárbara Ivanova, ambos lançados nessa noite de 1º de setembro de 1990.

Foi particularmente emocionante o encontro de Chico Xavier com Bárbara. Muito trôpego, com necessidade da ajuda de dois companheiros para ter firmeza na marcha, Chico concretizou um desejo de longa data, que era conhecer a parapsicóloga russa e, para isso, interrompeu uma reclusão de três meses, com tratamento intensivo da saúde, para prestigiar sua apresentação e a do livro *A Vida Triunfa*.

Altiva Glória Noronha foi responsável pela programação da visitante, e estava muito emocionada com a presença de Chico Xavier. Compareceram também os membros da Aliança Municipal Espírita de Uberaba — Jarbas Leone Varanda e Olavo Escobar Martins — e do Centro Espírita Uberabense, Emmanuel (Lilito) Martins Chaves, dando início ao evento, pontualmente, às 20 horas.

Adroaldo Modesto Gil, diretor do Sanatório Espírita, hospital psiquiátrico que teve como fundador o Dr. Inácio Ferreira, falou sobre o livro *A Vida Triunfa*, incentivando o trabalho do autor, Paulo Rossi Severino, presente na cerimônia e que se desdobrou nos autógrafos da noite.

Bárbara Ivanova falou sobre a reencarnação e o seu aspecto educativo para as almas. Contou a sua própria experiência, como Luiz Cardoso, um pretinho pernambucano que desencarnou cedo. Enfatizou que esse fato explicava porque não se sentia estrangeira no Brasil e também a facilidade com que aprendeu o português, em apenas quatro meses. Explicou que, em cada encarnação, escolhemos dificuldades maiores, a fim de nos aperfeiçoarmos, compreendendo melhor as leis de Deus, até o ponto de não necessitarmos mais retornar à Terra.

Enfatizou que é preciso fazer o melhor possível, ajudando aos outros, tendo responsabilidade com a elevação espiritual de todo o planeta. Só o amor e a compreensão vão transformar o mundo em que vivemos e, para isso, as pessoas precisam exemplificar essas virtudes em seus próprios atos.

Congratulou-se com os brasileiros, por terem Kardec e Chico Xavier para auxiliá-los na compreensão dessas leis. E, ao final, propôs vibração conjunta para os dois povos amigos, o russo e o brasileiro, para os seus governantes, a fim de que encontrem o caminho da paz e do progresso espiritual. Segundo o seu conceito, o cálice dourado seria esse instante mágico de vibração em que as criaturas buscam o manancial inesgotável que promana de Deus e colocam-se em posição de receber e distribuir tal energia transformadora.

Após a conferência, Chico Xavier, Bárbara Ivanova e Paulo Rossi Severino autografaram os livros lançados nesse encontro feliz.

HOMENAGEM

Maria Dolores, através de Chico Xavier, dedicou a Bárbara a seguinte mensagem:

Saudação
Na Terra — nosso refúgio —
Onde a vida nos renova
A alegria se comprova;
Mostrando júbilos mil;
Por isso todos trazemos
Ante a fé que nos aprova,
para Bárbara Ivanova
A gratidão do Brasil.

Sob intensa emoção, a reunião foi encerrada com a prece de agradecimento de Emanoel Chaves. Antes que Chico Xavier se retirasse, Bárbara transmitiu-lhe passes. Desde que chegara ao Brasil, ela desejava estar com o médium para passar-lhe energia. Foi um encontro reservado. Chico avisou-a da presença de vários amigos, entre eles Sergei e Babusha. E Bárbara identificou-os como um amigo e provavelmente sua avó.

No dia seguinte, a sensitiva russa contou-nos que não conseguira dormir, pela forte emoção de ter encontrado Chico Xavier, por senti-lo tão humilde e tão debilitado fisicamente pelo seu trabalho missionário.

Trouxe-a de volta a São Paulo, com a certeza íntima de que a amizade realmente não tem fronteiras. Formamos um mundo só.

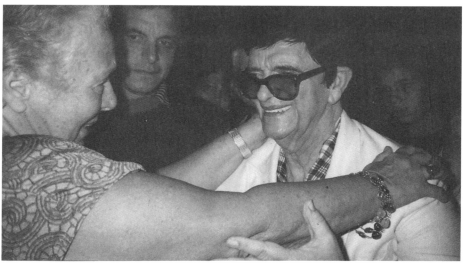

Bárbara Ivanova abraça Chico Xavier, em Uberaba

Capítulo 46

A VOLTA DE EMMANUEL

No livro *Lições de Sabedoria* tive a oportunidade de transcrever parte da entrevista que Gugu Liberato fez com nosso amigo Chico, em 1985, para o Sistema Brasileiro de Televisão (TV SBT). Entre outros assuntos, o repórter perguntou-lhe:

— "É verdade que o espírito de Emmanuel, que lhe ditou a base do espiritismo praticado no Brasil, se prepara para reencarnar?" A resposta veio com naturalidade:

— *Ele diz que virá novamente e dentro de pouco tempo para trabalhar como professor.*

E o apresentador replicou:

— "Sabemos que Emmanuel foi Manuel da Nóbrega. Em vida, ele sempre teve um companheiro muito próximo, que foi o padre José de Anchieta. Por que ele nunca se manifestou sobre isso?"

— É uma questão de afinidades e de trabalho específico. Os amigos espirituais nos dizem que Anchieta voltou na posição do grande frei Fabiano de Cristo, que viveu no Rio de Janeiro e foi um herói de humildade e abnegação. De maneira que, *acredito, eles, na vida espiritual, seriam excelentes amigos, mas com missões diferentes. Emmanuel sempre agiu como um professor ou diretor muito culto, abnegado e severo em suas disciplinas.*

Ao término da entrevista, Chico disse a Gugu que não sabia quem fora em vidas anteriores:

— *Devo ter tido uma existência de pouco destaque e nenhum poder ou força. Naturalmente eu era dos menores. Desta vez, voltei para a mediunidade que representou um serviço para mim. A mediunidade sempre foi a minha tarefa diária durante 68 anos,* concluiu.

NOVA ENCARNAÇÃO NO SÉCULO XXI

Conforme atestam várias pessoas que conviviam na intimidade com o médium Chico Xavier, o espírito do benfeitor Emmanuel já está entre nós, em nova encarnação terrestre.

Suzana Maia Mousinho, presidente e fundadora do Lar Espírita André Luiz (Leal), de Petrópolis/RJ, amiga do médium desde 8 de novembro de 1957, deu um desses depoimentos. Chico Xavier confidenciou-lhe detalhes de como seria a reencarnação de Emmanuel, que voltaria à Terra no interior do Estado de São Paulo, no seio da família constituída pelo casal D. Laura e Sr. Ricardo, personagens do livro *Nosso Lar*, de André Luiz.

Tempos depois, novamente, o médium tornou a tocar no assunto com Suzana, afirmando ter presenciado o retorno à vida física de seu benfeitor, no ano 2000. O médium confirmava, assim, as previsões espirituais que comentara com ela meses antes.

Nossa amiga Sônia Barsante, residente em Uberaba e frequentadora do Grupo Espírita da Prece, de Chico Xavier, contou que, num determinado dia do ano 2000, estando ela e outros companheiros reunidos com Chico, este se tinha ausentado em transe mediúnico durante alguns instantes. Ao regressar, Chico contou-lhes alegremente que tinha ido em desdobramento espiritual até uma cidade do Estado de São Paulo visitar um bebê, que era o espírito de Emmanuel já reencarnado. E arrematou dizendo a todos os que estavam presentes: *Vocês ainda vão reconhecê-lo!*

Já vimos outro depoimento, o do colega Dr. Elias Barbosa, de Uberaba, que declarou textualmente ter ouvido de Chico a revelação:

O nosso Emmanuel, gente, vai voltar! Está só à espera de eu partir...

No livro *Entrevistas*, (88), Chico Xavier diz:

— *Ele (*Emmanuel*) afirma que, indiscutivelmente, voltará à reencarnação, mas não diz exatamente o momento preciso em que isso se verificará. Entretanto, pelas palavras dele, admitimos que ele estará regressando ao nosso meio de espíritos encarnados no fim do presente século (XX), provavelmente na última década.*

Divaldinho Mattos, da cidade de Votuporanga, interior de São Paulo, dirigente da Didier Editora e amigo do médium, relatou que, em conversa presenciada por inúmeras pessoas do Brasil inteiro, num almoço na casa de Chico Xavier, em Uberaba, nos idos do ano 2000, Chico afirmara para todos que o espírito de Emmanuel já havia retornado ao mundo físico pela via da reencarnação.

No dia 22 de agosto de 2010, em entrevista concedida à RedeTV!, no programa Transição, Nena Galves relatou que lhe causava estranheza a circulação de livros de Emmanuel depois do ano 2000 por outros médiuns, "porque Chico não disse só a mim. Disse a várias pessoas que Emmanuel estava reencarnado. Disse que acompanhou a reencarnação de Emmanuel no mundo espiritual, assim como acompanhou também a de sua mãe, Maria João de Deus, e a de filhos de alguns amigos nossos".

---

(88) XAVIER F. C. Emmanuel. **Entrevistas**. 9. ed. Araras: Instituto de Divisão Espírita (IDE), 2005. p. 110-101.

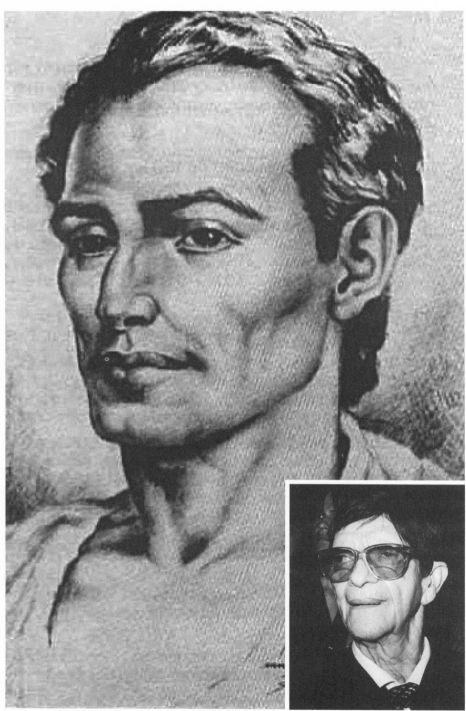

Gravura de Emmanuel

Capítulo 47

AOS 80 ANOS, TRAGO COMIGO A PAZ DE ESPÍRITO

O médium completara 80 anos de existência no dia 2 de abril de 1990, e atingira também o marco de 63 anos de atividades ininterruptas, no campo da mediunidade, no dia 8 de julho. À medida que o tempo passava, Chico ia se tornando "quase um santo". Sua figura causava uma espécie de veneração, entre seus compatriotas. O povo buscava e via nele esse clima de sustentação próprio da auréola dos santos e que nós interpretamos como a atmosfera dos que vivem com a mente mergulhada em profunda paz de consciência.

Reencontrei-o nesse ano em que completara 80 anos e perguntei-lhe como se sentia nessa quadra da vida. Sua resposta espelhava a sua disposição íntima:

— *Eu me sinto muito bem, porque trago comigo a paz de espírito. Os 80 anos não me afetaram, em absoluto, aquilo que é o meu ideal de trabalhar, de servir, de aprender, de me comunicar com os outros, de modo que o corpo apresentou algumas dificuldades, principalmente, na locomoção, mas, espiritualmente, eu não tenho a menor tisna de preocupação com os 80 anos.*

Tendo em vista o clima de revisão do passado que a sua resposta nos proporcionava, pedi a ele que nos dissesse algo sobre a razão de cada obra que ele havia recebido ao longo de sua trajetória missionária.

Quis saber o que Emmanuel, como coordenador desse programa, dizia a respeito de cada livro.

— *Ele sempre considerou que cada livro se destinava, se destina, aliás, a uma faixa de pessoas que estão incursas na necessidade de conhecer aquele livro para fins de recuperação da paz e de renovação delas mesmas.*

EDITORAS ESPÍRITAS

Perguntamos ao médium sobre o trajeto das obras recebidas, por seu intermédio, porque sentimos que os cem primeiros volumes, aqueles que estão mais particularmente ligados à Editora da FEB são livros mais densos, depois houve como que um movimento mais explicativo dos conceitos ventilados, os benfeitores desceram mais às minúcias, com obras mais simples. Foi realmente esse o caminho seguido?

— *Eu creio que esse foi o caminho seguido,* confirmou o médium, *porque a FEB fazia sempre uma revisão muito rigorosa. E nessa revisão, muitos conceitos não sofriam deformidade, eles mantinham, mas o conceito ficava dentro de uma estreiteza que não suportava nenhuma expressão de elasticidade. Mas precisava abrir mais. Então, o espírito de Emmanuel, que dirige essa equipe de espíritos, achou razoável que se estimulasse nos companheiros inclinados a se responsabilizar por uma editora, que esses companheiros recebessem dos espíritos, livros tão simples como o povo, em si, necessita.*

Eu creio que a Federação agiu bem, porque ela ficou segregada no clacissismo da Doutrina, uma espécie de movimento, não digo dogmático, porque ela não faria nada dogmático, mas um movimento de mais largueza de palavras, para melhorar e iluminar o raciocínio.

TRANSCOMUNICAÇÃO INSTRUMENTAL

Como a *Folha Espírita* estava em plena divulgação dos fenômenos de Transcomunicação Instrumental (TCI), informando a comunicação dos espíritos através de aparelhos, como rádio, FAX, TV, perguntamos ao médium o que os espíritos têm lhe dito a respeito disso. Lembramos que na Europa o movimento estava tomando um vulto extraordinário e tem sido comparado até com o das mesas girantes, observado no século XIX. Seria um novo chamamento à meditação acerca da sobrevivência?

— *Eu acredito que sim, porque, da parte dos espíritos desencarnados, a maioria que eu conheço, está toda interessada em que se abra o túnel que impede a transcomunicação para que esse movimento se liberte e se desenvolva, tanto quanto possível, porque desse movimento partiríamos com a própria ciência para caminhos que chegariam muito depressa à fé raciocinada.*

O BRASIL DE HOJE

Há sempre uma pergunta que nos fazem e eu não deixei de indagar dele. Como você vê o Brasil nessa quadra de nossa vida?

— *A quadra de agora é de transição. Por muito que pensemos não chegaremos a uma conclusão exata porque a diversidade de ideias é muito grande e o acúmulo das paixões fizeram do Brasil um campo de opiniões, às vezes, até desvairadas. O trabalho mesmo, que é necessário, nada. Eu me lembro de que, no tempo da guerra, terminada em 45, na Inglaterra e na Itália, sobretudo nesses dois países, plantavam-se batatas em vasos. Venceram pelo próprio esforço e não passaram fome. Por que é que havemos só de plantar flores? E os outros elementos? Que as flores sejam homenageadas pela beleza, mas elas não vão à panela.*

VIBRAÇÕES DE PAZ

Estávamos vivendo um período muito difícil e crítico, com o acirramento das desavenças internacionais e aproveitei para pedir-lhe a opinião sobre Sadan Hussein e o perigo de guerra.

— *O perigo está pendente, não é? Vamos todos vibrar pela paz. Temos de fazer vibrações contínuas pela paz. O Iraque está mostrando uma face muito dura para nós todos.*

Com a queda recente do muro de Berlim e a visita de Bárbara Ivanova, relembrando a *Glasnost*, procurei ouvi-lo sobre as mudanças no
leste europeu.

— *O leste europeu, hoje, é um mundo novo em que a esperança está
reinando de novo nos corações. E vamos nos unir todos nas vibrações de
paz a fim de que esse movimento não sofra um intervalo e uma alteração
prolongados sempre claramente prejudiciais à paz que se espera no mundo.*

Capítulo 48

"QUASE UM SANTO"

AMAR POR AMAR, SEM PEDIR NADA

À medida que o tempo passava, mais e mais Chico Xavier ganhava credibilidade como cristão autêntico e mais amor recebia do povo em consonância com o que extravasava do seu próprio coração. A mídia já demonstrava muito mais respeito por sua pessoa. Os tempos de David Nasser e Jean Manzon ficaram para trás. Ele vencera no exercício da humildade autêntica.

O *Informativo SEI* (7/9/91), boletim semanal do Serviço Espírita de Informações, reproduziu em parte a reportagem sobre Chico no programa Fantástico da Rede Globo, ocorrida uma semana antes. Nessa reportagem é que o halo de quase santo fora ressaltado. Reproduzimos aqui a súmula do Fantástico feita pelo *SEI*.

"Para milhões de brasileiros, este homem é quase um santo: Francisco Cândido Xavier, ou simplesmente Chico Xavier. Ele tem apenas o curso primário, mas escreveu centenas de livros, que abriram novos horizontes para milhares de pessoas. Conhecido e respeitado em todo o mundo, Chico Xavier é o grande divulgador da Doutrina Espírita."

Com essas afirmações, a jornalista Helena de Gramont apresentou a reportagem, que trouxe vários depoimentos.

"Ele ama... ama mesmo o seu semelhante", afirmou o médico de Chico Xavier, Dr. Eurípedes Tahan Vieira.

A reportagem ouviu também o depoimento da delegada de Polícia de Uberaba, Dra. Sandra Vazir, sobre mensagem do seu irmão, Renato Vazir, recentemente desencarnado, psicografada por Francisco Cândido Xavier. E outra entrevista emocionada, a do Sr. João de Deus, acusado de ter assassinado a esposa, e que foi absolvido, por unanimidade, graças à mensagem da esposa, recebida por Chico Xavier, inocentando-o.

Outro destaque foi o do Sr. Carlos Augusto Perandrea, perito judicial, após analisar mais de 300 mensagens psicografadas por Chico Xavier, comprovando a autenticidade da grafia dos Espíritos comunicantes.

"Assim que eu terminei meu trabalho tecnocientífico, comprovando a autoria da escrita das mensagens psicografadas, passei a ver que eu estava comprovando também a existência da vida após a morte; e os meus valores se alteraram."

Eurípedes Higino dos Reis também falou à reportagem sobre seu pai adotivo: "Ele é uma pessoa que realizou, que deu tudo de si em favor dos outros. Nada pediu. Nada quis!".

E, finalmente, com voz muito fraca, Chico Xavier falou:

— *O corpo está doente, em tratamento de uma labirintite, mas, intimamente, eu me sinto como se tivesse 20 anos. Eu falo assim, você pode me trazer dores e machucados, mas machuca só o corpo. Por dentro eu sou feliz. Pareço até muito melhor.*

E concluiu:

— *Palavras como estas: Amai-vos uns aos outros, como eu vos amei, sem pedir nada; amar por amar; querer bem uns aos outros; perdoar setenta vezes sete vezes. Olha que palavras... ressoam ainda hoje.*

Meu Deus, a vida é tão bela. Uma folha de qualquer planta, vista com os olhos da fé, é uma página tão bela.

Amar sem esperar ser amado e sem aguardar recompensa alguma, amar sempre!

IMPRESCINDÍVEL

No ano de 1993, a União dos Auditores da Receita Federal homenageou o médium de Uberaba, colocando-o entre as personalidades imprescindíveis de nosso tempo. O pôster em cores, de 23cmx16cm, cita Bertold Brecht:

"Há homens que lutam um dia e são bons. Há outros que lutam um ano e são melhores. Há aqueles que lutam muitos anos e são muito bons. Mas há os que lutam toda a vida. Esses são imprescindíveis".

Esse reconhecimento do trabalho missionário de Chico Xavier re-lembrou, de certa forma, a campanha do Nobel da Paz, de 81, expressando o que pensam muitos segmentos da sociedade brasileira. Para nós, ele foi um autêntico Nobel da Paz.

SEMPRE FIEL AO BOM COMBATE

Corria o ano de 1997, mês de maio. Estávamos eu e Marcelo, meu filho, na casa de Chico Xavier, depois de longos meses de separação. A fila era extensa e poucos metros nos separavam da sala onde Chico Xavier cumprimentava as pessoas. Procedentes dos lugares mais diversos, os visitantes estavam à procura da voz que abençoa, do alimento que sustenta as almas cansadas, como as abelhas estão em busca do néctar.

Passaram-se 40 meses desde nosso último encontro. Chico Xavier, finalmente, estava diante de mim. Mal podia crer! A saudade represada transformava-se, então, em cascata mansa de lágrimas calmas. Chorava o médium, chorávamos nós... Como exprimir emoções dessa natureza?! É difícil ...

Diante de mim, estava o amigo querido, de 39 anos de conhecimento e convivência nesta existência, mas em quantas outras não teremos nos cruzado?! Eu, sempre na condição de sapo embevecido, observando a estrela cintilante!... A saudade era tanta que os poucos minutos que nos vimos pareceram uma eternidade.

Quando Chico pronunciou o meu nome e disse que estava se lembrando de sua mãe e dos amigos queridos, que passaram por sua vida, desabei de vez. As flores que levei me pareceram tão pálidas para expressar esse tesouro de sentimentos, a amizade sincera que nos une há tanto tempo! Meu pai espiritual estava com 87 anos!

Observo seu corpo desgastado pelo tempo – 87 anos não passam impunemente – a boina resguardando-lhe a cabeça, as pernas paralisadas, o olho esquerdo destituído de visão, o rosto de pele de nenê banhado em lágrimas, e uma gratidão imensa invadiu minha alma. É veneração mesmo.

Quanto devemos a esse organismo alquebrado, a essas mãos sacrossantas que nesse dia oferecem rosas, em nome de Maria de Nazaré, a todas as mulheres que o visitam (é véspera do Dia das Mães)! Sempre a mesma delicadeza de alma, a mesma bondade, ao longo do tempo! Seu olho direito iluminado e sua voz que abençoa falam de outros planos da vida imortal, daquele Reino que ainda não pertence a este mundo. Quem sabe um dia... Para que isso aconteça, ele tem oferecido a sua própria vida!

HOMENAGENS

Estendo a Chico Xavier as duas cartas das quais sou portadora: uma para convidá-lo a receber, no dia 29 de maio, por ocasião do Congresso Nacional Médico-Espírita (Mednesp) de 1997, o singelo troféu que a Associação Médico-Espírita do Brasil vai lhe oferecer em comemoração aos 70 anos de sua atividade mediúnica – iniciada em 8 de julho de 1927 – e a outra para oficializar o convite da *Folha Espírita* para que fosse o presidente honorário do II Congresso Internacional de Transcomunicação, que foi realizado nos dias 16 e 17 de agosto, do ano de 1997, no Anhembi, em São Paulo. Na sua humildade e delicadeza de alma, Chico beijou as minhas mãos e, mais uma vez, não sabia o que dizer, somente chorei.

LIÇÕES DE SABEDORIA

Logo em seguida, o médium falou do livro que publicamos em 1996 – *Lições de Sabedoria* – com as entrevistas concedidas por ele em 23 anos da *Folha Espírita*.

Não tínhamos ainda nos encontrado, desde o seu lançamento.

— *Li o seu livro e gostei muito! Fiquei muito emocionado!* E depois de breve pausa, completou:

— *Tudo o que está nele expressa a verdade das nossas conversas.* E repetiu:

— *Hoje estou muito emocionado. Olho para você e lembro-me de minha mãe, dos amigos que passaram pela minha vida e você está entre eles.* E arrematou:

— *Eu nunca vou me esquecer de você!"*

Haja coração! Foi, sem dúvida, um dia para não esquecer. Pergunto-lhe sobre a *Folha Espírita*. Se tem recebido.

— *Você sabe, hoje estou paralítico, mas muito satisfeito de viver. E uma das minhas alegrias é poder ler. Quando a Folha Espírita chega, é só luz. Todos os artigos são aproveitáveis. É sempre uma alegria para mim.*

Antes de terminar nosso breve encontro, mas de duração infinita em minha memória, falou-me ainda de sua partida, de minhas tarefas e senti que continuaria velando por nós, fossem quais fossem os caminhos que devêssemos palmilhar.

Meu filho Marcelo abraçou-o, participando-lhe que um dia preten-de seguir a trajetória política do pai. Chico lembrou-se do quanto ele é parecido com *o Dr. Nobre*. Minha nora Mônica e sua mãe Regina tam-bém o abraçaram. Cada uma de nós empunhava as rosas que ele nos ofertou, distribuídas em homenagem às mães. Encerramos assim nossa visita, afinal, a fila era grande. Deus sabe quanto eu necessitava desse reforço!

VERSOS NOS OUVIDOS

Há muitos anos, desde que o conheci, em outubro de 1958, ouço Chico Xavier dizer que gostaria de desencarnar no serviço da mediu-nidade. Depois, impossibilitado de psicografar, a Espiritualidade procurou contornar o obstáculo, atendendo-lhe o desejo de servidor abnegado. Ofereceu-lhe, então, a continuidade do serviço: através da audição, Chico ouvia as mensagens dos Espíritos e ditava-as para o amigo Vivaldo Borges.

Diante desse fato, penso na razão de tantos anos de sofrimento com labirintite, quando o médium teve oportunidade de "ouvir" os pensamentos sonorizados dos espíritos imperfeitos, que o admoestavam e que tive oportunidade de relatar em *Lições de Sabedoria*. Creio que deve ter sido um caminho preparatório para a tarefa mais recente, quando ouvia os ditados dos Amigos do Além e pôde, assim, continuar na tarefa que tanto amava.

Chico explica o novo modo de trabalhar na mediunidade, no prefácio do livro *A Alma do Povo* (89): com sua Página de Gratidão, explica o que é:

— *Um livro pelo ouvido...*

REENCARNAÇÃO DE DONA MARIA JOÃO DE DEUS

Chico Xavier entrara na quadra final de sua existência corpórea. Muitas revelações ainda nos surpreenderiam.

No livro *Momentos com Chico Xavier*, de Adelino Silveira, o médium relata as despedidas de sua mãe antes da nova encarnação. Ficamos pensando nas renúncias que o verdadeiro amor impõe. E, mais do que isso, nas saudades que carregamos pela vida afora. Saudades de quando reencarnamos, quando nos despedimos da vida corpórea, quando tudo parecia que ficaríamos juntos por um tempo...

Descreve Adelino Silveira: (90)

"O ano era 1997, numa terça-feira à noite. Quando chegamos para visitá-lo, ele contou-nos o seguinte caso:

— *Hoje minha mãe me apareceu e disse-me:* — "*Meu filho, após tantos anos de estudo no mundo espiritual estou me formando assistente*

(89) XAVIER F. C.; PIRES, Cornélio. **Alma do povo**. São Paulo: Centro Espírita União (CEU), 1996. Página de Gratidão.
(90) SILVEIRA A. **Momentos com Chico Xavier**. Mirassol: Grupo Espirita da Paz, 1999. p. 147-148.

social. Venho me despedir e dizer que não mais vou aparecer a você". — *Mas a senhora vai me abandonar?* — *"Não, meu filho. Imagine você que seu pai precisa renascer e disse que só reencarna se eu vier como esposa dele. Fui falar com a Cidália, sua segunda mãe, que criou vocês com tanto carinho e jamais fez diferença entre os meus filhos e os dela. Ela contou-me que também precisa voltar à Terra. Então, eu lhe disse:* — *Cidália, você foi tão boa para meus filhos, fez tantos sacrifícios por eles, suportou tantas humilhações… Nunca me esqueci quando você disse ao João Cândido que só se casaria com ele se ele fosse buscar meus filhos que estavam espalhados por várias casas para que você os criasse. Desde minha decisão de voltar ao corpo, tenho refletido muito sobre tudo isso e venho perguntar-lhe se você aceitaria nascer como nossa primeira filha? Abraçamo-nos e choramos muito. Quando me despedi dela, perguntei-lhe:*

— Cidália há alguma coisa que eu possa fazer por você, quando for sua mãe? Ela me disse:

— Dona Maria, eu sempre tive muita inclinação para a música e não pude me aproximar de um instrumento. Sempre amei o piano. — *Pois bem, minha filha. Vou imprimir no meu coração um desejo para que minha primeira filha venha com inclinação para a música. Jesus há de nos proporcionar a alegria de possuir um piano.* A essa altura da narrativa, Chico estava banhado em lágrimas e nós também. Mas continuou a falar de Dona Maria: — *"Seu pai vai reencarnar em 1997. Vou ficar junto dele por aproximadamente três anos e renascerei nos primeiros meses do ano 2000".* — *Mas a senhora já sofreu tanto e vai renascer para ser esposa e mãe novamente?* — *"São os sacrifícios do amor… Até um dia meu filho…"* Neste momento, concluiu Chico, *também ela começou a chorar".* E pensar que dona Maria João de Deus já é uma adolescente de 14 anos. Como seria bom conhecê-la!...

Capítulo 49

NO DIA 8 DE JULHO DE 2000, COM CHICO XAVIER

Encontramos Chico Xavier irradiando felicidade. Era 8 de julho de 2000, a data comemorativa dos 73 anos de mediunidade e a *Folha Espírita* (91) estava lá.

O médium sorria, docemente, para os que estavam à sua volta, como se estivesse em uma assembleia muito maior do que aquela que os olhos físicos dos circunstantes conseguiam abarcar. Sentados à mesa, em sua companhia, saboreando as delícias do almoço da Dinorá e da hospitalidade de Eurípedes, nós, os amigos procedentes de regiões diversas, entrelaçávamos os pensamentos em um só diapasão, o do agradecimento emocionado pela data festiva.

Vendo meu filho Marcelo, Chico lembrou-lhe que sua doença era a do calendário. Rimos muito, porque o médium valeu-se da mesma expressão, utilizada há seis meses, para dizer-nos que sua doença era a da velhice. Dr. Eurípedes Tahan Vieira, seu médico e amigo há mais de 40 anos, compartilhava conosco daquele momento especial, e constatou, entusiasmado, essa memória de fatos recentes, referindo-se a outros que o médium ainda é capaz de reter. E ressaltou: "um feito relevante para um homem de 90 anos". Em um dado instante, como se estivesse mergulhado no passado, Chico enfatizou:

---

(91) *Cf. Folha Espírita, ano XXVII, n. 317, ago. 2000.*

- Quantas recordações...

Pareceu-me que o oceano de cenas vividas inundava a sala. o que ele estaria vendo? Impossível seguir-lhe o voo de condor, porque, como ele próprio já nos declarara anteriormente, vive entre os dois planos, partilhando dos dois mundos, o que não lhe permite distinguir, algumas vezes, quando se trata de um ou de outro. Somente guardamos a emoção...

Houve, nesse 8 de julho de 2.000, uma ocorrência notória, aquilo que muitos consideram bela "coincidência": sobre a mesa, à frente do médium, estava um exemplar da *Folha Espírita* do mês anterior, junho de 2000, que tinha como manchete o primeiro encontro do médium com a rainha Isabel de Aragão, no início da mediunidade, e com nosso jornal algumas páginas da Internet, trazidas por Sérgio, de Pedro Leopoldo, com informações sobre a rainha santa de Portugal.

Chico relembrou-nos alguns dados biográficos de Isabel de Aragão, espírito ao qual era profundamente ligado. Disse-nos que ela havia nascido em 1270, casara-se com o rei D. Dinis. Para suas despesas pessoais, não gastava o dinheiro de Portugal, mas sim o que lhe enviavam os parentes da Casa de Aragão, da Espanha, porque havia muita miséria na pátria do seu esposo, que ela adotara como sua. Em Portugal, muitos passavam fome. A rainha pediu licença ao bispo de Compostela para utilizar o bordão de mendiga e sair, de porta em porta, solicitando aos ricos para dar aos pobres. E foi o que ela fez, durante boa parte de sua vida.

O médium recordou também que D. Dinis plantara as árvores que serviriam de matéria-prima para a confecção das caravelas que levariam a caravana de Cabral às costas do Brasil.

Chico, que parecia mergulhado no passado, relatou, então, o que acontecera no dia em que lhe entreguei, em julho de 1997, o convite, acompanhado de diploma e medalha, trazido pelo irmão Dr. José Francisco Ribeiro e sua esposa Dra. Isabel, em nome da Comissão Organizadora do 2º Congresso Mundial de Espiritismo, presidida pelo confrade Adriano de Barros, para que ele participasse, como convidado de honra, do evento que se realizaria, em outubro de 1998, em Lisboa.

No momento da entrega, sentimos que o ambiente se transformara e a emoção tomou conta de todos nós que lá estávamos. Havia razão de sobra para isso. Conforme contou-nos Chico, naquele dia, ele viu, no momento da entrega, a rainha santa, e seus acompanhantes, integrando a caravana espiritual dos portugueses responsáveis pelo convite. Ela agradeceu a Chico o depoimento emocionado que nos deu, gravado e enviado a Portugal, no qual o médium colocou-a como paradigma das virtudes cristãs, inspiradora de brasileiros e portugueses, no cultivo das lições de Jesus.

A pedido de Chico, nesse dia festivo de tantas recordações, li duas páginas da Internet com informações sobre Isabel de Aragão. Em uma delas, a do seu testamento; há referências ao bordão de mendiga, que ela utilizou para socorrer aos mais pobres. Perguntei a Chico o que Emmanuel havia lhe dito nessa data tão importante.

- *Ele me pediu para ter paciência.*

Você só desencarnará no tempo certo, não é Chico?, perguntei.

- *Sim, só no tempo certo. Tenho de ter paciência e aguardar o momento que Deus reservou para mim,* concluiu.

Participamos também do Culto do Evangelho, inaugurado por Chico, no bairro dos Pássaros Pretos, e que antecede a distribuição de pães e outros gêneros alimentícios, aos mais carentes. Sob a direção de Eurípedes Higino dos Reis, a lição escolhida ao acaso foi O Homem de Bem, que consta de *O Evangelho Segundo o Espiritismo*. Muitos participantes emocionados, entre os quais Sonia Barsante, Romeu Grisi, Dr. Celso, Maurício, Marcelo, Sérgio, Kardec, Marilene e eu mesma, falamos por alguns minutos sobre a data festiva que comemorávamos. Foi um dia para não se esquecer.

A *Folha Espírita* fez um vídeo com a gravação integral, em áudio, da mensagem de Francisco Cândido Xavier, ilustrada com figuras do médium e da história, que foi entregue ao presidente da Comissão

Organizadora do 2º Congresso Mundial de Espiritismo, irmão Adriano de Barros.

Marlene e seu filho, Marcelo, visitam Chico e Eurípedes

Capítulo 50

LEMBRAR DE DEUS E ESQUECER DE NÓS MESMOS

Chico Xavier dizia-nos que, sempre que se sentia necessitado de alento, visitava os irmãos mais carentes. Para ele, era um compromisso natural e um grande suporte na vida diária. Em uma entrevista ele declarou: (92)

— *Nosso querido Emmanuel habituou-me a dois métodos de liberação gradativa da obsessão: o primeiro, é a oração pela qual nos lembramos de Deus; e, o segundo, é o serviço, pelo qual nos esquecemos de nós.*

Os natais de Chico Xavier incluíam visitas a penitenciárias, aos irmãos com deficiência e carentes da periferia das cidades, a visita a leprosários, enfim, o mês de dezembro era, sobretudo, dedicado ao abraço aos irmãos mais necessitados.

VISITA À COLÔNIA SANTA MARTA, EM GOIÂNIA

Todos os anos, ele visitava os hansenianos da Colônia Santa Marta, em Goiânia, onde estavam abrigados centenas de irmãos e irmãs doentes.

Em uma de suas visitas, em 18 de dezembro de 1985, os jornais de Goiânia noticiaram a passagem do médium pela cidade. A *Folha de Goiaz* noticiou que visitara os leprosos hospitalizados, beijara vários deles,

---

(92) XAVIER, F. C.; Emmanuel. **A terra e o semeador**. *Araras: Instituto de Divisão Espírita (IDE), 1975. p. 22.*

distribuíra bênçãos e algum dinheiro. "A visita de Chico ao hospital foi demorada, uma vez que conversou com todos eles, levando uma palavra de fé e de ânimo, lembrando que tudo é obra de Deus o qual devemos amar acima de tudo."

O *Diário da Manhã* relatou que para cada pessoa, ele entregara um presente: "se criança, umas bijuterias, se adulto, 200 a 300 cruzeiros". A reportagem contou que Simão, um interno que estava na cadeira de rodas, era admirador do médium. Guardava, numa caixa de papelão, vários livros e mensagens. (...) Chico autografou o livro *Boa Nova* para ele e respondeu à sua indagação:

— "O senhor acredita mesmo numa Nova Era?".

— *Assim espero, porque Deus não é ficção e o amor de Deus há de nos inspirar. Se não for por amor, Deus nos ajude a sabermos contornar os atos das criaturas que pretendem levar a efeito a destruição da humanidade.*

Para os leitores de *O Popular,* Chico deixou também uma mensagem:

— *Que o espírito de belicosidade que parece estar imperando entre as nações seja afastado e o amor de Jesus possa reinar entre os povos e em nosso povo também, tanto quanto em nossos corações. Creio que não poderia fazer um voto melhor.*

O PATRONO ESPIRITUAL

Mas era de se ver a alegria dos pacientes, com a visita de Chico. Nessas ocasiões, acompanhava dona Elba Álvares, responsável pelo trabalho espiritual na Colônia, e uma grande caravana com muitos amigos.

Em uma dessas visitas, contou dona Elba a Carlos Baccelli. (93)

Chico começou a chorar. Preocupada, ela perguntou ao médium se havia alguma coisa errada.

— *Não, minha irmã, está tudo bem... É que o patrono espiritual da*

---

(93) BACCELLI, C. A. **Chico Xavier - mediunidade e coração**. *São Paulo: Instituto Divulgação Editora André Luiz, 1985. p. 123.*

Colônia recebe-nos à porta, dizendo que hoje abraçará e beijará conosco a todos os infelizes companheiros internados nesta casa...

Quanta emoção! O patrono espiritual da Colônia é o venerável Francisco de Assis. Quanto exemplo!

Os santos ou espíritos iluminados que veneramos estão à frente das obras de benemerência destinadas aos enfermos, combalidos, descartados da sociedade, necessitados de toda sorte.

A ação deles reforça o conselho que Emmanuel deu ao seu pupilo Chico Xavier: *o serviço ao semelhante é aquele que nos ajuda a esquecer de nós mesmos.*

E se o principal objetivo da existência é tornarmo-nos menos egoístas, sem dúvida, é por meio do serviço ao próximo que nos aproximamos da conduta ideal que nos aperfeiçoa e redime.

O Evangelho Segundo o Espiritismo, obra extraordinária que completa 150 anos neste ano, traz-nos o lema "Fora da caridade não há salvação". A caridade, que não tem somente o caráter de distribuir óbolos materiais, mas que engloba todas as nossas ações físicas e morais no campo do amor.

Eurípedes Barsanulfo teve como guia o honorável Vicente de Paulo que deixou notável obra de amor à humanidade.

Com Chico Xavier, aprendemos que os gestos, por mais simples que sejam, devem ser acompanhados de amor, que é a caridade em movimento. Que o seu exemplo continue a frutificar entre nós!

O FACHO DE LUZ

Oswaldo Godoy Bueno (94) conta-nos: "Dona Elba (...) que trabalha servindo na colônia Santa Marta, em Goiânia, no atendimento aos hansenianos, conforme já tivemos oportunidade de destacar, tinha pro-

---

(94) BUENO, O. G. **Nossos momentos com Chico Xavier, o homem chamado amor**. *São Paulo: Grupo de Ideal Espírita André Luiz e Instituto Divulgação Editora André Luiz (Ideal), 2007. Irmã de D. Elba da Colônia Santa Marta, p. 73.*

blemas de saúde. Chico sempre se preocupou com os problemas dela, porque tinha necessidade de passar por cirurgias em São Paulo, operando a cabeça (...)".

O médium contou a Oswaldo que todas as vezes em que ela saia da colônia Santa Marta para vir a São Paulo submeter-se a uma cirurgia, os pacientes permaneciam em orações, revezando-se dia e noite. Formava-se então um facho luminoso que a acompanhava, sem interrupções, até o hospital e após o ato cirúrgico voltava com ela para Goiânia. Tudo isso pela força das orações, pelas vibrações dos irmãos que a amavam tanto.

A PONTE É O NECESSITADO:
NÃO DEIXE SECAR O SEU CORAÇÃO

Na sua convivência no Grupo Espírita da Prece, Terezinha Pousa Paiva lembrou o empenho de Chico entusiasmando os companheiros no trabalho de amor ao próximo. Quando a entrevistei, em 1994, lembrou, comovida:

"Chico Xavier foi um mestre em nossas vidas. Um continuador da obra de Kardec, porque muitas revelações vieram através dele. A disciplina a que se impôs, o trabalho de amor que realizou, atendendo aquela multidão noite adentro, com o mesmo humor, sem nenhuma irritação, naquela calma que fazia um enorme bem para a gente. Eu não aguentava ficar muito longe.

Chico sempre deu muito valor ao trabalho assistencial. Certa vez, uma companheira nossa estava com certos problemas e Chico disse a ela:

— *Não adianta você falar comigo. Sua cura está nos trabalhos de sábado à tarde.*

Ele dizia que aquele trabalho fazia com que a pessoa não deixasse secar o coração.

Foi isso que ele ensinou, durante toda a sua vida: o atendimento ao carente, ao necessitado, porque nossa meta na vida é o burilamento espiritual. Nós estamos querendo alcançar as pegadas de Jesus e para alcançá-las a ponte é o necessitado. É ele que vai fazer com que a gente chegue ao Mestre.

Sempre vimos em Chico aquela fortaleza, aquela paz que atingia o nosso coração. O trabalho de sábado à tarde, na Vila dos Pássaros Pretos, em Uberaba, lembra o de Célia, no convento, conforme está relatado no livro *50 Anos Depois...* Celia tinha uma pequena reunião de estudos toda tarde com o diretor do convento.

Na Vila, desde que começamos, nós aprendemos com Chico, há mais de 20 anos, a valorizarmos esses momentos. Ele fazia a prece, lia-se o Evangelho e cada um de nós falava de 2 a 4 minutos, bem rapidinho. Depois disso, Chico distribuía um dinheirinho, que é um ato simbólico, porque é bem pouquinho, ele fazia isso em memória às duas mãezinhas que teve. Dizia que na casa dele, às vezes, elas procuravam um niquelzinho e não encontravam, então, fazia aquilo em homenagem às duas e distribuía pão às mães e crianças. De vez em quando, a turma que vinha de fora trazia caminhões com víveres e distribuía.

Atualmente, Chico não vai mais, a tarefa, porém, continua. Com o afastamento de Chico, não há mais ajuda, mas a tarefa prossegue. Minha tarefa prossegue juntamente com a da Dra. Sueli da Cunha, na distribuição de enxovaizinhos. Quanto a Chico, ele é o nosso exemplo".

Guiomar Albanesi (à esq. do médium), em visita a Chico Xavier

Capítulo 51

SAUDADES DE JESUS

Adelino da Silveira visitava Chico, em Uberaba, e , como usualmente acontecia, usufruía de sua companhia em sua casa. (95)

O estado de saúde já não permitia que Chico se deslocasse até o Grupo Espírita da Prece. Formaram-se alguns quarteirões com pessoas em fila para vê-lo e foram passando uma a uma em sua frente. Pessoas de todas as idades, de todas as condições sociais e dos mais distantes lugares do País.

Ao ver as pessoas ansiosas por tocá-lo, Chico perguntou a Adelino

— *Comove-me a bondade de nossa gente em vir visitar-me. Não tenho mais nada para dar. Estou quase morto. Por que você acha que eles vêm?*

Nessa hora, Adelino fez uma pausa para a meditação e depois respondeu:

— "Chico, acho que eles estão com saudades de Jesus".

A multidão continuava desfilando. Todos lhe beijavam a mão e ele beijava a mão de todos.

Lá pelas tantas da noite, quando a fila havia diminuído sensivelmente, percebi que seus lábios sangravam. Ele havia beijado a mão de centenas de pessoas.

Fiquei com tanta pena daquele homem, nos seus 88 anos, mais de

(95) SILVEIRA, A. **Momentos com Chico Xavier**. *Mirassol: Grupo Espírita da Paz, 1999. p. 149-151.*

70 dedicados ao atendimento de pessoas, que me atrevi a lhe perguntar:

— Por que você beija a mão deles?

— *Porque não posso me curvar para beijar-lhes os pés.*

20% COM O CÉREBRO E 80% COM O CORAÇÃO

Há muitos anos, em entrevista concedida ao jornal *Espiritismo e Unificação de Santos*, Chico ainda uma vez enfatizou a necessidade de desenvolver as qualidades do coração.

O repórter perguntou: — "André Luiz disse que o homem, para ajudar o presente, precisa viver o futuro da raça. Se nós pararmos demasiadamente na procura de consolação, poderemos perder o contato com a realidade, não acha?".

Chico respondeu: — *André Luiz fala que, sem dúvida, nós devemos procurar sempre viver o futuro no presente, mas, se possível, 20% com o cérebro e 80% com o coração.*

Por ter falado a linguagem do coração, chamando a si os carentes de consolação, Chico Xavier atraia a todos que estavam com saudades de Jesus. E eles não o buscavam em vão. Sua carinhosa acolhida preenchia a lacuna dos corações saudosos.

A COMENDA DA PAZ CHICO XAVIER

Ao se aproximar do término de sua vida física, o médium recebia o reconhecimento da nação agradecida. Muitos prêmios e títulos honoríficos acumularam-se, à medida que o tempo se desdobrava.

O Estado de Minas Gerais criou, no dia 7 de dezembro de 1999 (Lei estadual 13.394), a Comenda da Paz Chico Xavier.

Era o reconhecimento dos mineiros do trabalho constante do médium em favor da paz em todos os setores da vida comunitária. Essa comenda tem por objetivo agraciar, anualmente, com títulos e medalhas, pessoas físicas e jurídicas que tenham se distinguido no campo humanitário, concedidos pelo Comitê Permanente e entregues pelo próprio governador do Estado, em reunião solene, em Uberaba, no dia 2 de março, aniversário da cidade.

MINEIRO DO SÉCULO

A TV Globo de Minas Gerais empenhou-se em eleger O Mineiro do Século. Chico Xavier foi o vencedor do concurso. Ele recebeu 704.030 votos, superando Pelé, Juscelino Kubitschek e Santos Dumont. Em razão disso, a revista *Época* publicou, em novembro de 2000, ampla matéria a respeito do fato e do Movimento Espírita no Brasil e no mundo, com a manchete: O Pastor de Todas as Almas. Destacou que "Chico Xavier, aos 90 anos de idade, atrai multidões que vão a Uberaba para um encontro com o maior expoente do Espiritismo no Brasil".

Ressaltou ainda que, em mais de sete décadas de trabalho mediúnico, Chico amparou aflições e distribuiu esperanças. Milhares de pessoas de todas as religiões, dentre elas Espíritas ou simpatizantes do Espiritismo, sempre foram confortadas por seu coração generoso e amigo.

Ainda segundo a revista, foram vendidos cerca de 25 milhões de exemplares de suas obras, e, em primeiro lugar, constava o livro *Nosso Lar*, ditado pelo espírito André Luiz.

Sem dúvida, um *best-seller* no mundo da literatura. E concluiu que, com toda certeza, Chico Xavier não foi apenas o Mineiro do Século, mas sim um homem integral, exemplo do homem do terceiro milênio.

CHICO XAVIER ENTRE OS MIL
QUE FIZERAM O SÉCULO XX

O nome de Chico Xavier foi incluído como um dos *1.000 que Fizeram o Século XX* – na categoria de Filosofia, Teologia e Religião, numa iniciativa conjunta da publicação brasileira *IstoÉ* com a norte-americana *The Times*. É a prova do reconhecimento do trabalho desenvolvido pelo maior médium deste século, em função do ideal espírita vivenciado em sua vida e obra, merecendo ser documentado. Segundo cálculos das revistas, Chico Xavier deveria receber 650 mil dólares anuais de direitos autorais dos livros que psicografou, mas não reteve nada em benefício próprio; destinou tudo às obras assistenciais por meio das editoras.

A sociedade é muito carente de bons exemplos. Daí a alegria por mais esse prêmio. Inegavelmente, a vida de Chico Xavier é uma prova eloquente do seu mandato de amor à humanidade e é muito bom constatar que os meios de comunicação reconheceram o seu trabalho.

AH... MAS QUEM SOU EU...

Conforme citado, Gugu Liberato, do SBT, entrevistou Chico Xavier e, entre os assuntos, teve a oportunidade de perguntar-lhe sobre sua saúde. Foi muito bom, porque o médium retificou alguns boatos sensacionalistas, que diziam estar ele pesando somente 35 quilos, à beira da morte, agonizante e inconsciente. Ele rebateu com sua fala mansa:

Não posso dizer que tenho uma saúde ótima, pois os 85 anos pesam no corpo e não me permitem o mesmo vigor dos 30, 40 anos. Mas, embora com as pernas paralisadas e o coração sofrido por uma série de perturbações cardíacas, me sinto entusiasmado, tranquilo, alegre como um trabalhador que um dia recebeu a missão de entregar um recado. Cumpri minha obrigação e estou tranquilo esperando que o Grande Pai dê a palavra do que devo fazer agora. Aos 85 anos é muito difícil estar com a mesma atividade entusiástica de antes. Tenho que ter uma vida tranquila porque o coração grita aos excessos. Mas não tenho do que me queixar. Preciso manter meu corpo protegido de grandes esforços, mas quanto a minha formação espiritual estou satisfeito, afirmou o médium a Gugu.

Nessa altura, o entrevistador perguntou: — "A que atribui o fato de ser o maior líder espiritual encarnado deste século?".

Ao que Chico rebateu de imediato:

— *Ah... mas quem sou eu senão uma formiga, das menores, que anda pela terra cumprindo sua obrigação. Nunca procurei explorar a mediunidade no sentido pecuniário ou mesmo para obtenção de valores ou conquistas que vão além de minha simplicidade.*

Gugu afirmou que Chico foi o grande ausente do Congresso Mundial de Espiritismo (CME) que se realizou de 1º a 5 de outubro de 1995, em Brasília. O médium não pode estar presente. Mas foi lembrado por uma homenagem especial no estande da *Folha Espírita*, durante a realização do CME com um painel contendo a relação das 392 obras recebidas pelo médium, até aquele momento, e também com um livreto em espanhol, inglês e português, contendo a mesma relação de obras e uma entrevista exclusiva concedida a Fernando Worm, quando ele completou 50 anos de mediunidade. Chico respondeu:

— *Há muito não estou mais na cúpula dos companheiros que resolveram realizar esse congresso. Admiro e respeito com meus melhores sentimentos a iniciativa de todos que se reuniram e acredito que se trata de uma evolução importante da cultura espírita no Brasil e no mundo. A realidade é que o congresso ocorre em uma época em que a velhice do corpo me derrubou e não me possibilita participar. Recebi o convite da FEB e fiz questão de respondê-lo atestando meu estado físico.*

Quanto aos espíritos, eles são de parecer que o Congresso é da maior importância para a consolidação dos princípios espíritas no Brasil e no mundo e que estamos diante de um grande acontecimento. Eles entendem o acontecimento como um encontro que acontece em seu tempo certo, concluiu.

O MAIOR BRASILEIRO DE TODOS OS TEMPOS

Recentemente, Chico Xavier recebeu a maior láurea dos seus conterrâneos. Com texto de Claudia Santos, a *Folha Espírita* noticiou o acontecimento. (96)

"Com 71,4% dos votos do público, Chico Xavier foi eleito, em 3 de outubro, em referendo realizado pelo SBT, O Maior Brasileiro de Todos os Tempos. O médium concorreu, na final, com outros dois candidatos,

---

(96) Cf. Folha Espírita, n. 464, nov. 2012. p. 12.

dos considerados cem maiores brasileiros da história: a Princesa Isabel, que assinou a Lei Áurea; e Santos Dumont, denominado o Pai da Aviação. Nas semanas anteriores, em confronto direto, Chico Xavier já havia superado Irmã Dulce, grande missionária da Bahia; e Ayrton Senna, um dos maiores desportistas do Brasil e do mundo.

Chico Xavier sempre foi considerado um mensageiro do amor e assim foi reconhecido por todos os que declararam seu voto nele. "Chico dedicou sua vida aos mais necessitados"; "sua mensagem chegou a milhões de pessoas"; "muitos são os relatos de vidas transformadas através das suas palavras", disseram alguns dos presentes na final da votação, na qual também estiveram, entre outros, o filho adotivo do médium, Eurípedes Higino dos Reis, o jornalista Saulo Gomes e Guiomar de Oliveira Albanesi, presidente do Centro Espírita Perseverança, na capital paulista.

Para Guiomar, a eleição de Chico representou a oportunidade que os brasileiros tiveram de demonstrar que a vida do médium foi tecida e urdida na probidade, honradez, cultura, sabedoria, doação, fé, trabalho, humildade e profundo amor. "Essas virtudes enriqueceram a vida de Chico Xavier. Não desapareceram e nem desaparecerão na voragem do tempo. Ficaram cristalizadas no coração de todos os brasileiros."

O IMPRESSIONANTE LEGADO

O número de títulos recebidos por Chico Xavier e já publicados atinge mais de 460. De fato, 412 obras foram publicadas enquanto o médium estava encarnado, mas os trabalhos inéditos do médium mineiro publicados após sua desencarnação, há mais de uma década, já somam aproximadamente 50 obras. Esta obra colossal já vendeu aproximadamente 45 milhões de exemplares, e torna Chico Xavier o escritor mais lido da América Latina.

De fato, ele é o autor brasileiro de maior sucesso, segundo a revista *Isto é* (fevereiro de 2010, edição 2103). Segundo a revista, já vendeu quase o dobro dos livros de Paulo Coelho, referência de *best-seller* literário no Brasil. Em fevereiro de 2010, portanto, há 4 anos, seus 458 livros somavam aproximadamente 45 milhões de cópias vendidas. Somente *Nosso Lar* teve 2,5 milhões de edições comercializadas em 15 idiomas, conforme informações da FEB.

Capítulo 52

INSATISFAÇÃO DO MUNDO ATUAL: AUSÊNCIA DE JESUS

O jornalista Realindo Jr (97), entrevistou o médium, em Franca/SP, em reportagem publicada no jornal *Comércio da Franca*.

Ele perguntou ao médium: O que os espíritos têm dito a respeito da insatisfação do mundo de hoje? A resposta não poderia ser mais clara.

— Os nossos guias espirituais traduzem a nossa insatisfação, no mundo inteiro, como sendo a ausência de Jesus Cristo em nossos corações.

Quando nos adaptarmos em definitivo ao espírito da doutrina para a vivência cristã em nossas relações mútuas, toda insatisfação desaparecerá, porque estabelecida a paz em nossa consciência com o nosso dever cumprido, as próprias doenças naturalmente recuarão, pois muitas delas são simples consequências de nossos desajustes espirituais, em decorrência de nosso afastamento do Cristo, como luz divina para os nossos corações.

Estamos nos referindo não só ao Espiritismo Evangélico, mas a todo o Cristianismo, a todas as escolas cristãs. Os cristãos tem necessidade dessa união em torno da verdade. Nós precisamos do Cristo.

A LONGA DESCIDA DE JESUS

Chico sempre teve veneração por Jesus. Ele dizia que o Mestre estava em uma posição tão alta que era impossível abarcarmos a extensão da sua grandeza espiritual. Contou-nos que nosso Governador Planetário

---

(97) XAVIER, F. C.; Emmanuel. **Entrevistas**. 9. ed. Araras: Instituto de Divisão Espírita (IDE), 2005. p. 93.

demorou 4 mil anos para descer das esferas de luz em que se encontra para estar entre nós. Bem antes de Moisés, ele começou a descer. Explicou que os grandes Espíritos, para vir ao mundo, precisam reduzir suas próprias vibrações e nisso gastam muito tempo.

A vinda de Jesus à crosta planetária exigiu muito dele. Penetrar a atmosfera densa do nosso mundo foi um grande sacrifício, talvez, o maior deles. Compete-nos, agora, ir até ele. Viver suas lições.

E pensar que Ele disse que voltaria para estar conosco quando o mundo antigo fosse tragado pela grande transformação.

CHORO E LAMENTAÇÕES

Chico Xavier referiu-se muitas vezes ao instante especial que estamos vivendo em nossa Casa Planetária – os momentos de transição em que passaremos de planeta de provas e expiações para o mundo de regeneração. Sem dúvida, não atravessaremos tudo isso sem muitas lutas, e, sobretudo, não teremos êxito se não colocarmos como imperativo a nossa exemplificação das virtudes cristãs.

Como vimos, quando analisamos o programa Pinga-Fogo, Chico referiu-se ao prazo de 50 anos que teríamos para escolher a vida de paz, sem guerras. Sobre isso já citamos, eu e nosso amigo Geraldinho Lemos, no livro *Não Será em 2012, Chico Xavier Revela a Data-Limite do Velho Mundo*. Tive a oportunidade também de abordar esse assunto em *Lições de Sabedoria*, livro que organizei.

A grande instabilidade da vida terrestre nos dias de hoje remete-nos invariavelmente ao tema da insatisfação humana em consequência da ausência de Jesus no coração humano.

A respeito da transição, relembro aqui a conversa que Cezar Carneiro de Souza (98) teve com a querida irmã, Heigorina Cunha, falecida em agosto de 2013, e que elucida alguns fatos que já estão ocorrendo no

---

(98) SOUZA, C. C. **Valiosos ensinamentos com Chico Xavier**. *Araras: Instituto de Divisão Espírita (IDE), 2008. p. 180-181.*

planeta em transformação.

Disse Heigorina que esteve certa vez com Chico Xavier e, ao se aproximar para cumprimentá-lo, ele indagou:

— *Heigorina, você também escuta o choro e as lamentações deles, não escuta?*

— "De quem, Chico? Não estou entendendo..."

E Chico explicou:

— *Os espíritos rebeldes ligados ao mal estão sendo excluídos da Terra. Com a permissão de Jesus, os Benfeitores Espirituais os levam para a Lua. De lá,* são conduzidos para mundos bem mais inferiores que o nosso. Mediunicamente, ouço o choro deles.

Observando o espanto de Heigorina, Chico concluiu:

— *A lua é uma plataforma da Terra. Você também escuta os lamentos, não é?*

E Heigorina replicou:

— "Não, Chico. Não escuto nada".

MUDANÇAS NA TRANSIÇÃO

Ainda em relação aos acontecimentos da Transição Planetária, lembro-me de entrevista que fiz com Neusa Arantes, em Uberaba, no dia 6 de janeiro de 1994. Hoje, ela já está no mundo espiritual. Na ocasião da entrevista, Neusa frequentava muito a casa do Chico, auxiliando-o a preparar as caixas de mensagens, que ele gostava de despachar pelo correio para centenas de amigos. Neusa auxiliava também com massagens nos pés do médium que, na época, estavam muito inchados. Era uma espécie de fisioterapia caseira.

Enquanto trabalhavam, Chico falava com ela sobre o assunto do final dos tempos. Neusa lembrava-se de que ele dissera que alguns países iriam desaparecer. Quanto ao Brasil, Neusa ouviu do médium que sofreria modificações em seu mapa estrutural básico, conforme já abordamos em *Lições de Sabedoria* e *Não Será em 2012...* .

402 | *Chico Xavier | Meus pedaços do espelho*

A NOSSA ARMA É A ORAÇÃO

A jornalista Fátima Farias, de João Pessoa/PB, entrevistou (99) o médium praticamente nos últimos momentos de sua vida física. Destacamos um trecho:

"Há cinco anos, segundo seu filho Eurípedes, Chico Xavier previu o atentado aos Estados Unidos afirmando que desencadearia uma guerra iniciada pelos muçulmanos fanáticos. Já na ocasião em que ocorreu o fato, a paraibana Lisle Lucena, sua amiga há mais de uma década, ouviu dele o comentário: *Isso é apenas o começo*. Daí, ela comentou: — 'O que será do Brasil? Nós não temos armas'. Chico respondeu: *A nossa arma é a oração*.

Mas é exatamente através da arma de sua mediunidade que Chico Xavier, ao longo de oito décadas, vem consolando almas sofredoras, principalmente com suas mensagens psicografadas de conforto, ao reafirmar sempre que a vida prossegue além do túmulo".

_____

(99) Cf. Jornal Tribuna Espírita, Paraíba, maio/ jun. 2002.

Capítulo 53

ESTOU AGUARDANDO AS ORDENS DO PAI

Chico Xavier foi um homem talhado para a nossa época. Ele fez o firme e sereno contraponto à vivência materialista, à competição agressiva, à busca do efêmero e transitório, valores tão estimados pela sociedade atual, firmando-se como o símbolo da paz, da humildade e do desapego aos bens terrenos.

Foi por isso que um sentimento profundo de dever cumprido tomou conta do coração do querido médium nos últimos tempos de sua existência terrena. Ele fez o contraponto à ausência do Cristo. Preencheu as lacunas com suas lições de amor.

Vale lembrar uma de suas respostas a Elias Barbosa. Quando o médico lhe perguntou: — "Existe um ponto em que o mentor Emmanuel é bastante exigente com você?". E a resposta não poderia ser mais clara: (100)

— *No trato com os outros, porque diz que no trato com o próximo a luz do Evangelho de Jesus deve ser comunicada de quem fala para quem ouve. Quando converso com qualquer pessoa em voz áspera, com impaciência, com agressividade, com anotações de maledicência ou com azedume, ele deixa passar os meus momentos infelizes e, depois, principalmente quando entro em meditações e preces da noite, ele me repreende severa-*

(100) BARBOSA E. **No mundo de Chico Xavier**. 2. ed. Araras: Instituto de Divisão Espírita (IDE), 1975. Capítulo 5, p. 67.

mente, lamentando as minhas faltas.

Meditando sobre isso, concluo que a sensação de dever cumprido, que era muito forte nesses momentos terminais de sua existência física, tinha origem na luz do Evangelho de Jesus que ele comunicara com tanta fidelidade neste mundo.

A paz íntima, sem dúvida, vinha da sensação do dever cumprido. E cumprido em toda linha: no trato com os outros, no exercício pleno da mediunidade consoladora, no cumprimento do dever como cidadão, como amigo e protetor da família e dos que estiveram à sua volta.

LUZ MISTERIOSA FILMADA NO HOSPITAL

Um ano antes de desencarnar, em junho de 2001, Chico Xavier foi internado com pneumonia nos dois pulmões Estava num quarto comum, mas depois foi transferido para uma suíte, no segundo andar do hospital. As visitas estavam restritas a familiares e amigos. O repórter que fez a cobertura para a Rede Globo – Luiz Gustavo – relatou um fato inusitado que todo o Brasil acompanhou. Segundo o jornalista, Chico quase passou para o lado de lá.

Ele comentou: "Durante o tratamento, o médium mais uma vez surpreendeu e foi protagonista de uma história intrigante. Chico Xavier nunca gostou de hospital tanto que um cartório aqui de Uberaba tem um documento assinado por ele pedindo para jamais ser internado, mas com a saúde cada vez mais debilitada, os médicos entenderam que só um tratamento intensivo poderia salvar a vida do maior espírita do Brasil".

Depois de descrever e mostrar a suíte em que o médium estava deitado, o repórter mostrou uma imagem surpreendente, captada por acaso pelo cinegrafista. A luz vinha de cima e entrava pela janela da suíte onde o médium estava. Era um detalhe que ocorria de forma tão rápida, quase imperceptível, que o repórter repetiu uma vez mais, em câmera lenta, a fim de que os telespectadores pudessem perceber melhor. Foi possível ver perfeitamente um raio luminoso que vinha do alto em direção à janela da suíte de Chico Xavier e sempre em linha reta. Na imagem ampliada, a faixa de luz se transforma em duas e depois volta a ser uma só. A cena foi gravada às 9 horas da manhã de sábado, dia 30 de junho de 2001. Dez minutos depois da surpreendente constatação, o paciente, que já estava em estado terminal, começou a melhorar.

O médico de Chico – Dr. Eurípedes Tahan Vieira – constatou que, de fato, a melhora tinha se verificado após o horário de incidência dessa luz. O paciente não mais apresentava febre, sua respiração melhorou e ele estava mais alerta com que acontecia no quarto.

Como ele já estava sob medicação há 4 dias, fazendo uso de antibióticos e não havia nenhuma melhora no quadro clínico, foi possível concluir que tinha havido intervenção espiritual nessa melhora. E, de fato, cinco dias depois da sua internação Chico pode voltar para casa.

A imagem foi captada pelo repórter cinematográfico Emerson Gondim, que há dez anos trabalha na TV Ideal, emissora filiada da Rede Globo em Uberaba. Seria apenas mais uma cena para o telejornal da noite se não fosse por esse misterioso facho luminoso registrado sem querer.

O próprio repórter Emerson Gondim mostrou onde estava posicionada a sua câmera e o modo como filmou. Na hora, não deu para perceber, mas somente depois, com a matéria editada.

O jornalista Luiz Gustavo perguntou a Chico Xavier: — "O senhor lembra-se da luz que entrou no quarto?".

— *Era minha mãe, Maria João.*

— "Foi o Emmanuel também?"

— *Foi, mas ele não demorou não. Ele pediu que eu tivesse paciência.*

UM MÊS ANTES DE PARTIR

Oswaldo Godoy Bueno contou-nos o que ouviu de Chico, um mês antes de sua desencarnação (101):

(101) BUENO, O. **Nossos momentos com Chico Xavier, o homem chamado amor**. *São Paulo: Grupo de Ideal Espírita André Luiz e Instituto Divulgação Editora André Luiz (Ideal), 2007. Missão cumprida, p. 105.*

— *A missão está cumprida. Estou aguardando as ordens do Pai. Não posso pedir para ir nem para ficar; espero as determinações do Pai. Mais um pouco e não estarei mais de corpo presente entre vocês, mas eu não vou deixar de estar junto aos meus amigos, não vou abandonar o nosso Eurípedes. Mas, de uma coisa vocês estejam certos: quando eu partir, muitos vão dizer estar recebendo Chico Xavier. Não sou eu! Não sou eu!*

Vou dar um descanso para o lápis, vou aguardar um pouco, um pouco mais para trazer mensagens, porque elas já estão aí. O povo pode ler tudo o que já foi escrito e temos muita coisa para aprender ainda.

O testemunho de Oswaldo Godoy é o mesmo daqueles que estiveram com ele nos últimos tempos da vida física. Fica aí a certeza que tenho de que Chico não se comunicou nem se comunicará tão cedo, porque através de seus exemplos e de sua obra, ele dialoga permanentemente conosco.

Capítulo 54

MORREREI NUM DIA EM QUE TODOS OS BRASILEIROS ESTARÃO FELIZES

O SERENO ADEUS

Chico Xavier escolheu a data de sua partida. Tinha muitos méritos para isso. Assim desejou, assim cumpriu-se. Partiu para as Esferas Superiores em meio à euforia nacional pela conquista do pentacampeonato de futebol. Partiu sereno, como viveu. Ao seu lado, o médico fiel de quatro decênios, o oncologista e clínico Eurípedes Tahan Vieira, viu o amigo juntar as mãos na direção do Mais Alto, em agradecimento a Deus, e, em seguida, abandonar o corpo físico, por parada cardíaca, sem dor, qual se fora pássaro cativo, demandando seu hábitat natural.

Era 30 de junho, 19h30min., na cidade de Uberaba. Terminava, ali, aos 92 anos, às vésperas de completar 75 anos de mediunidade, no leito tosco de seu quarto humilde, a existência física de Chico Xavier, o Apóstolo da Renovação Humana.

No mundo espiritual, uma multidão, muito maior do que aquela que saíra às ruas do País para comemorar o penta, concentrara-se, ali, abrindo enorme clareira, entre o Céu e a Terra, para receber o atleta especial que vencera todas as modalidades de provas, e cravar-lhe, no peito, as estrelas da vitória. Vencera o mundo. E vencera em toda linha. Estas estrelas brilharam ainda mais em seu peito, quando o coro comovedor dos encarnados, nas despedidas do cemitério São João Batista, entoava da Terra para os Céus: "Chico, eu te amo". Eu estava lá, junto à campa aberta no cemitério, e pude sentir de perto o carinho da multidão, que lhe dava o último adeus ao corpo físico, enquanto as pétalas de rosa caiam generosas sobre a terra removida. Eles tinham uma certeza íntima: a de que o espírito iluminado do missionário continuaria a abençoá-los.

UBERABA AMANHECEU SILENCIOSA

O merecimento de toda uma vida dedicada ao Bem deu a Chico Xavier o direito de escolher a data de sua própria morte. Revelou Maria Luzia de Faria, dedicada companheira do dia a dia do médium, que Chico dissera, certa vez, "morrerei num dia em que todos os brasileiros estarão felizes". E assim foi. No dia 30 de junho, ante a felicidade geral com as alegrias do futebol, a consternação com a sua morte foi menor.

Na morte, tanto quanto na vida, mais uma lição exemplar: ele não queria causar dor ao povo brasileiro; desejava ser lembrado com alegria, e, mais ainda, passar despercebido, como tinha exemplificado a vida inteira, com sua humildade genuína. Morreu como viveu, sem chamar a atenção sobre si mesmo.

Mas Uberaba amanheceu calada. Um profundo silêncio, pleno de dor e respeito, perpassava a cidade, no dia 1º de julho, durante o feriado local, decretado pelo prefeito, e nos próximos dois dias de luto oficial.

O seu corpo foi velado, a partir das 23 horas, do dia 30, no Grupo Espírita da Prece, o templo humilde, onde a Espiritualidade Superior consolou e esclareceu a humanidade, por seu intermédio, e onde ele acolheu a todos os irmãos do caminho, com bondade comovente.

Enquanto, nas ruas de Brasília, a seleção penta era saudada pelo entusiasmo popular, Chico Xavier, o campeão da humildade e do amor, recolhia o carinho dos que o visitavam para as despedidas.

Até às 17 horas do dia 2 de julho, quando o corpo foi levado ao cemitério São João Batista, segundo cálculos da Polícia Militar, cerca de 80 mil pessoas tinham passado diante do caixão. Uma fila ordeira e interminável, formada, em sua maioria, de pessoas humildes do povo, passou diante do corpo físico do médium, trazendo flores, preces e lágrimas mansas, para um último gesto de adeus. Passaram também pelo velório, além do prefeito, Marcos Montes; o secretário de Estado da Indústria e Comércio, Marcelo Prado, que veio à cidade representando o governador Itamar Franco; autoridades locais e da região; e os atores Norton Nascimento e Caio Blat, da Rede Globo. Estiveram também presentes o presidente da União das Sociedades Espíritas de S. Paulo (USE), Atílio Campanini; da FEB, Nestor Masotti; da Federação Espírita de Goiás (Feego), Weimar Muniz de Oliveira; da União Espírita Mineira (UEM); da Secretaria da Federação Espírita do Estado do Rio de Janeiro (Feerj), Yeda Hungria; da Associação Médico-Espírita do Brasil, por meu intermédio, Paulo Rossi Severino e Marcelo Nobre, da equipe da *Folha Espírita*, além de outros representantes de casas e instituições espíritas de todo o Brasil.

Desde a noite de 30 de junho, Eurípides Higino dos Reis, filho adotivo que vivera com Chico, desde os 7 anos, estava trespassado de dor; varou as madrugadas, dormindo por pequenos lapsos de tempo, no colo de familiares, sem esconder a profunda tristeza.

O presidente da Câmara dos Deputados, Aécio Neves, chegou para o sepultamento, minutos antes das 17 horas, acompanhando o féretro até as portas do cemitério; sua vinda, segundo afirmou ao prefeito, Marcos Montes, foi em retribuição a tudo quanto Chico fez por sua família, depois da morte de seu avô, Tancredo Neves.

A cerimônia de sepultamento teve início às 17 horas e foi feita com honras de Estado. O corpo foi levado em um carro do Corpo de Bombeiros, que seguiu, lentamente, o percurso até o cemitério São João Batista, para que milhares de pessoas pudessem acompanhá-lo, à pé.

Em cerimônia comovente, no portão de entrada do cemitério, pouco depois das 19 horas, a bandeira do Brasil foi dobrada por representantes de elite da Polícia Militar; uma salva de 21 tiros homenageou o médium - herói, o amigo dos pobres e deserdados, o homem da Paz. Cerca de 100 mil pessoas acompanharam, comovidas, a cerimônia, que contou com a presença de Aécio Neves. As principais televisões, jornais e revistas fizeram a cobertura do evento.

Finalmente, por volta das 20h45min, o caixão chegou na lápide de mármore, que tem apenas uma inscrição: família Francisco Cândido Xavier. Enquanto a bandeira dobrada era entregue a Eurípides Higino dos Reis e o corpo descia para a gaveta mortuária, o helicóptero, que seguira todo o percurso do cortejo, despejava pétalas de rosas sobre o túmulo e os presentes. Ao som da música Jesus Cristo e do coro popular: "Chico, eu te amo", fechou-se, definitivamente, a cortina para o corpo físico que abrigou a personalidade Francisco Cândido Xavier.

Agora, nos Céus, ele assume a sua verdadeira identidade de Após-tolo da Redenção Humana. E brilharão para sempre, em seu coração, as estrelas conquistadas, com máxima láurea, por ter vencido, em toda li-nha, as duras refregas humanas, deixando, no mundo sofrido, as marcas do homem-amor, protótipo do 3º milênio.

Ave, Chico Xavier, na Terra, os sinos dobram por ti! Nos Céus, os coros da eternidade cantam as alegrias do regresso vitorioso às moradas do Pai.

AGRADECEU A DEUS E PARTIU

Entrevistado para a *Folha Espírita,* o médico Eurípedes Tahan Vieira descreveu o desenlace do médium:

"Os momentos finais de nosso querido Chico Xavier foram de muita calma, de muita tranquilidade, próprias daquela pessoa que cumpriu o seu dever. Ele teve um dia normal, sem dor, chamando os amigos, agra-decendo a todos aqueles que conviveram com ele, nos últimos dias, e, principalmente, nesses anos atrás.

Ele foi, no dia anterior, à distribuição do pão, lá no abacateiro, como todo mundo costuma chamar; foi ao Grupo Espírita da Prece, com a maior tranquilidade, com um sorriso de muita satisfação.

No domingo, após ter tomado o seu lanche da tarde, pediu para repousar, como sempre costumava fazer, só que, nesse dia, ele juntou as mãos em direção ao Alto e agradeceu a Deus. Eu acredito que foi um agradecimento, porque ele estava partindo, por tudo o que recebeu nesta existência. E nós constatamos que ele acabava de falecer, na maior paz, na maior tranquilidade possível. Eram 19h30min.

Foi uma grande felicidade poder estar com ele nesses momentos mais, e, juntamente com os que tomaram parte do seu dia a dia, elevarmos os nossos pensamentos ao Alto, fazendo uma prece de partida daquele ente querido que doou tanto para nós nesta existência".

TESTEMUNHOS DE ALGUNS AMIGOS

Nestor Masotti (presidente da FEB) – Demonstrou que o evangelho pode ser vivido: "A partida do nosso Chico, indubitavelmente, deixa uma ausência física que nós todos estamos sentindo, mas, meditando sobre seus exemplos, nós podemos registrar que ele nos mostrou alguns aspectos extremamente importantes. Primeiro, que nós somos realmente seres imortais, que continuamos a existir depois da morte física, através dos seus escritos, das suas informações mediúnicas, constatamos isso.

Mas ele foi além: deixou um roteiro de vida que é a vivência do Evangelho. E nos mostrou que as recomendações do Evangelho e da Doutrina Espírita não são meras recomendações, são possibilidades reais de vida, de prática e vivência. Esta é a marca mais forte que ele nos deixou. Outro aspecto muito positivo que nos enche o coração de certa serenidade é quando constatamos que um espírito como ele que enfrentou uma luta tão árdua, desafios os mais diversos, conseguiu chegar ao fim realmente vitorioso. Nesse aspecto, elevamos o nosso pensamento de gratidão e louvamos no Chico o exemplo de humildade, de disciplina

412 | Chico Xavier | Meus pedaços do espelho

e dedicação que ele nos deixa e a expectativa de que tenhamos de nossa parte o bom senso de seguir-lhe o exemplo."

Eurípedes Higino dos Reis: "Não seria um momento nada fácil para qualquer criatura humana, principalmente quando se trata não só de um pai, mas de um amigo de todas as horas. E um companheiro que me acompanhou dando-me todas as lições e todos os ensinos, desde criança. Só posso dizer a ele: Deus lhe pague por tudo!

Pedir a Deus que o ajude é muito pouco para a gente que está muito longe dele, mas os melhores do que nós poderão auxiliá-lo e sei que ele está entre eles.

A esperança é que todos estamos unidos para me ajudar nas condições em que o Chico me colocou de presidente do Grupo Espírita da Prece. Os companheiros estão comigo e se Deus quiser haveremos de dar conta do recado.

Quando eu me formei e estava com emprego federal, estadual e com meu consultório, eu disse a ele que não precisava mais de mesada. Chico disse: *Você quer que eu te trate como Dr. Eurípedes ou como Eurípedes? Se for como Dr. Eurípedes, eu não lhe darei mais mesada, mas se for como Eurípedes, você tem os mesmos sete anos de quando eu te conheci*. Então, só posso dizer que foi uma grande bênção que eu tive na vida e, até os últimos dias da nossa convivência, ele continuou fazendo o mesmo.

Sei que vou contar sempre com a ajuda de vocês, não somente de você, Marlene, mas do seu filho, Marcelo, em todos os aspectos, não apenas como amigos que vocês sempre foram da nossa Casa e principalmente de nosso querido Chico".

Élzio Ferreira de Souza - Um verdadeiro sábio: "Quando conheci Chico, o que mais me impressionou foi a sua sabedoria. A mediunidade estuante parecia a medida certa para abalar incréus. O lápis adquiria asas, em suas mãos. Havia, entretanto, algo mais essencial que

o fenômeno: era a vida. Em diversos momentos, fiquei a refletir: onde começava o Emmanuel, onde parava Chico? A alegria que lhe escorria dos olhos e dos lábios, o jeito mineiro de falar, a simplicidade de cada gesto, acompanhando as palavras, não conseguiam ocultar a sabedoria com que se expressava. Ninguém lutou tanto para seguir à risca as palavras do Batista: É preciso que ele cresça e que eu diminua, pois, à medida que se encolhia, tornava-se maior. Queria ser apenas um cisco para apagar-se mais, esquecendo-se de que assim conseguia penetrar mais facilmente as janelas fechadas de nossas almas. Costumava 'calar-se' para que Emmanuel pudesse expor o pensamento sem sua interferência. Permito-me seguir-lhe o exemplo, reproduzindo as palavras de um amigo espiritual para sintetizar-lhe a sua permanência entre nós:
'Sua vida é um cartão-postal do Infinito'".

Weimar Muniz de Oliveira - Complemento do espiritismo: "Chico Xavier tem sido, do ponto de vista humano, intensa luz nos nossos caminhos, estimulando a nossa fé e exemplificando a prática do bem, do perdão e da solidariedade para com todas as criaturas, sem distinção. Do ponto de vista da Doutrina Espírita e de seu movimento, não é apenas o intérprete, ou intermediário, da complementação do Pentateuco karderquiano, mas é também brilhante coparticipe deste luminoso edifício doutrinário. Pode ser comparado, embora em épocas diferentes, a Sócrates e a Mahatma Gandhi".

Hernani Guimarães Andrade: "Encontrei muita informação de natureza científica, nos livros de André Luiz, psicografados pelo médium Chico Xavier. Ele deu maior precisão à parte científica relacionada com o Espiritualismo e, particularmente, com o Espiritismo. Foi a obra de Chico Xavier que introduziu as primeiras noções da Física do Espírito. Inspirado por ele, tentei compreender os mesmos processos da Física para determinar as propriedades da matéria espiritual. Ele também se interessava vivamente pelo assunto e, uma das vezes em que nos encontramos, visitou nosso Instituto em São Paulo, mais precisamente em 1978, e quis acompanhar as então recentes experiências com a Kirliangrafia, chegando inclusive a se submeter a uma sessão de fotos. Chico era uma pessoa maravilhosa, encantadora, muita aberta e inteligente".

Nancy Puhlmann: "Depois de Allan Kardec, a divulgação do Espiritismo teve muitos e respeitáveis continuadores. Porém, a vida e obra de FCX se revestem de significados social e transcendental, de inigualável valor, nessa época de transição e de portas abertas para variadas opções.

Quanto à vida, conhecemos outra igual à dele? Quanto à obra, outros médiuns poderiam realizá-la com tal envergadura?

Pensamos que não, porque a vida de FCX é da mesma dimensão de sua obra e, por isso, os espíritos aptos a essa tarefa encontraram nele o colaborador adequado, o caso vivo, o personagem exemplificador de suas proposições.

Com que palavras poderíamos agradecer os tesouros de luz que temos em nossas mesas, diante dos nossos olhos, burilados pelas suas horas de trabalho e dedicação?

- Muito obrigado, Chico! – É pouco.

- Deus o abençoe, Chico! – É supérfluo.

Talvez o melhor meio de expressar nossa gratidão e respeito seja o de procurarmos imitar sua conduta e estudar sua obra".

Juselma Coelho: "Eu sinto que Deus buscou a estrela maior que iluminava os nossos corações, não apenas dos espíritas, mas de toda a humanidade. Ele foi um exemplo de humanidade, de perseverança, de fé, de pureza nas suas ações. Chico é uma estrela, mas ela vai continuar brilhando em nossos corações. Ele continua conosco. Estou muito feliz porque eu estive com ele no sábado, almoçamos juntos e, à noite, participei com ele da reunião do Culto do Evangelho, no Grupo espírita da

Prece. No domingo, quando cheguei em Belo Horizonte, veio a notícia. Agradeci muito a Deus por ter podido compartilhar de seus últimos instantes na Terra. A gente está num misto de alegria e de saudade profunda. Mas o exemplo dele fica aí marcado. E só nos resta seguir e praticar tudo o que ele nos deixou de exemplo".

Nena Galves: "Neste instante, é preciso segurar o coração para poder falar, mas aprendemos com ele que todo momento é sempre um momento e tudo passa. Chico estará conosco sempre, quando buscarmos tudo o que ele sempre buscou: os órfãos, as viúvas, os desamparados, aquela palavra de tolerância, de amor, de paciência e principalmente de fidelidade à Doutrina.

A todos os cristãos, o homem da Paz. Se muitas destas criaturas nascessem no Universo, teríamos descoberto o segredo da Paz. Ele estará conosco hoje e sempre, porque não abandona ninguém. Dizia ele: *Quem ama não conhece distância. Nós estaremos aqui, ali, sempre juntos*".

UMA AMIGA DE 45 ANOS, MADALENA MARIA DE JESUS

Amiga há 45 anos de Chico Xavier, Madalena Maria de Jesus, de 87 anos, moradora em Goiânia, veio trazer seu abraço de despedida do amigo querido. Contou-nos que quebrara a perna há muitos anos e não tinha condições de ir ao médico. Sua perna ficou roxa, inchada, o que a impossibilitava de trabalhar como costureira e ganhar o seu sustento. Chico Xavier enviou-lhe, através de um amigo, água fluidificada e pomada do Vovô Pedro e ela, cinco dias depois, voltou ao trabalho do lar e à costura.

Anos mais tarde, machucou a coluna e tirou radiografias. O médico, vendo-as, perguntou qual tinha sido o médico que cuidara de sua fratura da perna, ao que Madalena respondeu: "Não tive médico. Foi Deus e Chico Xavier que me curaram". No sábado, véspera do desencarne do Chico, ela viu uma estrela enorme no Céu e, hoje, ela imagina que foi a alma de Chico, que já se desprendia da Terra.

Guiomar Albanesi: "Foi uma grande perda, não apenas para os espíritas, mas para o mundo em geral. A sua luz é inolvidável e alcança o mundo todo. Ele deixou-nos órfãos, mas procuraremos seguir, pelo menos naquilo que for possível, o seu exemplo de trabalho, de humildade, de renúncia e de muita fé".

EXEMPLO PARA A VIDA TODA

Caio Blat: "Creio que ele cumpriu a sua missão. Aos poucos foi avisando que estava de partida, preparando o nosso coração, e foi. Fica essa tristezinha que é a saudade dele, da sua presença amorosa, mas fica também a alegria de ter tido o Chico, de ter exemplo para seguir a vida toda. Chico partiu; fez a parte dele; agora, lá onde ele está, com certeza, espera que a gente tenha aprendido alguma coisa e faça a nossa parte.

Devemos basear-nos no exemplo dele, no do homem que conseguiu amar o povo mais do que a si mesmo. Quando a nossa sociedade conseguir trazer para o coração este sentimento de fraternidade, de que somos todos irmãos, então, não haverá mais diferença, ninguém dormirá com a consciência tranquila enquanto houver alguém passando fome, frio ou qualquer outra dor.

Porque o Chico dizia: *A dor de tanta gente me penetra a alma toda*, quer dizer, é preciso sentir a dor do próximo como se fosse sua. Este gesto acaba com toda dor, com toda diferença e faz com que todos sejam, de fato, irmãos.

Eu, como figura pública, entendo essa tarefa não como um privilégio, muito pelo contrário, como uma dívida grande, como uma missão de responsabilidade. Já que as pessoas estão esperando uma atitude minha que seja cristã, creio que ela deva ser de divulgação de uma doutrina consoladora, porque nosso povo está angustiado, sofrido, aflito, então, a gente tem que levar esse consolo, essa esperança que é a Doutrina

Espírita, que é a vida do Chico. E dizer que Deus está vivo. Sim, através do Chico, eu posso dizer que eu vi Deus viver. Ele está vivo e entre nós, e a gente tem que levar esta mensagem.

Estamos trabalhando com revista, música, teatro espírita, com palestras contra as drogas e o aborto, tentando levar esses novos valores para formar uma nova geração. Quem sabe a gente consegue formar, realmente, uma nova geração que busque mais humildade, mais igualdade?!... Até breve, Chico Xavier".

OS VERSOS DE ROBERTO LUCIO DE SOUZA

Paira na Terra, neste momento singular.
Sentimentos em grau de estranheza,
Num misto de saudade e tristeza,
Associado a uma alegria sem par.

Parte o homem, corpo a se fragmentar,
Eleva-se o espírito de especial beleza,
Recebido por luminares, com grandeza,
Que entoam hinos a lhe cumprimentar,

e embora digam que sua partida
Abrirá, em nós, imensa ferida,
Que nada poderá desfazê-la,

Seu exemplo de amor e vida,
Ficará em cada alma socorrida,
Que lhe verá como divinal estrela.

Fernando Ós: "Que palavras podem ser usadas para um amigo que parte silencioso para a Eternidade? Quando o coração fala, não existem fórmulas nem palavras rebuscadas. Nesse derradeiro episódio, Chico Xavier nos passou uma lição de grandeza, fazendo com que, devido aos ruidosos festejos do penta de futebol, muitos nem se dessem conta de seu falecimento. Conta uma pessoa presente na sua casa que seu último movimento foi elevar um pouco as mãos, murmurar uma prece e, na tarde desse dia, exalar o último suspiro. Enquanto escrevo essas linhas, estou rezando em gratidão a Deus por ter nos enviado Chico em tempos tumultuados, e por quase um século ele ter nos aberto caminhos importantes para a vitória sobre o ateísmo. (...)

Chico falecera calmamente, de parada cardíaca. Suponho que pressentira a aproximação da carruagem toda feita de brilhantes dourados, rumando para o banquete espiritual preparado por seus milhões de amigos na Espiritualidade, tendo Jesus, Maria, Emmanuel e Bezerra de Menezes, no centro do Grande Salão de Preces. Enfermo e hipertenso, não pude viajar a Uberaba, apenas orei muito a Deus.(...) Neste breve bilhete de adeus temporário ao amigo espiritual, digo com certeza em Deus que um dia nos reencontraremos na espiritualidade. Somos e vamos continuar amigos pelo coração e pelo ideal, Eternidade afora. Com lágrimas nos olhos e no peito, eu te abraço, amigo, beijando tuas mãos de luz e teu coração abençoado por Deus".

CHICO XAVIER PENTACAMPEÃO: MARLENE NOBRE

No peito do médium-herói, brilham cinco estrelas:

* Venceu a corrida com barreiras - suplantou a pobreza, as torturas físicas e mentais, o abandono de corações queridos.

* Venceu o salto triplo - com a fidelidade às tarefas mais humildes, sobrepujou as tentações do sexo, do dinheiro e do poder.

* Venceu a maratona - trabalhou cerca de 75 anos na mediunidade; suas mãos de luz receberam mais de 400 livros, milhares de páginas consoladoras, sem receber um centavo de direitos autorais.

* Venceu no arremesso de dardos - esparziu amor, neutralizando todo o ódio.

* Foi Campeão de Bondade e Humildade: recebeu, finalmente, a Medalha da Paz.

O RETORNO

Na qualidade de jornalista do além, Freitas Nobre deu notícias do amigo que partiu, descrevendo a sua desencarnação. Eis a sua mensagem:

"Meus amigos:

Sabemos que as indagações são muitas, na tentativa de decifrar o que aconteceu no dia 30 de junho último.

Como observador privilegiado, posso dizer que houve uma verdadeira epopeia, por assim dizer indescritível, entre o Céu e a Terra, como costuma acontecer, quando um missionário vitorioso deixa a crosta terrestre.

Na verdade, colocávamo-nos na qualidade de observador emocionado, não de todo isento, portanto, tendo em vista que é muito grato sabermos que retorna para o 'lado de cá', alguém tão querido e que sempre ocupou um lugar muito especial em nossos corações. Mas posso dizer-lhes que as caravanas eram muitas, sendo a principal delas, a que mais me impressionou, a da *Latinidade*, tendo à frente Léon Denis, constituída de todos os que foram pioneiros na difusão do Espiritismo na Europa e nas Américas.

Esta, sem dúvida, foi a mais iluminada, mais majestosa, em virtude de termos companheiros de todos os países representados. Ligava-se ela, diretamente, a Jesus, que não víamos, mas cujo facho de luz, de profundidade e largura impressionantes, perdia-se de vista, e mal podíamos acompanhar. Sabíamos que era o Cristo, mas não tínhamos condições de divisar-lhe a presença, apenas perceber-lhe, palidamente, a grandeza.

Vinha o Senhor buscar o servo, o Apóstolo, que cumprira integralmente a majestosa tarefa.

De todos os lados, dos mais diversificados planos da Espiritualidade, de todas as faixas etárias, a alegria era a mesma: um só coração, um só agradecimento. Faixas iluminadas, contendo saudações de boas-vindas, estendiam-se ao longo do caminho. Senhoras do povo acenavam lenços muito brancos das janelas do infinito, sem que pudéssemos mensurar a quantidade.

Os jovens que se comunicaram por seu intermédio, às centenas, formaram uma cornucópia de luz, em agradecimento ao servidor humilde, que atravessava agora, passo a passo, a multidão, a estender-se em um raio muito grande, a perder de vista, seguindo sempre na luz do Cristo.

De onde me encontrava, vi o abraço de luz de Bezerra de Menezes, de Emmanuel, André Luiz, Humberto de Campos e de tantos outros amigos. Vimos os comunicantes do *Parnaso de Além-Túmulo*, embora muitos já estejam reencarnados, os que permanecem trouxeram uma lira iluminada, representando a poesia e a música permanentes do infinito. Podíamos ouvir os cânticos de rara beleza que expressavam o agradecimento e o louvor ao Senhor pelo êxito da tarefa realizada.

Soube que, no instante do desenlace, estavam, junto dele, dona Maria João de Deus, Cidália, José Xavier e muitos outros parentes e amigos dos idos de Pedro Leopoldo, mas não acompanhei, diretamente.

Com certeza, agora, nos páramos de luz onde se encontra, Francisco Cândido Xavier, o nosso Chico, poderá prosseguir, aliás, já está prosseguindo, nos mais extraordinários planos para a renovação da Terra, planeta ao qual ele tem se dedicado, com tanto empenho, como servo fiel de Jesus.

Enfim, entre cânticos de alegria, lenços brancos, acenos, beijos, luzes, tivemos de volta o missionário do Senhor, que continua tão humilde quanto antes. E estava de tal modo iluminado, que percebi, claramente, o seu desejo de apagar as próprias luzes para que não se apercebessem de sua grandeza.

Sem dúvida, tristeza na Terra, mas alegria nos Céus. Já era tempo de que o Planeta não lhe pesasse tanto à alma abnegada, embora saibamos que não será a mesma coisa sem a presença física dele. Mas ninguém está abandona do Amor Divino e as falanges superiores vão se desdobrar para que a transição que tem de ser feita preserve as obras do bem e os corações sinceros que procuram modificar-se a si mesmos, modificando, para melhor, a paisagem do mundo.

Agradecemos a oportunidade de tê-lo conhecido e fazemos votos de que continue sempre firme, nos ideais que abraçou.

Sim, meus amigos, de certa forma, eu continuo jornalista, e foi nessa posição que me encontrei nesse dia de muita emoção. Os jornais aqui são diferentes, mas continuam a sair. E as pessoas, nos pontos mais distantes, tomam conhecimento deles, sem que transite papel, fato que todos agora podem compreender melhor, dada a realidade da comunicação eletrônica cibernética em nosso planeta.

Nesses últimos dias, estivemos trabalhando, incansavelmente, para noticiar tudo aquilo que vimos e recolhemos, naturalmente, sob o nosso ângulo de observação, assim como vejo, satisfeito, que a *Folha Espírita* refletiu de certa forma esta passagem e deixou-a marcada com um suplemento especial.

Agradeço a você, Paulo, à minha companheira e a todos os colaboradores, a continuidade do jornal e a luta pela sua difusão, que representa, para nós, uma linha de combate, uma oportunidade de expansão da luz, com a divulgação dos princípios da nossa Doutrina. E nós sabemos o quanto será importante, sobretudo, daqui para a frente, toda e qualquer elucidação que se faça dos princípios doutrinários, porque, sem eles, a humanidade não conseguirá sobrepujar os precipícios, que ela própria escavou há milênios. Tenho certeza de que atravessarão os períodos ásperos com muita fé, muita coragem.

Agradecemos a Deus a oportunidade que estamos tendo de trabalhar em conjunto. Felizes com o retorno do servo fiel de Jesus, aqui estamos na continuidade de nossas tarefas, na esperança de que o Brasil possa realmente ser o Coração do Mundo e a Pátria do Evangelho.

Que Jesus nos abençoe a todos.

Freitas Nobre

(Mensagem recebida psicofonicamente por Marlene Rossi Severino Nobre, em 10 de julho de 2002, em reunião do Grupo Espírita Cairbar Schutel.)

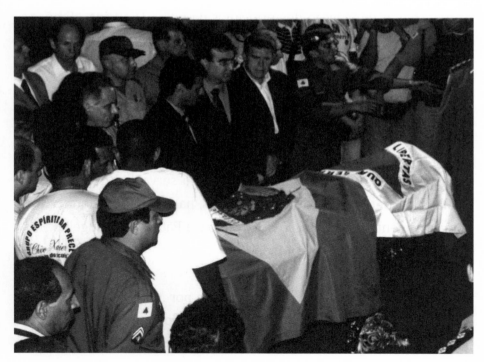

Euripedes Tahan Vieira, médico de Chico Xavier

Capítulo 55

PRESENÇA DE CHICO XAVIER

A influência de Chico Xavier, como pessoa e como médium, foi e continua a ser muito forte, em nosso país e está a merecer um estudo sociológico profundo e abrangente. Essa influência é nítida no funcionamento das instituições espíritas que tem assumido o seu papel de agentes da consolação, atendendo, sobretudo, aos marginalizados: crianças desvalidas, velhos abandonados, doentes carentes e sofredores de toda sorte.

Como afirmou o sociólogo Cândido Procópio, em entrevista a médicos espíritas, nos anos 70, ele exerceu uma liderança especial. Diferentemente de tudo o que é usual na Terra, sua liderança resultou da bondade e da humildade. "Ele beija as mãos que beijam as suas", ressaltou Procópio.

Segundo penso, é preciso também que psicólogos e estudiosos do comportamento humano, sobretudo,os que seguem o paradigma materialista, expliquem o enigma de sua história de vida. Como explicar que alguém como ele, que passou por tantas privações, tenha se tornado o sustentáculo moral de milhões de criaturas humanas?!

É uma explicação necessária, tendo em vista que ele não deixou de ser o mesmo menino órfão de mãe aos cinco anos; que sofreu maus-tratos da madrinha; suportou toda a sorte de dificuldades materiais; criou irmãos e sobrinhos sem ter constituído um lar para si próprio, que cursou apenas o primário, porque precisou trabalhar a partir dos 8 anos de idade para garantir o próprio sustento e o dos familiares; que, jovem ainda, perdeu o olho esquerdo com uma doença irreversível; sofreu calúnias, humilhações e doenças impostas pela ignorância humana; e esteve solitário na maior parte dos seus ásperos testemunhos.

E que, mesmo pobre, sem conta em banco, vivendo do modesto rendimento de seu salário, canalizou mais de 460 livros, dos Céus para a Terra, oferecendo o fruto dos direitos autorais aos mais carentes. E com o conteúdo deles, deu sentido à vida de milhões de criaturas humanas, salvando muitas delas do suicídio direto ou indireto, ao mesmo tempo em que enriqueceu o mundo com revelações científicas impressionantes e produções literárias primorosas.

Para nós, a história de vida do médium Xavier, calcada na prática constante da abnegação, explica a obra que os espíritos realizaram por seu intermédio. A produção dessa obra granítica foi possível, porque ele sempre respirou no clima próprio das grandes almas, com evolução espiritual muito acima da média humana, conquistada ao longo de incontáveis encarnações.

A vida e a obra de Chico Xavier foram dedicadas ao homem angustiado do século XX e deste final da transição. A ênfase dada por ele e pelos Espíritos Superiores, responsáveis pela obra psicografada, ao aspecto religioso da Doutrina Espírita, foi absolutamente correta. Se é verdade que o ar e o pão são indispensáveis à higidez do corpo, sem amor não existe futuro para ninguém. O desenvolvimento tecnológico exacerbado de nossos tempos, sem a necessária expansão da fraternidade entre as criaturas, vem colocando em risco permanente a vida no planeta. Emmanuel, retomando o ensinamento de Jesus à mulher samaritana, deixa claro que *a religião é o sentimento divino que prende o homem ao Criador*.

E Chico Xavier deu-nos o testemunho desse amor, exatamente como os apóstolos do Cristianismo Nascente. Ao longo de sua vida missionária, sem alarde, sem nenhuma preocupação em aparecer, desenvolveu um trabalho sacrificial, atendendo pessoas de todos os credos religiosos e os que em nada acreditavam, consolando os desolados ante a perda de entes queridos, trazendo-os de volta com as provas inequívocas da sobrevivência.

Sua liderança natural e indiscutível emerge desse trabalho. Na verdade, ele seria o anticarisma: não tinha beleza física, era estrábico, vestia-se simplesmente, sem os apuros da moda, não ostentava barbas longas, não buscava prestígio político, nem financeiro, enfim, não tinha qualquer traço de pompa, circunstância ou formalidade e, mau grado tudo isso, era inegável o seu poder de comunicação e empatia com o povo de seu País.

Foi assim que, a partir de maior exposição à mídia, os seus exemplos reverberaram em escala mais ampla e o povo brasileiro soube reconhecer a sua condição natural de líder. É por isso que em pesquisa realizada pela revista *Veja* (10 de janeiro de 1996) ele foi o único religioso que se manteve entre as 20 pessoas mais lembradas pelos brasileiros — 66% — , capaz de lhes dar alegria e felicidade. Foi também o maior brasileiro de todos os tempos, por votação popular. Não recebeu o Nobel da Paz em 1981, mas no coração dos brasileiros o prêmio de há muito já lhe pertencia.

A meu ver, duas respostas dadas pelo médium, ao jornalista Airton Guimarães (102), são muito emblemáticas.

O jornalista perguntou se ele poderia contar um fato ou uma passagem de sua vida que lhe trouxesse recordações e que mais lhe tocara o coração. Chico surpreendeu:

Peço permissão para contar um caso que, para mim, foi um dos mais expressivos, que mais parece uma história infantil. Eu estava em Uberaba, há uns dois anos, esperando um ônibus para ir ao cartório. De nossa residência até lá, tem uns 3 quilômetros. Nós, com o horário marcado, não podíamos perder o ônibus. Mas quando o ônibus estava quase paran-

---

(102) Cf. Jornal *O Estado de Minas*, Belo Horizonte, 12 jul. 1980.

do, uma criança de uns 5 anos, apresentando bastante penúria, gritava por mim, de longe. Chamava por tio Chico, mas com muita ansiedade. O ônibus parou e eu pedi, então, ao motorista: pode tocar o ônibus porque aquela criança vem correndo na minha direção e estou supondo que este menino esteja em grande necessidade de alguma providência. O ônibus seguiu, eu perdi, naturalmente, o horário. A criança chegou ao meu lado, arfando, respirando com muita dificuldade. Eu perguntei: — O que aconteceu, meu filho? Ele respondeu: "Tio Chico, eu queria pedir ao senhor para me dar um beijo". Esse, eu acho que foi um dos acontecimentos mais importantes de minha vida.

Airton Guimarães também quis saber como ficaria a Doutrina Espírita depois de sua partida. Ele não hesitou (103):

A Doutrina Espírita estará tão bem depois de minha desencarnação quanto estava antes, porque eu não sou pessoa com qualidades especiais para servi-la. Eu sou um médium tão comum, tão falível como qualquer outro. Não me sinto uma pessoa necessária e muito menos indispensável. Outros médiuns estarão aí interpretando o pensamento e a mensagem dos nossos amigos espirituais e eu peço a Deus apenas que não me deixe dar mancadas em minha tarefa.

Essas duas respostas sintetizam a grandeza moral do amigo que recordamos nestas páginas.

São testemunhos vivos de que ele nunca deu importância à sua personalidade. Desejo ressaltar, todavia, que aquela grama simples e singela a que ele se resumia e que feneceu após 92 anos de existência está fazendo falta no tapete da Terra. E fico me perguntando: onde estarão as outras que a substituirão?!

Nos **meus pedaços do espelho** persiste a imagem desse homem, que nunca se deu importância e que considerou o pedido de um beijo de um menino carente como um dos acontecimentos mais importantes de

---

(103) Cf. *Jornal O Estado de Minas, Belo Horizonte. 12 jul. 1980.*

sua vida. Esse homem que tudo doou de si mesmo sem nada pedir em troca. Espero que sua imagem de homem de bem intensamente refletida neles me transforme em uma pessoa melhor.

TERCEIRA PARTE

ALLAN KARDEC-CHICO XAVIER: UMA SÓ ALMA, UMA SÓ MISSÃO

Corria o ano de 1997, mês de fevereiro. Em minhas meditações, fiz uma prece a Jesus com um pedido especial: precisava tornar pública a minha convicção íntima de que Chico Xavier era a reencarnação de Allan Kardec. Pedia um aviso quanto à data que seria mais favorável, antes que ele desencarnasse.

Cairbar Schutel, nosso guia espiritual, respondeu-me ao apelo, perguntando-me: — "Você tem certeza de que quer fazer isso? Nós realmente precisamos desse testemunho, mas você tem consciência do tamanho do terremoto que vai cair sobre sua cabeça?".

— Sim, tenho, e estou disposta a pagar o preço que for necessário. Não posso guardar essa certeza somente para mim, respondi-lhe.

— "Então, está bem", disse Schutel, "aguarde e nós a avisaremos quanto ao momento propício para essa revelação".

Passaram-se alguns meses, desde essa nossa conversa. No início de dezembro do mesmo ano de 1997, fui visitar Chico, em Uberaba, e tive a imensa alegria de encontrar-me com o querido amigo na reunião do Grupo Espírita da Prece. Ele voltara a participar das reuniões de sábado, depois de muitos anos de ausência.

Enquanto aguardava, na fila, a minha vez de cumprimentá-lo, encontrei Sonia Barsante e tomei conhecimento de algo inesperado. Ela havia participado da Confraternização de Mocidades e Madurezas Espíritas do Triângulo Mineiro (Commetrim), que se realizara em Ituiutaba, Minas Gerais, no dia 31 de outubro de 1997, e lá, o médium Antonio Baduy, havia recebido uma mensagem do espírito Hilário Silva, afirmando que Chico era Kardec. Sonia disse-me que estava ali para pedir a Chico autorização para publicar a mensagem. O Toninho Baduy – é essa a maneira como nós o tratamos – queria o aval de Chico para publicar.

Fiquei imensamente alegre e pedi a Sonia para me telefonar dizendo-me o resultado de sua conversa com Chico. Cerca de 15 dias depois, recebo o telefonema da Sonia. Chico não respondera diretamente, mas antes perguntara a ela quantas pessoas estavam presentes na Commetrim quando a mensagem foi recebida. Ela informou que cerca de 500 participantes. Chico, então, fez outra pergunta:

— *Por que, então, eu devo dar a permissão para a publicação? A permissão já não foi dada quando o espírito deu a comunicação em um auditório com cerca de 500 pessoas?*

Eu disse, então, a Sonia que entendia perfeitamente a posição de Chico e que, para mim, não havia dúvida: a permissão já havia sido dada.

Mas, naquele mesmo momento, enquanto eu falava ao telefone com ela, deu-se um fato muito interessante. Vi novamente Schutel e naquele instante recebia dele o aval para falar da minha convicção.

Como eu já havia falado com meu amigo e irmão espiritual, Weimar Muniz de Oliveira, sobre a necessidade de divulgar a minha certeza, que também sempre fora a dele, telefonei imediatamente para sua casa, em Goiânia, e falei da minha disposição de dar o meu depoimento para a *Folha Espírita*.

Weimar, então, aconselhou-me a seguir um roteiro. Primeiramente, no mês de maio de 1998, sairia a publicação da mensagem recebida por Toninho Baduy pelo jornal *O Espírita Mineiro*, órgão da União Espírita

Mineira (UEM); depois, no mês de junho, sairia pela *Folha Espírita* o meu depoimento; e, finalmente, em julho, sairia no número especial da revista *Goiás Espírita* a reportagem dele, Weimar (104), com a mesma convicção.

Assim, caro leitor, você vai acompanhar, em seguida, a primeira mensagem de Hilário Silva sobre o assunto. Sim, é preciso numerar, porque ele já escreveu mais três, do mesmo teor. *O Espírita Mineiro*, jornal de União Espírita Mineira, publicou-a, no mês de abril de 1998. O médium Antonio Baduy Filho é psiquiatra e há muitos anos está à frente dos serviços do Hospital Psiquiátrico de Ituiutaba, com a vida totalmente devotada aos pacientes, em regime de doação voluntária.

Desde os anos 60, quando desenvolveu a mediunidade em Uberaba, com Chico Xavier, tem praticado constantemente a psicografia e durante todos esses anos tem recebido, especialmente, mensagens de André Luiz e Hilário Silva. Dada a importância da mensagem, nós a reproduzimos na íntegra.

A VOLTA DE ALLAN KARDEC

"Início do século XX. Nas regiões mais elevadas da Espiritualidade, acontecia importante reunião. Encontro significativo. Decisões de relevância. Presença marcante de Allan Kardec.

Discutia-se a volta do apóstolo espiritista às lidas terrenas. Época difícil na Doutrina Espírita. Controvérsia estéril entre os adeptos. Ideia de exclusividade das investigações científica e filosófica. O cientificismo, atuante no meio doutrinário, negava o aspecto religioso.

Urgia, pois, o testemunho do Espiritismo comprometido com as lições da Boa Nova, semeando no coração dos homens o amor e a caridade.

* * *

Clima de emoção. Recolhimento. Expectativa.

---

(104) *Para quem deseja mais informações sobre Chico-Kardec, tem fonte segura em que se apoiar, o livro A Volta de Allan Kardec, de Weimar Muniz de Oliveira.*

Venerável preposto de Jesus, envolto de luz alvinitente, dirigiu-se a Kardec e falou com bondade:

— Chegou a hora, meu filho...

O Codificador respondeu, firme e respeitoso:

— *Estou pronto e confiante.*

Consta, nos registros do mundo espiritual, que ocorreu, a partir daí, sublime e emocionante diálogo, do qual transcrevemos, palidamente, alguns fragmentos:

— Renascerás em condições adversas...

— *Obedecerei à vontade do Senhor.*

— Começarás muito novo, entre aflições e dificuldades, e trabalharás com sacrifício e renúncia por longo tempo...

— *Dedicarei cada minuto à seara do Bem.*

— Não possuirás títulos acadêmicos...

— *O único título que almejo é o de fiel servidor do Cristo.*

— Encontrarás desconfianças e agressões...

— *Buscarei na fé e na humildade a força para resistir.*

— Terás a dor por companhia constante...

— *Saberei aceitá-la com o amparo do Alto.*

— Companheiros não te entenderão e se voltarão contra ti...

— *Cumprirei meu dever e guardarei a consciência em paz.*

— Não farás nada por ti mesmo, serás apenas instrumento...

— *Agradecerei a Deus a oportunidade de servir.*

— Não gozarás as alegrias e o aconchego do lar constituído...

— *A humanidade será minha família.*

— Assumirás espinhosa missão no desdobramento da Codificação Espírita...

— *Serei leal aos princípios doutrinários, ciente de que o Espiritismo é o Consolador prometido por Jesus.*

— A tarefa te exigirá devotamento e abnegação...

— *Não hesitarei viver em plenitude o Evangelho e a Doutrina Espírita.*

***

O iluminado benfeitor interrompeu o colóquio e, após elucidativos comentários sobre a nova etapa de trabalho, rogou as bênçãos do Senhor ao missionário de partida.

Seguiram-se calorosas demonstrações de solidariedade e, no final da primeira década deste século, em doce atmosfera de esperança, Allan Kardec retornou ao plano físico, renascendo em pequena cidade do interior brasileiro."

Hilário Silva

(página psicografada por Antonio Baduy Filho, na reunião de abertura da 34ª Confraternização de Mocidades e Madurezas Espíritas do Triângulo Mineiro — Commetrim, na noite de 31 de outubro de 1997, em Ituiutaba/MG)

ENTREVISTA QUE DEI À FOLHA ESPÍRITA, EM JUNHO DE 1998
Não sei quando o admiro mais, se como kardec ou chico

O colaborador da *Folha Espírita*, Conrado Santos, diante do impacto da mensagem de Hilário Silva, procurou ouvir-me em entrevista, uma vez que eu era editora-chefe e responsável pelo jornal há 8 anos, desde a desencarnação de meu marido, Freitas Nobre, para que eu expusesse, claramente, aos leitores, a minha opinião sobre o assunto. E o fez porque ele mesmo, assim como toda a Redação, já a conheciam, desde longa data. Concordei em expressar-me, abertamente, tendo em vista que já tinha sido liberada pela Espiritualidade do longo silêncio de quatro décadas. Segue, na íntegra, a entrevista:

Folha Espírita: Como recebeu a mensagem de Hilário Silva sobre a volta de Allan Kardec?

Marlene Nobre: Com naturalidade e, porque não dizer, com um misto de alegria e alívio. Naturalidade, porque há cerca de 40 anos tenho certeza de que Chico Xavier é a reencarnação de Allan Kardec, o Apóstolo da Renovação Humana, segundo a feliz denominação de Emmanuel. Alegria e alívio pelo fato de poder exprimir-me, abertamente, sobre o assunto, expondo, com clareza, minhas convicções íntimas. (...)

FE: Outros companheiros de Doutrina tinham também as suas convicções?

MN: Tenho a dizer que muitos companheiros de Uberaba e de outras regiões, que conviviam conosco, tomando parte nessas reuniões dos primeiros tempos da CEC, tinham certeza de que Chico Xavier era Allan Kardec. Cito alguns deles: Corina Novelino, Maria da Cruz e Heigorina Cunha, de Sacramento; Isabel Bueno, Dora Vilela, Lygia Alonso Andrade, Cleuza e Weimar Muniz de Oliveira, Gabriel Pális, Jarbas Leone Varanda, Eurípedes Tahan Vieira e eu mesma, da turma de Uberaba.

FE: De onde vem a sua convicção tão firme?

MN: Vou descrever o fato que vivi e que não posso transferir a ninguém. (...). Certa vez, em uma noite de 1959, nós estávamos na sede da CEC, já construída naquela época, a fila prosseguia normalmente, quando Chico me chamou. Nesse momento, tive um *insight*, algo inexplicável, pelos sentidos comuns: voltei-me para responder-lhe e não o vi. Era Allan Kardec que eu via e, com naturalidade, respondi-lhe:

— Professor! O que o senhor deseja?!

Se não disse exatamente isso, foi algo assim. Em questão de segundos, o ambiente de Uberaba havia desaparecido e eu parecia reviver uma cena do século XIX. Fiquei encabulada, ao despertar daquele estado modificado de consciência, que durou alguns segundos. Chico sorriu muito, vendo meu embaraço e disse:_

— *Uai, Marlene, você está vendo o nosso passado?!*

Lembro-me apenas de ter repetido a palavra professor, ainda um tanto aturdida com o fenômeno.

FE: Depois disso, teve outros fatos indicativos?

MN: Inúmeros outros. Certa vez, após os trabalhos da CEC, estávamos no cafezinho, alguns companheiros de Uberaba e visitantes de outras cidades, quando Chico contou-nos detalhes acerca do período de obsessão vivido por sua irmã, Maria Xavier Pena, e que o levou ao Espiritismo, aos 17 anos. Disse, o médium, que o espírito obsessor afirmava categoricamente: "Eu odeio a família de Allan Kardec", repetindo a frase muitas vezes. Ora, nesta existência, o estudo da obra de Allan Kardec nunca fez parte da vida familiar de Chico, muito pelo contrário, todos eram muito católicos, sendo a primeira vez que tomavam conhecimento dela. Tudo indica que esse espírito acompanhava a vida da família há muito tempo.

Chamo a atenção também para dois detalhes curiosos. O primeiro deles refere-se às preces proferidas nas Casas Espíritas. Não tenho visto ninguém, nas inúmeras instituições que tenho visitado, fazer preces dirigindo-se diretamente a Allan Kardec, pedindo proteção a ele, como o fazem ao Espírito Bezerra de Menezes ou a outro Benfeitor Espiritual. Acredito que, inconscientemente, todos nós sabemos que Kardec está reencarnado.

Há outro detalhe publicado na *Folha Espírita* de outubro de 1976 e que faz parte do livro *Lições de Sabedoria* (cap. XVI). Em reportagem especial, Fernando Worm descreveu a apresentação do médium Luiz Antonio Gaspareto, em Uberaba, no Grupo Espírita da Prece, recebendo os pintores, na presença de Chico Xavier. Nela, há um diálogo interessante entre o espírito Toulouse Lautrec e o médium anfitrião. Lautrec dirigiu-se a Chico, respondendo: "Merci, Allan" (Obrigado, Allan).

Lembro-me também de um fato importante: Emmanuel, o notável Espírito-Guia, responsável por toda a produção mediúnica de Chico, pertence à falange do Espírito da Verdade, que atuou ao tempo da Codificação. A mensagem O Egoísmo, reproduzida em *O Evangelho Segundo o Espiritismo,* é de sua autoria, segundo informação do médium.

FE: E Chico Xavier disse algo sobre esse assunto? Afirmou ser Allan Kardec?

MN: Chico sempre foi muito discreto. Aos que lhe perguntavam sobre suas vidas anteriores, afirmava ser "cisco" e nada saber a respeito. Não é curioso que, sendo a antena psíquica mais apurada do mundo, Emmanuel não nos dê notícias de Allan Kardec, por seu intermédio?

Em nossa convivência mais íntima, porém, no período das atividades iniciais da CEC, tivemos muitas respostas veladas. Chico contou-nos, por exemplo, detalhes curiosos sobre a correspondência de Allan Kardec com a famosa escritora francesa, George Sand. Ele sabia de cor períodos inteiros das cartas do Codificador e as respectivas respostas. Na ocasião, perguntei ao Dr. Canuto Abreu, hoje desencarnado, o maior colecionador do acervo de Allan Kardec após as duas guerras mundiais, se tinha essas cartas e ele me respondeu negativamente. Não sabia da existência delas. De onde Chico tirava tudo isso, se ninguém tem notícias dessas cartas?

Ficamos sabendo, por exemplo, que, em uma das correspondências, George Sand disse a Allan Kardec que ela e Chopin viviam como duas freiras e, mais, que ela havia se tornado espírita, mas preferia manter-se em silêncio, para não prejudicar o desenvolvimento da Doutrina iniciante, por reconhecer-se uma pessoa muito polêmica e malvista pela sociedade da época. Chico contou-nos também que, no dia 18 de abril de 1857, Allan Kardec saiu pelas ruas de Paris, distribuindo exemplares de *O Livro dos Espíritos* e que havia dado um exemplar a George Sand.

FE: E a comemoração do centenário de *O Livro dos Espíritos*?

MN: Ah!, sim, é muito interessante. Chico contou-nos que no dia 18 de abril de 1957, data comemorativa do centenário de *O Livro dos Espíritos,* todos os trabalhadores do Brasil e de outros países foram festejar, em um Grande Encontro, realizado no mundo espiritual, num local da Latinidade. Chico foi com os benfeitores, Emmanuel, Bezerra de Menezes, André Luiz e outros, tendo a enfermeira Scheilla ficado para tomar conta das tarefas, em nosso país. O médium falou da comoção de toda a assembleia, com a comemoração. Diante do relato, eu quis saber quem presidira tão importante conclave, e Chico respondeu-me, simplesmente: — *"Léon Denis presidiu a reunião"*. Mais um indicativo de que Kardec está reencarnado, se não estivesse, evidentemente, a direção do conclave seria dele.

FE: E a questão de Platão e Kardec?!

MN: Esse caso também foi muito interessante. Dr. Canuto Abreu mostrou a mim e a Freitas um documento do próprio punho de Kardec, no qual ele escreve mais ou menos o seguinte: *depois que Zéfiro me contou que eu fui Platão é que pude compreender melhor a minha missão.*

Conversando com Chico, em uma noite de autógrafos no Clube Tietê em São Paulo, falei-lhe desse documento e da revelação nele contida. O médium não se espantou; muito pelo contrário, parecia conhecê-la de longa data. Recomendou-me ler *O Banquete*, de Platão, para compreender a veracidade da informação. Nessa ocasião, o médium confessou-me que gostaria de ir à casa do Dr. Canuto para ver tais documentos. De fato, fomos: Nena e Francisco Galves, Freitas e eu e, naturalmente, o médium. Ao término dessa visita, formulei um pensamento que não revelei a ninguém, nem mesmo a Freitas. Perguntei a mim mesma: "Se Platão não se casou, se Chico não se casou, por que teria Allan Kardec se casado?"

Alguns dias mais tarde, encontramos Chico novamente, desta vez, nos salões do Rotary Clube, no tradicional Chá da Mercedes. Assim que cheguei, Chico mandou me chamar. Depois dos cumprimentos, foi logo dizendo: — *"Allan Kardec não foi casado, de fato, com Amelie Boudet. Houve um acordo tácito entre os dois: Amélie, mais velha do que ele nove anos, cuidaria de todos os afazeres domésticos e administrativos, enquanto ele ficaria inteiramente livre para trabalhar pela Doutrina. Como você sabe, eles não tiveram filhos"*.

Julgo esta revelação muito importante e transmito-a, conforme me foi passada pelo medianeiro.

FE: Não tem receio de dar esse depoimento? Não acha que pode gerar reação contrária?

MN: Absolutamente, não tenho nenhum constrangimento. Afinal, minha convicção em nada muda a essência da Doutrina Espírita. Todos nós continuamos bafejados com a grandeza dos seus ensinamentos.

Além do mais, confio na Espiritualidade e na mensagem de Hilário Silva recebida pelo médium Antonio Baduy Filho, na reunião de abertura da 34ª Confraternização de Mocidades e Madurezas Espíritas do Triângulo Mineiro (Commetrim). Para mim, é uma sinalização do Mais Alto.

Estamos há poucos passos do ano 2000; creio que o movimento espírita está suficientemente maduro para discutir ideias e convicções, dentro de um clima de respeito, tolerância e fraternidade, necessários para a obtenção de resultados benéficos. Vai haver discordância? Certamente que sim, mas isso faz parte da convivência democrática. Mesmo discordando, devemos respeito de uns para com os outros.

Faço minhas as palavras do próprio Chico Xavier. Entrevistado por Fernando Worm, para a *Folha Espírita*, em janeiro de 1977 (*Lições de Sabedoria*, cap.XV), Chico afirmou que não tinha qualquer notícia dos Espíritos Amigos sobre o regresso do Codificador à Terra pelas vias da reencarnação. Mas, ao final da resposta, disse estar convicto de que a obra que ele (O Codificador) estava efetuando, ou que viria a realizar, falará com eloquência com relação à presença dele seja como for ou em qualquer lugar.

Se nós estudarmos a extraordinária obra de renovação humana que Chico Xavier está deixando não poderemos chegar a outra conclusão senão esta: Kardec superou-se a si mesmo. Não sei quando o admiro mais, se como Kardec ou Chico.

FE: E o argumento de que Chico não tem o perfil psicológico de Allan Kardec?

MN: E o que nós entendemos como perfil psicológico? Não creio que, na Terra, sejamos peritos nisso e em planejamento de reencarnação. Por exemplo, como é que as pessoas que trazem à baila esse argumento explicam a obra assombrosa recebida por Chico Xavier na área da ciência, da literatura, da filosofia e da história? Esqueceram-se de algo fundamental, que é o ensinamento básico de *O Livro dos Médiuns*: é preciso lastro intelectual e moral por parte do médium para que os Espíritos possam escrever. Ou não é assim?

O fato é que Allan Kardec programou muito bem e o disfarce foi perfeito. Quem é que descobriria Kardec no jovem pobre, mulato, e, sobretudo, humilde? Os planejadores da reencarnação despistaram bem, porque conhecem os nossos preconceitos arraigados há séculos.

Tenho, para mim, que muitos vultos conhecidos do Cristianismo já voltaram à terra, em outros tempos, e não foram reconhecidos. Assim como Elias não o foi, quando voltou como João Batista. Veja, você, nos livros de André Luiz, constatamos que almas muito evoluídas, como Matilde e a própria mãe do autor espiritual, estão reencarnadas e nós não nos damos conta da presença e da grandeza delas, e muitos dos próprios familiares, nos lares em que renasceram, não sabem com quem estão convivendo.

Lembro o caso de dona Maria João de Deus, mãe de Chico Xavier, lavadeira humilde, iletrada, mãe de nove filhos, no entanto, em *Cartas de Uma Morta,* você constata as estaturas intelectual, moral e espiritual dessa alma sublimada.

Quem conviveu com Chico sabe que, na intimidade, ele é um professor por excelência. Creio, no entanto, que o maior e mais comovente traço da atual encarnação é a humildade com que se apagou para revelar as verdades do mundo espiritual. Como Platão e Kardec, trabalhou mais o campo sublimado das ideias e do intelecto; como Chico, vem coroando a magnífica obra, com exemplos de amor e bondade, modelando obras imperecíveis na esfera do sentimento, indispensáveis à evolução humana. E é o sentimento do amor que a humanidade necessita com urgência para evoluir.

FE: Por que temos dificuldades em aceitá-lo como Kardec?

MN: A questão toda está no total despojamento com que Chico se

apresenta na atual encarnação. É difícil visualizar Kardec em uma criatura pobre, que fez somente o curso primário, que trabalhou e se aposentou como simples escriturário de uma repartição pública e apagou-se
para que os Benfeitores Espirituais fossem exaltados. Pensemos bem:
seríamos capazes de fazer isso?

Foi uma mudança radical, mas necessária para que pudesse cumprir integralmente a nova missão. Esquecemo-nos, também, de levar em
consideração, como eu já frisei na análise da sua personalidade, algo
primordial. Para ser esse intermediário fiel do mundo espiritual, ele só
pode conhecer a fundo a Doutrina de Kardec.

Por tudo quanto aprendemos sobre mediunidade, sabemos que o
conjunto da sua obra mediúnica: as informações da vida espiritual e as
revelações científicas de André Luiz; os ensinamentos extraordinários
de Emmanuel, explicando o Evangelho; a mensagem sublime dos romances; as narrações emocionantes de Humberto de Campos, trazen-
do-nos Jesus de volta dos tempos do Cristianismo nascente; os estilos
perfeitos dos poetas e trovadores portugueses e brasileiros; as cartas dos
desencarnados aos entes queridos; enfim, todo esse legado, que não é
possível resumir em tão poucas linhas, indica que o médium possui um
patrimônio intelectual e sentimental extraordinário, próprio de Espírito
de escol, armazenado em vidas sucessivas.

E os seus exemplos na vida diária chancelam a obra recebida. Por
tudo quanto dissemos e deixamos de dizer, nós o consideramos o Apóstolo da Renovação Humana – a outra personalidade assumida por Allan
Kardec, neste século, para continuar a obra de construção da Era do
Espírito. E o povo brasileiro o reconheceu!

FE: Como assim? Reconheceu como?

MN: De modo inconsciente. A abnegação do médium despertou em
nosso povo reminiscências atávicas. Ninguém é líder por acaso. Embora
não o deseje, Chico exerce liderança natural, do tipo incomum. Chico
transfixou o movimento espírita propriamente dito, para implantar-se,

definitivamente, no coração dos brasileiros. E essa é uma conquista pessoal, alicerçada na abnegação, fruto natural de quem tem se doado a milhões de pessoas, de todas as raças e credos religiosos, que o procuram em busca de consolo e paz. Por tudo quanto conhecemos dos ensinamentos de Allan Kardec, este é o trabalho ecumênico, de caráter universal, que o Codificador sempre desejou fazer, objetivando unir todos os irmãos em humanidade, em um único laço de fraternidade e amor.

COMUNICAÇÕES DE PLATÃO NA OBRA DA CODIFICAÇÃO

Respostas dadas aos confrades de Bauru, no Centro Espírita Amor e Caridade

No dia 5 de julho de 1995, após palestra realizada sobre o tema do meu último livro, *Nossa Vida no Além*, respondi às perguntas formuladas pelo companheiro de ideal Leopoldo Zanardi. Ei-las:

Leopoldo: Qual foi a repercussão no Brasil e no Exterior da revelação feita pela senhora de que Chico Xavier é Kardec reencarnado? Foi uma bomba?

Marlene Nobre: Bem, deve ter sido. Até o momento, muitas manifestações foram favoráveis, outras com questionamentos respeitosos, outros escreveram no *Jornal Espírita* e fizeram palestras desaprovando inteiramente, houve ainda os que afirmaram que Kardec deveria "ser muito macho", e assim por diante.

Leopoldo: Por que guardou por 40 anos a revelação desse caso. Por que somente agora se manifestou?

MN: Não queria que nosso Chico desencarnasse sem que eu tivesse a oportunidade de externar minha opinião. Aguardava, no entanto, a ordem do mundo espiritual, porque prezo muito a orientação dos benfeitores da Vida Maior. Nosso protetor, Cairbar Schutel, disse-me que eu receberia um sinal que me libertaria do compromisso. Fiquei atenta, à espera.

Leopoldo: Era, então, a mensagem de Ituiutaba que a senhora aguardava...

MN: Sim, era... Percebi isso claramente quando Schutel me disse que eu estava liberada para revelar, após as notícias de Sonia Barsante, sobre a autorização da publicação da mensagem de Hilário Silva.

Quando visitei Chico, após a publicação da minha entrevista, em junho de 1998, os companheiros do Grupo Espírita da Prece estavam entregando às pessoas a mensagem *A Volta de Allan Kardec*, que havia sido impressa. Inclusive o próprio médium distribuía a mensagem.

Leopoldo: Dra. Marlene, além das argumentações expostas na entrevista da FE, tem mais algum argumento que ainda não revelou?

MN: Sei da existência de mensagens de Allan Kardec recebidas pelos médiuns Frederico Júnior, brasileiro, e Fernando Lacerda, português, que foram dadas no final do século passado e começo deste. O espírito Humberto de Campos confirmou no livro *Brasil Coração do Mundo Pátria do Evangelho* a veracidade dessas mensagens, referindo-se à última delas, datada de 1909, na qual o Codificador despedia-se porque iria reencarnar.

Leopoldo: O que Chico pensa a respeito desse assunto. Ele já leu a sua reportagem?

MN: Sei que a leu. Como é óbvio, não iria se manifestar. Jamais diria em público que foi Allan Kardec. Como declarei, nunca expus diretamente a ele os meus pensamentos. Nem precisaria. Quem o conhece sabe que está acima de toda essa polêmica. Tive medo de expô-lo a uma situação constrangedora. Mas quando nos reencontramos, depois da publicação da entrevista, ele não me recriminou, apenas me disse que já tivera cinco moratórias e que não havia conseguido a renovação da última que havia pedido. E ele voltou-se para mim e disse:

— *Estou partindo, agora é com vocês!*

Ele falou a mesma coisa quando se despediu do Weimar Muniz de Oliveira, no mesmo dia. Para mim, essa conclamação teve um significado muito especial, porque senti que havia testemunhado na hora certa.

Leopoldo: Vou fazer uma pergunta meio embaraçosa, mas sei que a senhora tem um espírito aberto e vai compreender. Na entrevista, diz que Allan Kardec foi Platão, no entanto, há uma resposta do filósofo sobre a eternidade das penas, na questão 1.009 de *O Livro dos Espíritos* e ele está também entre os espíritos que assinam os Prolegômenos, a introdução do mesmo livro. Como explicar?

MN: Primeiramente, gostaria de deixar claro que a afirmação não é minha, mas do próprio Kardec. Vou repetir o que já declarei. Vi, com meu marido, Freitas Nobre, em anotações do próprio punho do Codificador, essa afirmação, dizendo que isso lhe fora revelado pelo espírito Zéfiro.

Esse documento faz parte do acervo do Dr. Canuto Abreu e poderá ser visto com quem ficou depositário desse tesouro. Quando todas essas preciosidades forem encontradas e estiverem devidamente catalogadas, qualquer pessoa interessada poderá constatar a veracidade desse documento, que, a rigor, pertence à história do Espiritismo, para ser devidamente analisado e comentado.

Respondendo à questão principal da sua pergunta: o fenômeno anímico explica perfeitamente os dois fatos, mas há também a possibilidade de um espírito assinar pelo outro, conforme nos advertiu o próprio Kardec, na *Revista Espírita*. Muitas instruções dadas pelos Espíritos e assinadas com o nome de São Luiz não foram dadas por ele, mas por um espírito da sua ordem, como esclarece a mensagem registrada por Allan Kardec na *Revista Espírita* de agosto de 1865, páginas 241 a 243, possibilidade esta que o mestre admitiu na Introdução de *O Livro dos Espíritos*, página n. XII, e em *O Livro dos Médiuns*, página 268, itens 3 a 8.

Comumente, não estamos habituados a raciocinar levando em consideração o animismo, no entanto, ele é responsável por inúmeras ocorrências interessantes. Nós sabemos que a alma não está enclausurada no corpo físico, mas pode afastar-se dele e manifestar-se de diversas formas, durante a existência terrestre.

Ernesto Bozzano escreveu Animismo ou Espiritismo? E Alexandre Aksakof, Animismo e Espiritismo, em ambos, encontraremos farto material explicativo para a ocorrência em exame. O próprio Codificador analisa o fenômeno do desdobramento e outros fatos relativos ao animismo.

Santo Antonio de Pádua ficou famoso no mundo todo por ter sido visto em duas cidades ao mesmo tempo e, aqui mesmo, no Brasil, tivemos a figura inesquecível de Eurípedes Barsanulfo, que fazia partos à noite, enquanto o seu corpo dormia, e nesse trabalho era visto por várias pessoas. Para relatar esses fatos em *Eurípedes, o Homem e a Missão*, a saudosa Corina Novelino entrevistou inúmeras pessoas que participaram deles.

Creio que Allan Kardec tinha evolução suficiente para escrever, adotando sua personalidade anterior.

Chico Xavier também já se apresentou a muitas pessoas, estando seu corpo em outro lugar (Ler capítulo 42 deste livro). Dentre outras, há notícias de que ele tenha aparecido para guardas rodoviários com seu corpo espiritual, conforme relata Rubens Germinhasi, em sua obra *Luz Bendita* (105).

Ele mesmo relatou que, certa vez, enquanto o seu corpo psicografava aqui na Terra, em sessão no Grupo Espírita da Prece, recebia outra mensagem no plano espiritual. Por que ele não poderia se apresentar ora como Chico, ora como Kardec? Confesso a você que de Chico Xavier sou ignorante.

Creio que as pessoas pobres, humildes e boas, como Chico, não têm muito valor para os intoxicados intelectuais, mas ele não esteve à cata de nenhum reconhecimento de qualquer espécie e nos ensinou a compreender todas as pessoas. Ele disse que, antes mesmo de nos ferir ou magoar, as pessoas devem ser compreendidas e de antemão perdoadas. O perdão torna-se, assim, desnecessário, porque ele é dado antes mesmo de as pessoas nos ferirem ou magoarem.

Leopoldo: Quanto ao perfil psicológico de Chico e Kardec, temos muito que aprender em matéria de reencarnação?

(105) XAVIER, F. C.; Emmanuel; GERMINASI, R. S. **Luz bendita**. São Paulo: Instituto Divulgação Editora André Luiz (Ideal), 1977. ...pelo fruto se conhece a árvore, p. 155.

MN: Creio que conhecemos muito pouco acerca das várias personalidades que assumimos, a cada encarnação. Se Kardec não tivesse se apresentado do modo como o fez neste século, não teria tido tranquilidade para trabalhar durante os 70 anos de exercício da mediunidade.

Relembro, ainda, as palavras do próprio Chico a Fernando Worm (106), quando ressaltou que Kardec seria reconhecido pela obra que estivesse realizando ou viesse a realizar. Comparemos...

Leopoldo: Por que o *Parnaso de Além-Túmulo* tem somente poetas da língua portuguesa? Se Chico tem essa bagagem toda de vida na França, ele não poderia receber os espíritos dos poetas franceses?

MN: Não tenho dúvida de que poderia, já que recebeu mensagens em outras línguas. Somente Emmanuel poderia explicar, com clareza, a verdadeira razão. No entanto, gostaria de lembrar, a esse respeito, que os poetas brasileiros e portugueses permitem uma comparação mais fácil dos estilos e podem ser compreendidos pela imensa maioria da população. Se fossem franceses, para serem compreendidos, precisariam de tradutores, e, nesse caso, perderiam a beleza e a autenticidade.

Leopoldo: Durante toda a minha militância no movimento espírita, já ouvimos falar de vários espíritas, alguns famosos outros não, que foram a reencarnação de Allan Kardec. O que acha disso?

MN: Eu também já fui apresentada a vários Kardecs, uns sete, mais ou menos. Respeitei-os e aos seus defensores, como é de meu dever. Gostaria de ser respeitada, ao apresentar o meu. Tenho muitos amigos que não aceitam, de forma alguma, a minha posição, mas manifestaram o seu ponto de vista de maneira fraterna, discordando com lhaneza de trato e verdadeiro espírito cristão. Abraçamo-nos fraternalmente, e continuamos nossa estrada de lutas e tarefas, servindo com amor, sem o peso inútil do preconceito ou da guerra mental.

---

(106) NOBRE, M. R. S. **Lições de sabedoria, Chico Xavier em 23 anos da Folha Espírita**. *3. ed. São Paulo: Editora Jornalística Fé; 1. ed. 1997. Capítulo XV, p. 171.*

CHICO XAVIER CONFESSOU SER ALLAN KARDEC

Em outubro de 1998, participávamos do 2º Congresso Espírita Mundial, em Lisboa, com um estande de divulgação da editora *Folha Espírita*, montado entre tantos outros que lá estavam, no Pavilhão de Feiras, quando fui procurada por uma irmã de ideal, que desejava me falar. Era Therezinha de Jesus Pinho de Castro, colaboradora do Centro Espírita Seara de Amor e Luz (Rua da Passagem,161, Botafogo, Rio de Janeiro). Disse-me ela, nessa inesperada visita: "Venho procurá-la, irmã Marlene, para solidarizar-me com a senhora, neste momento difícil, quando a vejo sofrer ataques violentos, por parte de companheiros nossos da imprensa espírita, que refutam de maneira antifraterna a sua opinião de que Chico Xavier é a reencarnação de Allan Kardec".

E prosseguiu: "Eu e meu marido estamos vendo a senhora lutar sozinha; comoveu-nos a deselegância com a qual tem sido tratada, por isso aqui estou para prestar-lhe a nossa solidariedade e dizer-lhe que nós pensamos da mesma maneira: sempre tivemos certeza de que Chico Xavier é a reencarnação de Allan Kardec".

E ressaltou: "Em uma das minhas visitas a Uberaba, o próprio médium confessou-me que o era. E o fez expressando-se com a mesma maravilhosa humildade que sempre o caracterizou". Em seguida, Therezinha relatou-me o diálogo que tivera com Chico Xavier.

No encontro em Lisboa, memorizei esse diálogo, mas fui ao Rio de Janeiro, em junho de 2001, especialmente para gravar uma entrevista com Therezinha de Castro, já que ela me abriu, generosamente, as portas de sua casa. E descreveu-me assim, sua conversa com Chico Xavier: "Foi em 1978 ou 79, não estou bem certa, nós íamos quatro vezes por ano a Uberaba para participar das grandes distribuições aos carentes, de modo que as datas estão um pouco imprecisas na minha memória. Na visita à casa de Chico, à qual me refiro, estávamos, o Ismael Ribeiro da Silveira Pinto, meu padrinho, Jorge e Nair Gaio, o Jaime meu marido, e eu. Em um dado momento, fiquei só com Chico; acompanhei-o a uma sala, onde ele guardava livros e tinha um arquivo. Aproveitei a oportunidade para dizer-lhe:

— Chico, estive lendo *Obras Póstumas* e cheguei à conclusão de que você é Allan Kardec.

Ele olhou-me, de forma muito peculiar, e respondeu:

— *"Ah! Therezinha, os espíritos dizem isso, mas eu não acredito"*

Resposta típica de Chico Xavier – pensei, ao ouvir o relato – só poderia vir dele e de sua genuína humildade".

E Therezinha acentuou: "Sinceramente, não entendo a razão dessa resistência tão grande em admitir essa verdade. É natural que Kardec esteja incumbido de terminar sua tarefa. Ele próprio fora avisado, por seu guia espiritual, de que nasceria na final do século XIX ou início do século XX para completar sua missão. Quem, senão Chico, que nasceu em 1910, o tem feito com tanta propriedade?!".

Therezinha ressaltou ainda que Chico é um verdadeiro Apóstolo do Cristo, fiel, bondoso, humilde, que sempre demonstrou profunda alegria de viver e de cumprir sua missão.

No mês passado, por telefone, ela contou-me outro fato, que ressalta a superioridade espiritual do médium: "Certa vez, em Uberaba, fomos à Vila Ozaná, estávamos juntos, a Elza do Otoniel, o Eurípedes dos Reis, a Suzana Mousinho, o Chico, eu, e mais alguém de quem não me recordo. Levávamos um cesto, com 60 quilos de pão, para distribuir. Chovia muito, uma garoa fina, mas constante. Ao chegarmos à Vila ozaná, as pessoas simples gritavam: "Viva Jesus.!".

Nesse momento, vi Chico inteirinho iluminado e senti o perfume intenso que seu corpo exalava. Fração de minuto, mas vi, perfeitamente, a sua figura iluminada destacar-se, no tempo nublado; emocionei-me demais. Chorei muito. De fato, Chico Xavier venceu em toda linha e é, realmente, um verdadeiro Apóstolo do Cristo!".

EM 200 ANOS, DUAS MISSÕES EXEMPLARES

Fica aqui registrado o testemunho valioso de nossa irmã Therezinha de Castro. Com ele, estamos satisfazendo aos inúmeros leitores que acreditam que Chico Xavier e Allan Kardec são a mesma alma, cuja extraordinária missão é uma só: trabalhar pela implantação de uma nova era de Paz e Amor, neste mundo enlouquecido.

A festa, no mundo espiritual, em 30 de junho de 2002, descrita por Freitas Nobre, foi, na verdade, para recepcionar o insigne Codificador do Espiritismo, que superara a si próprio, concluindo, como vencedor em toda linha, a segunda parte da sua missão sacrificial. Reparemos bem: ele entregou à humanidade o Consolador prometido, em tempo recorde, dois séculos – 3 de outubro de 1804 a 30 de junho de 2002. Façamos as contas: se acrescentarmos a esta última data — 30 de junho — os 18 meses correspondentes às duas gestações, a da França e a do Brasil, veremos que os dois séculos se completam integralmente.

Assim, o grande Apóstolo da Renovação Humana venceu a maratona de 200 anos, em todas as modalidades de prova, entregando à humanidade os recursos espirituais para enfrentar a próxima fase do Planeta, a da Regeneração.

Agradeço a Deus por ter tido a oportunidade de contar tudo o que sabia antes da desencarnação do nosso querido Chico. Senti-me leve, apaziguada interiormente.

Respeito as críticas, mesmo as mais virulentas, e não as respondo. Chico ensinou-me a ver-me, por dentro, sem fantasias, com os defeitos que trago e preciso corrigir; de modo que analiso as críticas, cuidadosamente; se verdadeiras, esforço-me para reformar-me, se infundadas, entrego-as ao rio do tempo, que se encarregará de situá-las no devido lugar.

O QUE CHICO DISSE A EURÍPEDES HIGINO DOS REIS SOBRE A REENCARNAÇÃO DE ALLAN KARDEC

Na entrevista de Eurípides Higino dos Reis, quando do lançamento do seu livro *Chico Xavier – Apóstolo do Brasil*, o filho adotivo do querido médium contou particularidades interessantes da vida familiar, como, por exemplo, o fato de Chico ter admitido na intimidade ser a reencarnação de Allan Kardec. (107).

FE: Chico foi um fraco, como algumas pessoas, equivocadamente, propagam? Ele sabia dizer "não"?

Eurípedes: Jamais foi um fraco. Chico Xavier, além de ser forte, era um sábio. Digo isso com base em atitudes dele em várias ocasiões: ele não entendia a Doutrina de Jesus com chefes. Ele nos dizia que a grande vantagem dessa abençoada Doutrina é que *"nasceu livre; ela é do povo para o povo, com Jesus, o Mestre Maior"*. Um dirigente da Aliança Municipal Espírita de Uberaba fazia comentários às sextas-feiras no Grupo Espírita da Prece. Em várias reuniões, falava, o nobre orador: "As casas, os centros ou grupos espíritas que não fossem inscritos nas Alianças Espíritas Municipais, não eram considerados espíritas". Um dia, Chico se cansou do assunto e me disse: *"Saí da Comunhão para nunca mais ter chefe. Se, para ser espírita, para levar as palavras de Jesus, tem de pedir licença, largo de ser espírita, para tentar continuar a ser cristão"*. Como se vê, ele sabia falar não, quando envolvia a Doutrina de Jesus. Nos outros casos, ele pedia ao para-choque, a mim, para falar. Seu irmão José foi o para-choque na época de Pedro Leopoldo, e, em Uberaba, fui eu.

FE: Por que você acha que algumas pessoas têm tanta dificuldade em aceitar que Chico seja a reencarnação de Allan Kardec?

Eurípedes: Chico Xavier afirmava taxativamente que era Allan Kardec e que voltou para cristianizar, facilitar o entendimento da Doutrina Espírita e da Reencarnação, que um dia não seria estudada somente por espíritas, mas também pelos homens da Ciência, ajudando as pessoas a se aceitarem. Ele dizia que o maior problema do homem não vem dos outros, mas sim da luta que trava consigo mesmo. Quando a gente se

---

(107) *Cf. Folha Espírita, n. 430, jun. 2010.*

aceita, nem as ofensas nos atingem mais. Temos uma qualidade de vida melhor. E que ele via a reencarnação no futuro como matéria de estudo de médicos, psicólogos. Assim penetrariam melhor na alma das pessoas, ajudando na qualidade de vida.

FE: Por que Chico deu o aval ao livro *Kardec Prossegue*, de Adelino da Silveira?

Eurípedes: Adelino da Silveira chegou a Uberaba pedindo a Chico para assumir que era Allan Kardec reencarnado, porque havia surgido alguém no meio espírita que iria se lançar como sendo o Codificador. Como Adelino tinha convicção de que era Chico, quis esclarecer a verdade a todos, lançando o mais rapidamente possível o livro que estava escrevendo. Imagine você a posição de Chico. Ele teve de começar a falar sobre o assunto, afirmando que era Kardec, não só para o próprio Adelino, mas também para Neusa Arantes, Weaker e Zilda Batista. Quanto a mim, como eu disse, ele apenas reafirmava o que sempre havia me dito. Se ele não assumisse, iriam aparecer vários kardecs.

Veja o que está acontecendo com Emmanuel, seu querido mentor espiritual. Segundo o que temos visto, têm aparecido comunicações dele em alguns lugares, como, por exemplo, no Rio de Janeiro e em Belo Horizonte. Mas como pode ser isso, se Emmanuel já está reencarnado? E esses médiuns ainda recebem o apoio de entidades que têm a responsabilidade de orientar, não de mandar nas casas, mas de orientar grupos espíritas. Do mesmo modo, essas entidades admitem outras mentiras, como as psicografias do querido Chico Xavier, meu pai. Que pena a vaidade falar tão alto.

Chico dizia, oito anos antes do seu desencarne, o seguinte: — *"Depois da minha desencarnação, é possível que apareça muita gente recebendo mensagens atribuídas a mim; diga-lhes que não é minha intenção parar de trabalhar, mas, se puder, como o pessoal costuma dizer, gostaria de "dar um tempo" com a caneta e com o papel..."*

FE: Não lhe incomoda o fato de as pessoas não acreditarem em você?

Eurípedes: Prefiro acreditar no querido Chico, com quem convivi no dia a dia e que me afirmou ser o Codificador por várias vezes. Nem a Casa-Máter da Doutrina Espírita deu crédito a ele, por que dariam a mim? Chico Xavier, meu pai, nunca mentiu para mim. Mas toda Luz preocupa muito.

Há indivíduo que diz ter sido muito amigo de Chico Xavier, em Pedro Leopoldo. Chico, sim, foi amigo de todos, sempre muito gentil, um *gentleman*. Esse indivíduo colocou-lhe até um apelido para a intimidade, conforme se falou no Congresso de Brasília. Mas que grande amigo é esse, que, nos 44 anos de Uberaba, apareceu por lá somente uma vez, para ver Chico Xavier?! Estaria assim tão ocupado?!...Há pouco, esse mesmo, que se diz muito amigo, publicou horríveis histórias de supostas reencarnações de Chico. Vaidades. Para quê? Chico é do mundo. De todos. Também das periferias, onde ele se sentia feliz, no meio do povo. (...)

FE: Chico também nos disse que, após sua partida para o mundo espiritual, tão cedo, não escreveria mensagens ou livros, e ele tem mantido a sua palavra. Por que ele deixou uma senha com vocês? Por que você acha que ele tem procedido dessa forma?

Eurípedes: Imagine você. Quando ele ainda estava encarnado, apareceram grandes médiuns com psicografias dele. Queriam desencarná-lo a todo custo. Ele ainda viveu bastante, depois desses episódios. Chico previa o futuro, que a disputa por ser médium de Chico Xavier iria acontecer (...) Dizia estar saindo do mundo com sua Missão Cumprida, título de um livro de suas psicografias de 21 de novembro de 1997 a 2002, que ficaram com o Grupo da Prece de Chico Xavier, do qual sou presidente.

Doce ilusão de todos os que receberam psicografias. (...) Um dia sairemos do mundo, todos sem exceção, dizia Chico Xavier. E estaremos em frente ao espelho da vida. Todas as verdades vão surgir para cada um. É bem melhor estarmos com a consciência tranquila com Chico Xavier, meu pai, meu filho...

Sim, sinto-me honrado, porque tive como pai, e, ao mesmo tempo como filho, um dos seres humanos mais importantes da Humanidade.

CONCLUSÃO

Termino aqui a terceira parte, o Epílogo deste livro.

Tenho certeza de que não sou ninguém dentro do movimento espírita, a não ser uma humílima servidora. Não luto por cargos, nem por hegemonia de qualquer natureza, porque não quero voltar aos fracassos sucessivos de vivências passadas, que me trouxeram tanta dor. Gosto dos encargos, do serviço, por menor que seja. Creio que os encargos são de Deus; são as oportunidades de trabalho construtivo no Bem, que o Pai oferece a todos os seus filhos, indistintamente, para que cresçam em conhecimento, e sentimentos nobres. Aprendi com o Apóstolo da Renovação Humana a ser feliz com o pequenino trabalho que o Senhor da Vida nos concede, como parte vital da nossa luta evolutiva. Relembro aqui o que ele disse sobre a obra do Codificador no século XX. *Seja qual for a obra que ele esteja efetuando, ou que venha a realizar, ela falará com eloquência com relação à presença dele seja como for ou em qualquer lugar.*

A extraordinária obra de renovação que Chico Xavier nos deixou fala por si mesma.

Mil vezes obrigada, Chico-Kardec, por seu imenso e abnegado amor por todos nós — os seus irmãos em humanidade — por ter condensado todos os seus esforços em favor da nossa evolução espiritual!

BIBLIOGRAFIA

ANUÁRIO ALLAN KARDEC 1975. Supervisão Jornalística: J. Herculano Pires. Livraria Allan Kardec (Lake), 1975.

ARAIA, Eduardo. **Chico Xavier uma missão de amor**. São Paulo: Claridade, 2007. Coleção Saber de Tudo,

ARANTES, Hercio Marques Cintra Arantes (Org., Notas e Índice). **Notáveis reportagens com Chico Xavier**. Araras, SP: Instituto de Divulgação Espírita (IDE), 2002.

AUTORES DIVERSOS. **Traços de Chico Xavier**. São Paulo: Centro Espírita União (CEU), 1997.

BACCELLI, A. Carlos. **Chico Xavier mediunidade e coração**. São Paulo: Instituto de Divulgação Editora André Luiz, 1985.

_____. **Chico Xavier, à sombra do abacateiro**. São Paulo: Instituto de Divulgação Editora André Luiz, 1986.

_____. **Chico Xavier mediunidade e vida**. São Paulo: Instituto de Divulgação Editora André Luiz, 1987.

_____. **Chico Xavier mediunidade e luz**. São Paulo: Instituto de Divulgação Editora André Luiz, 1989.

_____. **Chico Xavier mediunidade e vida**. São Paulo: Instituto de Divulgação Editora André Luiz, 1991.

_____. **Chico e Emmanuel**. Votuporanga, SP: Casa Editora Espírita Didier, 1996.

_____. **Chico Xavier 70 anos de mediunidade**. Votuporanga, SP: Casa Editora Espírita Didier, 1997.

_____. **As b**ênçãos de Chico Xavier. Votuporanga, SP: Casa Editora Espírita Didier, 1998.

_____. **O evangelho de Chico Xavier**. Votuporanga, SP: Didier Editora, 2000.

_____. **Chico Xavier o apóstolo da f**é, 75 anos de **mediunidade**. Uberaba, MG: Liv. Espírita Edição Pedro e Paulo, 2002.

BACCELLI, Carlos A. 100 Anos de Chico Xavier: Fenômeno Humano e Mediúnico. Uberaba, MG. Liv. Espírita Edição "Pedro e Paulo", 2010.

_____. **Chico Xavier o** Médium dos Pés Descalsos. Belo Horizonte, MG: Vinha de Luz, 2011.

BACCELLI, Márcia Queiroz Silva. **A vida de Chico Xavier para as Crianças**. São Paulo: Instituto de Divulgação Editora André Luiz, 1988.

BARBOSA, Elias. **No mundo de Chico Xavier**. 2. ed., Araras: IDE Editora, 1975.

_____. **Presença de Chico Xavier**. 2. ed., São Paulo: Edição Calvário, 1970.

_____. **Humberto de Campos e Chico Xavier, a mecânica do estilo**. Araras, SP: IDE, 2005.

BUENO, Isabel. **Uma vida de amor e caridade**. Belo Horizonte, MG: Fonte Viva, 1992.

BUENO, Oswaldo Godoy. **Nossos momentos com Chico Xavier** – o homem chamado amor. São Paulo: Grupo Ideal Espírita André Luiz, 2007.

CARVALHO, Antonio Cesar Perri de. **Chico Xavier**: o homem e a obra. São Paulo: Edições USE, 1977.

_____; MELO, Oceano Vieira de. **Depoimentos sobre Chico Xavier**. Rio de Janeiro, RJ: Federação Espírita Brasileira (FEB), 2010.

COELHO, Maria Gertrudes. **Chico Xavier, coração do Brasil**. 2. ed. Araguari, MG: Lírio Editora Espírita, 2002.

CUIN, João. **Chico Xavier Amor e sabedoria**. São Paulo: DPL – Editora e Distribuidora de Livros Ltda, 2001.

CUNHA, Pedro Valente da. **Homenagem ao mineiro do século**. Belo Horizonte, MG: União Espírita Mineira, 2001.

FAÉ, Walter José. **Chico Xavier D. Pedro II e o Brasil**. São Paulo: Nova Época Editorial, 1975.

FOLHA ESPÍRITA EM REVISTA. Edição Especial Comemorativa dos 50 anos de Mediunidade de Chico Xavier. São Paulo, Ano 77, 1977.

REVISTA REALIDADE. Informação. São Paulo, Ano IV, n. 44, 1980.

JORNAL DIÁRIO DO CONGRESSO NACIONAL, Brasília, 1971.

CHICO XAVIER, 60 ANOS DE MEDIUNIDADE. São Paulo: edições Federação Espírita do Estado de São Paulo (Feesp), dez. 1987.

FIGUEIREDO, Napoleão; MELO, Oceano Vieira de (Curador). **100 Anos Chico Xavier exposição sobre a vida do médium mineiro**. São Paulo, 2010.

GALVES, Nena. **Até sempre Chico Xavier**. São Paulo: Editora e Livraria União, 2009.

GAMA, Ramiro. **Chico Xavier na intimidade**. São Paulo: Núcleo Espírita Caminheiros do Bem, 1974.

_____. **Lindos casos de Chico Xavier**. 17. ed. São Paulo: Livraria Espírita Allan Kardec (Lake), 1995.

GEMINHASI, Rubens Silvio; XAVIER, Francisco Cândido; Emmanuel. **Luz bendita**. São Paulo: Instituto Divulgação Editora André Luiz (Ideal), 1977.

GODOY, Anita. **Revelações**. Anita Godoy, orientado pelo espírito Eurípedes Barsanulfo. Uberlândia, MG: Portal de Luz, 1999.

GOMES, Saulo. **Pinga fogo com Chico Xavier**. Catanduva, SP: InterVidas Editora, 2009; São Bernardo do Campo, SP: Grupo Espírita Emmanuel (Geem), 2008.

GRISI, Romeu; SESTINI, Gerson. **Inesquecível Chico**.

GUARINO, G. **Jornal obreiros do bem**. Rio de Janeiro, out. 1977.

HARLEY, Jhon. **O voo da garça** – Chico Xavier em Pedro Leopoldo 1910/1959. Belo Horizonte, MG: Vinha de Luz, 2010.

HIGINO, Eurípedes; TELES, Ariston. **Chico Xavier apóstolo do Brasil**. Brasília, DF: Editora Espírita Ano Luz, 2010.

IBSEN, Stig Roland; IBSEN, Edith Nobrega Campos. **Chico Xavier** – Anexo 1970, referente às obras 101 a 104 Ao Catálogo Geral das 100 Obras.

JACINTHO, Roque. **Chico Xavier 40 anos no mundo da mediunidade**. São Paulo: Edicel, 1967.

JORGE, Fred. **Chico Xavier sua verdadeira história**. São Paulo: Saber S.A., 1972.

JORNAL ESPIRITISMO E UNIFICAÇÃO, Santos, Ano XX, n. 234, 1972.

JORNAL *FOLHA* ESPÍRITA, São Paulo, ano V, 1978.

_____, São Paulo, ano VII, n. 74, 1980.

_____, São Paulo, ano VII, n. 75, 1980.

_____, São Paulo, ano VII, n. 83, 1981.

_____, São Paulo, ano VIII, n. 92, 1981.

_____, São Paulo, ano XVII, n. 193, 1990.

_____, São Paulo, ano VII, n. 196, 1990.

JORNAL O ESTADO DE MINAS. Belo Horizonte, 1980.

JORNAL TRIBUNA ESPÍRITA. Paraíba, 2002.

LOPES, Claudinei. **Em busca de Chico Xavier**: o médium sob o olhar dos anônimos. São Paulo: Intelítera Editora, 2010.

LUCCA, José Carlos de. **Minutos com Chico Xavier**. Santo André, SP: EBM editora, 2009.

MACHADO, Ubiratam. **Chico Xavier uma vida de amor**. 3. ed., Araras, SP: IDE, 1996.

MAIOR, Marcel Souto. **As vidas de Chico Xavier**. 2. ed., São Paulo: Planeta do Brasil, 2003.

_____. **As vidas de Chico Xavier**. Rio de Janeiro, RJ: Rocco, 1994.

_____. **Por trás do véu de ísis**: uma investigação sobre a comunicação entre vivos e mortos. São Paulo: Planeta do Brasil, 2004.

MARTINS, J. D. **Um amor, muitas vidas**. São Paulo: Lachâtre, 2007.

MATTOS, Divaldinho. **Chico Xavier em Pedro Leopoldo**. Votuporanga, SP: Casa Editora Espírita Didier, 2000.

_____. **De amigos para Chico Xavier**. Votuporanga, SP: Casa Editora Espírita Didier, 1997.

MONTEIRO, Eduardo Carvalho. **Chico Xavier inédito**: psicografias ainda não publicadas. São Paulo: Madras Editora Ltda., 2004.

_____. **Sala de visitas de Chico Xavier**. Capivari, SP: Eldorado / EME, 2000.

MOURA, Marta Antunes de. **Chico Xavier o obreiro do senhor e Castro Alves o apóstolo da liberdade**. Brasília, DF: Federação Espírita Brasileira, 2010.

NETO, Geraldo Lemos; LEÃO, Geraldo (Org.). **Pedro Leopoldo vista por Chico Xavier** – 1910-1959, 49 anos da presença do maior médium de todos os tempos. Belo Horizonte, MG: Vinha de Luz Serviço Editorial, 2011.

NOBRE, Marlene R. S. **Lições de sabedoria** – Chico Xavier nos 23 anos da Folha Espírita. São Paulo: FE, Editora Jornalística, 1997.

NOBRE, Marlene R. S. **A obsessão e suas máscaras**. 13. ed. São Paulo: FE, Editora Jornalística, 2010.

NOROEFÉ, Antônio Matte. **Chico Xavier**: o homem, o médium, o missionário. Capivari, SP: EME, 2000.

NOTÁVEIS REPORTAGENS COM CHICO XAVIER. Organização: Hércio Marcos Cintra Arantes. Araras, SP:IDE, 2003.

OLIVEIRA, Weimar Muniz de. **Chico Xavier, casos inéditos**. Goiânia, GO: Federação Espírita do Estado de Goiás, 1998.

_____. **O apóstolo do século XX, Chico Xavier**. Goiânia, GO: Gráfica e Editora Paulo de Tarso, 2001.

_____. **A volta de Allan Kardec**. Goiânia, GO: Kelps, 2007.

ÓS, Fernando. **A viagem com Chico Xavier**. Guaíba, RS: Lar Irmã Ester, 2009.

PEREIRA, Miguel. José Gonçalves. **Apóstolo do bem e herói da caridade**. São Paulo: Sedac, 1996.

PIRES, José Herculano. **Jornal Diário da Noite**. São Paulo, 1965.

PLAYFAIR, Guy Lyon. **Medium of the century**. Brasília, DF: International Spiritist Council, 2010.

PONSARDIN, Mickaël. **Chico Xavier l'homme et le médium**. Brasília, DF: Conseil Spirite International (CEI), 2010.

PRESENÇA DE CHICO XAVIER EM ARAXÁ - Homenagem aos 60 Anos de Mediunidade – União Espírita Mineira, 1987.

RANIERI, R. A. **Chico Xavier e os grandes gênios**. v. I, São Paulo: Livraria Allan Kardec Editora (Lake), 1973.

_____. **Chico Xavier o santo dos nossos dias.** v. I, 2. ed. Rio de Janeiro, RJ: Eco, 1973.

_____. **Recordações de Chico Xavier**. 4. ed., São Paulo: Fraternidade,1997.

_____. **O prisioneiro do cristo**. São Paulo: Livraria Allan Kardec Editora (Lake), 1978.

REVISTA REALIDADE. Informação. São Paulo, ano IV, n. 44, 1980.

RIBEIRO, Ivani. **A viagem**. Texto de José Herculano Pires. Rede Tupi de Televisão. São Paulo: Bels, 1976.

SANTOS, Enéias Tavares dos. **A verdadeira história de Chico Xavier** – literatura de cordel. Aracaju, SE: Luzeiro Editora Ltda., 1974.

SCHUBERT, Suely Caldas. **Testemunhos de Chico Xavier**. Brasília, DF: Federação Espírita Brasileira, 1986.

SEVERINO, Paulo Rossi. **Aprendendo com Chico Xavier**: um exemplo de vida. São Paulo: FE Editora Jornalística, 1996.

SILVEIRA, Adelino da. **Kardec prossegue**. São Paulo: Cultura Espírita União, 1991.

_____. **Momentos com Chico Xavier**. Mirassol, SP: Grupo Espírita da Paz, 1999.

SOUZA, Cesar Carneiro de. **Chico Xavier lembranças de grandes lições**. Araras, SP: IDE Editora, 2007.

_____. **Valiosos ensinamentos com Chico Xavier**. Araras, SP: IDE Editora, 2008.

TAVARES, Clovis. **Amor e sabedoria de Emmanuel**. São Paulo: Edição Calvário 1970.

_____. **Rocha dos séculos**: palestras na escola de Jesus Cristo. Campos dos Goytacases, RJ: EJC editora, 2008.

_____. **Trinta anos com Chico Xavier**. 3. ed. Araras, SP: IDE Editora, 1983.

VIEIRA, Urbano Teodoro; ABDALA, Dirceu. **Chico Xavier fonte de luz e bênçãos**. 2. ed., Araguari, MG, 2000.

WORM, Fernando. **A ponte, diálogos com Chico Xavier**. São Paulo: Lake – Núcleo espírita Caminheiros do Bem, 1992.

_____. **Diálogos com Chico Xavier**. Porto Alegre, RS: Livraria do Globo, 1977.

_____. **Você está ouvindo Fernando?** (Jornada com Chico Xavier). Teatro Espírita. Lar Irmã Ester. Porto Alegre, 1982.

XAVIER, Francisco Cândido; BARBOSA, Elias. **Entre duas vidas, espíritos diversos**. 2. ed. Uberaba, MG: Comunhão Espírita Cristã (CEC), 1995.

XAVIER, Francisco Cândido; CUNHA, Heigorina. **Cidade no além**. 33. ed. Araras, SP: IDE Editora, 2007.

_____; PEREIRA, Miguel. **Doações de amor** – vida e obra de José Gonçalves Pereira. São Bernardo do Campo, SP: Grupo Espírita Emmanuel S.C. Editora (Geem), 1992.

_____; RAMACCIOTTI, Caio. **Mensagens de Inês de Castro**. 24. ed. São Bernardo do Campo, SP: Grupo Espírita Emmanuel (Geem), 2013.

_____; WORM, Fernando. **Janela para a vida**. 3. ed., São Paulo: Livraria Allan Kardec Editora (Lake), 1995.

XAVIER, Francisco Cândido; Emmanuel (espírito). **A terra e o semeador**. Araras, SP: IDE Editora, 1975.

_____. **Cartas do evangelho** – espírito Casimiro Cunha. São Paulo: Livraria Allan Kardec Editora (Lake), 1983.

_____; Emmanuel (espírito). **Dos hippies aos problemas do mundo**. São Paulo: Livraria Allan Kardec Editora (Lake), 1983.

_____. **Luz na escola** . Espíritos Diversos Psicografia. Belo Horizonte, MG: Vinha de Luz Serviço Editorial, 2010.

_____. **Missão cumprida** 413,… Uberaba, MG: Grupo Espírita da Prece Chico Xavier, 2004.

_____. **O primeiro livro**. Espíritos Diversos Psicografia. Belo Horizonte, MG: Vinha de Luz Serviço Editorial, 2010.

_____; Emmanuel (espírito). **Dos hippies aos problemas do mundo**. São Paulo: Federação Espírita do Estado de São Paulo, 1972.

_____; Jésus Gonçalves (espírito). **Flores de outono**. São Paulo: Livraria Allan Kardec Editora (Lake), 1984.

XAVIER, Francisco Cândido. **Cartas de uma morta**. 6. ed. São Paulo: Livraria Allan Kardec Editora (Lake), 1958.

_____. **Chico Xavier por ele mesmo**. Organização: Stig Roland Ibsen, São Paulo: Martin Claret, 1994.

_____. **Plantão de respostas**: Pinga Fogo II. São Paulo: Cultura Espírita União, 1995.

_____. **Emmanuel**. 27. ed. Rio de Janeiro: Federação Espírita Brasileira, 2008.

_____. Emmanuel. **Chico Xavier entrevistas**. Organização: Salvador Gentile e Hércio Marcos Cintra Arantes. Introdução de Elias Barbosa, Araras, SP: IDE Editora, 1972.

_____. Emmanuel. **Chico Xavier entrevistas**. Organização: Salvador Gentile e Hércio Marcos Cintra Arantes. Introdução de Elias Barbosa. Araras, SP: IDE Editora, 2005.

XAVIER, Francisco Cândido. Autores espirituais. **Parnaso de além-túmulo**. 19. ed., Rio de Janeiro, RJ: Federação Espírita Brasileira, 2010.

Impresso em Literatto 70 gramas